新安文化丛书一

XINAN WENHUA CONGSHU

新安村落

张小坡 著

中共淳安县委宣传部
中共淳安县委党史研究室
淳安县人民政府地方志办公室
淳安县政协文史和教文卫体委员会
编

文物出版社

图书在版编目(CIP)数据

新安村落 / 张小坡著. -- 北京 : 文物出版社,
2024.7
(新安文化丛书. 一)
ISBN 978-7-5010-8399-2

Ⅰ. ①新… Ⅱ. ①张… Ⅲ. ①村落文化-介绍-淳安县 Ⅳ. ①K295.54

中国国家版本馆CIP数据核字(2024)第067580号

新安村落

新安文化丛书一

编　　者:中共淳安县委宣传部
中共淳安县委党史研究室
淳安县人民政府地方志办公室
淳安县政协文史和教文卫体委员会
著　　者:张小坡
责任编辑:孙　霞
封面设计:方　卓
责任印制:张道奇

出版发行:文物出版社
地　　址:北京市东城区东直门内北小街2号楼
邮　　编:100007
网　　址:http: //www.wenwu.com
邮　　箱:wenwu1957@126.com
经　　销:新华书店
印　　刷:杭州富春印务有限公司
开　　本:787mm × 1092mm　1/16
印　　张:417.25
版　　次:2024年7月第一版
印　　次:2024年7月第一次印刷
书　　号:ISBN 978-7-5010-8399-2
定　　价:2880.00元(全18册)

《新安文化》丛书编撰委员会

顾　问：黄海峰　杨建根　董毓民　张鸿斌　王　翀　余永青　董文吉
主　任：刘小松　郑志光　赖明诚　许海波
副主任：徐恒辉　汤燕君　卜利斌　章临凯　徐月焕　章传强　何建法
徐夏冰
成　员：朱华民　徐红星　钱尼万　徐宗强　邵红卫　余国富　方海珍
陆建育　毛善智　方必盛　邵吉明　管峰华

《新安文化》丛书编撰委员会办公室

主　任：朱华民　徐红星
副主任：钱尼万　徐宗强　邵红卫　章伶俐
执行副主任：程中青

《新安文化》丛书编撰部

主　任：翟屯建
成　员(以姓氏笔画为序)：
王振忠　卞　利　方光禄　朱　平　刘伯山　吴兆民　汪大白
张小坡　周晓光　赵懿梅　宫希成　姚昱波　倪国华　倪清华
徐　彬　徐光耿　章望南　董　建　程　硕　程极悦
编　务：刘东山　方红娟
设　计：方　卓　方家明

总　序

新安文化是指新安江流域文化。

新安江是钱塘江的正源，源头分为两大支流。南支称率水，为新安江主源，发源于安徽省休宁县五龙山脉的六股尖；北支叫横江，源于黟县五溪山主峰白顶山。两支源流在屯溪汇合，流至歙县浦口一段称渐江，歙县浦口以下至浙江省建德县与兰溪相汇处称新安江。新安江与兰溪汇合后称富春江，到萧山闻家堰称钱塘江，流至杭州湾入海。

新安江流域地处闽浙山地的北缘，黄山、天目山、白际山、五龙山、千里岗、龙门山六大山脉盘桓其间，山地及丘陵占十分之八九。新安江水呈树叶网络状，由西向东辐射，地势也是由高及低逐步下降。流域平均海拔 800 ～ 1000 米，处在山岭川谷之中。俯视江南，附近的江西、浙江、江苏、安徽，均在其下。地处新安江源头的徽州，有“吴头楚尾”之说。杜牧诗云：“溪山侵越角，风壤尽吴根。”非常准确地描写出新安江流域的地理位置。

新安江流域以黄山山脉为界，南坡有流向东南钱塘江的新安江水系，直达杭州，是前往江南的捷径；流向西南鄱阳湖的阊江水系、乐安江水系，直达饶州、九江；北坡有直接流入长江的青弋江、秋浦河水系，直达池州、安庆、芜湖长江沿线。新安江下游严州府与兰江相接，向南直达金华、衢州，是前往江西、福建的捷径。陆路虽地势高耸，山路崎岖，但由于地处皖、浙、赣三省交界，成为全国的交通网络中重要的一环。

魏晋时期，由杭州经新安江前往江西、福建的通道，是全国交通枢纽上的重点线路。宋永初三年（422）秋，谢灵运离开建康（今南京）赴任永嘉郡太守。他沿钱塘江、富春江溯流而上，经桐庐、建德、兰溪，转由婺江到永嘉，途经桐庐写下《初往新安至桐庐口》诗。唐代以前，北方通往南方的三大干线，其中两条干线经过新安江流域。一条由洛阳东行至汴州，循运河东南而下，经杭州，沿钱塘江溯流而上，经睦州、婺州、衢州、信州至江西、福建和岭南道。另一条由洛阳走陆路，经汝州、许州至陈州，过寿州、庐州，渡江至采石，经宣州、歙州到睦州，经婺州、衢州，再选择西行或南行通往福建、江西和岭南各地。宋以后，新安江流域交通线路更是呈放射状，四面通达。虽然山道崎岖，水路湍急，路途稍显艰难，但无论水路、陆路，前往江西、湖北、福建、南京、杭州都是必经的捷径。

人类逐水而居，河流是人类文明的摇篮。先秦时期，新安江流域先属吴，吴亡属越，越灭属楚。秦末，在新安江中游和上游设黟、歙二县，下游则归富春县管辖。东汉建安十三年（208），分歙地置始新、新定、黎阳、休阳四个县，加上原来的黟、歙二县，就有了六个县，以这六个县新设新都郡，郡治设在始新县治新定里（今淳安县威坪镇）。黄武四年（225），析吴郡富春县地置建德、新昌、桐庐、新城四县，建德县、新昌县（后改寿昌）地处新安江下游。其后新安江流域郡、州、府级机构，先后更名或改设为新宁郡、新安郡、东阳郡、遂安郡、婺州、睦州、歙州，最后定名为徽州和严州；县级机构先后更名或改设为新安江上游的歙县、黟县、休宁县、祁门县、绩溪县、婺源县，新安江中游的淳安县、遂安县，下游的建德县、寿昌县。

新安文化的地域范围，以新安江上游古徽州一府六县，即歙县、黟县、休宁县、祁门县、绩溪县、婺源县，以及新安江中下游古严州的淳安县、遂安县、寿昌县、建德县为核心区域。新安文化的时空概念起自史前文明，迄于1949年，根据研究需要适当后延。其内容涉及哲学、经济、社会、教育、学术、文学、艺术、工艺、建筑、医学等诸多学科，凡与新安江流域社会历史发展有关的内容，均是新安文化的范畴。

新安江流域是我国原始文化的一个独立发展单元，一步步走来，没有停留，没有断代。历经早期文明、晋唐兴起、五代至元崛起、明清鼎盛和近代转型五个发展阶段，形成新安文化的完整体系。

1974年11月，在建德县上新桥村乌龟洞发现一枚人的犬齿化石，被命名为“建德人”，属于晚期智人类型，距今约五万年。同时，新安江流域分布着大量的旧、新石器时代遗址，承继“建德人”的文化发展。1959～1975年，新安江上游的屯溪西郊奕棋村先后发现8座西周至战国早期的墓葬。出土的青铜器、原始青瓷和几何印纹硬陶，在形制、纹饰和构图风格上，具有浓厚的越文化特色。史称当地人为越族，人民性格强悍，尚武好斗，文化礼仪相对薄弱。通过地方行政治理过程中的教化，当地越人在了解和接受中原人的生产、生活方式后，道德观、价值观、文化崇尚等方面均发生变化。

晋唐时期，新安文化兴起。晋代的“永嘉之乱”和唐代的黄巢起义是中国历史上的两件大事。它不仅造成西晋和唐朝的灭亡，导致中国社会的分裂，而且对我国南方的发展产生深远的影响。“永嘉之乱”和黄巢起义期间，中原士族比较集中地迁入新安江流域，现存的徽、严二州不少姓氏族谱中，对始迁祖的追溯都上溯到这一阶段。中原士族大量迁入以后，以其自身的文化素养和生活习惯渗透民间，改变了新安江流域越族的风俗习惯，越族尚武习俗与中原儒雅之风融合，儒家思想的仁义忠孝和修身齐家理念，开始在新安江流域流行。休宁吴少微的“吴富体”在文坛崭露头角，新安江下游的“睦州诗派”更是享誉诗坛。

五代至元，新安文化崛起。这一阶段新安江流域的教育与科举得到长足发展，仅南宋时期徽州、严州二府进士就有806名。南宋理学大儒朱熹祖籍徽州，曾两次回徽州省墓、探亲、授课，并在严州丽泽书院、遂安瀛山书院讲学论道。新安人读朱子之书，秉朱子之教，以邹鲁之风自恃，形成新安理学学派，使得朱熹理学在新安江流域广为流传，对整个流域的文化形成和演变起到关键作用。文风郁起，留下很多脍炙人口的作品，如胡仔的《苕溪渔隐丛话》和方岳、方逢辰的诗歌，在全国诗坛都占有一席之地。徽州刻书和严州刻书，在中国刻书史上贡献卓著。制瓷技术、医学、植物学、光学、生物学等科学技术都取得一定成就，其中歙县张杲淳熙十六年（1189）写成的《医说》一书，是中国医学史上第一部医史传记。

明清时期，新安文化进入鼎盛。私学、官学和书院教育同步发展，推动新安江流域科举繁荣兴盛。淳安人商辂“三元及第”，于明宣德十年（1435）乡试、正统十年(1445)会试及殿试均为第一名。理学、心学与朴学相互融合发展，理学家们提倡“和会朱陆”，阳明心学受到欢迎。清康熙、乾隆时期，新安学者提倡实事求是的治学精神，开创朴实的学风，成为清代学术的主流，朴学领袖戴震更是中国哲学史上的唯物主义启蒙思想家。文学艺术百花齐放，新安画派是明清文人画的正统继承者，徽派版画代表了中国传统版画的最高成就，徽派篆刻成为中国文人篆刻的主流，徽剧乃京剧之母。科学技术成就斐然，新安医学所主张的“固本培元”理论，是中国传统医学中的精华；程大位是中国历史上珠算集大成者；郑复光《镜镜詅痴》集当时中西光学知识大成。

近代，新安文化开始转型。光绪二十六年（1900），歙县基督教堂在城内创办崇一学堂，迈开新安江流域兴办新式学堂的第一步。在西方近代科技和工业革命的影响下，实业救国成为潮流，培养近代农林、商业、工业人才，是教育转型过程中的重要一环。光绪三十四年（1908），戴英在休宁县隆阜珠里创办新安江流域近代第一所职业学校——休宁初等农业学堂。随后，徽州乙种商业学校、淳安县初级实业小学、建德县浙江省立甲种森林学校等相继开办。新安学术也开始向近代学术思潮转型，胡适成为近代文化转型中承上启下的关键人物。文学艺术在转型中得到提振，其中由汪渊集句成词、其夫人程淑笺注的《麝尘莲寸集》，以词集词，前无古人。黄宾虹成为近代中国绘画领域中的一座高峰；黄士陵的篆刻形成自己的艺术风格，被称为“黟山派”。“徽路徽戏”和睦剧得到全面发展。

新安江流域自古为越族领地，随着中原士族的迁入，中华儒家文化的价值观“修身齐家治国平天下”，在这里不断积淀，形成尚武自强、重教崇文、俗尚文雅、治生重商的区域特征。

新安江流域早期越人以尚武著称。明清时期，新安江流域百姓依然习武自强为常。至今民间仍留存不少延请拳师的“拳关”文书。明万历休宁程冲斗所著《耕余剩技》，是中国武术史上的名著。绩溪县张横秋更是以武术名世，在武术史上形成“豫徽武术”流派，其拳术至今仍在新安江流域流传。很多文人在习文的同时练武，明末休宁县抗清义士金声不仅文章出彩，而且武艺高强。休宁画家汪肇，喜好持矛舞剑。新安朴学后期的重要学者汪宗沂，通拳术、剑术、马术，喜谈兵。他的学生许承尧、黄宾虹，一个是著名诗人，一个是著名画家，跟着汪宗沂学习时，练剑、骑马也是必备的功课。

中原士族迁居新安江流域以后，注重文化传承。这种传承使得新安江流域重视教育，崇尚文雅。朱熹提倡读书，研究学问，从事著述，强调“穷理之要，必在于读书”。新安理学的兴起，增强了新安江流域的读书氛围。儒家思想被塾师细化在自己教学实践中，塾师编写的大量蒙学教材中，将儒家的道德观念灌输给学童。在新安理学的影响下，新安江流域读书著述之风盛行，形成“十家之村，无废诵读”的景象。宋元以来，被称为“东南邹鲁”。

随着儒家思想向民间基层渗透，礼教在老百姓中扎根。民间礼仪以朱熹《家礼》作为依据，渗透于各个家庭。休宁《茗洲吴氏家典》根据《家礼》，结合本宗族的情况，规定冠婚丧祭的礼仪，作为子孙后代遵行的法典。民国遂安《高峰朱氏宗谱》卷三《家训》对子弟的礼仪教育写得非常具体，结合家族特点，将礼教具体化，教育族人如何做人、做事，各项规范要求明确，可操作、能监督，俗向文雅，成为“礼下庶人”的典范。

新安江流域有一个异于全国其他地区的现象，就是人们以经商致富为荣，从商成为风气。新安学者提倡职业不分卑贱，引导民众经商，鼓励商人创业，提倡“廉贾”价值观。地方士绅还通过各种方式为商人代言，创造良好的经商环境。学者的倡导、士绅的鼓励，对不轻视商业、不以经商为耻社会风气的形成，起到极大的促进作用，使新安人在观念上获得解放，理直气壮去经商，造就了雄飞于中国商界三百年的新安商人集团。

新安文化不断兼收并蓄，坚持实事求是，遵循儒雅中庸的发展过程，构成以“包容、探索、和谐”为核心的人文精神。

在沉淀中原汉文化和践行儒家思想的过程中，新安江流域不断地塑造自身的人文精神，推进新安文化的发展。新安文化的形成，是中原汉文化与当地土著越文化进行融合的过程。在两种文化的融合过程中，汉文化虽然是强势文化，但具有很强的包容性，促进了越文化的自然融合，从而产生出新质的新安文化。这种包容性，在新安文化发展过程中，贯穿始终，成为新安文化特色。兼收并蓄的包容精神，体现了新安文化的博大气象，是新安文化得以发展的源泉。

在新安文化发展过程中，新安人一直遵循实事求是的原则，博学求知，努力探索规律，追求真理，勇得时代风气之先。朱熹提出“濯去旧见，以来新意”；戴震主张“不以人蔽己，不以己自蔽”；胡适要求“重新估定一切价值”，都是不懈求索、勇得时代风气的典范。实事求是的探索精神，体现了新安人的思辨能力，是新安文化得以不断创新发展的动力。

新安文化是宋以后中国儒家文化在民间社会最完整的体现和典型范例，其儒雅中庸的内质得到很好的体现。“薄利多销”成为新安商人的经营手段，自己少赚些，让消费者不吃亏，成为“中庸”思想在商业领域的一种表现，即双赢。新安宗族在“中庸”思想的指导下，和睦相处，很少发生械斗。就是宗族间有了矛盾，也是协调处理，互相谦让。在艺术上，也非常讲究中庸平和。新安篆刻中的雅逸隽秀、平和光洁；新安版画内蕴的恬静和安乐，也是儒雅中庸的一种表现。儒雅中庸的和谐精神，使得新安江流域社会平稳安定，是新安文化不断发展的基础。

新安江流域靠近越文化核心区，其文化既具有新安文化特点，又带有钱塘江流域良渚文化特色，体现出新安文化与良渚文化融合的趋势。对河系流域上下游文化碰撞、交融的研究，具有重要价值。

新安江流域至今保存下来的地面文物遗存10000多处、8000余种文献、100余万件文书，跨越千年历史，涵盖政治、经济、文化各个领域。尤其地面文物遗存、非物质文化遗产和文书档案，均为第一手资料，是人们了解中国封建社会后期农村社会实态不可多得的资料，为按历史本来面貌做综合实态研究创造了前所未有的有利条件。中国社会科学院历史研究所周绍泉先生指出："以徽州文书为代表的历史文书档案为主要资料，综合研究历史社会实态，将是我们这个时代的学术潮流。"

新安文化是中国封建社会后期传统文化的典范，独树一帜，在各自领域都处于领先位置。从新安文化中提炼出来，形成新安宗族、新安学术、新安商人、新安教育、新安建筑、新安书画、新安工艺、新安科技、新安文学、新安戏曲、新安饮食、新安民俗等文化现象，是新安文化中的精华，学术界在研究专业史时无法绕开这些课题。对新安文化展开研究，实际也就是对中国封建后期传统文化展开研究，窥一斑而见全豹，具有普遍的学术意义。

新安江流域四面环山，作为一个独立的自然地理单元，风景秀丽，人们的审美观受到山水环境的影响。新安四雕艺术、文房四宝艺术、盆景艺术、新安书画、新安文学等，都是新安江流域自然环境同新安人审美观相结合的产物。而新安饮食、方言的形成，同新安江流域独特的自然地理环境及资源有关；新安宗族社会构成和村落结构，同新安地理环境也是密切相关，具有地理文化单元的人类文化学研究价值。

新安文化是移民文化，中原士族的内迁，决定了其社会与文化的诸多现象和特点，受到中原文化的影响。同时，新安文化的昌盛与发展，还存在着一个由新安江流域再向外移民的过程，并对侨寓地的文化产生影响。如新安学术、徽剧、新安艺术、新安刻书、新安篆刻等对扬州学派、京剧、江南园林、江南版画、浙派篆刻都有渗透和影响。研究新安文化，可以获得中华大文化融合各民族文化、各地方文化的一般与个别规律，为繁荣中华大文化作出贡献。

新安江流域是宗族社会。明清时期，农村基层依靠宗族自治管理，有不少好的做法。现存不少宗族公约中有值得学习和借鉴的条文，如禁止乱砍滥伐和禁止赌博等。从内容上看，它们符合当今所提倡的环境保护和社会文明的主旨。从实施机制上看，它不是依赖于行政系统，而是靠"公约"的形式自我约束，这给建设社会主义新农村带来启示，村民自治要以农民为主体，增强农民的自觉意识，而不是靠行政手段。新安文书中的商业合同，反映了新安人市场观念的成熟；分家契约反映了新安人既遵从中国传统的伦理观，又理性地处理家庭财产等经济问题；诉讼文书，反映了古代新安江流域民间已经有较强的法治观念。新安江流域古村落人与自然和谐，以人为本的思想贯穿村落建设，村落中的防火措施、水系设计都十分讲究，科学性很强，给当代环境规划设计带来启示。

新安文化博大精深，对新安江流域上游的徽州文化研究，已经成为一门专门的学问——徽学。但对整个流域的整体研究还是一个空白，编撰《新安文化》丛书，可以填补全面涵盖新安江全流域文化的研究空白，力求科学、全面、准确、系统地展示新安文化的各个方面，对于新安文化学术研究及开发利用，是一件十分有意义的事情。

《新安文化》丛书编撰委员会

2023 年 4 月

目　录

绪 论

一、问题的提出

新安，是个具有特定内涵的历史名词。作为行政区划意义上的指称，始于新安郡。西晋太康元年（280），晋灭吴，将新都郡更名为新安郡。新都郡在东汉献帝建安十三年设立，东吴孙权遣威武中郎将贺齐镇压黟、歙山越以后，划分歙县东乡地为始新县，南乡地为新定县，西乡地为黎阳、休阳（后改为海阳县），连同黟、歙，共为六县，郡治所在始新县，其中始新县、新定县在今浙江省淳安县境地。西晋太康元年新都郡更名为新安郡后，改新定县为遂安县，改海阳县为海宁县，加上原属之始新县、黎阳县、歙县、黟县，仍领六县。隋文帝开皇九年（589）改新安郡为歙州，州治设海宁，将始新县改为新安县，原遂安、寿昌并入新安县，划归婺州（今浙江金华）管辖。大业三年（607），隋炀帝改歙州为新安郡，仍领休宁、歙、黟三县，郡治在歙。宋徽宗宣和三年（1121），镇压方腊领导的农民起义后，改歙州为徽州，徽州作为府一级政区由此得名，领六县，治所在歙县。后世多以新安为歙州、徽州的别称。

新安江亦因新安郡而得名。新安江又名徽港，发源于安徽省与江西省交界处的怀玉山脉率山主峰六股尖的率水，向东一路纳众水流入钱塘江，是钱塘江的上游。率水与发源于黟县漳岭白顶山的横江在屯溪阳湖汇流为渐江。渐江流至歙县浦口与练江汇合为新安江。练江主干扬之水发源于黄山东南麓，流经绩溪县，在歙县县城西北与丰乐水、富资水、布射水汇聚成练江，为一扇形水系。新安江自歙县浦口流经南源口、坑口、漳潭、深渡、小川、三港、溪口，至街口附近流入淳安县，又向东流入建德县梅城镇纳兰江与桐江相汇流，至桐庐县桐庐镇与分水江汇合，称为富春江，又流经富春县至闻家川与衢江汇合后称钱塘江。[①]新安江自然风光旖旎，江流清澈，碧波荡漾，两岸群山蜿蜒，满目苍翠，丛丛村落点缀其间，粉墙矗矗，鸳瓦鳞鳞，水墨画卷浑然天成。新安大好山水吸引了历代文人墨客为之折腰，吟咏不

---

① 方才：《新安江及其分段名称的来历》，《淳安文史资料》第6辑，1990年。

绝，大文豪李白在《清溪二首》中赞叹道："清溪清我心，水色异诸水。借问新安江，见底何如此。人行明镜中，鸟度屏风里。"清初扬州盐商程且硕回故乡歙县扫墓省亲时，曾作四首诗吟咏新安的秀丽山色和淳朴民风，其中一首云："新安江上水，可以濯吾缨。不自源头洁，何因澈底清。松间流细韵，岩际泻空明。那减中泠味，偏输第一名。"[①]新安江更如一条流动的项链，把皖南浙西有机地串合在一起，两地先民频繁地迁徙互动，声气相求，风俗相近，如徽州府"其山挺拔廉厉，水悍洁，其人多为御史谏官者。山限壤隔，民不染他俗，勤于山伐，能寒暑恶衣食，女子正洁不淫佚，虽饥岁不鬻妻子，山谷民衣冠至百年不变"。[②]严州府"图经云：'山高水深，人性贞介'。旧志云：'文学彬彬，代有其人。'《寰宇记》云：'隋置睦州，俗阜人和，内外辑睦用志。'两浙风俗之淳，惟严为最，然六邑之中，风俗稍殊，气习渐染，要在上之人纲维振起之耳。……惟居山中，俗尚勤朴，商贾工作皆习简朴，不尚华丽，男女不鬻外境，士有先后辈，缙绅家多重之。"[③]时间久之形成了以新安江为中心的相对完整独立的地理文化单元。

村落，作为一个历史地理学术语，是一种特殊类型的乡村聚落，主要指大的聚

新安江

① 程且硕：《春帆纪程》，许承尧撰，李明回、彭超、张爱琴校点：《歙事闲谭》卷八，黄山书社，2001年，第259～260页。
② 淳熙《新安志》卷一《风俗》。
③ 万历《续修严州府志》卷二《风俗》。

落或多个聚落形成的集合点，是传统中国农业社会经济形态下人们聚居在一起生产生活的空间载体，班固《汉书 · 沟洫志》载："时至而去，则填淤肥美，民耕田之。或久无害，稍筑室宅，遂成聚落。"可见，聚落之处是人们聚居的地方。"聚落，是人类住屋及其附带的各种营造物之集合体，也就是聚落地理的研究对象"。① 聚落的形成、演变与人类社会生产力水平的提升、社会分工的出现息息相关，体现了人类社会的发展进程。村落的分布、发展及其基本特征由地质、地貌、土壤、河流、气候等自然生态环境所决定的。河流交汇处、河谷阶地、山川盆地、平原冈身地带等是村落选址的先决条件，而土壤肥沃、气候适宜、降水充沛、光照充足等条件也影响着村落的产生、发展。

新安村落散布于山环水抱、峰峦叠嶂的低山丘陵间，自然环境比较适宜村落的形成、发展。新安周围矗立着大山，将其与外界隔绝开来，形成相对封闭的地理环境。境内分布着众多的山间盆地和谷地，以休歙盆地面积为最大，也是新安最早开发的地方，中原迁来的世家大族多在此落脚，开枝散叶，随着人口繁衍，再迁移他处，形成新的村落。新安江、阊江、青弋江等境内的主要河流及其数百条支流如同人体血管的主动脉和支脉，形成了一个自洽的循环体。大多数支流与山间谷地相连，流淌的河水、山间谷地、河流两岸的阶地成为村落发展的理想条件。因此，新安村落的形成、发展具有特定的自然地理条件。新安村落的结构布局、空间形态则受当地的历史传统、人文因素等多重条件的影响。强大稳固的宗法制度，寄命于商的社会风气，守护相助的邻里交往，浓厚的读书科举之风等，都在不同程度上形塑着新安村落的空间格局和演变特征。可以说，新安村落最基本的特征就是聚族而居，诚如康熙《徽州府志》的编纂者赵吉士所言："新安之民皆聚族而处，其在邑者十之一，其在乡者十之九，里邻相接，闾闬相望。一村一落，林塘烟树，必擅山水之胜。簷牙瓦齿，鳞鳞翼栉如也。其乡社名目多起于晋、唐、宋，家有祠，宗有谱，一姓相继，百世不迁，盖海内所独也。"② 诸如"乡落皆聚族而居，族必有谱，世系数十代"。③ 类似的记载比比皆是。

---

① 胡振洲：《聚落地理学》，台湾三民书局印行，1977年，第1页。
② 康熙《徽州府志》卷一《舆地志上》。
③ 光绪《婺源乡土志 · 婺源风俗》。

新安村落

传统时期，新安村落怎样发展演变，村落空间格局如何构建，村落景观如何书写，村落空间结构与社会结构、经济结构如何交相作用，村落在民众日常生活中扮演着何种角色等诸如此类的问题，皆需要我们把目光投向历史深处，去解剖那些掩映在青山绿水间如闪亮繁星般的村落，体会在村落舞台上繁衍生息的人们的喜怒哀乐，去呈现新安村落活泼生动的丰富图景。

二、学术史回顾

学界对聚落的研究起步于西方地理学家。1841 年，德国地理学家科尔在《人类交通居住与地形的关系》一书中论证了人口集中与聚落地理的关系，开辟了聚落地理研究领域。1933 年，德国地理学家 W．克里斯塔勒在对德国南部的乡村聚落进行实地调研后，提出了著名的“中心地理论”，实现了乡村聚落研究的理论突破。1942 年，法国地理学家 A．德芒戎以法国的乡村聚落为研究对象，发表《法国农村聚落的形态》一文，通过现场考察，提出“聚落形态”的概念，认为乡村聚落存在长型、块型、星型和趋向分散型等不同形态，并论述了不同类型的村落形态和自然、环境、社会、人口之间的相互关系。[①]随着20世纪50年代计量史学的兴起，聚落研究也开始从定性转向定量，1970年，R.M.道温斯依据人文主义提出了“行为地理学”概念，认为人的主观愿望和客观行为。会作用于乡村聚落，并对乡村聚落的布局、形态和结构产生主导性作用；另一方面，乡村聚落也是村民“空间的感应”与“空间的行为”的结合体。[②]

20世纪80年代以来，聚落研究已不再是以地理学为单一标杆，而是从原来的地域分析、空间分析，逐步转向建筑设计、风景园林、城市规划、生态环境、社会人文等领域，引起历史学、社会学、人类学、地理学、建筑学、生态学等学科的关注，多学科交叉融合的趋势日益明显。[③]

具体到新安村落研究，因为徽州境内有大量的风貌保存完整、地域特色鲜明的传统村落，其地景营造、聚集形态和宅居建构，作为一种特殊的乡土存在价值和地域文化价值被逐步发现，吸引了国内外学者的广泛关注和研究兴趣。研究徽州传统村落，也就从研究徽州乡土建筑开始，早在20世纪50年代，中国现代建筑学、建筑史学家、建筑教育学家刘敦桢就对歙县几处明代古建筑进行实地勘察，指出民间建筑是研究当时地方社会和民间生活的重要资料。[④]张仲一等人在1954年调查了安徽歙县、绩溪、休宁和屯溪等地的20余处明代住宅后，出版了《徽州明代住宅》一书，对建筑物的总体布局、平面、外观、结构和装饰部分进行了详细记录，收录了90幅明代徽州住宅建筑的原样图，并分析了当地的自然条件、社会背景。[⑤]20世纪80年代以来，随着徽学研究的兴起，学界对徽州村落的关注也日益深入，东南大学建筑系的龚恺、陈薇等学者传承中国建筑史的研究技巧与方法，结合建筑系本科教学课程《古建筑测绘》，从1992年起对棠樾、瞻淇、渔梁、豸峰、晓起等村落进行

① Demangeon, Albert. Problèmes de géographie humaine[M]. Paris: A. Colin, 1942.（法）德芒戎：《人文地理学问题》，商务印书馆，1999年。

② Downs, Roger Michael, Stea, David. Image and Environment: Cognitive Mapping and Spatial Behavior[M]. New York: Routledge, 1973. Downs, Roger Michael, Stea, David. Mental Geography[J]. Science, 1974, 184: 557–558。

③ 王晓伟等：《中国历史聚落地理研究综述》，《热带地理》2012年第1期，第107～112页。

④ 刘敦桢：《皖南歙县发现的古建筑初步调查》，《文物》1953年第3期，第31～34页。

⑤ 张仲一等：《徽州明代住宅》，建筑工程出版社，1957年。

详尽的测绘与研究，并先后出版了研究成果。[①] 清华大学建筑系陈志华等学者组成乡土建筑研究组，借鉴西方的乡土建筑研究方法，对婺源和黟县的若干村落进行研究，出版了《中华遗产 · 乡土建筑丛书》婺源分册和关麓村分册。[②] 李诗敖从徽州传统村落空间形成演变研究、徽州传统村落人文景观研究、徽州传统村落公共空间研究、徽州传统村落非物质文化研究、徽州传统村落保护与发展研究、徽州传统村落旅游开发研究等方面，对近三十年来徽州传统村落研究成果做了简单综述，并对未来研究提出展望，可供参考，兹不赘述。[③]

从学科研究的角度看，地理学者对新安村落的研究成果主要有：黄成林从村落和民居两方面对徽州的文化景观加以论述，对聚落形态、规模、形态和空间特征进行了初步探讨。[④] 陆林、凌善金、焦华富所著的《徽州村落》一书，考察了徽州村落的演化、徽州村落的选址、布局形态、空间组织、徽州村落的空间组织和徽州村落的园林等问题，梳理了徽州村落的发展演化，展现了徽州村落的文化特色。[⑤] 朱国兴以徽州古村落为研究对象，对徽州村落的选址、空间特征、形成机制及合理性进行了分析，初步研究了徽州村落的人居环境特征。[⑥] 张晓冬从历史、地理及人类学的角度对西递古村落的结构进行了探讨，考察了村落的演变、布局等多方面，指出西递古村与自然和谐共生的效果对于现代城乡规划具有借鉴作用。[⑦] 陆林、葛敬炳对徽州古村落形成的地理、人文环境进行了研究，指出盆地地形对徽州古村落、文化等方面的保持延续具有重要作用。[⑧] 汪欣通过寻访皖南古村落，对传统村落的现状和前景提出了思考。[⑨] 毕忠松、李沄璋、曹毅以“呈坎村古建筑群”为例，分

① 龚恺：《徽州古建筑丛书 · 棠樾》，东南大学出版社，1993年；《徽州古建筑丛书 · 瞻淇》，东南大学出版社，1996年；《徽州古建筑丛书 · 渔梁》，东南大学出版社，1997年；《徽州古建筑丛书 · 豸峰》，东南大学出版社，1999年；《徽州古建筑丛书 · 晓起》，东南大学出版社，1999年。

② 陈志华、李秋香：《中华遗产 · 乡土建筑》第二辑《婺源》，清华大学出版社，2010年；陈志华、李秋香、楼庆西、史崃：《中华遗产 · 乡土建筑》第二辑《关麓村》，清华大学出版社，2010年。

③ 李诗敖：《近三十年来徽州传统村落研究综述与展望》，《中外建筑》2020年第10期，第49～52页。

④ 黄成林：《徽州文化景观初步研究》，《地理研究》2000年第3期，第257～263页。

⑤ 陆林、凌善金、焦华富：《徽州村落》，安徽人民出版社，2005年。

⑥ 朱国兴：《徽州村落人居环境特征的初步研究》，《地域研究与开发》2003年第3期，第53～55页。

⑦ 张晓冬：《西递古村落结构研究》，《小城镇建设》2003年第10期，第66～69页。

⑧ 陆林、葛敬炳：《徽州古村落形成与发展的地理环境研究》，《安徽师范大学学报》(自然科学版)2007年第3期，第377～382页。

⑨ 汪欣：《寻访皖南古村落》，《文化月刊》2013年第10期，第26～33页。

析了“古村落建筑群”类文物的保护对象构成及其保护策略。[①] 范霄鹏、李鑫玉以婺源县李坑村为考察对象，从生境形态、村落结构及传统民居建造等方面进行研究，初步阐述了古徽州文化在婺源地区的传承与发展，为传统民居聚落的保护提供了依据。[②] 卞利在收集近500种徽州家谱的基础上，编著了《徽州聚落规划和建筑图录》，收入了传统徽州聚落，特别是村落基址的原始景观、民居、祠堂和书院等单体建筑图录，对徽州建筑的文化理念及关键技术的传承，具有重要的学术价值和理论意义。[③] 卞利主编的《徽州传统聚落规划和建筑营建理念》一书，深入探讨了徽州传统聚落的自然和文化特征、徽州传统村落的规划与营建理念和实践、徽州传统村落建筑中民居与村落的关系，以及徽州古民居、古祠堂、牌坊、古桥、书院、园林等古建筑所蕴含的徽州文化内涵等问题。[④] 王益从建筑学中防洪的角度探讨了徽州古村落平面象形的内在规律，象形影响了徽州古村落平面形态，使其具有因水适形、因势向导、攻位曲“讷”和结构仿生等特点。[⑤] 储金龙，刘瀚，李久林分析了古徽州传统村落空间分布特征和影响因素，揭示了区域传统村落的发展现状和问题，并结合区域资源文化特色，提出古徽州传统村落整体性保护的构想。[⑥] 李久林等采用历史文献梳理、GIS空间分析、数据统计等方法对古徽州传统村落空间进行解构，探讨了传统村落空间组织与自然环境、区位环境和经济、社会、文化之间的内在关联性，揭示了传统村落空间演化的驱动机制。[⑦] 李久林、储金龙、李瑶以古徽州传统村落为研究对象，运用历史文献法和GIS空间分析等方法，探究了传统村落的空间分布和演化。[⑧] 唐桂兰指出，徽州古村落与古建筑中的众多文化符号，在所有徽文化符号中最具活力和再生性，能够满足自然人的基本需求，还可以通过符号所包含的引申意义，满足

---

① 毕忠松、李沄璋、曹毅：《“古村落建筑群”类文物的保护对象构成与保护策略探析——以呈坎村古建筑群为例》，《建筑与文化》2015年第6期，第200～204页。

② 范霄鹏、李鑫玉：《婺源地区李坑古村的田野调查》，《遗产与保护研究》2017年第4期，第106～110页。

③ 卞利：《徽州聚落规划和建筑图录》，安徽人民出版社，2017年。

④ 卞利：《徽州传统聚落规划和建筑营建理念研究》，安徽人民出版社，2017年。

⑤ 王益：《基于防洪视角的徽州古村落象形平面形态考察》，《江淮论坛》2018年第1期，第155～160页。

⑥ 储金龙、刘瀚、李久林：《古徽州传统村落的空间分布与演化研究》，《安徽建筑大学学报》2018年第3期，第26～34页。

⑦ 李久林、储金龙、叶家珏：《古徽州传统村落空间演化特征及驱动机制》，《经济地理》2018年第12期，第153～165页。

⑧ 李久林、储金龙、李瑶：《古徽州传统村落空间分布格局及保护发展研究》，《中国农业资源与区划》2019年第10期，第101～109页。

社会人更高层次的需求。[①]

社会学者吴宗友总结了徽州古村落研究对徽学理论体系的构建价值，认为关于徽州古村落的生态学、人类学、社会学、文化人类学、人文地理学等学科和领域的研究，不仅深刻地揭示了徽州古村落的多重文化属性和所蕴含的重大学术价值，而且因各自拥有独特的研究内容和理论范畴，在宏观上极大地丰富和发展了徽学研究的理论体系。[②]李娟指出，因为生存与发展的资源利用方式的转型、现代生活方式对古村落生态系统的破坏性力量，以及文化认同危机，加剧了徽州古村落的生态失衡。[③]王邦虎认为，在现代文明之下，对于徽州古村落所营造的"小生态圈"，应从动静两个角度考虑，持辩证态度，对其"保护"与"破坏"并举。[④]王邦虎还提出，基于徽州古村落研究方法论的多样性和具体研究方法的多样化，以徽州古村落的研究实践为突破点有利于推动徽学研究范式的创新。[⑤]王邦虎又从人与自然相结合的角度，探讨了徽州古村落在生态文化上所特有的价值。[⑥]

在历史学研究领域，徽州传统村落的成果更为丰硕。仅以丛书论，程必定等主编出版的《徽州五千村》系列丛书，选取了徽州极具代表性的550多个村落进行介绍，记录了从唐宋到明清这些地区的建筑特色、风俗民情等，展现了徽州村落文化的独特魅力和深刻内涵。[⑦]合肥工业大学出版社从2005年开始推出的《徽州古村落文化丛书》共3辑，第一辑包括《石家村》《西溪南》《江村》《渚口》《昌溪》《西递》《宏村》《雄村》《龙川》和《呈坎》，共10册，分别讲述了它们的村落文化和古代设计水平及建筑艺术。2011年出版的第二辑包括《棠樾》《唐模》《许村》《黄村》《万安》《环砂》《历溪》《上庄》《仁里》《理坑》等10册，分别从各自的角度揭示了徽州古村落的丰富内涵，体现了徽州古村落文化的特有魅力。2013年出版的第三辑包括《潭

---

① 唐桂兰：《徽文化的符号化表现与符号系统构建——以徽州古村落、古建筑文化为例》，《江淮论坛》2019年第4期，第180～186页。

② 吴宗友、贺飞：《徽州古村落研究对徽学理论体系的构建价值》，《学术界》2007年第3期，第168～174页。

③ 李娟：《试析徽州古村落的现代生态失衡之原因》，《安徽大学学报》(哲学社会科学版)2007年第3期，第48～51页。

④ 王邦虎：《"典范"的危机——徽州古村落生态文化的现代缺陷》，《学术界》2007年第3期，第163～167页。

⑤ 王邦虎：《论徽州古村落研究对徽学发展的方法论价值》，《安徽大学学报》(哲学社会科学版)2007年第3期，第38～42页。

⑥ 王邦虎：《人与自然结合的光辉典范——论徽州古村落的生态学价值》，《安徽史学》2008年第1期，第116～118页。

⑦ 程必定、汪建设：《徽州五千村》，黄山书社，2004年。

渡》《汪口》《蜀马》《六都》《黄龙口》《篁墩》《渔梁》《溪口》《屏山》《潜口》等10册，各自展现了徽州古村落的不同特点，丰富了徽州古村落的历史图景。

2006年起，王秋桂、丁荷生主持的“历史视野中的中国地方社会比较研究：中国村落中的宗族、仪式、经济和物质文化”研究计划，旨在勾勒中国历史上不同时期普通村民的日常生活经验，以评估中国村落的文化生活有没有相对的自治性，并试图建构合适的方法来比较中国各地不同的村落，以彰显乡土中国不同区域的独特之处。受其计划资助，劳格文、王振忠、卞利、卜永坚等学者在徽州开展了“徽州的宗教、社会与经济”项目，先后出版了数部以具体村落为研究对象的深度调查成果。吴正芳《徽州传统村落社会——白杨源》一书，从白杨源的历史渊源、人文环境、宗族社会、岁时节日、婚庆喜庆、遗风杂俗、经济生活，以及文化教育等诸多方面，对白杨源传统村落社会做了几近全景式的刻画。[①] 许骥《徽州传统村落社会——许村》基于田野调查和口述史料，从村落发展、姓氏宗族、传统教育、生产与生活、商业贸易、丧葬习俗、祭祀礼仪和传统建筑等诸多方面，对歙北名村许村做了深入考察，以找寻中国地方社会生机和原动力。[②] 王振忠在《明清以来徽州村落社会史研究——以新发现的民间珍稀文献为中心》一书中，利用内容丰富、类型多样的村落文书，分别探讨了徽州村落文书的形成、村落文书所见的民众日常生活、大小姓纷争与区域社会结构、礼生与仪式及其所反映出的区域文化背景、迎神赛会与民间基层组织的变迁、村落宗族与地方社会，以及村落中的小农生活等问题。[③] 李传玺主编的《徽州古村落》一书，选取皖南雄村、昌溪、呈坎、万安、西递、瞻淇、棠樾、唐模、宏村、渚口、上庄、江村、理坑、岭下、南屏、龙川、霞水等20个村落，叙述了村落的基本概况、地名由来、发展历程、历史与当代故事，旨在展示皖南地区的人文历史、风土人情。[④] 胡时滨的《徽州古村落构建文化研究——以宏村为例》一书，在前人研究的基础上，结合地方志等文献，介绍宏村底蕴深厚的人文历史，深入研究了徽州古村落的自然环境、结构布局、宗族渊源、经济模式等聚落

① 吴正芳：《徽州传统村落社会——白杨源》，复旦大学出版社，2011年。
② 许骥：《徽州传统村落社会——许村》，复旦大学出版社，2013年。
③ 王振忠：《明清以来徽州村落社会史研究——以新发现的民间珍稀文献为中心》，上海人民出版社，2011年。
④ 李传玺：《徽州古村落》，安徽科学技术出版社，2015年。

文化特征和成就。[①]

唐力行对绩溪古村落宅坦的胡氏宗族进行考察，指出古村落与宗族组织、文化科举和商业的良性互动，创造了古村落的文明。[②]王振忠以婺源古村落为例，指出古村落应引起历史学、地理学、建筑学、人类学、美学、社会学和政治学等学科的重视，共同探讨古村落背后所蕴藏的丰富文化内涵。[③]卞利从徽州古村落依山傍水的选址、聚族而居的文化特征和粉墙黛瓦的建筑风格等方面，介绍了徽州村落和民居文化的丰富内涵。[④]张灵超的硕士学位论文《历史乡村地理研究——徽州歙县丰南的个案》，分“景观变迁与乡村社会”和“地理感知、认同与地方”上下两篇，对丰南有史以来的微观地理的历程进行了较好的复原研究。[⑤]卞利通过对明清徽州村落的自然和人文特征以及民居个体与村落整体之间关系的分析，阐释了明清徽州村落的文化内涵。[⑥]劳格文利用田野调查所获得的口碑和地方文献，从历史性素描、宗族建构、经济、民俗等诸多方面对许村进行细致剖析，揭示了传统徽州村落社会的日常生活实态。[⑦]王振忠以吴景超笔下的歙县岔口村为资料，描述了晚清民国时期的徽州乡土社会，指出吴景超的村落调查文献对于当代的村落文化记忆和古村落保护有着重要意义。[⑧]方筠、许琦、方利山指出，在歙县许村的保护上，政府引导，社会和民众积极参与，其保护着眼“整体活态”，着重“守根护魂”，着意“群贤聚力”。[⑨]王振忠通过解读历史文献和田野考察，探讨明清以来徽州村落空间“源头”“水口”的意义及源头、水口之禁忌、仪式，认为源头——水口是传统徽州的一种依山

① 胡时滨：《徽州古村落构建文化研究——以宏村为例》，合肥工业大学出版社，2017年。

② 唐力行：《重构乡村基层社会生活的实态——一个值得深入考察的徽州古村落宅坦》，《中国农史》2002年第4期，第72～78页。

③ 王振忠：《古村落不只是老建筑——以徽州历史文化脉络下的婺源古村落为例》，《今日国土》2006年第Z4期，第16～22页。

④ 卞利：《徽州古村落的文化解读》，《中华民居》2008年第Z1期，第28～33页。

⑤ 张灵超：《历史乡村地理研究——徽州歙县丰南的个案》，复旦大学硕士学位论文，2011年。

⑥ 卞利：《明清徽州村落的自然和文化特征及其村落与民居关系研究》，《安徽建筑工业学院学报》（自然科学版）2013年第5期，第15～23页。

⑦ [法]劳格文，王振忠：《传统徽州村落社会的日常生活》，《民间文化论坛》2013年第3期，第81～96页。

⑧ 王振忠：《20世纪初以来的村落调查及其学术价值——以社会学家吴景超的《皖歙岔口村风土志略》为例》，《安徽大学学报》（哲学社会科学版）2015年第3期，第138～150页。

⑨ 方筠、许琦、方利山：《许村徽州传统古村落保护》，《城乡建设》2017年第21期，第69～71页。

傍水的村落地理空间，与皖南低山丘陵的地貌特相吻合。[①] 田磊、王开队以历史地理学为导向，指出通过对历史信息的数据化处理，如家谱的乡村社会结构、聚落结构、村落景观，以及相对规范的元数据体系的构建等，有利于加强对徽州传统村落的综合研究。[②] 卢东、王开队以屯溪村落为研究对象，指出地形地貌与水文环境是其历史时期村落空间分布演变的基础，人口的流动是村落空间分布变化的主要因素，不同环境下的水利行为对村落空间形态及其分布有着重要影响。[③] 陈晓华、王锈贤通过回顾徽州传统村落的研究历程，系统地梳理了徽州传统村落的特色价值评估、保护与发展的相关研究进展，对徽州传统村落特色价值及其保护发展研究的趋势进行了展望。[④]

通过上文的学术史梳理可以看到，学界目前有关新安村落的研究集中于徽州传统村落的保护与发展策略、徽州传统村落的个案研究、徽州传统村落的形成环境和空间布局等方面，这些研究涉及历史学、地理学、建筑学等不同学科，具有深刻的现代价值。但我们也明显可以看出，不同学科对徽州村落的研究路径存在显著差异。在历史聚落地理研究框架下，受村落历史资料不足的限制，从宏观层面概括村落发展与演变形态的成果较多，村落成为学者归纳理论模式的一个节点，但对村落的内部结构、规模、景观特征等微观层面的分析稍显不足。建筑规划学者对村落结构给予了足够重视，他们运用现代建筑学的概念，不但注重从水网、巷道、节点等空间层次研究村落结构，还关注村落的整体形态、内部的结构秩序、建筑物的空间分布等问题，这种研究取向在一定程度上为建筑师与建筑规划提供了灵感，吸引他们从古村落的建筑布局中汲取养分，同时也为历史学视野下的村落研究开辟了新鲜议题。历史学者和人类学者更多地将村落视为根据地，关注村落内部的宗族、民俗、经济与物质文化等问题。

① 王振忠：《“里至源头，外至水口”：明清以来徽州村落空间的建构》，《徽学》第14辑，社会科学文献出版社，2020年，第36～66页。

② 田磊、王开队：《历史地理学视阈下传统村落历史信息的数据化处理——以徽州传统村落为例》，《江汉论坛》2020年第2期，第102～108页。

③ 卢东、王开队：《“并力作于山”：生存空间拓展、水资源利用与清前中期屯溪村落的空间分布演变(1693～1823)》，《中国农史》2021年第2期，第88～102页。

④ 陈晓华、王锈贤：《徽州传统村落特色价值及其保护发展研究述评》，《池州学院学报》2021年第1期，第69～75页。

三、本书的章节安排

借用历史地理学家谭其骧先生的一句话，“历史好比演剧，地理就是舞台；如果找不到舞台，哪里看得到戏剧”。村落也正如舞台，传统新安民众在村落这个舞台上是如何演剧的呢，值得深入考察。学界对村落的研究因学科不同而有各自的取向，如果仅把村落当作考察问题的一个背景或一个案例，而忽略了普通民众的身影，则会影响我们对村落的深刻认识。因而，本书在考察新安村落的发展演变、空间布局等问题的基础上，把村落置于日常生活的视角下进行考察，重点探讨民众日常生活，呈现他们的祭祀、迎神、看戏等活动，以期丰富传统新安村落的图景。

第一章重点分析新安村落发展演变的历史地理背景，梳理各县的山川形势，厘清村落赖以发展的自然生态环境。利用族谱记载的村居图和村居记等材料，考察新安先民选择村址时的考量因素，以及风水观念的影响，探讨随着人口增加，始迁地生存压力加剧，族人分迁定居新的地方等村落呈墨渍浸染状发展演变的过程，讨论新安村落的空间布局形态，考察多种要素在村落布局中的位置及所发挥的功能。

第二章是对新安村落景观的专题探讨。新安村落依托独特的自然环境，山水清幽，景致优美，村落的景观提炼和吟咏是历史时期新安民众对自然与人文进行综合考量，对聚落环境赋予诸多美好期待的意象抒发，是对新安这一方特定区域人地关系的具象化解读和塑造。因而，新安族谱对景观和景观诗的记载非常多，通过梳理现存族谱中景观的记述，分析景观总结提炼的过程，探讨景观的蕴意，考察景观诗的吟咏，是深化对新安村落认识的重要一环。

第三章探讨明清新安乡村社会普遍举行的社与社祭，此为新安民众祭祖之外的重要祭祀活动。考察新安村社的设立及其与宗族的动态关系，分析村社的经费来源、管理人员及管理举措等运作实态，探讨新安村社每年例行的春、秋两季祭祀活动，重点考察与社祭结合的元宵灯祭盛况，以揭示明清新安民众日常生活的多样性及宗族高度重视社祭的原因。

第四章考察明清新安乡村社会的迎神赛会活动，这也是为历代礼家非议和力图改正的所谓民间淫祀，但在乡村社会中具有重要地位，是民众日常娱乐休闲的重要方式。本章将梳理镶嵌在新安岁时节日序列中迎神赛会活动的种类，重点考察为驱瘟攘灾而举办的保安善会，分析其举办过程及执事人员的作用。围绕汪华及其诸子的崇拜探讨迎神赛会祭祀的神灵，讨论新安官府和宗族对迎神赛会的态度和治理，以呈现民间习俗的强大生命力和影响力。

第五章是在上述几章考察中生发的问题，探讨在祭祀祖先、神灵，驱瘟除灾，成婚求子、禁山护林等与新安民众日常生活息息相关的活动中搭台演戏习俗，探讨新安宗族和民众演戏的场合及目的，分析演戏活动展开的过程，从选定戏班，讲好戏本，签订合同，到迎接戏班，搭台搬演等各环节都有约定俗成的做法。本章还将戏班置于明清新安乡村社会发展的进程中，考察小姓戏班与主家之间的复杂关系，力图为探讨明清新安佃仆制和乡村社会的变迁提供思考。

第六章是个案探讨，考察明清绩溪县竹里村的信仰空间的构建，探讨大年会、太子会、施孤会、汪公会等会社活动的会期与仪式内容，并借助民俗学的研究方法，对乡民的节庆活动和大年会、太子会等会社的巡游路线与仪式场景进行深描。

第七章从地理环境和潭渡黄氏宗族发展脉络的角度，阐述潭渡村中具有宗族性特征的景观的嬗变情况，并分析其原因。结合潭渡的区位及地形，论述潭渡的对外交通状况。从水利设施和土地利用角度，分析潭渡村落景观的变迁，考察潭渡村产业结构状况。从风水与宗族的关系、潭渡黄氏对外交往、宗族祀产管理等角度，探讨潭渡村兴衰演变的社会结构层面的动因。

第一章　新安村落的发展与空间布局

在中国传统农业社会，村落是聚落的一个特殊类型，构成了乡村社会的基本单元。因各地自然环境、人文环境的差异，村落的面貌千差万别，形成了鲜明的时代特征和地域特色。新安村落是新安民众物质生产与精神生活依托的空间，反映了新安人民真实的生活场景。其产生、发展与新安地形闭塞、景致怡人的自然地理环境密切相关，在漫长的历史河流中，村落与宗族相辅相成、生生不息，形成了聚族而居的基本特征，展现了独特的演化路径、空间组织和布局形态。如今呈现于世人面前的新安村落是经过千余年历史的冲刷、积淀而存留下来的珍贵文化遗产，吸引了海内外千百万游客和众多学者的目光。

第一节　新安村落的历史地理背景

新安村落散布于江南低山丘陵地带，“新安介在名山大谷之中，四面环卫，众水旋绕”。[①] 境内分布着黄山、齐云山、大鄣山等名山广川，流淌着新安江、阊江、青弋江等奔腾的河水。在河谷相间的山麓平原地带，土壤肥沃，宜于农业耕种，人烟稠密，村落数量繁多。如歙北江村，“北障飞布，南带练溪，其间山田交半，顾平冈土阜胥可筑屋，中夹平原颇开朗。自宋歙州倅江公卜居，历七百载，烟户三千余家，分三派：西里村，州倅公孟派居焉；东外村，仲派居焉；中介塘，亦孟派出绍蜀源程氏，还居于村，通名其地曰江村”。[②] 侨居扬州的歙县岑山渡人程且硕在返乡省墓途中看到新安“乡村如星列棋布，凡五里十里，遥望粉墙矗矗，鸳瓦鳞鳞，棹楔峥嵘，

① 万历《休宁宣仁王氏族谱》卷首《谱序》。

② 乾隆《橙阳散志》卷一《舆地志 · 疆界》。

鸥吻耸拔，宛如城郭，殊足观也”。[1]怀着激动的心情写下了《春帆纪程》，流传后世，为我们揭开了新安村落的部分神秘面纱。

新安，“厥山峭厉，厥水清激”，山水名之久矣。梁武帝曾谓之“大好”，宋范仲淹谓之“幽遐”，其他见于吟咏者亦多。[2]清代黟县商人李宗煝在为光绪十三年重刊南宋罗愿编纂的《新安志》所写的序言中，简单交代了新安的山川形势，“新安，山郡也。其山，西北自岭峤下而出于休婺之间者，曰率山。登高视之，黄山、齐云巍峨，皆若有逊山，水东流为浙江，归震川。《汉口志》序所称率山之水北与练溪合为新安江，过严陵滩入钱塘者也。其西流者，一由祁门达浮梁，一由婺源达鄱阳，为庐江水”。[3]可见，山水环绕是新安最基本的地理环境。具体言之，徽州，“山地也”，其脉为中国南岭大干，由与浙江开化交界之马金岭入境，西北经塔岭、浙岭，又西北经休宁西境而为率山。折北为黄竹岭。又折东北，起天马山，经安息岭，折而西北，经榔木岭、西武岭，又折而东为羊栈岭，经汤岭，起黄山，迤逦东行，为篛岭、黄蘗山、大会山、仙人岩、遥遥岩诸山。又东析为二支，左行尽于金陵，右行尽于杭州。《赵黄门郡志略》对徽州的山川形势做了形象描写：“徽之为郡，在山岭川谷崎岖之中，东有大鄣之固，西有浙岭之塞，南有江滩之险，北有黄山之厄。即山为城，因溪为隍。百城襟带，三面距江。地势斗绝，山川雄深。自睦至歙，皆鸟道萦纡。两旁峭壁，仅通单车。方腊之乱，两崖驻兵。下瞰平路，虽蜉蝣可数，贼亦不敢犯焉。乃山多涧水，脉络如织。断崖绝壑间出通道。王雄诞之侵歙州，汪华栅新安洞口以守；黄巢之寇歙州，州人设鹿角于山中以御。”[4]

再具体到各县，淳安境内的山脉呈东北—西南走向，多分布于四周边缘地带，主要有西北部的白际山脉、南部的千里岗山脉和北边的昱岭山脉。海拔超过1000米的有80座。千里岗主峰磨心尖海拔1523米，为境内最高峰，位于淳安、开化、常山三县交界地带。丘陵山地占全县总面积的80%。淳安境内的河流统属钱塘江水系，溪河纵横，流向复杂，水系呈羽状。全县有新安江及其支流遂安港、东源港三条主要河流，其支流自四周流向中间，汇集于新安江干流，经铜官大坝东流至建德县梅

① 程且硕：《春帆纪程》，许承尧撰，彭超、李明回、张爱琴校点：《歙县闲谭》卷八，黄山书社，第258页。
② 乾隆《绩溪县志》卷一《叙·山川》。
③《重刊新安志序》，《新安志》，光绪刻本，国家图书馆藏。
④《赵黄门郡志略》，许承尧撰，彭超、李明回、张爱琴校点：《歙县闲谭》卷十八，黄山书社，第635页。

城与兰江合流，向北东注入钱塘江。[①]

歙县地貌以山地、丘陵为主，山川谷地面积较小。境内峰峦挺拔，丘陵起伏，山谷交错，河川纵横。歙县境内的山脉以渐江及新安江为界，在渐江、新安江北岸的山脉，悉为黄山主脉的分支；在渐江、新安江南岸的山脉，皆为休宁白际山发脉的连岭分支。歙县境内的河流属于新安江水系，除了金川搁船尖的皂太源和狮石大连岭西侧的营川河流经浙江之外，其余河流均在境内汇入新安江。新安江源流有南北二支：南支为渐江，是主源；北支称练江，发源于绩溪境内的扬之水和丰乐水、布射水、富资水在歙县县城西北合流如练，故名为练江。练江和渐江在歙县浦口汇流，始称新安江。[②] 南宋罗愿编纂的淳熙《新安志》就有歙县汇入新安江诸条河流灌溉田地数目的记载，“扬之水出绩溪大尖山，东流六十里至临溪，入歙县界，抵郡城西，合四水，南流入新安江。布射水出黄蘗山，南流至县北三十里合扬之水，溉田十六顷。丰乐水出黄山，东流至县西五十里合扬之水，春夏胜小舟，溉田三十四顷。富资水出昉源，南流至县北一里合扬之水，溉田七顷。昌溪水出柳亭山，东南流四十八里至双馆，合扬之水溉田二顷。绵溪水出绩溪佛论岭，西流四十五里至歙县东南凤池村，西十里合扬之水溉田二顷四十亩。武洪水出梢云山半壁中，南流二十一里经武洪村，又南流四里合扬之水，溉田七顷。”[③]

休宁县地貌以山地、丘陵为主，地势南北高、中间低，起伏较大，海拔最高处为六股尖。境内的山脉主要有五龙山脉、白际山脉和黄山余脉的延续部分。五龙山脉位于西南边缘，主脊呈东西向延伸，是钱塘江水系和鄱阳湖水系的分水岭。白际山脉在东南边缘，是天目山脉向西南延伸部分，主脊呈弧形，为北东走向，是与浙江的界山。休宁境内的主要河流是属于新安江水系的率水和横江，自西向东横贯全境。率水，又名南港，发源于六股尖。横江，又名吉阳水、东港，源于黟县漳岭的白顶山，经渔亭东流入境。率水与横江在阳湖合流，注入新安江，为渐江。[④] 淳熙《新安志》卷四《水源》记载：“率水出率山，北流百七十里合吉阳水，溉田三十顷。浙

① 淳安县志编纂委员会：《淳安县志》第二编《自然环境》第二章《地貌》，汉语大词典出版社，1990年，第37、40页。

② 民国《歙县志》卷一《舆地志·山川》。

③ [宋]罗愿：《新安志》卷三《水源》，光绪刻本，国家图书馆藏。

④ 休宁县地方志编纂委员会：《休宁县志》卷二《自然概貌》第一章《地质地貌》、第二章《山脉水系》，安徽教育出版社，1990年，第60～65页。

溪水出浙岭，东流县南百一十一里，溉田二十七顷。方源水出方源山，北流四十里合源坑水。源坑水出鹿髀山，南流百五十里，溉田三十一顷。夹溪水出石坼山，南流六十七里合吉阳水，溉田十顷。五城水出县南，三十里北流，溉田四十顷。……南当水出南当山，东流百五十里，溉田三十二顷。”

黟县处在黄山山脉及其南北两坡上，境内峰峦延绵，山势由北东向南西方向延伸，海拔 1000 米以上的山峰有 52 座。河流均发源于境内中部中山，分属于青弋江水系和新安江两大水系，全部流出县境。水系形式分为放射状、树枝状和网状三种，主要河流有漳水、虞山溪、漳溪、清溪、竹溪河等。[①] 淳熙《新安志》卷五《水源》记载："吉阳水，出吉阳山，东流至白茆渡，入县界，屈曲九十里，经黎阳口合南当水，东流三十五里，下黄墩村，北流四十五里，出歙浦，合扬之水，通舟船，溉田四十四顷。章水，出县北十八里章山，东南流二十七里至县界。又东南流五里合横江水，溉田十一顷。横江水，出武亭山，东南流二十八里合章水，入鱼亭口，溉田八顷。鱼亭水，出鱼亭山，东流二十里至鱼亭口，合吉阳、横江水，东流入休宁界。牛泉水，出牛泉山，东南流八十里至鱼亭口，合吉阳水，溉田三顷。”

祁门县境内山峦起伏，清溪纵横，地势北高南低，地貌以山地丘陵为主，中山、低山、丘陵、山间盆地和狭长的河谷平原交织，呈网状分布。黄山山脉自东北入境，主脉西至赤岭口，牯牛大岗横亘于北部与石台县交界处，主峰牯牛降海拔 1727.6 米。东南诸山为五龙山余脉，由休宁县逶迤北来，形成众多 600 ~ 800 米的中山，呈带状分布于县境南部。五龙山脉与牯牛大岗一南一北，成为祁门天然屏障。中部为低山丘陵与山间谷地，纵横交错，由东北向西南倾斜，最低点是与江西交界的倒湖，海拔 79 米。祁门境内主要有四大水系，分别是阊江水系、新安江水系、秋浦河水系和青弋江水系。阊江发源于大洪岭南麓，自北而南，纵贯全境，在倒湖汇大北河入江西境，注入鄱阳湖，是徽州人西行的主要水路。[②] 淳熙《新安志》卷四《水源》记载："大共水，出大共山，南流八十里，溉田五顷三十亩，西南流百二十里入浮梁界。大北水，出历山，东流五十八里合大共水，溉田十七顷十七亩。小北水，出举根山，东流五十里，溉田二十顷，西入浮梁界。卢溪水，出梅南山，屈流三十七里合大共

① 黟县地方志编纂委员会：《黟县志》，光明日报社，1989年，第46～53页。
② 祁门县地方志编纂委员会：《祁门县志》，黄山书社，2009年，第15～18页。

水，溉田八十顷。新安水，出新安山，西流三十三里，溉田五顷三十一亩，入浮梁界。武亭水，出武亭山，南流四十五里合大共水，溉田八顷四十亩，入浮梁界。义城水，出玉岭，东入沂竹坑，溉田二顷二十亩。赤溪水，出鱼亭山，西流五十里合大共水，溉田十二顷八十亩。鳙溪水，出武陵山，西南流六十里入鳙口，合大共水，溉田一顷。”

婺源，“为山诸侯国，嵌山而邑，隙山而田。据徽鄱之交，俯吴中，亘楚尾，穷僻斗，入重山，复岭攀萝挽葛，不可舟车，群山周回，风气绵密。其土膏沃，其水清洁，其民弦歌礼乐，有邹鲁风。虹井毓贤，与东山泗水比灵可也”。[①] 婺源属中低山与丘陵区，山地占县内总面积的绝大多数，地势由东北向西南倾斜。东北群山逶迤，峰峦叠嶂，西南丘陵绵亘。境内的山脉起源于中国三大山脉之一的南干山脉分支。从浙江开化的大举源、古田山入境至本县的石耳山、大鳙山。大鳙山干脉向东延伸折北，转经休宁县的三溪源、扶车岭至本县塔岭，再经燕岭、五龙山、回岭、大余山、觉岭、高湖山、斧头角等山，突起大鄣山。大鄣山，今名鄣公山，干脉北行迤东，入休宁县界。婺源县河流属饶河水系，为乐安河上游，干流为星江，又名婺江，以古坦水、段莘水于武口汇合始，流经香田、三都，绕县城至梅林小港侯，纳潋溪、高砂水、横槎水至凤洲小港汇赋春水。主要支流有段莘水、古坦水、武溪水、江湾水、浙源水、潋溪水、高砂水、横槎水、赋春水等，纵横全境。[②] 淳熙《新安志》卷五《水源》记载：“婺水，出大广山，南流五十八里，还绕县城，又南流四十里合斜水，舟行通鄱阳江，灌田二十二顷六十亩。武溪水，出浙山，南流五十里至县西北合婺水，溉田十三顷四十三亩。益阳水，今符溪源也，出浙山，西南流百八十三里，至三溪水，合流入乐平界，溉田三十五顷三十四亩。斜水，出斜山，南流九十里合婺水，南入乐平界，通舟行，溉田三十九顷十一亩。大鳙水，出大鳙山，西北流十七里合斜水，溉田九顷二亩。小敛水，出小敛山，西南流四十里，入乐平界，溉田十八顷七十一亩。梅源水，出梅源山，东流三十七里合浙水，溉田八十顷七十六亩。濬源水，出濬源山，南流合吴溪水，溉田三十二顷二十二亩。吴溪在乐平界。杭溪水，出石龙山，南流至杭口，入乐平界，溉田三十八顷四十一亩。”

绩溪是含中山的低山、丘陵区，“大鄣，为县镇，实新安山水之所宗也。巃嵸

---

① 乾隆《婺源山水游记·序》。

② 婺源县地方志编纂委员会：《婺源县志》第二篇《地理环境》，档案出版社，1993年，第65～72页。

峙于北，积石峨峨，几与剑阁等，芦山绕于西。其水入扬子、钱塘两江，抑亦雄视一方者矣”。[①] 大会山山脉出自黄山箬岭，从西入境，东北走向，绵亘于和旌德交界地带，主峰大会山坐落境内，山脊海拔超过1000米。东析两支，北支金岭与主脉平行，南支竹根尖东迤于昆溪、常溪河谷间，成低山、丘陵。徽岭山脉，又名大尖山。在县城西北，东北走向，是境内长江水系与钱塘江水系的主要分水岭。山脊自大源金刚岩至金沙黄岭，山岭有驿道、关隘，主峰为仙人岩尖。大鄣山，又称三王山、玉山，即《山海经》所载的三天子鄣山。大鄣山山脉为天目山山脉的中段，由四列山脉组成，主峰清凉峰。绩溪境内的河流分属长江、钱塘江水系。长江水系为徽水河、尚田河、戴川水，经旌德注青弋江；另一支为戈溪河、金沙河、龙溪河、莲坑水经宁国注水阳江。钱塘江水系为登源河、扬之水、大源河、大障河、半茶水、金坑水，经歙县注新安江。两大水系的分水岭横贯中部全境。[②]

通过上述分析，可以看出新安村落所处的川谷崎岖、山水清幽的自然地理环境，一方面，四周群山环绕、险要且封闭的山川形势提供了天然的保护屏障，使得新安历史上较少受到战乱的破坏，成为中原世族大家避难的世外桃源。另一方面，溪谷纵横为新安先祖在此地安居生息提供了相对优良的农耕条件，山涧溪水冲积，土壤深厚而肥沃，能够保证基本的农作物种植，提供生存必需的粮食。而靠近河流地带居住，不仅交通便利，也可以获取日常生产、生活所需的水源，所以笔者才不厌其烦地引用淳熙《新安志》对河流灌田面积的记载，也正是想呈现传统社会河流对农业生产生活的重要性。因而，层峦叠嶂、山限壤隔的自然环境为新安宗族和村落的发展提供了得天独厚的有利条件，如遂安县，“邑僻居岩谷，附山依水，悉成村落，广莽处随高下为田”。[③] 如歙县，“邑俗旧重宗法，聚族而居，每村一姓或数姓，各有祠，支分派别，复为支祠”。[④] 歙县东门许氏宗族指出：“族大指繁，蕃衍绵亘，所居成聚，所聚成都，未有如新安之盛者。”[⑤] 休宁隆阜戴氏宗族和村落的发展也生动地诠释了这一点：“隆阜在县东迤南二十七里，周环皆大陆广川，形势圹埌。吾家聚处于此

---

① 乾隆《绩溪县志》卷一《叙·山川》。

② 绩溪县地方志编纂委员会：《绩溪县志》第二章《自然环境》，黄山书社，1998年，第72～82页。

③ 万历《遂安县志》卷一《方舆志·风俗》。

④ 民国《歙县志》卷一《舆地志·风土》

⑤ 乾隆《重修古歙东门许氏宗谱》卷九《城东许氏重修族谱序》。

垂七百七十余年，其间沧桑递更，隶属不一，而今之户口、阡陌则甲于他镇焉。”[①]

第二节 新安村落的发展演变

新安历史悠久，早在旧石器时代，就有人类活动的足迹，如歙县富堨冯塘村旧石器时代遗址中出土了砍砸器、尖状器、盘状器、船形器、刻镌器和石矛等石器。新石器时代的遗址更是星罗棋布，如淳安县左口、上梧等地出土了大量石器、陶器，建德县境内安仁乡的后山村遗址、航头乡东村的杨树岗遗址、溪沿的六山岩遗址也都发掘出大量的石器、陶器、陶片，久山湖、过塘源等地亦发现新石器时期遗物。[②]其他如绩溪庵顶上、水楂山、方家园、龟山，歙县新州遗址、桐子山遗址和下冯塘遗址等出土的文物表明，早在新石器时代，就已有人类活动的痕迹。[③]进入文明社会以后，新安先民参与创造着古老的文化。屯溪奕棋自1959年至1975年先后发掘了8座从西周到春秋时期的土墩墓，是我国江南地区吴越族群埋葬制度与习俗的独特文化遗存，出土了大量的青铜器、几何印纹陶和原始瓷器，是南方青铜文化体系中的一个重要组成部分，具有越地文化的典型风格。[④]秦汉时期居住此地的主要是土著山越人，先后设置黟、歙二县，充分说明新安经济社会的发展程度。

东汉末年以来，随着中原地区发生大规模的社会动乱，世家大族开始向新安迁徙，“邑中各姓以程、汪为最古，族亦最繁，忠壮、越国之遗泽长矣。其余各大族半皆由北迁南，略举其时，则晋、宋两南渡及唐末避黄巢之乱，此三时期为最盛。”[⑤]据《新安名族志》及其他家谱记载可知，西晋永嘉之乱至东晋，由中原地区迁居徽州的有鲍、余、俞、黄、程、詹、郑、胡等九大姓氏，南朝又有闵、任等大姓迁入。唐代安史之乱至黄巢农民大起义，有姚、陆、陈、叶、孙、洪、罗、舒、蒋、范、吕、凌、朱、李、

---

① 崇祯《休宁戴氏族谱》卷一《记》。

②《淳安县志》第一编《建置》，第1页；建德县志编纂委员会编：《建德县志》第二章《历史沿革》，浙江人民出版社，1986年，第4页。

③《安徽优秀传统文化丛书》编写组：《徽州文化十讲》，安徽大学出版社，2015年，第12页。

④ 李国梁：《屯溪土墩墓发掘报告》，安徽人民出版社，2006年。

⑤ 民国《歙县志》卷一《舆地志·风土》。

毕、曹、康、冯、夏、吕、江、许、项等近40个大姓迁至徽州。两宋时期，又有韩、柯、宋、周、饶、马、杨、佘、章等20多个大姓为躲避兵火而迁徙过来。众多大姓在定居地以家族为单位生活，在地势平坦的山麓地带或临近山间的溪流之畔，形成移民型村落，新安主要河流沿岸分布着数量众多的村落。日本学者山根直生曾统计出《新安名族志》记载的84个宗族、722个住居地点，并把每个住居点最早移民作为该地村落成立的时期，推断出徽州村落开发的大致轨迹。唐末，在狭隘山沟附近的村落地点多。反之，末期以外唐代较多的地区是从歙县西部到休宁东部，也即徽州盆地中央丰乐水和富资水周边，像岩镇、潭渡、唐模、向杲、叶村、沙溪、徐村等都是唐元和年间以前成立的。五代时期的村落在东西交通之路上发展。而宋代时期的村落多集中于徽州盆地中央，尤其是在河流的附近，如休宁吉阳水两侧、率水周边和婺源西南部也都开始出现大量村落，由此可见，徽州开发进程中宋代是一个重要时期。[①]山根直生的研究给我们带来启发，淳熙《新安志》记载了六县乡里名称，可以看出时至南宋，新安的开发程度和村落分布情况。

淳熙《新安志》所载各县乡里名

县名	乡名	位置	里名	备注
歙县	明德乡	县东	良干、明化、承风、怀金、还城	
	平辽乡	县西	仁风、乐平、善福、新平、黄池	
	中鹄乡	县西	迁乔、礼教、长林、澧泉、万年	旧曰游山，南唐时以舒雅为进士第一，故改之。
	孝女乡	县南	孝女、龙年、药潭、延宾、章湍	旧曰合阳，唐以章氏女孝，故改之。
	长乐上乡	县南	富思、白杨、沙溪、迁溪、西村	
	布政乡	县北	安仁、归化、成果、连溪、连山	
	宁泰乡	县北	仁祐、仁爱、宁信、犹风、儒宗	
	长乐下乡	县东南	长乐、龙潭、傍溪、铜山、王干	
	登瀛乡	县东北	折桂、清平、化成、宣化、永泰	旧曰登龙

① [日]山根直生：《唐宋之间徽州同族结合的诸类型》，《徽学》第四辑，安徽大学出版社，2006年，第152～165页。

续表

县名	乡名	位置	里名	备注
歙县	仁礼乡	县东北	万安、石干、宁仁、溪头、永福	
	永丰乡	县西南	安业、长清、永杨、清泰、寒山	旧曰永昌
	长寿乡	县西南	卒城、龙宿、龙还、龙巷、怀德。	
	仁爱乡	县西南	金山、长沙、富资、宁固、涌泉	本唐敬爱乡
	宁仁乡	县西南	修集、神山、临江、章溪、仁福	
	通德乡	县西北	长春、隐儒、敦孝、灵泉、丰乐	旧曰同德
	孝弟乡	县西北	永安、玉泉、信行、和睦、万安	
休宁县	忠孝乡	县西南	孝芝、宣仁、怀义、孝义	
	安乐乡	县北	安乐、和孝、嘉福、吴田、长汀、积善	
	良安乡	县北	闲田、安乐、群贤、移风、还珠	
	吉阳乡	县西	兴善、大和、松溪、鼓腹、永和	
	履仁乡	县西	永康、太平、仁义、仁德、回溪	
	黎阳乡	县南	信行、依仁、合阳、信安、怀仁	
	游山乡	县南	方潭、同化、重信、嘉禾、忠义	
	和睦乡	县南	方溪、兴教、轻财、富义、长乐、太清	
	嘉善乡	县南	奉正、睦亲、绍圣、从善、永丰	
	千秋乡	县南	千秋、江津、仙皃、回口、 中平、通里、永庆、和化、承端	
	虞芮乡	县西	常乐、敬安、趋化、新析、淳义	
祁门县	制锦乡	县西南	和光、遐岑、日新、安福	安福、尤昌、善和、儒教四都又各分上下，凡23都
	归化乡	县东	归仁、义成、沙溪	
	武山乡	县南	化成、尤昌	
	福广乡	县北	万石、泉水	
	善和孝上乡	县西	文溪、顺定、儒教	
	仙桂上下乡	县西	上乡：书锦、新丰 下乡：南塘、安定	

续表

县名	乡名	位置	里名	备注
婺源县	万安乡	县东北	松岩、千秋、灵属、长城、大鳙	
	来苏乡	县西北	安丰、长寿、何暮、芮平、来苏	
	浙源乡	县北	鸠川、临城、大安、嘉福、孝弟	
	怀金乡	县西	怀金、黄冈、游汀、三溪、福临	
	丹阳乡	县西南	瑞亭、云亭、环石、还珠、新定	
	游汀乡	县西	杭溪、延宾、符溪、婺安、凤亭	
绩溪县	仁慈乡	县城内外	龙泉、龙宣	
	良安乡	县南	新合、宁泰、花千	
	新安乡	县东	龙山、新兴、永宁	
	遵化乡	县东北	石门、新建、借溪	
	宣政乡	县北	杨溪、斜溪、归仁	
	新华乡	县西	分流、幽山、随溪	
	杨山溪	县西	徽杨、修仁、高峰	
	修仁乡	县西	常溪、守节、归山	
	惟新上乡	县东	新安	
	惟新下乡	县南	感化、麟福	
黟县	会昌乡	县西北	连城、嘉祥、历阳、延福、蜀里、敦义	
	顺仁乡	县东北	古城、长宁、怀仁、顺化	
	新政乡	县东南	清德、明德、鱼亭、东亭、云岩	
	怀远乡	县西南	昇平、靖节、安宁、新城、丰乐	

资料来源：淳熙《新安志》卷三至卷五

从上表可见，歙县共有16乡80里，休宁共有11乡60里，祁门共有7乡23都，婺源县共有6乡30里，绩溪县共有10乡26里，黟县共有4乡20里。6县的村落开发程度可见一斑。

随着人口繁衍，始迁地无法满足不断增加的资源需求，开始向外迁徙，发展为一个个新的村落，但又与迁出地保持着密切联系。新安程氏始祖程元谭在西晋永嘉之乱中辅佐琅琊王起于建业，为新安太守，“有善政，民请留之，赐第于郡西之黄墩，遂世居焉”。[①] 十三世程灵洗年少时即以勇猛闻名，在侯景之乱时起兵保卫州里，被陈霸先委以重任，受封重安县公。卒后赠镇西将军，开府仪同三司，谥号“忠壮”。新安士人感念其保卫乡里的功德，于黄墩为其立庙祭祀，南宋敕建世忠庙，追封广列侯。程灵洗共有子 22 人，嗣后子姓开枝散叶，繁衍生息，蔓延郡邑，代不乏人，号称“篁墩程氏”。据《程氏篁墩录》所载，篁墩之名，是因其地产竹，为程氏世居之里。唐广明间，黄巢兵乱，所过地方无噍类，但地名中有黄字者即放过而不加残毒，篁墩人因而将“篁”改为“黄”以避祸。明成化年间，翰林学士、程氏裔孙程敏政改回“篁墩”，并以之为号，又号篁墩居士、篁墩老人。明中期思想家邱濬曾作《篁墩》诗：“忠壮当时旧住村，万竿修竹拥篁墩。洪明凶焰俄经过，渭水侯

黄墩十六族迁徙图

① [明]戴廷明、程尚宽等撰，朱万曙、王平、何庆善、于石点校，余国庆审订：《新安名族志》前卷《程》，黄山书社，2004年，第18页。

封不复论。废址千年摇燕麦，灵根一旦茁龙孙。枝枝果叶还如故，劲节清风振古存。”[①]又如淳安姜氏宗族，“以孝子著，孝子后人以五派传，散处于邑之卢溪、古城、富川、龙源及邻邑遂安洋田与徽之绩溪，子姓繁衍，析支咸茂”。[②]

休宁范氏宗族迁居博村后，子姓众多，陆续自博村迁出，明万历年间纂修族谱时，特绘总图记载各宗支地名，“而村居、形胜则族人才生殖所由出焉，故分图以纪之”。以分迁时间之先后为序，分别登载祖居地博村和汊口、林塘、油潭、合干、闵口、瑶关，从中可以看出范氏宗族迁居经过和分迁地村落的发展。[③]休宁博村为范氏宗族祖居地，唐宪宗元和（806 ~ 820）末年，观察使范傳正府君迁居博村。博者，“志气清诏使孟博公之后，府君自名之，不忘祖也”。范傳正辟地筑室于博村丁山下，“脉落灰龙，局结丙向”，自题其堂曰“止善”。博村以外，松萝山屏其北，齐云山肩其西，笔峰山卓其南，率屯镇其东，四周皆翠岚之山。博村以内，则赤山、龙山、富山、岩山与丁山相环绕，五峰并峙如绣球，植满树木。[④]博村有田畴数顷，“塘广地僻，林深田夷”，为范氏宗族提供了优厚的耕种条件，范氏族人在此地勤劳树艺，广采众收，子姓蕃衍，势力日渐强大。宋宁宗庆元六年（1200），观察使十五世中支孙范震范可起是汊口程少师程洺水先生外甥，“渭阳义笃，教育毕至，乃于迁自博村，依外家居焉”。汊口村在博村西南 30 里，地属二十都，距离县城 50 里。汊口的主山脉发自金岭方原山，共三支。平原上下一样宽，中间稍狭。村分上中下，长亘 5 里许。溪水出自璜源，南下绕西至北，与珮琅水西会，二水远自夹岐阳而来，交于村之水口，合流后往东北十里汇于临溪。因村在水口交汊之上，故又名“汊口”。[⑤]宋理宗景定五年（1264），观察使十五世中支孙范千九府君相中林塘，遂迁居此地，林塘在祖居地博村西北 5 里，距离休宁县城 20 里，村外有高岗名“申山”，申山周回 3 里许，与居址相合，术士谓之“回龙朝祖“，岗内外皆沃野可耕。回龙合处为方塘，大约 10 亩，塘上为丘，郁郁苍松成林荫，林塘亦因之得名。范千九“初筑室于案山外东向，今仍呼为祖宅。后以啬生育，遂改今居，庐舍犹朴”。数传至成德、仲德、俊德三

---

① [明]戴廷明、程尚宽等撰，朱万曙、王平、何庆善、于石点校，余国庆审订：《新安名族志》前卷《程》，黄山书社，2004，第19页。

② 康熙《姜氏孝子大民公派宗谱》卷之首《鲍序·姜氏族谱序》。

③ 万历《休宁范氏族谱》卷四《谱居·同邑各村总图》。

④ 万历《休宁范氏族谱》卷四《谱居·七族村居图说·博村图说》。

⑤ 万历《休宁范氏族谱》卷四《谱居·七族村居图说·汊口图说》。

兄弟，风气益开，规模渐广，遂拆故庐建新室，三房分灶各住，“参差建造，所置田产，滋倍于前人”。林塘范氏布德施惠，邻里贫者咸赖以植立。村中原有一二小姓，因势力日渐萎缩，最终把所住屋宇卖给范氏，“售厚价，俱如数给之无吝”。自是环村居而者皆为范姓。[①]

油潭，即高枧族，隶十八都，在博村南10里。观察使长支十八世孙茂公入赘油潭徐氏，乃自博村迁居而来，时间在元代。宅前有宋淳祐年间所建旧屋二所，元时建成积善堂，以聚居子姓。屋后蓄竹木，苍翠成林；屋右侧有古墙及水坝，植有大株木和罗汉松。门前为膏腴田数十亩，外为高峰殿、灵应山，来水从左绕田而前、而右、而后，汇于大溪。村之水口有石人峰，双起插天，形家谓“木火星辰，不易得者”。其居址龙脉远自南来，沿瑶溪、闵口而下，至油潭湖，复翻跳，直上二里许，迢递为平地，及大路，左盘右旋，或起或伏，名“瓜藤龙”。到范姓屋后，为高园，“乃卯龙木星结局，乙水且环向焉”。屋之左后侧为火佃房。油潭村另有黄、程、徐、吴、陈、师诸姓，其中黄氏迁来的时间晚于范氏，但其族姓支丁和财力却远远强于范氏，范氏族人将其原因归结为不事商贾，“范之父老、子弟累世安分，忍让行善，孝弟力田，兼治畦圃，不习江湖商贾，不识城市”。[②]可见，经商对推动宗族发展具有重要意义。

合干村在博村祖居地右首，相隔二里许。洪武二十八年（1395），观察公二十世孙齐公自祖居迁该地，实长支远公第四子，字叔齐，初赘合干程华保之女，因关系融洽，遂移居合干村，“今则人渐繁，青衿诗礼，犹籍家声。隐于贾者，每以廉、以义、以忠直闻。其妇人、女子亦多贞节可征，故家遗俗矣。”合干村西为宗岳山，南为江村，北为右源，村中有嘉靖二十年（1541）建造的和乐堂，隆庆年间建造的中堂、祀先楼、香火楼等，共有楼9座。和乐堂背后是远趣楼，正德年间造。和乐堂左边是宝善堂，水口有万历十四年（1586）建造的斯干环秀亭。沿路而上为店肆，如小型市集。村南是溪流，发源自九曲水，绕村落逶迤而行。[③]

闵口村在博村西南10里，属十八都。观察使二十一世中支孙闵生公之母、节妇吴氏，为闵口人，在永乐十一年（1413）产遗腹子闵生公，遂自博村迁外家居住，“历世以孝友节义为家政，生齿虽未盛，而风俗淳厚，勤俭相尚，有耆旧隐德，非积弱也”。

---

① 万历《休宁范氏族谱》卷四《谱居·七族村居图说·林塘图说》。
② 万历《休宁范氏族谱》卷四《谱居·七族村居图说·油潭图说》。
③ 万历《休宁范氏族谱》卷四《谱居·七族村居图说·合干图说》。

永乐初年建有志仁堂，诸子弟同堂出入。闵口东南与戴姓为邻，西北临古路。[①]

瑶关村在博村西十里许，属廿五都，观察使二十二世小支孙昙公娶瑶关程氏女，因于洪武十七年（1384）徙自里坑，遂家其地。里坑，为昙公之父弼公自博村迁居之地。弼公生二子，长曰昭右，守其父故庐，历四传而止，独瑶关一派云仍相续，与长、中二支鼎足相称。本支在博村时，有处士弥发公，儒林称“求迩先生”。以理学重郡邑，誉闻于朝，获风月嘉号，而家底殷厚，乐善好施，亦甲于一乡。“第生齿不繁，今昙公以后，视祖代食指稍加盛，而财赋虽裕，尚不及曩昔称雄，或盈虚之数也”。瑶关村之地脉自西而来，为马鞍山，再为望晓山。村中旧屋仅十存一、二，村内前后为大路，二路之中，前后为范氏宅基，住宅有笃义楼、光启堂联楹。村中心有迁祖旧祠堂一座，供族人岁时聚首团拜。右为继善堂，西向，火佃房星列卫之。村中另有程姓、詹姓，住在路北，与范姓为邻，拱卫村落。溪水则来自溪头茶园屏风山，绕于村东，环于村南，汇流于屯溪，“尤形家之所善也”。[②]

除了三次大移民，还有一类移民是在徽州做官，出于种种原因而挈家定居，出现在族谱中的理由是喜爱新安山水清幽，或山川秀美等。虽然是一种说辞，但也反映出当时徽州开发的程度较低，尚有很多适合农业耕作的地方，许承尧总结得很清晰：“又半皆官于此土，爱其山水清淑，遂久居之，以长子孙焉。”[③]如黟县卢氏宗族，“上世自易公宰居宣城，厥子振隐居太平县弦歌乡之郭村，有三子，长、次居郭村，季曰玄公，睹黟北山川秀丽，土沃泉甘，欣然爱慕，遂买田肇基构宇，挈家据焉，以为桑梓，遂呼所居之地，曰庐村。传迄今云仍蕃衍，愈炽愈昌，代有伟人。怀能不求闻达，乃黟之钜胄者矣”。[④]歙县北部的徐村，“邑北七里，徐氏世家焉。先世司空掾丰二十三世孙秋官侍郎曰‘有功’，秉法恕允，守死明道。五世孙商相懿，宗六世孙彦若相昭，宗七世孙兵部郎中绾孙昶历官歙州牧，出见七里黄田，原野广袤，山川环秀，因居焉，名曰徐村。是北祖上房之派，新安徐氏之始也”。[⑤]歙县桂溪项氏，“唐隐君辞吴越王聘，负琴书走贵川，爱其山水幽秀，由歙州转徙至此，为项氏世

① 万历《休宁范氏族谱》卷四《谱居·七族村居图说·闵口图说》。
② 万历《休宁范氏族谱》卷四《谱居·七族村居图说·瑶关图说》
③ 民国《歙县志》卷一《舆地志·风土》。
④ 清初抄本《黟县卢氏宗谱·世系迁居黟县卢村支图》。
⑤ 乾隆《休宁徐氏珊溪藕塘二族合谱》卷首之六《族志》。

居村土”。桂溪，又名小溪。是沿袭淳安茶园小溪之名，以不忘先人籍贯为淳安之意。桂溪村深得山水形势之胜，群峰环翠，之流潆洄，林木丛茂，土地肥美。其山有名者为金盆、银砵、岑山、壶山、上坞、东山、西山、箨龙、五峰、文笔、辛峰等，屹峙四周，实为一村屏障。莲华、涌埵等山拱卫于村落数十里外，与桂溪周围诸山遥相掩映，更增添了桂溪的雄秀之色。桂溪村外出有五条路，皆通大衢，西北出村口至王村，到达徽州府城及浙江严州府；东北逾源岭达渎川；西自古溪通瑶田，至休宁界；西南由上村至坑口，通遂安界；东南过岭口、长陔，通街口、浙江界。桂溪的水源有两条：一自严岭 25 里，出坑口；一自双尖 7 里，过丛林寺前。在七亩桥两水相会，并流南下，过岑山东偏由祠堂后绕而西向，复盘北而南，经岑山西偏折而又西，迂回北泄，出桂溪村，达王村，汇入大河。回环萦绕，形成一村之中水流三曲的局面，宋代朱熹曾为岑山之巅题词曰“三面潆溪，得桂溪之胜。”桂溪又有名为“涌泉”的泉水，相传井内有伏龙，故泉水寒冽，“涌泉”以此得名。此泉不仅为桂溪胜迹，而实为歙县名泉。桂溪村内，望衡对宇，栉比千家，鸡犬桑麻，村烟殷庶。祈年报本，有社有祠，别墅、花轩与梵宫佛刹甍于茂林修竹间，一望如在锦绣。而文苑、奎楼腾辉射斗，弦诵之声，更与樵歌机杵声相杂错，“风庞近古，彬彬乎质有其文，出者鼓吹休明，处者恬熙乐业。敦九族之谊，而联同井之欢，益知扶舆清淑，储孕有灵，而太平时雍之盛亦于斯见矣”。俨然一幅世外桃源的田园风光。①

从歙县许村村名的变化可以看出许村宗族演替和村落发展的轨迹，南梁（502 ~ 557）时，许村称为富资里。梁天监中（502 ~ 519），任昉出任新安太守，“尝行春，爱富资山水之胜，遂家焉。后名其居，曰昉源”。② 任昉品行高洁、德才兼备，在地方颇有政声，许村很多景观都以其名讳命名，如任公寺、升溪、昉溪、昉坑、任公钓台等，以表达对任昉的缅怀之情。唐大中九年（855），刺史卢潘“以其斥贤守名“，改昉源为任溪、任公村。唐末朱温篡位时，许儒奉父名自雍州被乱迁入江南，隐居新安歙县黄墩，为徽州一世祖。③ 许儒生有知柔、知稠、知善、知节四子。因黄巢兵乱，杀戮无度，相传黄姓或地名有黄字者可免其祸，到黄墩避难的人日渐增加，为求长远发展，许氏四兄弟商议外迁。族谱中记载道：“先是黄巢之乱，惨戮无度，

① 嘉庆《桂溪项氏族谱》卷二《桂溪图》。
② 隆庆《续修新安歙北许村许氏东支世谱》卷二《许氏迁徙地里考》。
③ 嘉庆《嘉庆六年许郫宗支谱》(不分卷)。

独惟黄姓或地名黄者得免祸，故黄墩避居者众，然异姓群处，势难久居。于是四兄弟会议，遍询卜术择居，以为子孙久远之基。得名术言：四君求居饶，歙二州，杨、洺、昉、董，富贵之基也。柔等拜而谢曰：'果得其地，世不忘矣。'四兄弟乃徙居四处。"四兄弟最终如愿找到了这四个地方，于是许知稠自黄墩徙居歙北昉源，"许氏日盛，因号曰许村。"许知柔迁居饶州乐平洺口，许知善迁休宁董源，许知节迁婺源杨村。[①]实际上，许氏四兄弟自黄墩迁居四处的事例在一定程度上反映了因避乱而移民的宗族在徽州境内进一步分迁的情况，这也是新安村落裂变的重要路径。

通过卜居的方式选择村落是众多外迁宗族的通行做法，如休宁罗墩王氏，"吾公讳良佐八公，日新之长子也。自幼嗜学，有长者风光。是祖珪公同伯祖贯公置庄产于休宁罗墩，公见下堠枝叶茂盛，居址狭隘，乃相其地，卜筮叶吉，遂侍孺人吕氏迁居焉，是为罗墩始迁祖"。[②]婺源县城北70里处有座山名为"凤凰山"，因山祖高湖，循浙岭以西，有水源出，遂名"浙源"，其里为"孝弟"，乃因里俗而后得名。唐末，查氏始迁祖观察公与婺源知县交好，初迁婺源时，在县治所西城外建造山房以供栖身。一天夜晚，二世祖宋太常寺太祝元修公做梦，梦到有神灵告之曰："得凤而栖，遇凰而止。"宋太祖乾德二年（964），元修公经过一处地方，环顾山水而心生欢喜，经询问当地民人，方知此地正是凤凰山，与梦中所见完全相同，顿时决定迁居过来。其后查氏子姓繁衍，支派寝广，皆以观察公为鼻祖，元修公为凤山始迁祖。[③]婺源查氏宗族迁居凤山是因梦而起，实则暗含卜居的成分，元修公是看到凤凰山风水绝佳，才决定迁居此处，所谓的梦到神灵只是一种托词，或赋予其迁居的正当性而已。

卜居实际上是依术士之言选择理想的居址，更是借助风水之说规划和营建村落，《阳宅集成》言："阳宅须教择地形，背山面水称人心，山有来龙昂秀发，水须围抱作环形。明堂宽大斯为福，水口收藏积万金，关煞二方无障碍。"这样的居址是非常符合术家言的"四神地"，即左青龙，右白虎，前朱雀，后玄武。去除风水说的神秘外衣，可以看出中国古代社会择地而居的重视村落环境的传统，也正是在长期的择地实践中形成了一系列准则，才进而演化为神乎其神的风水说。在某种程度上，

① 隆庆《续修新安歙北许村许氏东支世谱》卷一《许氏自文叔至知稠公世系总表》。
② 乾隆《约山支谱》(不分卷)。
③ 光绪《婺源查氏族谱》卷首下《查村住宅图》。

可以看出基址的选择和营造是在积累了大量事例基础上的提取，包含了对自然的敬畏、利用和改造。堪舆先生通过实地勘察村落周围的山川形势，按照“觅龙、察砂、观水、点穴、定向”等程序，为营建符合风水理想模式的村落提供了可供选择的方案。一般村落的选择条件是倚坐山，面朝山；坐山似龙，朝山如屏，狮象山把守水口，溪流如金带环抱等。简言之，背山面水、依山傍水是最基本的要求，这也是传统农业社会满足日常生产生活需要的必备条件。村落四周山脉环绕，背山面水，坐北朝南，一方面山脉合围处多是开阔平原地带，既适合建造村址，又有足够的耕地面积，而溪水环抱村落则保证了农业灌溉和村民生活用水。另一方面，村落坐落大山间，层层合围，易守难攻，而村落水口构筑的建造物和林木也形成了天然屏障，具备很好的防御功能。如许知稠卜居许村后，依据形家言对村落进行了建设。道光《广陵高阳许氏宗谱·村居》从五行角度介绍了许村的地理形势：“属歙邑北境，脉自黄山，据箬岭、良源，二水之会，盖其形胜。黄山毓秀，灵幛回环。左文峰，右武岳，双溪汇流。蒲山，木，为居东；丁峰，火，为居南；武山，金，为居西；四岳，水，为居北；中山，土，为居中。五行归垣，地脉绵袤，诚为族居。”而清代编订的《许

歙县许村村居图

氏东支敦本堂谱·许村山川形势说》更为具体地介绍了许村的山川形势："许村自吾祖知稠公始迁篁墩来，卜居中之麓。左文峰，右武岫，迎天马，倚金屏。双溪环清，群山拱秀，碧钟黄海，脉衍连江。由天都莲花峰东行一百里起，为箬岭，分三干。南下几四十里，中干庄重，至中山而结祖墓；西干蜿蜒屈曲，右旋而结环里沙堤；东干龙凤飞舞，左旋而开青山。东西别出一支，交会于妙崖，为内庭之门户。形若葫芦，势成二谷。两溪汇流至此，西折南行犹有灵峦环嶂。地脉既绵，水口自多重复。东流有狮象互峙；跳石有日月交辉；丰口有龟蛇盘纠。直行回转，折抵凤凰台雨粟庵，两大收而拥护形势，故以烟村十里，甲第联翩。王季唐、宋、元、明及国朝，家声无替，族望新安。因祖宗识卓于开基，亦山川之灵秀也。"①这段话点明许村具有极佳的风水，是个理想的居址，虽然有些许瑕疵，但可以通过补救，进行创造性改造和设计。如为了留住财气，挡住邪气，许村营造了三处水口，在明代先后修建了五马坊、高阳桥、枕漱亭、大观亭等，形成了独特的水口景观，也使整个村落更加符合理想中的风水宝地，因而许村甲第联翩，家声无替，族望新安。②

再如黟县西递胡氏，"自北宋皇祐间，五世祖士良公由婺来黟，遗荣访道，占行望势，爰筑室于仁山，燕子贻孙，遂移家于福地。是目树联蕃衍，瓜派联延，建祠宇于村中，曰敬爱堂，奉支祖士亨公神像，祠乙辛向，对汉耳之峰，收西流之水，因守暗纳之说。祠前目石桥盖于溪上，其时之人皆不知暗纳、不知明收之为善也。迨二十二世仁公读书稽古，精究青囊，知金带之回环为石桥所掩隔，于是谋诸父老，审形除去。虽前此贤豪辈出，代不乏人，肰自除溪桥之后，而宗枝茂盛，浸炽浸昌，殆加前一等矣"。③这是典型的通过改造村落景观来改变宗族命运的事例。胡氏五世祖士良公通过"占行望势"，看中了西递的山水形势，并在仁山筑造居室，后世子孙颇为兴旺。族人在西递村中建造了敬爱堂，供奉支祖士亨公。该祠堂的坐向很讲

① 转引自许村志编纂委员会：《许村志》第一篇《地理·村落》，黄山书社，第24页。

② 如五马坊在明洪武年间建，汀州知府伯升公之坊也。原有木坊，成化间被毁。正德三年(1509)，许氏裔孙显宗、德政、大兴等具词告府给照重建石坊。高阳桥，为友山公因昇水浩瀚，车马苦涉，乃建石桥于其上，名曰昇溪桥。至明朝颓败，许汉清、德政、胜生等捐资垒石重造如故，改称高阳。桥西头南边计田成地10步。枕漱亭，在任公钓台之上，许焕文公有任公之风，常憩于竹木之间，竟日往返，乃构亭，并辟圃种花，为悠游之地。大观亭，在高阳桥之左，嘉靖十八年(1539)，许正岩孟孙、瑞孙、贤孙、一贯等倡率东支族众捐资建造，下便村人憩息，上寄达人之达观。当时浙有康山先生馆于西溪，常临于其上，匾之曰"大观亭"，为八角三层式，远近咸取法焉。见隆庆《续修新安歙北许村许氏东支世谱》卷二《墓道宫室桥梁考》。

③ 道光《西递明经胡氏壬派宗谱》卷一《西递村图》。

究风水，乙辛向，“对汉耳之峰，收西流之水”。但胡氏宗族最大的隐患是在祠前横贯村中的溪流上加盖了一座石桥，二十二祖世仁公通过“精究青囊”，方知“金带之回环为石桥所掩隔”，遂拆去石桥，自此胡氏宗族枝叶繁茂，愈发强大。

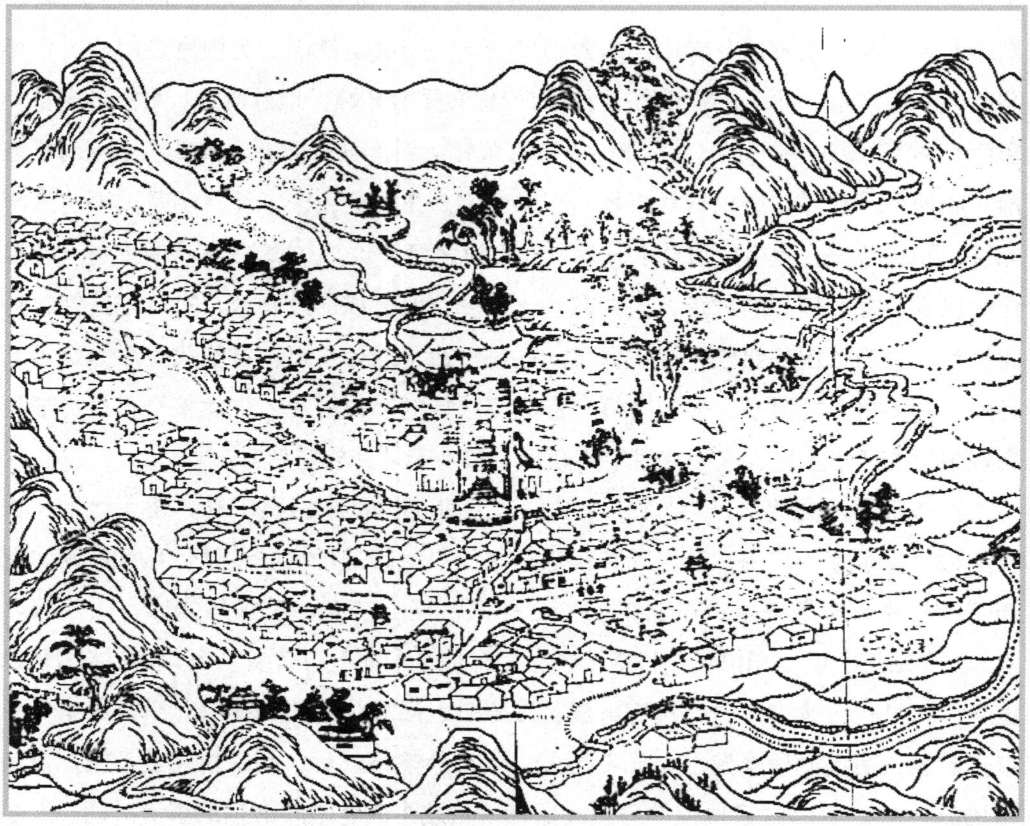

西递村居图

第三节 新安村落的空间布局

选址是村落发展的初步工作，选址确定后，即开始建造房屋居舍，进行村落开发。传统新安民众充分利用村落先天的自然条件，根据日常生产生活的需要，逐步打造村落景观。地形山势、溪水河流、道路交通等自然条件和社会习俗风尚、经济条件等人文要素互相影响、叠加作用，共同制约着村落的空间布局。村落的布局形态主要分为聚居型和离散型两大类，在聚族而居传统的影响下，新安村落的空间布局以聚居型为主要形式。各类建筑构成村落的筋、骨、肉，主体建筑是民居，以满足人们最基本的生存需要。其次是祠堂、庙宇、牌坊、桥梁、亭阁、楼台等公共建筑空间，满足人们精神生活需要。园林艺圃则较为小众，因宗族和个人审美品位和财力而异。作为村落门户，水口及其附属建筑也受到新安民众的高度重视，形成了极具特色的水口景观。溪流是村落的有机组成部分，参与村落的建造。村落的开发布局依山就水，构筑街巷，建筑物随流水走向布局，并依据溪流的地形起伏而参差错落富于变化。新安村落是一个重要的有机整体，根据起承转合的要求进行布局、设计，村落各组成要素、组成部分有机衔接，彼此间互相作用、补充，承担不同的功能，成为村落整体不可或缺的一部分。互相联系、作用的要素有机地组合起来，形塑了村落的布局，造就了富有特色的村落空间。

水口是村落水流的入口和出口之处，亦是村落的门户和标志。为了使水口达到护佑宗族人丁兴旺、财源广进的初衷，新安先民高度重视水口的营建，增加亭、台、塔、阁等建筑物，“歙邑各族多有水口，栽种竹木花卉者，楼台辉映，幽雅宜人。置身其间，如入仙境”。[①] 檀干园是歙县唐模村水口园亭，依山抱水，中间有一处约10亩大的水池，池心是镜亭，墙壁间陈列宋、元、明人石刻。镜亭的北侧隔水的空隙，旧时栽种松木，旁有小榭，匾额题为“花香洞里天”。四周皆长堤古树，老梅最多，列秀亭及檀园旧址俱在南山上。乾隆二十九年（1764），岩寺人鲍薇省为檀干园题诗《首冬游檀干水口周览新葺园亭同诸生作得船字》云：“亭北湖波阔，堤边近有船。补栽花外柳，横拓月中天。一带松屏旧，平桥画阁连。参差迷向背，点缀白清妍。墨妙前贤聚，诗仙几辈传。高台还左抗，曲径又斜穿。文宴尊盘敦，春游洽管弦。考工冬可了，梅蕊逗新篇。”鲍薇省此诗，可证彼时檀园已圮，改为列秀亭，所谓“新葺园亭”，位置大约在池东南一带。南山西麓旧有神祠，旁边有室面向溪流，是为“清听”室，旁有一联曰：“溪流无岁月，月色有春秋。”许承尧补书此联，并移于溪北园门。此大好园亭毁于咸同兵火，民国初年仅存镜亭、笠亭、小榭、花汀数处。许承尧先后修复了肇淳堂、鹤皋精舍、幽溆亭，但南山上亭台未能修复，与从前相比，檀干园仅得其一半的规模。[②]

① 乾隆《沙溪集略》卷一《古迹·古松亭》。

② 许承尧撰，李明回、彭超、张爱琴校点：《歙事闲谭》卷十《鲍薇省游檀干园亭诗》，黄山书社，2004年，第332～333页。

歙县沙溪村是凌氏宗族聚居村，宋元以来，经多次建设，“卉木布置益工”，形成了以卓秀亭为中心的村落水口景观。明万历中，里人凌孟宗公建造桥一座，以其与大圣桥并列相望，又名“双桥”。为沙溪南北通衢必经之路，花柳夹堤，互相掩映。车马往来，辐辏之区。凌孟宗还在桥北建亭一座，用以镇水口，壮观瞻，亦为一方文笔。该亭共有十二柱，上分六脊，俗呼为“六角亭”①。明末，沙溪水口景观已初具规模，“新桥之南则有文台，登览其上，挹紫阳之白云，听昉溪之流泉，苍松翠竹，娱目悦心。独其北一面，平旷无奇。东有大圣桥，与新桥相对，共跨小溪，溪水澄鲜。当三春时，桃李茜灿于溪岸，过斯桥者俯仰左右，顾而乐之，以为武林之名胜不过是也”。但其后因六角亭毁于火，使得水口有残缺，“顾其西无藩篱，无布置，破屋颓垣，若与岩径萧条者等。使非作亭于新桥之侧，则西北一隅颇有缺陷，过而览者，所不能无憾尔”。

万历《休宁范氏族谱·谱居第三·林塘村居图》

① 乾隆《沙溪集略》卷一《古迹·辅仁亭》。

按风水理论，“考山川，按形势，莫若建亭，以辅一面之缺。”重建六角亭成为凌氏宗族的头等大事，乾隆二十二年（1757），凌氏宗族发布《捐修水口引》和《水口亭募施茶小引》，呼吁族人捐资修建，即将完工之际，被大风吹毁，凌氏族人再度捐金重造，一月后建成，名为“卓秀亭”。“仰望则岳耸峰攒，鸾骞凤翥。平眠则内外十二柱，若先后天之六子，同宫异位，接按部班。上玉峙以干宵，下鳌撑而轴地”。卓秀亭的建造，弥补了沙溪水口的缺憾，并起到保护作用，“近以襟带二水，远以控引外山”。之所以命名为卓秀亭，是缘于沙溪特有的自然人文环境，“其卓然特立如此，其钟灵毓秀或亦有然，自之道欤。夫天都、灵金山而秀者也，忠臣义士、孝子悌弟、贞夫烈妇而秀者也，西流清澈而秀者也。今是亭成，任四面观之，无不清削刻露，景之秀者也。更名是曰卓秀”。凌应秋为此写了《卓秀亭记》，以记修建过程之曲折。[①]

从现存新安族谱所载村居图和村居记载，可以很直观地看到村落周边的山川形势、农田、道路和村落内部的民居、祠堂、会社、寺庙等建筑的空间分布。如歙县傅溪为徐氏宗族聚居地，徐氏十八世祖铨公始迁此地，其地“近而平冈叠阜盘踞于内，远而层峦万壑环拱于外，诚一方奥区也”。傅溪在歙县西乡，古三保地，距徽州府城20里，西至岩寺，所以又名“路口”，山川环绕，宛若傅岩，亦称“傅溪”。练溪环带、堨水交流，相交于村落左右。路通驿道，编民夹居，比次鳞集，无虑千门，而徐氏最著。徐氏居上保，历街而下曰“下保”，庐舍相半。徐氏建堨引溪水达鲍潭，为“鲍南堨”；堨上建有石桥，为“睦乡桥”。由桥而下，民居次第相接，直抵烧船墩界。村东南散落田3700余亩，现有塘池不足以灌溉，乃自陈潭导水入渠，经岩镇，跨洪桥，从东岳后山而达新甽，直至于田，为“永丰新堨”。傅溪村上有长坦山、苦株山以至庄上塘、小郑村，皆为马鬣封；下至六亩墩、松柏墩，古有民居，已沦为废墟。墩前居民为龙田。村落之东为“芭蕉坦”“桑林”，至千贯坦，横一小径，通窑村，径外则田茔散布，直抵鲍潭而止。路西出大溪，自石桥而下，溪滩湫溢，亦为傅溪水口，徐氏宗族乃筑沙堤封植为防，其上爽垲，建文昌阁，为文会所。文昌阁前建舍利庵，有和尚居住，宣扬佛法。由此舍利庵向下行一里许，至大圣堂，有民居数十家，村内分布着贤节祠、龙潭社、江山社、太子堂、忠烈会、鬼神坛等祭祀场所。[②]

① 乾隆《沙溪集略》卷六《艺文·卓秀亭记》、卷七《艺文·捐修水口引》、卷七《艺文·水口亭募施茶小引》。
② 乾隆《傅溪徐氏族谱》卷四《傅溪图引》。

歙县丰南图

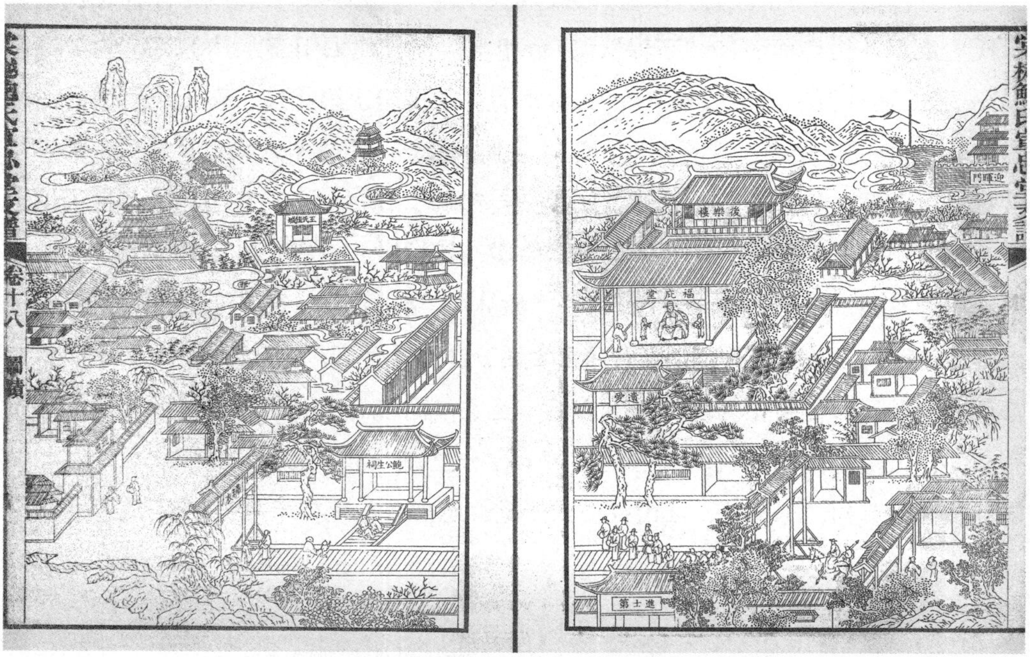

嘉庆《棠樾鲍氏宣忠堂支谱》卷十八《图迹·棠樾村图》

嘉庆《棠樾鲍氏宣忠堂支谱》卷十八《图迹》记载的歙县棠樾村落空间布局更为清晰明了，棠樾村街巷井然，桥梁历历，既有名宦居室，也有数量可观的牌坊、祠堂与书院、文会、大社，既有公共活动空间，也有个人私室。棠樾村在歙县西乡二十二都九图，东至城十五里，山水明秀，川原沃衍，为鲍氏世居之所。北宋时，鲍氏始迁祖荣公建造别墅以居。宋王朝南渡偏安临安后，荣公曾孙居美、居安二人自郡城西门徙居棠樾。山自灵金山从西北而来，水循山脉，直过软桥，出西沙溪。元至元年间，伯源公倡率宗人截流筑石堨，引水入村，环绕如带。村居背山，南面平旷，有田600亩，堨水可随时灌溉，旱涝无忧。农田以南，有山如屏，是为“富亭山”。元代学者郑师山与景曾公《友善集》中云：“棠樾距予居相望咫尺。尝与景曾携酒登蒲亭之山，论天下形势、古今治乱者。”蒲亭山，即为富亭山。明正德间，时莹公组织宗老会，宴游唱和。在富亭山上筑亭，曰“清逸”，大学士程敏政有诗文为之作记。村西为先达祠，自荣公而下，凡以文章行谊、政绩见称于世者，皆在祠内享受祭祀。先达祠之东为封侍郎鄣山公墓，旁边是监察御史坊。再向东为申明亭，奉朝廷政典所立，以书民之善恶而进行劝惩。又东为绍一公祠。再东为慎余堂，竹溪公晚年居此处，与族中同庚者结为同老会，有图及诸名流题赠诗歌数卷流传下来。又东为诚孝堂，祀明旌表孝子、赠兵部侍郎时明公，诚孝堂北门与宣忠堂相向而对。宣忠堂居村之中央，为尚书思庵公建造而成，取制诰中“柱下宣忠”语为匾额。东为尚书公家庙。庙东为宗岩公慈孝门，门南向有“南园”，西枚公幼失母，尝绘《望云图》于墙壁以书写哀思。又有爱日山房，公所筑以奉父者。门后北行迤东曰燕斋，为仲安公故居，即乡士大夫举以配祀紫阳书院名讳元康者。门东为父子登科第。又东为翰林祠，旧名耕读堂，伯源公主讲师山书院时，与朱枫林、赵东山等在耕读堂结成文酒之会。循堂而东北向有进士厅，厅以南有地官坊。坊南曰中门巷，是谧斋公住居之所。公所著《辨正天原发微书》被《四库全书》采入子部，该书即在此屋写成。入巷再进，为叙廉公居。循巷而南过渠，西曰绿野园，东曰希大公书院。由地官坊而东，为老诚孝堂，旌表孝子逢昌公生于此。又东曰井巷，为元末元凤公居，公遭兵乱，弃妻子，负母逃避山谷。乱后还乡，妻子俱无恙，人皆以为是其孝行感动所致。过巷为存爱堂。又东为掌书园，始祖妣墓在焉。墓南有桥，为复古桥。过桥，旧称五马第墓。墓北为同仁公状元坊址，公中元泰定蒙古书第一。由状元坊东折，为藏书楼，郡守彭幸庵题额。楼外横路塘上有桥，是进贤桥。过桥入栅门，为亦政堂，郑师山慷慨就义时，犹为作记。再入土名“社屋

棠越牌坊

坦”，地空阔，为村人春秋祈报演戏乐神之所。上有济世桥，桥之东为大和社，村人祭祀土神，社后古柏苍然。直上，是为古柏园。社而东，是为敦本祠，即明之登仕公祠。祠右建文会，自始祖以下暨八世祖栗主，皆供奉于文会所后寝。文会之右，为世孝祠，宋元迄今，凡棠樾鲍氏之以孝行著者，咸祔焉。敦本祠左，曰西畴书院，为故宋漕解云松公与元曹泾方回讲学地，此皆祠宅有名称可纪者。由祠而东南，有 6 座牌坊，分别是 2 座孝子坊、慈孝坊、2 座节孝坊和尚书坊。两节孝坊之间为“骢步亭”。在堤上，因堤为路，路两旁种植梅树，有墙围起来。墓北有山冈，明洪武初，布衣颖公被推荐入尚宾馆编修《元史》，启程赴京时，族中士大夫在此处为其饯行，名“饯贤冈”。冈西北有桥，八月十五日，自桥上看水中，左右各见半月，曰半月桥。尚书坊东南，有尚书祠基。其南“七星墩”，墩上树木杂丛，其尽处为一村，诸水尾间，水石相激声，潺潺可听。跨水为桥，桥翼处为亭，名曰义善亭。过此，则是通往贞白里的道路。村东北有山突起，曰龙山。山势不高，登山巅远眺，群山皆居其下，黄罗、天马诸峰亦隐然在目。山顶有坛庙，远近祷祀者接踵而至。山腰旧时建有慈孝堂，后移建于山顶。另有二松，名“慈孝松”，明成祖御制诗碑尚存，康熙采其事入《古今图书集成》，棠樾又名“慈孝里”则来源于此。①

黟县南屏村的主山是南屏山，也是村落阴阳二基的龙脉。南屏的流水有 4 条，分别是武水，即武林水，源自武亭山，经西干至万松桥，东行石山，汇入新安江；顶游水，由天竹堨达下洪灌田；屏山水，发源自石尖峰，由摩刀坑灌溉田亩，西流入西干溪；巽峰水，源自虎子坑，经白杨培灌田，西由曲水园入大溪。另有 2 座人工修造的水利工程，一为葫芦堨，在村口灌溉村北田亩；一为徐堨，在万松桥下，

---

① 嘉庆《棠樾鲍氏宣忠堂支谱》卷十八《图迹》。

灌溉村南田亩。水流环绕南屏，为方便出行，桥梁的修建也就很有必要，南屏先后修建了11座桥，聪公桥，在城南5里，三世恩聪公建并买地开路，载县志。允公桥，在万松桥南边，嘉靖年间善允公建，乾隆五十八年（1793）重修。三分桥，在杨家园，敦本堂建。曲水园东边桥，叙秩堂建，在金家墩之东。万松桥，在水口万松亭之北，嘉庆七年（1802）本族叙秩堂支丁乐输建造，越五载桥成，三洞，长十二丈，高一丈六尺，广一丈二尺。姚鼐有记。西干桥，在村落西北，嘉庆十一年（1806）叙秩堂支丁乐输建造，与万松桥先后落成，俱载县志，族内原有桥会，后轮流值年经理。曲水园西边桥、柏西桥、下洪桥，俱由长春公建，并造石路自百尺段至胡村千余丈，其子正华、华年又造西干及万松亭之西石路二百余丈，俱载县志。西园桥、泽上桥，皆由华年公建。荣楠公建造村东石路二百余丈，载县志。桥梁的修建属于地方公益慈善事业，南屏村的桥梁由族人出面修建的有7座，以祠堂为单位修建的4座，修桥的同时也造石路，完善了村中的道路交通条件。

南屏还有供叶氏族人汲水用的水井8眼，散落在村中，其中古井2眼，一为门前古井，在叙秩堂上首；另一眼是奎光堂古井，嘉庆年间移在敦仁堂围墙内。新井亦有2眼，一在上桑园，一在后头埄。其余3眼分别是三眼井，在石狮巷南；后屋井，在柜木林仪正堂之东；下门井，在敦本堂之西；岭下井，在溪边，兴祯会建。

棠樾村共有11座祠堂，分别是叙秩堂，祭祀始祖伯禧公，明成化年间，思聪公派建于南屏村心，正屋基坐东朝西，系经理称字号；于康熙十三年（1674）改造祠楼，乾隆年间多次重修，并获徽州知府赐“安分乐业”匾额。敦本堂，祀始祖伯禧公，康熙二十八年（1689）思明公派善宗公建于胡村，坐南朝北，系经理号字号。奎光堂，祀四世圭公，弘治年间六世廷玺公等建于南屏村心，坐东朝西，系经理称字号；于雍正十年（1732）改造祠楼及大门，乾隆五十二年（1787）重建前堂并改门楼。永思堂，祀四世文兴公，乾隆三十五年（1770）建，坐东朝西，土名焦家巷老土库，系经理称字号。钟瑞堂，祀九世元善公，乾隆三十九年（1774）重建，坐东朝西，土名埄头，系经理称字号。德辉堂，祀八世善述公，乾隆三十五年建，坐东朝西，大门朝南，旁有碧梧轩，土名培下，系经理称字号。敦仁堂，祀九世元魁公，乾隆五十五年（1790）建，坐东朝西，门楼内有古井，后易新井，系经理称字号。尚素堂，康熙年间日晓公建，坐东朝西，土名上南园，系经理称字号。继序堂，祀十世日蓁公，嘉庆七年（1802）建，坐东朝西，土名埄头竹山下，系经理称字号。

仪正堂，祀十一世万睿公，康熙三十五年（1696）建，坐南朝北，土名柜木林，系经理阙字号。念祖堂，祀十三世长春公，嘉庆十五年（1810）建，坐西朝东，土名埄头桑园，系经理称、阙二字号。公于堂左先构有别业，名“培芳”，后建此堂。

南屏叶氏宗族捐资合建或独立建书馆5所，以供族中子弟读书课业，可见叶氏文风之盛。碧阳书院，嘉庆十六年（1811），黟县阖邑乐输公建，叶氏族内输银1200两，奉伯禧公神位于崇教祠前堂中座，永享祭祀。南屏书屋，前有曲水园，上有魁星楼。乾隆二十九年（1764），魁星会重建，往日族内生童肄业其中，互相讨论砥砺，载入县志。乾隆四十六年（1781），复兴文会，每月会文，历久不懈。梅园家塾，为枝彩公别业，孙逢年曾在此读书，因之以梅园为号。西园，乾隆五十六年（1791），华年公在宅西构造书屋20余间，为子弟读书之所，钟山书院山长姚鼐有记，载县志。芷园，嘉庆二年（1797），荣楠公建于宅东，有应奎堂书屋数间，为子孙课读之所。

南屏村的庙宇主要有岭岗社坛，在埄上，经理称字号，有连理古枫左右各一株，合抱参天，为地灵之胜。周宣灵王行祠，建在胡村，经理号字号，座右祀万四公，前有古槐二株，旁建喜槐亭。淋沥山寺，大门额题“古黟福地”，文昌阁、观音堂亦俱系叶氏宗族建造。财神阁，乾隆五十七年（1792），财神会建于万松亭北。水口庙，嘉庆十七年（1812），族中各会乐输建造庙宇围墙及庇头观音阁，另勒碑书名。万松亭，在南屏山下村心金家墩高台上，下有醴泉，味甘如醴，四时不竭，载县志。①

婺源凤山村的构成要素与黟县南屏村比较相似，共有包括宗祠与支祠在内的祠堂16座。孝义祠，祀始祖南唐观使文征公，康熙三年（1664），二十七世孙公艺建造。孝子祠，祀宋龙图阁待制道公祠，并建凤凰山下报德桥，见《宋史》与县志。文德堂，祀廷椿公，康熙七年（1668）建；喻义堂，祀公齐公；彝叙堂，祀立政、立泰二公；祇遹堂，祀留叟公；敦叙堂，祀华卿公；亲睦堂，祀以刘公；尚义堂，祀永辉公；壬林堂，祀元勋公；彝训堂，祀文泾公；世德堂，祀惟宾公；树德堂，祀晚用公；孝思堂，祀万里公；清立堂，祀元裕堂；叙伦堂，祀安祥公，沱口支孙兹、仪、瑢、玹四人共建。凤山学舍有3所：一是第一楼，为查氏家塾，族中子弟读书处，以《论语》“学而时习之”意命名，地址在黄喜源储秀庵山门前，后废。二是鸣凤山房，因第一楼倾圮，查氏族人捐资建造。三是松鹤居，不知何房人造，地基在鼓楼山，族人称其地为书堂坞，即

① 嘉庆《南屏叶氏族谱》卷一《祠堂》。

以此用途为名。凤山有亭5座。清隐亭，在报德桥下，始祖退隐婺源，二世祖来隐凤山，后人思先泽以建。凤凰亭，址在凤凰岭头。憩仙亭，址在仙姑桥头。继善亭，在前径岭。种福亭，在后径岭。凤山有桥11座。仙姑桥，原名绍兴桥，相传何仙姑莳药于此，故名。报德桥，在孝子祠下。余庆桥，在东坑坞口。聚秀桥，在里门水口。东村桥、西村桥、迎宾桥，在查村。花桥，在上市，“花桥春涨”为村落八景之一。凤凰桥，址在青山坞口。万缘桥，址在斗潭湾口。喜源桥，在黄喜坑口。凤山另有井3眼，涌泉井，在西村中央，明董德章浚。西村井，在坞头，喻义堂支众浚。庙下井，在下市。

凤山各类庙宇甚多，共有27座，其中关帝庙有两所，一在青山坞口，一在里门水口。玉佛祠，祀玉佛慈尊，村人祷多见灵应。张王庙，祀唐睢阳张公。祝将军庙，在方坑岭上。元坛庙，在茅山坳。相公庙，在半山会下。龙王庙，址在南亭山，后废。晏公庙，在青山坞口。汪帝庙有两所，一在埕上，一在郑公山岭脚。文昌阁，在东村段，后废。凤翔阁，祀梓童帝君，在本村关帝庙上。魁星阁、罗汉堂、观音阁，均在关帝庙上。灵官殿，即王灵公亭，与土地庙均在关帝庙下。储秀庵，在黄喜源。汇源庵，在斗潭湾茶亭畔。琪琳庵，在水竹坞。社公庵，在涌灵桥沱口。明慧古寺，址在凤凰山，后废。冲元法院，原建在东坑坞，后移东村桥头。社公坛，在胡村上店。祈雨坛，东村桥头。茅司徒庙，在双路口。五谷仙庙，在葛岭降上。泗州庙，村人多自奉者。凤山另有龙天宝塔、文笔、砚石、仙姑墩、斗潭、纱帽石、砥石、印石、鲤鱼石、龙岩、养生潭等10余处古迹，也是村落景观的重要组成部分，显示出凤山村绵长的历史发展脉络。[①]

第四节 小 结

现存新安族谱中经常出现“新安介在名山大谷之中，四面环卫，鲜兵火，族蕃者无虑数千”[②]。这样的记载，是对新安自然地理环境最简单明了的总结。万山环绕

① 光绪《婺源查氏族谱》卷首下《凤山查氏住宅图》。
② 万历《休宁范氏族谱》卷一《范氏族谱序》。

之中、川谷崎岖、峰峦掩映、山多地少的新安是理想的避乱之地，成为中原世家大族迁徙的首选。万山之间分布着一系列的山间盆地和谷地，新安江及主要支流流经盆地中部、河流两侧阶地为村落发育发展的理想地带。良好的地形条件为众多人口提供必需的生产和生活条件，是聚居型村落形成和发展的必备因素。中原士族迁居新安，移植了原有的宗法观念和制度，以适宜新居住环境的需要，聚族而居成为新安村落最基本的特征。始迁祖在新地点落脚，繁衍生息，随着人口增长，族人外迁形成新的分支村落，新安村落就是呈墨渍浸染状的方式发展演变。

新安先民信奉择地而居的观念，在村落选址时注重因地制宜，强调周围的地形地貌、气候条件及水土质量，暗含了中国传统社会“天人合一”的整体观念、道法自然的哲学思想，这也是中国传统人居环境观的基本内容之一。趋吉避凶的基本原则形塑了中国传统农业的人居环境，风水说是其具体体现，主要表现在追求理想的村落人居环境和对非理想村落环境的改造等方面。选择有利的地理位置，强调建筑的实用性，通过借景的手段，突破空间的局限，达到人与自然的交融，亭台楼阁的建造也就有了合理的理由。风水说是一种选择和利用自然环境构筑理想人居环境的理论，其核心内容是对人居环境的选择和营造。“风水之说，徽人尤重之”的聚落选址，实际上是对自然生存环境的取舍，直接关系到人们的生产生活条件。在新安大多数宗谱里都有卜居和村居图的记载，经过择地而定的新安村落，除了能满足基本物质生产的需要，其大多具有自然环境优美，土田沃衍，林壑深茂，层峦叠翠，溪流环绕的生态特征。

水口是村落门户，“一方众水、总出处”，关系到整个村落的吉凶祸福。为了留住财气运气，新安村落重视选址较好的水口位置，还在水口处植树、修塘，建造文昌阁、魁星楼、文风塔、观音庙等建筑物，以增强水口的关锁气势，形成了独特的水口园林景观。水口在新安村落中有着特别重要的意义，是村落空间组织的重要构成，是宗族观念、园林情调的体现。

新安村落的布局受多种因素的影响，呈现不同的形式。而村落的空间则由多种建筑元素组成，民居住宅是最基本的构成；街巷在村落空间中担负着村落内部空间和民居宅院外部空间的双重角色；溪流亦是徽州村落的重要组成部分；祠堂、庙宇则是满足民众精神生活需求的重要场所，是人们日常交流的纽带。在村落空间布局中，这些不同的元素发挥着不同的功能，共同组成了丰富多彩的村落景观，使得村落更富有生机和活力。

第二章　新安村落景观书写和题咏

景观是一个具有多种含义的地理学术语，本义是指一个地区的外貌、产生外貌的物质组合，以及这个地区本身。17 世纪早期，在荷兰景观绘画者的影响下，“景观”一词逐渐指一个地区的外貌，尤其是表示风景。1925 年，美国文化地理学的奠基者索尔发表了《景观形态学》一文，旗帜鲜明地提出了文化景观研究的学术范式，认为地理学的现象就是景观，景观是地理学的发展，“景观按定义，必然具有一个可以识别的构造、范围，以及与其他景观的属种关系为基础的身份，其构造、范围和属种关系构成一个全面的系统”。而“文化景观是由一个文化群组从自然景观中塑造出来的。文化是施动者，自然地域是媒介，文化景观是结果”。索尔将自然景观的发展追溯到文化景观中去。实际上，由于人类对地球表面的影响已历经数千年，很难重建自然景观的面貌，因而所有的景观都已变成文化景观。①

村落作为人类生产生活最基本的单元，也是自然环境与文化景观交相结合的产物，体现了人类对生存环境的适应和改造过程，呈现于今人面前的新安村落是历史演进、不断叠加的人文产物。村落的景观书写则是历史时期新安民众对自然与进行综合考量，对聚落环境赋予诸多美好期待的意象抒发，是对新安这一特定区域人地关系的具象化解读和塑造，折射出新安民众积极向上的生活态度，体裁多样的景观诗是其鲜明表征，这亦是传统“八景文化”的重要组成部分。

据学者研究，“八景文化”是“传统仙道文化、审美旨趣与地理环境相结合的产物。它依托自然地理环境，将人文情怀、艺术营造与山水美学融为一体，以景观、诗文、图画、建筑等多种元素为表现形式，以四字格为景观的主要命名方式，将某一地域的八个或若干个风景胜地聚合起来的一种地域文化现象”②。南朝文坛领袖沈约任东阳郡太守期间，曾登览玄畅楼，以“秋月、春风、衰草、落桐、夜鹤、晓鸿、

---

① [英]R．J．约翰斯顿主编，柴彦威等译，柴彦威、唐晓峰校：《人文地理学词典》，商务印书馆，2005年，第367～369页；唐晓峰：《美国文化地理学的奠基者》，《读书》2022年第10期。

② 张轲风、刘贞文：《八景文化的起源和定型》，《文史知识》2021年第6期。

朝市、山东”八景为题材创作了《八咏诗》,分别是“登台望秋月”“会圃临春风”“岁暮悯衰草”“霜来悲落桐”“夕行闻夜鹤”“晨征听晓鸿”“解珮去朝市”“批褐守山东”,被视为八景诗的滥觞，玄畅楼亦因此获得“八咏楼”的美名。北宋沈括《梦溪笔谈》卷十七《书画》载：“度支员外郎宋迪工画，尤善为平远山水。其得意者有平沙雁落、远浦帆归、山市晴岚、江天暮雪、洞庭秋月、潇湘夜雨、烟寺晚钟、渔村落照，谓之‘八景’，好事者传之。”宋代米芾为宋迪创作的《潇湘八景图》题诗写序，成为八景名称得到普遍认可的标志，推动了八景文化的传播。明清时期，八景文化臻于鼎盛，八景文化的提炼与创作之风几乎遍布各地。

山峦叠翠、清溪环绕、林塘烟树，得山水之胜的新安村落自然成为文人墨客竞相吟咏的理想题材，八景文化非常兴盛。现存新安方志，特别是族谱中收录了大量的吟咏新安风貌的八景诗，为考察新安村落的景观文化及其书写提供了宝贵的一手资料。

第一节　新安村落景观的总体概况

在现有条件下，笔者从收集到的新安各地族谱和方志中辑录出 110 个村落的八景景观和诗文创作，虽然远远少于实际情况，但在一定程度上也能够反映出传统新安村落八景文化的具体图景。

在 110 个新安村落的八景景观中,淳安县 4 个,歙县 14 个,黟县 7 个,休宁县 14 个,绩溪县 23 个，祁门县 20 个，婺源县 18 个。与明清以来新安村落数量相比，这仅仅是少数部分，不过也说明景观的提炼与书写是一项高度文人化的行为。虽然有些村落的自然风光优美，但因没有出现读书人或者宗族没财力延请文人提炼，进行诗文创作，也就没有留下八景和八景诗。绝大多数村落在年序轮回中寂寂无闻，消失在历史深处。

110 个新安村落八景景观的构成比较多样,其中四景 35 个、六景 2 个、八景 56 个、十景 11 个、十二景 6 个。可以看出，八景占比最大，从而在族谱书写中，多以八景诗为总称。而八景亦是一个八景系列中各个景观的命名，通常由四个字组成，且两字一个意义，前两字一般为场所、地点，后两字为时间、季节性现象，两两并列，从而组成一个合景。如歙县沙溪“沙堤春晓、双溪垂虹、新桥晚眺、平楚遥青、文台秋月、社坛烟柳、苍松挺秀、梅山霁雪”八景中，沙堤、双溪、新桥、平楚、文台、社坛、苍松、梅山等前两字表示场所、地点和景物，而春晓、垂虹、晚眺、遥青、秋月、烟柳、挺秀、霁雪等是描摹的景观物象，生动具体，是八景景观的核心载体。当然也有个例，如绩溪县青山塘村的四景为青山塘、香炉峰、岩平山、犂尖降，上村的四景为一线天、双溪水、山云庵、伏魔殿，万富山村的四景为瀑布泉、圣水岩、六门山、太阳坪①，这三个村落的景观没有拘泥于四字表述，而是用白描的手法直接点明具体景观。休宁县月潭村旧八景是景观的实际描摹，如月潭、石门、临清阁、观澜亭、钓雪舟、平林小隐、星洲寺、颜公山。民国年间，朱氏族人对月潭景观，或选幽别出，或循迹易名，旧咏新吟，选出新八景，即澄潭印月、南屏叠翠、石门瀑涨、西山晚烟、钓台烟雨、玉峰积雪、柳堤鸣莺、松石晴岚，恢复了八景的常规写法。②祁门县樟源上村的八景书写则用数字排列，如一峰朝曦、二桥夜月、三塘雨霁、四形雪融、五岭行人、六秀合渚、七石砥柱、八门上升，虽然有拼凑之嫌，但大体上反映了该村的景观特点。③

八景是地方宗族、文人共同创造、提炼的成果，是对村落自然、人文环境高度而形象的概况。就种类而言，八景景观主要分为自然景观和人文景观两大类。从景观的具体内容来看，从自然界的山川河流、风雨雷电、日月星辰、花草树木，到人文领域的农耕水利、田园渔樵、佛寺道观、宅邸民居、名人遗迹等，举凡村落周围的山川形胜、人文景致，以及当地民众的日常生产与生活场景，都可以成为八景的创作要素，成为地方景观的代名词。可以说，八景的景观内容在重自然景观的同时，更重地方深厚的历史人文背景，涵纳了生动的现实生活图景。

① 光绪《梁安高氏宗谱》卷十二《八景诗》。
② 民国《月潭朱氏族谱》卷首《月潭村居图书后》。
③ 民国《祁门樟源陈氏宗谱》卷十八《樟源上村八景诗并小引》。

新安村落景观一览表

县名	村落名	景观类型	景观内容	资料出处
淳安	进贤村	十二景	虎屏列障、文笔撑霄、中流积石、曹湖波流、马石迁纵、合山夜月、端口晴虹、鸾坡乔木、牲池古迹、桂坊伟观、古渡横舟、花圃余香	嘉靖《淳安县志》卷十五《记·贤溪十二景记》
	富川村	八景	东岬曙色、平和古刹、琴潭龟石、方麓涌泉、霞岭返照、沙田秋月、炉峰霁雪、津梁毓秀	康熙《姜氏孝子大民公派宗谱》卷四《富川八景诗》
	龙源村	八景	龙洞流泉、鹰尖排闼、高峰朝雨、桐岭晴岚、竹松霁雪、池月交晖、南山叠翠、樵牧讴歌	康熙《姜氏孝子大民公派宗谱》卷四《龙源八景诗》
	高车村	十二景	御炉烟水、唐经春晓、汪峰远眺、石堈晴岚、柳堤环秀、石龙涌泉、上林瀑布、平石鸢鱼、屏山耸翠、枫潭秋月、三峰积雪、龟印回澜	康熙《姜氏孝子大民公派宗谱》卷四《高车十二景诗》
歙县	西溪南	八景（元）	祖祠乔木、梅溪草堂、南山翠屏、东畴绕绿、清溪涵月、竹坞凤鸣、山原春涨、西垄藏云	许承尧《歙事闲谭》卷二《溪南八景诗》
		八景（明）	柳田春雨、荚塘秋月、南山横翠、高湖环绿、街桥灯火、松林烟市、中洲露白、茶园水春	民国《丰南志》卷九《艺文志·丰溪八景诗》
	郑村	十二景	双桥古木、西溪回澜、师山霁日、高峰晓云、南堤垂柳、杲寺晨钟、北垅耕耘、三塘灌溉、百花台障、飞布晴岚、灵金来龙、黄山积雪	万历《歙县双桥郑氏宗谱·郑村十二景》
	岩寺	八景	七墩星列、双庙晓钟、双溪水色、两市书声、龙池秋月、马岭朝云、紫极丹光、黄罗雪霁	万历《岩镇百忍程氏宗谱》卷十一《岩镇八景》
	岑山村	八景	飞布晴云、岑夆冬雪、戈湖夜月、百亩春耕、鳅山翠屏、练溪清波、侧竭甘泉、任矶古桥	康熙《歙北岑阳江氏宗谱》后集《传序诗文·岑阳八景吟》
	江村	八景	洪相晓钟、王陵暮鼓、松坞樵歌、练溪渔唱、云朗岚光、飞蓬月色、白石晴云、紫金霁雪	乾隆《橙阳散志》卷一《舆地志·胜景》
	沙溪村	八景	沙堤春晓、双溪垂虹、新桥晚眺、平楚遥青、文台秋月、社坛烟柳、苍松挺秀、梅山霁雪	乾隆《沙溪集略》卷一《沙溪八景诗》

续表

县名	村落名	景观类型	景观内容	资料出处
歙县	桂溪村	八景（明）	梅村春早、塘坞荷鲜、莘田秋稔、松坞雪晴、东山圣殿、西山道院、壶山诗亭、岑山书院	嘉庆《桂溪项氏族谱》卷十九《艺文·诗·桂溪八景》
		十二景（清）	溪干犁雨、源岭樵云、烈潭秋水、壶山夕照、岑潭松影、西山红叶、丛林晓钟、多宝晚梵、莲台春眺、芙蓉积雪、东山秋月、园林夜读	嘉庆《桂溪项氏族谱》卷十九《艺文·诗·桂溪十二景》
	承旧岭村	四景	眉峰晚翠、榜岭朝霞、春谷兰香、钟山梅月	光绪《梁安高氏宗谱》卷十二《八景诗·歙东承旧岭四景》
	子夷滩村	四景	钓滩秋月、环水春波、百步云梯、五峰星聚	光绪《梁安高氏宗谱》卷十二《八景诗·子夷滩四景》
	韶铿村	四景	石矶渔钓、暮岭樵歌、上陇春耕、南楼夜读	民国《韶铿徐氏宗谱·韶铿四景诗》
	金川村	四景	笔峰春色、丛林鸟语、金岭花香、丹池印月	民国《金川胡氏宗谱》卷首《金川四景诗》
	渔梁村	八景	渔梁钓隐、望仙望古、紫阳烟雨、白水晴岚、龙井花桥、乌聊翠拥、披云峰影、碎月滩声	民国《歙南武担姚氏渔梁上门支谱》卷首《里居记略》
	巨川村	八景	金凤冲霄、石猪踞水、晏潭钓月、幽涧飞泉、长桥散步、巨岭横天、双山屏立、两庙神灵	民国《巨川毕氏宗谱》卷二《八景诗》
	三阳村	十景	岭寺晨钟、白石流云、松坞鸣琴、溪流夜读、宝山积翠、竹泉沦茗、浪激灵蟾、潭浮石印、丰桥界练、梅水交流	王经一《三阳村志·概述》，黄山书社，2018年，第4页
黟县	西递	八景	罗峰隐豹、天井垂虹、狮石流泉、驿桥进毂、夹道槐荫、沿堤柳荫、西馆燃藜、南郊秉耒	道光《西递明经胡氏壬派宗谱》卷一《八景图》
			西溪乔木、梧桥夜月、乌岭樵唱、藜馆书声、霭峰插云、天马涌泉、槐荫夹道、前山积雪	同治《黟县三志》卷十六《艺文志·诗》

续表

县名	村落名	景观类型	景观内容	资料出处
休宁县	黄陂	八景	双溪春涨、碧岳乔松、石盂霁雪、冰壶印月、霭峰晴云、石枧流虹、龙田甘雨、精林午风	同治《黟县三志》卷十六《艺文志·诗》
	古筑	八景	星墩聚秀、棋秤仙迹、怪石嶙峋、乌潭澄碧、桂冈夕眺、桐岭松涛、武溪流霞、东山啸月	同治《黟县三志》卷十六《艺文志·诗》
	紫阳里	八景	岩溪春涨、河干秋获、屏山新霁、印墩积雪、山庙朝墩、槐桥夜月、桑园蚕事、竹屋书声	同治《黟县三志》卷十六《艺文志·诗》
	宏村	八景	南湖春晓、雷冈秋月、西溪雪霭、月沼风荷、黄堆秋色、石濑夕阳、东山松涛、梓路钟声	同治《黟县三志》卷十六《艺文志·诗》
	际村	八景	羊栈云封、马鞍雪霁、山亭招鹤、沙渚观鱼、石鼓晴岚、锦屏夕照、桑林拾翠、枫坞流丹	同治《黟县三志》卷十六《艺文志·诗》
	屏山村	六景	三峰削玉、屏岩春色、丁峰暮晴、翠拥南山、云横石鼓、霭峰妆雪	民国《屏山朱氏重修宗谱》卷二《屏山六景诗》
	流塘村	四景	圣麓烟耕、流塘雨钓、堵坞风吟、钟峰雪眺	弘治《流塘詹氏宗谱》卷五《诗》
	五城	八景	五岭梯云、双溪浸月、西涌钟声、中洲渔唱、梅岭雪晴、竹山烟晚、清漪垂虹、古林巢鹤	弘治《新安黄氏会通谱·黄氏文献录外集下·五城八景》
	岭南村	十景	雪涧浮龟、枫林巢鹤、苍峰卓笔、翠献端屏、秋江钓月、春谷耕云、圆冈揭斗、峻岭扶车、双溪合璧、古寺垂虹	嘉靖《新安休宁青山张氏世谱》卷下《文翰·岭南十景诗》
	鱼滩村	八景	巘屏凝秀、溪带环清、峭壁回风、横渠带水、渔滩晚钓、町陇春耕、古渡柳荫、前林松月	嘉靖《新安休宁青山张氏世谱》卷下《文翰·鱼滩八景诗》
	青山村	八景	西屏拥翠、修竹凌云、双溪赛鼓、彩凤冲霄、碧潭浴日、桥影腾虹、皓月挂松、南峦颖秀	嘉靖《新安休宁青山张氏世谱》卷下《文翰·青山八景诗》

续表

县名	村落名	景观类型	景观内容	资料出处
休宁县	博村	八景	旧八景：忠泽西流、孝水南下、笔峰前耸、文水后环、南岸甘瓜、丁山宰木、富山园亭、后塘精舍 续八景：赤壁樵歌、摄峰牧笛、西野耕云、博溪钓月、龙山晓钟、枫林夜读、禹门翻浪、吴岭栖霞	万历《休宁范氏族谱》卷四《谱居·七族村居图说·博村图说》
	林塘村	十景	萝阜牧歌、申山樵唱、春野耕云、秋潭钓月、方塘鲤跃、焦石龙蟠、松壑风涛、柳洲烟雨、洞开仙掌、阁捧纶音	万历《休宁范氏族谱》卷四《谱居·七族村居图说·林塘图说》
	合干村	四景	东山吐月、西岳鸣钟、南浦六水、北岭千松	万历《休宁范氏族谱》卷四《谱居·七族村居图说·合干图说》
	闵口村	四景	闵川三松、枧水扁舟、高峰胜境、灵应钟声	万历《休宁范氏族谱》卷四《谱居·七族村居图说·闵口图说》
	芳溪村	十景	蟠桃肇基、鸿雁来宾、狮子伏阶、白象转湖、玉几端峙、祖峰高耸、梧山钟灵、佛灵古迹、芳源九曲、捍门重关	顺治《新安芳溪杨氏宗支录·芳溪山川十景》
	孚潭村	十景	山头楼古、渡口舟横、潭澄夜月、涧绕长虹、印芜方池、榜开晴旭、烟生玉嶂、云叠石峰、东渚鸥沙、西田鸠雨	雍正《休宁孚潭志》卷一《十景》
	江村	八景	东岩秀拱、西岭松峦、南亩春耕、北溪晚钓、古殿晨钟、芸窗夜读、叠巘横云、芳池苏月	雍正《休宁江村洪氏家谱》卷七《江村八景》
	双溪村	四景	东岫横云、西峦耸汉、南坡涌翠、北嶂纾妍	雍正《休宁江村洪氏家谱》卷八《双溪诗文》
	月潭村	旧八景	月潭、石门、临清阁、观澜亭、钓雪舟、平林小隐、星洲寺、颜公山	民国《月潭朱氏族谱》卷首《月潭村居图书后》
		新八景	澄潭印月、南屏叠翠、石门瀑涨、西山晚烟、钓台烟雨、玉峰积雪、柳堤鸣莺、松石晴岚	
绩溪县	登源村	八景	龙峰晴云、金山晓雾、岛崖春雨、绿照秋波、隐张层岩、富凌叠嶂、清溪沙鸟、野坞松风	成化《休宁城北汪氏族谱》卷下《诗·登源八景并序》

续表

县名	村落名	景观类型	景观内容	资料出处
绩溪县	仙石村	十景	仙石楸枰、汝溪灌溉、列屏霁雪、双钟夜雨、帽峰瀑布、玉井清泉、莲峰待月、松阜吟风、狮岩白云、龙冈红旭	宣统《仙石周氏宗谱》卷二《村图·仙石十景诗序》
	胡里村	八景	晶盘贮月、玉笏摩霄、横岗早雪、石岭晴霞、珊架浮青、蓉屏翠滴、双溪烟柳、六桥飞花	光绪《荆川明经胡氏五义堂宗谱》卷六《八景诗》
	余川村	六景	常水回澜、圣泉甘醴、环秀飞虹、燃藜眺月、竹峰霁色、石鹤岚光	民国《余川越国公汪氏族谱》卷十八《村图说明》
	横城村	四景	网水流花、马岩夜月、金井梧月、砖巷茶烟	光绪《梁安高氏宗谱》卷十二《八景诗·横城四景》
	青山塘村	四景	青山塘、香炉峰、岩平山、犂尖降	光绪《梁安高氏宗谱》卷十二《八景诗·青山塘四景》
	下朗坑村	四景	曲溪浣月、重岭飞霞、玉元卧虹、山源叠翠	光绪《梁安高氏宗谱》卷十二《八景诗·下朗坑四景》
	上草坦村	四景	草坦桑麻、翚阳松竹、乳溪漱玉、天井涌珠	光绪《梁安高氏宗谱》卷十二《八景诗·上草坦四景》
	二都东山村	四景	东岩待月、北嶂卧云、醴涌珠、带山横玉	光绪《梁安高氏宗谱》卷十二《八景诗·二都东山四景》
	杨家岸村	四景	杨岸烘晴、珠石涵璧、仙泉漱玉、灵寿清钟	光绪《梁安高氏宗谱》卷十二《八景诗·杨家岸四景》
	祝山村	四景	鸡山晓月、鲛潭剑影、东门撞鼓、遥岩管钥、石龛慈像、天竺书声	光绪《梁安高氏宗谱》卷十二《八景诗·祝山六景》
	中央山村	四景	中岳凤鸣、曲池鱼跃、东峰朝旭、西亭夕阳	光绪《梁安高氏宗谱》卷十二《八景诗·中央山四景》

续表

县名	村落名	景观类型	景观内容	资料出处
绩溪县	五都古塘村	四景	狮岩翠霭、豹麓丹霞、金山晚钟、珠溪晓月	光绪《梁安高氏宗谱》卷十二《八景诗·五都古塘四景》
	柏节坦村	四景	屏山列翠、带溪环碧、板桥烟柳、古庙虬松	光绪《梁安高氏宗谱》卷十二《八景诗·柏节坦四景》
	上村	四景	一线天、双溪水、山云庵、伏魔殿	光绪《梁安高氏宗谱》卷十二《八景诗·上村四景》
	一都东山村	四景	东山游咏、川上渔歌、玉屏晚翠(村东屏山,为邑十景之一)、古庙晨钟	光绪《梁安高氏宗谱》卷十二《八景诗·一都东山四景》
	凤池湾村	四景	凤池甘醴、羊石晚烟、大会松涛、朝阳竹影	光绪《梁安高氏宗谱》卷十二《八景诗·凤池湾四景》
	浣纱溪村	四景	浣溪漾月、睡岭横云、石峰晚霞、柳桥晴雪	光绪《梁安高氏宗谱》卷十二《八景诗·浣纱溪四景》
	万富山村	四景	瀑布泉、圣水岩、六门山、太阳坪	光绪《梁安高氏宗谱》卷十二《八景诗·万富山四景》
	横坞村	八景	里门怀古、旧第纪恩、凤石朝晖、马岩烟雨、宝冈虎踞、金池鱼跃、西峰延爽、南塘涵波	光绪《梁安高氏宗谱》卷十二《八景诗·横坞八景》
祁门县	霞间村	十景	凤台朝旭、龙池暮雨、霞岭春晖、枫桥秋月、凝云夕照、汶水晚烟、后坞寻花、前山踏雪、沧浪渔笛、古社农歌	民国《绩溪霞间高垂裕堂支谱》卷四《霞间十景》
	西坑村	四景	中流砥柱、石洞飞云、寒门秋声、镇墩烟霭	光绪《梁安高氏宗谱》卷十二《八景诗·西坑四景》
	上朗坑村	四景	螺峦拥翠、狮麓回澜、七水鸣弦、三峰拄笏	光绪《梁安高氏宗谱》卷十二《八景诗·上朗坑四景》

续表

县名	村落名	景观类型	景观内容	资料出处
祁门县	祁川村	八景	祁山图画、芹泮弦歌、平政长桥、栖真仙洞、青萝夜月、白石晓云、石壁栏杆、阊门波浪	万历《祁门翠园胡氏宗谱·翠园胡氏居址祁川八景诗》
	尼源村	八景	椿庄别墅、枸树罗峰、相公古寨、夫子名山、石桥架月、水碓春云、止泉跃鲤、金竹栖鸾	万历《祁门翠园胡氏宗谱·尼源八景》
	贵溪村	八景	夫子名山、将军峻岭、孤山梅雪、五岭松风、青岩晓云、白杨夜月、平峰列翠、大桥卧虹	万历《清华胡氏统会族谱·祁邑贵溪宗祠》
	新丰栗里	八景	牛山眠月、车阜吐云、巽峰文笔、金龟出峡、锦鲤跃滩、绿野农耕、瑶潭渔钓、槐屋书声	嘉庆《新安琅琊王氏四房思茂公统宗谱》卷一《栗里八景歌》
	沧溪村	八景	溪桥落虹、风亭返照、雨沼莲香、龙山松古、雪岭玉梅、云庵金竹、月馆书声、烟峦樵唱	道光《新安琅琊王氏宗谱》卷八《沧溪八景诗》
	营前村	八景	风来桐岭、花满平原、雪凝凤山、月挂龙山、垂钓溪口、樵歌岭后、耕满湾头、牧唱江村	同治《祁门营前方氏宗谱》卷一《原八景诗》
	赤桥村	八景	东皋宝塔、风送钟声、文峰插汉、玉带拖蓝、山中石鼓、月出松山、丰田间色、白象转湖	同治《方氏宗谱》卷末《基址全图·赤桥八景诗》
	里村源	八景	带水流芬、屏山积翠、灵壁珠泉、奎楼夕照、双溪汇秀、风亭铃韵、峡山文笔、庚岭朝霞	同治《方氏宗谱》卷末《基址全图·里村源八景诗》
	黄杨村	八景	宅基景迹、朝山秀峰、狮形水口、象形古迹、柳荫凉亭、水口神庙、戏台楼阁、古井长泉	同治《方氏宗谱》卷末《基址全图·黄杨八景诗》
	稠源村	八景	宅基虎山、朝山峰秀、水口眠犬、象形古迹、石桥来往、馥桂凉亭、稠木秀岭、虾蟆石迹	同治《方氏宗谱》卷末《基址全图·稠源八景诗》
	柏墩村	八景	月照灵犀、古柏环庐、文笔点水、墙龙左卫、石井穿虹、洗心堂址、鸤鸠蝉翼、洞口虹桥	同治《祁西桃源陈氏通公家谱》卷一《阳基图·柏墩阳基全图·八景诗》

续表

县名	村落名	景观类型	景观内容	资料出处
祁门县	闪里村	八景	桃源遗派、坳上古松、双桥锁钥、三溪水汇、狮山拱峙、富井沄泉、小涧垂纶、高山听钟	同治《祁西桃源陈氏通公家谱》卷一《阳基图·闪里阳基全图·八景诗》
	樟源上村	八景	一峰朝曦、二桥夜月、三塘雨霁、四形雪融、五岭行人、六秀合渚、七石砥柱、八门上升	民国《祁门樟源陈氏宗谱》卷十八《樟源上村八景诗并小引》
	樟源张山村	八景	前峰路回、后障泉瀑、左砂坦广、右庇树森、大河三曲、峻岭双开、板桥人迹、石澄鱼游	民国《祁门樟源陈氏宗谱》卷十八《樟源张山八景诗并小引》
	西都逢原村	八景	本系寻源、高冈祖暮、下首汪王、鸡冠石大、凤凰池深、溪声滴滴、荫木森森	民国《祁门樟源陈氏宗谱》卷十八《西都逢原八景诗并小引》
	西都南源村	八景	胭脂降远、乌油石横、源头水活、水口钟清、邻家鸡犬、印垒龟蛇、前山排闼、后步阶梯	民国《祁门樟源陈氏宗谱》卷十八《西都南源八景诗并小引》
	善和村	十景	窦峰五桂、绿袍万松、日山晓晴、月山晚霁、和溪桃浪、珠浦花桥、报慈古柏、傍云修竹、梧冈书院、兰峰文笔	光绪《善和乡志》卷二《十景诗并序》
	大沙源村	八景	宅基景迹、金峰耸秀、屏山积翠、祠内书声、前山修竹、双水流芬、古井清泉、水口狮石	民国《新安易溪琅琊王氏宗谱》卷首《八景诗》
	易溪	八景	江潭石马、湖沼金鳞、学堂翠竹、驿馆青松、铁陇樵歌、铜山牧唱、村前灯火、后屋书声	民国《新安易溪琅琊王氏宗谱》卷首《八景诗》
	庐源村	八景	龙川德泽、象笏文山、石井甘泉、琥珀奇峰、马窟澄清、鹰尖毓秀、青山忠庙、绿树祠堂	嘉靖《新安星源龙川詹氏统宗世谱》卷二《庐源八景诗》
	理田村	十二景	双峦耸翠、两涧流清、仙桥毓秀、天马钟灵、锦屏西拱、华盖东呈、金峰北峙、玉几南横、学山静读、道院钟鸣、椒塘浸月、柳堨飞琼	万历《三田李氏统宗谱·理田十二景诗》
	凤田村	八景	凤山春色、月塘秋霁、襟经拖带、玉象吸波、古松挺翠、仙桂传香、五岗龙蟠、双潭鲤跃	万历《三田李氏统宗谱·凤田八景诗》

续表

县名	村落名	景观类型	景观内容	资料出处
祁门县	环田村	八景	金岭漱珮、辟楼夜月、前林优玉、文峰晓云、瀛寨流霞、环翠松涛、潜岩阴雨、古刹晨钟	万历《三田李氏统宗谱·环田八景诗》
	蓝田村	十二景	蓝田种玉、鹰石挺秀、琴案横嶷、狮坞涵春、水天一色、五老拱照、云峰独耸、砥柱中原、古学聚奎、舞雩清适、碧泉流蜜、松泉清荫	万历《三田李氏统宗谱·蓝田十二景诗》
	沙堤村	八景	仕路荣登、观光上国、斡林先声、大培耸峭、石井留香、仙牛恬息、牧野觅芳、旂山铺絮。	万历《三田李氏统宗谱·沙堤八景诗》
	清华村	八景	洙岭屯云、藻潭浸月、花坞春游、寨山耸翠、东园曙色、南市人烟、上河脱钓、如意晨钟	万历《清华胡氏统会族谱·清华八景古县图记》
	桃溪村	十景	石门孤月、峭壁飞泉、岸柳垂阴、桃花流水、桂芳桥、曲池轩、松壝积雪、澄碧井泉、万卷层峦、金山宝塔	崇祯《婺源桃溪潘氏族谱》卷九《诗·桃溪十景总题》
	嵩阳村	八景	虬山春锦、龙井秋霖、双涧含云、方塘浸月、石岭停车、萝峰拥盖、兰冈竹影、桃坞莺声	崇祯《婺源桃溪潘氏族谱》卷九《诗·嵩阳八景》
	孔坊村	十景	金鸡霁晓、灵鼠出云、石岭樵歌、寒温泉合、凝秀书堂、濒溪竹荫、古桂亭壝、西山台址、荥阳桥、文笔峰	崇祯《婺源桃溪潘氏族谱》卷九《诗·孔坊十景》
	寨峰	四景	寨冈文笔、田心石印、曜潭云影、东岸春阴	崇祯《婺源桃溪潘氏族谱》卷九《诗·寨峰四景》
	何暮村	四景	金竹芳园、钓水遗矶、柳桥古渡、莲塘宅兆	崇祯《婺源桃溪潘氏族谱》卷九《诗·何暮村四景》
	鄣村	八景	鲁山晓红、崌岩晚翠、鹃岭烟云、虎冈泉石、北隆雪梅、南山秋色、三径菊松、双清风月	康熙《汝南项氏宗谱·贻范文集·诗七》
	星源	八景	锦屏春色、绣水秋波、龙井晓云、仙岩夜月、星源晓钟、西湖水榭、廖坞鹤烟、朱塘鸥雨	乾隆《婺源山水游记》卷一

续表

县名	村落名	景观类型	景观内容	资料出处
祁门县	凤山村	八景	凤山飞翠、龙洞蟠青、花桥春涨、柘水秋波、秋岭樵云、寒溪钓雪、东亩朝耕、西村夜读	光绪《婺源查氏族谱》卷首下《凤山八景诗》
	锦川村	八景	东震石岑、西兑桂山、南方天马、北涯蟠龙、巽峙文峰、云洲雾起、碧水潆波、印浮水面	光绪《锦川欧阳氏宗谱》卷一《八景诗》
	梅田外村	四景	绣水朝西、锦屏环北、青林印月、紫石凝晖	光绪《新安武口派梅田王氏支谱》卷六《村基图引》
	里梅田村	四景	三台晓霞、千畦春浪、峭壁乔松、悬崖瀑布	光绪《新安武口派梅田王氏支谱》卷六《村基图引》

第二节　新安村落景观的书写

八景的创造是人与自然不断对话的产物，现存部分新安族谱记载了时人对提炼八景景观的认识，“宣、歙大姓，聚族而居，类皆冠山带水，灵淑所钟。故巨族莫不有谱，即莫不有十景诗焉”。[①] 如明成化年间，汪祐清为绩溪县登源八景写序，表达了对登源村落自然与人文景观的看法。登源在绩溪县治东南十里，溪水从村前流过，登岭位于村落右侧，有河水经岭麓南流，与村前溪水汇合，名为登源河。登源村南北两侧，峰峦环列，岩洞虚豁，有汪氏始祖司马公墓、忠烈公庙。村落四周，有龙须高峰，石泉飞流，每见停云；有三岛悬崖，林谷深邃，常若积雨；有隐张岩，峦阜凌层，蔚然奇特；有富陵峰，屏嶂层叠，崒然峭拔。有金山雾，霭乎烟霏；有绿照波，莹涵秋色。沙鸟浮于清溪，有忘机之情；松风响于峦坞，有翠涛之声。因而，登源八景为龙峰晴云、金山晓雾、岛崖春雨、绿照秋波、隐张层岩、富凌叠嶂、清溪沙鸟、

① 光绪《南关惇叙堂许余氏宗谱》卷一《十景诗》。

黟县碧山村落景观

野坞松风，囊括了登源村落的山林溪岩之秀。①

又如淳安进贤村，是方氏宗族聚居地，自西汉末由河南平陵徙居以来，代有闻人，以汉尚书令迁翁、晋尚书操公父子祖孙，唐代诗隐公及宋校理公恪最为显著，故其乡、其里、其市、其渡皆名为“进贤”。进贤村景胜颇多，明代之前即有八景，时至成化年间，因村落发展，原有八景已不足以涵盖地方景致，地方士人特“削其同乎人之常名，而彰其埋光于昔者”，又增加了四景，共为十二景，以“微其显而阐其幽”。

其十二景列举如下：一是“虎屏列障”，因进贤村落的后方有虎峰山，远望像一幅书屏，是金紫峰的余脉，盘踞数百里，迢递绵远。虎峰山东西两岩，蹲踞并列，巍然镇重，足以障蔽一境安全，实为进贤最主要的山峰，故曰虎屏列障。

二是“文笔撑霄”，进贤村落的前方连山重叠，三峰凸起，如同笔架插入青云，有擎霄捧日之势。进贤村各户人家对此而居，有识者认为此为文笔天马之星，能够护佑读书士子科场中第，颇有益于村中文风的兴盛，故曰文笔撑霄。

三是“古渡横舟”，进贤村南临溪，水深源远，村人外出深为不便，辄制作小

① 成化《休宁城北汪氏族谱》卷下《诗·登源八景并序》。

舟以利行人往来，累世深得其便，为纪其功，故名古渡横舟。

四是“中流积石”，亦因该溪而起，溪中积起磦石沙洲，长二里，宽百步，当面平铺，水分两旁，像并向而行的两条溪流。然洪涛泛溢，则混为一江，但积石屹然，是为中流砥柱，村人呼为中流积石。

五是“曹堨清波”，进贤村左侧为曹山，山东南为平坂，曰曹坂堨，潭曰曹潭，湖曰曹湖。波流蔓延逾十数里，皆一堨所注，其流远而其利溥。但在明成化之前，此堨废弃已久。进贤村的方汉在成化时命其子方玉、其侄方廷恩领衔修复，经数年辛劳而终于完工，便名之为“曹堨清波”。

六是“凤鸾墩面”，曹坂西侧，亦为进贤村落的正后方，山水形势咸聚于此，拥为高阜，薄于平田，有若凤鸾扑地之形，乡人呼为凤鸾墩面。

七是“鸾坡乔木”，进贤村的西南方向又有三峰远对，高插云霄，万山排列，来朝来拱，左右夹辅，如抱如环。村中恪公而下数世皆葬于此处，在世之人亦多预备寿圹于其间。村人累世植树，秀木森森，干云拂日，被称为鸾坡乔木。

八是“合山夜月”，进贤村落的右侧有山独峙，为双溪的下水口，以水口而得巨山拦截，则前后左右四合皆山，村称之为合山。此山尖圆峭拔，如璧如圭，耸秀可爱，诚擎天独柱。皓月当空时，则如玉女对镜，呈奇幻之象，术士认为此山为天乙太乙之星，于夜月尤宜，故曰合山夜月。

九是“端口晴虹”，合山之下又有小的山峰，山峰之下有小溪，来自东北，至进贤村下横截而出，汇于大溪。大溪发源甚远，其流恒注，有时洪水暴涨，来势汹涌，阻遏村人外出，前人便在端口与村中之间建造一座桥梁供村人往来，隐然有长虹卧波之势，故曰端口晴虹。

十是“马石迁纵”，桥西有小山，名为狮子峰，方氏神祖迁翁与本境神祠立于其上，祠下有巨石横于道路左侧，名曰马石，石上有纵横文坎，形如虎鹤马兽之迹，相传迁翁在此处跨鹤升天，位列仙班，而从者皆有遗迹，故名为马石迁纵。

十一是“牲池古迹”，进贤方氏先祖势力强盛，村中厅堂楼室、厢厦轩庑、书斋客馆、家庙牲厨无不俱备，虽屡经兵燹，而遗址之处的残石仍在，其养牲之地、宰牲之池，遗迹尚存，人皆以为盛事，世代相传，是为牲池古迹。

十二是“花圃余香”，是进贤方氏先祖曾在其家屋后建一花圃，宽数亩，并收罗四方奇花异石，以供各方宾客欣赏把玩。时至明成化年间，花木已湮没无迹，而圃地尚存，将“花圃余香”列为进贤十二景，亦有遗芳余馥不泯之意。①

进贤村另有景观“桂坊伟观”，是方氏恪公在南宋淳熙十三年（1186）进士及第，族人为之建造攀桂坊以扬其名。明景泰元年（1450），进贤族人方汉考取浙江乡试第二名，天顺二年（1458），又考取“五经”单科第一，授官山东道监察御史，方氏宗族为方汉立经魁、绣衣两座牌坊，亦为一境奇观。

婺源在唐玄宗开元二十八年（740）设县，治所在地为清华镇。胡氏始祖散骑常侍公时年18，事父胡曈公游历婺源，至灵观寺烧香，道经清华，见其地清溪外抱，形若环璧，群峰叠起，势嶂参天，认为住在此处，后世子孙必然兴旺，遂由歙县黄墩徙居清华。时至明万历年间，清华镇街长五里，共四列，环街上下有九井、十三巷，原有御书楼收藏宠命诰敕，后建胡氏统宗祠，以祭奠始祖神位。清华胡氏择该地奇绝之处，分为八景，并简要交代了景观命名的依据：洙岭屯云、藻潭浸月，“云聚于绝顶，而月印波心”；花坞春游、寨山耸翠，“记地胜之足娱，山高之呈色也”；东园曙色、南市人烟，“非纪其日之出，而人之居乎”；上河脱钓、如意晨钟，“非纪其金声之足听，临流之可乐乎”。②

清顺治年间，休宁县芳溪杨氏宗族提炼了芳溪山川十景，与其他村落景观重自然风光有所不同，“芳溪十景”多取实迹，与村落日常生活密切相关。取景“蟠桃肇基”，为芳溪之源，地僻山幽，三源、八十四坞在此处一辟一收，外紧狭而内广阔，可为避难之所。杨氏始祖受公初居于松萝天保山中，后徙居芳溪，身没后葬于宅畔，为杨氏开基祖，杨氏族人坟墓亦陆续葬于此处。命名“鸿雁来宾”，是因为塔岭分支以来，此山两翼风生，或起或伏，有十数节，形如鸿雁连阵而欲起飞之状，遂取名“鸿雁山”；芳溪村的居址、坟墓皆以此为来龙，杨氏有宗支居住此山下，名为“佑启堂”。景观“狮子伏阶”，是自鸿雁山来，过峡开屏，列帐回转，列为十数支，结成回龙顾祖之势，其中一支独大，如同狮子伏阶，左右重重，山环水转，相拱而立，杨氏同伦公卜葬于此山之阳。“白象转湖”得名于中村之下，两山回顾交牙，如象有鼻，杨氏旧居皆在此处，后世始迁外分出，旧有环萃楼、心远楼俱在此地，后世在此处建光启堂。“玉几端峙”，是因为村中前来一山，两边均平方正，如玉几之象，杨氏

① 嘉靖《淳安县志》卷十五《记·贤溪十二景记》。

② 万历《清华胡氏统会族谱·清华八景古县图记》。

玉峰公甚爱此山，因而卜居焉。自号曰玉峰，并建造一堂，名之玉峰堂，另有《玉峰堂记》存世。“祖峰高耸”，得名自鸿雁山来之后，大起大伏，再立形势，特立一山，旧名曰“高柴尖”。右分一支结里村基址，左边正支结外村基址，梧山祖墓处于四围群山中，皆重重回抱，此山有一方独尊之象。“梧山钟灵”，是自高柴尖之下结成五股，重重自相包裹，如莲花之象，因名曰“出水莲花”。杨氏淮英公甚爱此处，始迁而居，名曰光裕堂。离世后葬于梧山宅后，左右两边皆为子孙居住之处，忠房支下皆享此地之福。“佛灵古迹”，源自于梧山之前有旧神坛，名曰佛灵山古庙。尝为一方神会，远近民众常齐集于此。时至顺治年间，大庙毁弃已久，而基址犹存，阶石如故，十都二图神会在此会齐，而神灵更为响应，灵验异常，杨氏天麒公之墓在此山上。“芳源九曲”，是因为芳溪居址从村首至大宗祠有 5 里长，自塔岭分龙以来，水流 10 里长，蟠桃坞口为水源之地，自后随鸿雁山而行，过一处则有一曲以环抱之，只见其有倩，而不见其直突，芳溪村的生产生活用水多依赖于此。“捍门重关”，是指芳溪水口之处的胜景，水口乃一村门户，在芳溪总出口之处，突起两座高山，凝然峙立，旧名曰“凤凰”和“尖柖山”。芳溪合村风水赖此为开收，杨氏大宗祠亦以此为朝对，奎公牌坊在大宗祠左侧，士元公牌坊在大宗祠右侧，皆倚此山麓而立，诚为一村之关锁、最有力之处。①

清雍正年间，休宁双溪江氏宗族将村落四周的山川形胜总括为四景：一为“东岫横云”，得名于村东摄墩山，“摄”为“总”的意思，两股水源在此山汇聚，为总持砥柱，独峙于平畴之上，中间如岛屿，每当朝炉暮霭时，宛若屏几横列；二为“西峦耸汉”，村西有诸多山峰，其中一峰挺拔耸立，直冲云汉，古名马鞍峰；三为“南坡涌翠”，村南有山坡，层叠起伏，气势汹涌，如江波海涛奔流不息，苏轼曾有诗“山为翠浪涌，水作玉虹流”，即与此景颇有相似之处；四为“北嶂纾妍”，村北有山嶂如蟾光初吐，名为“半月坡”。形状圆润，草木葱郁，令人看后倍觉妩媚，有纾余为妍之景象。②

歙县江村，距离县城甚近，因路非要冲，碧岫遥环，清溪旋绕，深得山林之趣，江氏族人曾列八景之目，分别为：“洪相晓钟”，洪相山建有寺庙，置大钟一口。洪

① 顺治《新安芳溪杨氏宗支录·芳溪山川十景》。
② 雍正《休宁江村洪氏家谱》卷八《双溪诗文》。

相山在村东二里，林深木秀，雾气缭绕，每日清晨，寺庙钟声阵阵，士子、村民早早开始读书、劳作，好似一幅繁忙劳碌的山居耕读图。“王陵暮鼓”，起因于越国公汪华起兵保障六州，民人赖以周全。汪华护佑州境之功泽沛遐迩，身后奉敕在云岚山修建宝殿，长享地方民众供奉的香火。由于接近军营，暮鼓初起，与画角鸣笳交相应答，响彻空山，令人听后倍生感慨。取名“松坞樵歌”，是为江村村北有松培坞，栽植众多古松，朝晖夕阴，林翠欲滴，樵牧往来其间，行歌相答，恒多野趣。另一景观“练溪渔唱”，是因练江的一处水源出自飞布山，名为布射水。环村而过，向南流去，在歙县城西北处纳扬之水、富资水、丰乐水，合为练江，流至浦口与浙江合流。江村因水而灵动，春雨初晴，山烟欲暮，渔歌互答之声隐隐飘于林外，非依山面溪，难以有此佳境。“云朗岚光”，得名于三台山南有云岚桥，就桥依山，建造小亭。天阴气清，可以远远看见黄山天都、云门两峰和秀钟、天表亭，四壁松篁，亦极幽韵。“飞蓬月色”，缘于飞蓬山处于众山之中，是处有月，由村北望，空旷无际，盖山空月明，南楼闲客有独赏之雅致。取名“白石晴云”，鸡冠山多奇石，积雨初收，云雾从石隙中逸出，丝丝缕缕如飞絮一般，随风荡漾，弥漫山顶，居住在鸡冠山附近的村民常能睹此奇景。“紫金霁雪”，是因紫金山为歙东名山，在江村东边有30里之遥，烟岚隐约，仅能辨其大概，每当雪霁之余，光明皎洁，如在眼前，玉树珠簪，天然入画，实为一处胜景。[①]

绩溪县横坞村对八景命名也有简单的交代。“里门怀古”，是指里门有“朱子古里”4字。虽不知其具体来历，但因与朱熹祖籍地紫阳阙里婺源县同属徽州府，亦受到朱熹影响。“旧第纪恩”，是高氏支祖七周公为皇帝治病，被授予顺天府巡捕，族人在其旧宅建亭一座以彰显宗族受到的恩荣。“凤石朝晖”，得名于村东有石如凤。“马岩烟雨”，是因地方俗传山中常有白马神出现，云出如马，天必下雨。“宝冈虎踞”，来源于宝冈，亦名白虎山。“金池鱼跃”，是由于村后之山的四面有金鱼池。“西峰延爽”，得名于西峰尖厉如火，民人相传如锄掘此峰，必有火灾。“南塘涵波”，是指横坞村南有两座山，相隔约有10亩大小的平旷之地，明朝少保梅林公带人在此处挖掘水塘，为村人灌溉农田提供方便。[②] 祁门善和程氏宗族居住的善和村，又名和

① 乾隆《橙阳散志》卷一《舆地志·胜景》。
② 光绪《梁安高氏宗谱》卷十二《八景诗·横坞八景》。

溪，其地“号为多佳山水”。村后山峰岿然而立，蜿蜒分为五支，山势婆娑，挺拔峭立，像五棵桂树，程氏宗族有多人中第仕进，程氏族人感念其涵养的阴德，将其比之于窦禹钧氏，故命名为窦峰，并把“窦峰五桂”列为村落十景之一。距善和村南5里许，有一座山峰突兀耸拔，覆盖着万棵青松，远望如绿袍，士人称为“绿袍万松”。善和东边有山，其形如日轮，名为“日山”。阳鸟东升之时，则晨光万丈，故曰“日山晓晴”。善和西面亦有山，形状如半月，名为“月山”。每当夕阳落山，则晚霞满天，故曰“月山晚霁”。善和村前流淌着和溪，和溪两岸多种桃树，每遇春暖花开，绯红万顷，影映波间，故名“和溪桃浪”。善和村东是珠浦所在地，相传善和古时尝产珠，亦为往来行者必经之处。每届冬春之间，行人涉水而过，殊为不便。程氏宗族遂出资建造桥梁以利行人，故曰“珠浦花桥”。善和村南的山上有一座寺庙，寺前古柏森森，程氏族人曾葬母于此山，在墓前栽植柏树，又建祠延僧以奉香火。宋代受到朝廷嘉奖，赐额“报慈寺”，主持重要祭祀事宜，并旌表其孝行，“报慈古柏”历数百年而犹存。距离和溪二三里处有山巍峨，上薄云汉，其下郁郁多修竹，实为奇胜之处，故名曰“傍云修竹”。善和村外二三里地方有座山冈，名为“梧冈”。山冈顶部旧时建有书院，相传曾有凤凰鸣叫其上，其后程氏族人果然有状元及第者。时至光绪年间，虽然书院无存，但其遗址尚在。与“梧冈”相对而立者为兰峰，其峰拔地千仞，截然迥出群山，兰芷青青，远近民人望去，俨然一支文笔直插云汉间，此为“梧冈书院”“兰峰文笔”得名之由来也。善和十景大致涵盖了村落周围的山川形胜。①

民国时期，新安村落的八景命名之风亦比较兴盛，并随着绘图水平的提升，各地宗族在修谱时，多绘制村居图，把八景囊括其中，形象直观地表达了新安民众对村落景观的慎重态度。歙县城南二里许是徽州著名水利工程渔梁坝的所在地。渔梁村因紧靠新安江应运而生，成为明清新安最繁华的水运商埠和商业街区，“人肩摩，车毂击，帆樯如立，为歙之一镇也”。村里居民以姚氏为多，分上、下两门，中隔姚家巷，下门为“云山”，上门是“凤池”，皆由姚氏祖先懒翁命名。凤池派族人居住在村落中心位置，山水钟映，尤擅雅致。民国姚氏宗族修谱时，特意绘制了村居图，登载谱册，供族人披览，“有以渐化其情性与气质”。图中有八景，分别是“渔梁钓隐”，练江流经渔梁，水清沙白，鱼游能数，高人奇士多喜欢垂钓其间，故谓之“渔梁钓

① 光绪《善和乡志》卷二《山川景致·和溪十景记》。

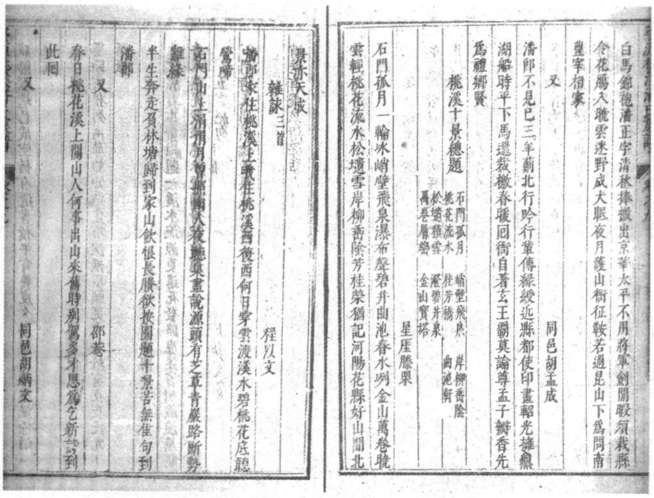

白馬錦袍潘正字清秋捧檄出京華太平不用將軍劍關暇須栽縣
令花隱入曉雲迷野戍犬眠夜月護山衙征鞍若過昆山下爲問南
豐宰相家
又　同邑胡孟成
潘郎不見已三年薊北行吟行輩傳緑綬近縣都使印畫船光擁鼎
湖船時平下馬還栽檄春暖回衙自著玄王覇莫論尊孟子辦香先
馬禮鄉賢
桃溪十景總題
石門孤月　峭壁飛泉　岸柳垂陰
桃花流水　桂芳橋　曲池軒
松壇積雪　灌碧井泉
萬卷層巒　金山寶塔　星厓滕栗
石門孤月一輪冰峭壁飛泉瀑布聲碧井曲池春水冽金山萬卷曉
雲輕桃花流水松壇雪岸柳垂陰芳桂榮猶記河陽花縣好山間北

界亦天成
雜詠三首　程以文
潘郎家住桃溪上我住桃溪西復西何日穿雲渡溪水碧桃花底聽
鶯啼
石門山上月涓涓月曾照幽人夜聽泉盡說源頭有芝草青巖路斷勢
難緣
半生奔走負林塘歸到家山飲恨長謄欲按圖題十景苦無佳句到
潘郎
又　邵卷
春日桃花溪上開山人何事出山來舊時別駕多才思爲乞新詩到
此回
又　同邑胡炳文

崇祯《婺源桃溪潘氏族谱》卷九《诗·桃溪十景总题》

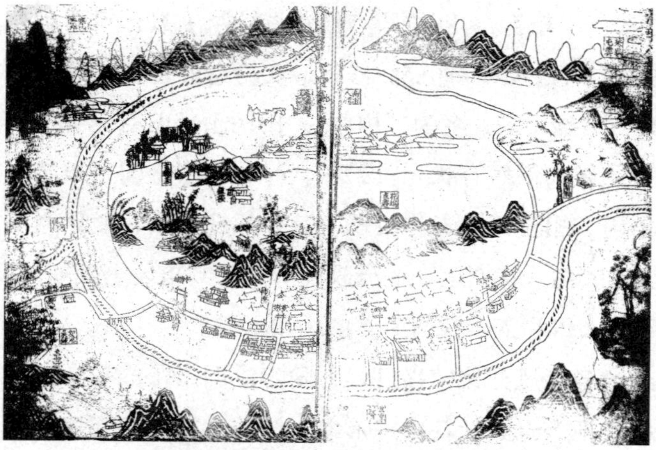

万历《清华胡氏统会族谱·清华八景古县图记》

隐”。“望仙望古”，是指渔梁之下有仙渡，相传唐刺史先渡马而去，杳然空望，后过此桥者，必驻足怀想。取名“紫阳烟雨”，是渔梁坝南岸高山为朱子读书处，灵修特异，每当暮烟朝雨之时，最适合吟诗作画。“白水晴岚”，意为渔梁坝的下端为新安关，又称新安第一关，位于紫阳桥头，其上有泉水从石罅中流出，白若米泔，饮之解渴镇静，古时曾建有白水寺，晴日烟浮，横拖如练。“龙井花桥”，是指在渔梁坝对望紫阳余脉，顶平壁峭，有如一口水井，故名“龙井”。山上建造禹王阁，有镇龙之意，山坡覆盖奇花异草，馥郁之气随风飘散。“乌聊翠拥”，站在渔梁坝西望乌聊山，满目苍翠，春夏之交，树叶繁茂，则环而抱焉，无限清幽。另一景观“披云峰影”，乌聊山对面矗立着披云峰，峰顶烟云缭绕，来去无定，落日之际，影倒渔滨，婆娑可爱，其名亦蕴含活泼灵动之意。“碎月滩声”一景，是指披云峰底为碎月滩，其滩平浅，其声清扬，月光照之如玉屑而滔滔不绝。①

祁门县樟源上村八景另辟蹊径，以数字开头，为八景命名，并交代了各个景观的由来。“一峰朝曦”，是因村中陈氏宗祠正对着的是张岭一峰，其形如仙桃，每

① 民国《歙南武担姚氏渔梁上门支谱》卷首《里居记略》。

天太阳升起时，此峰最先沐浴在晨光中。“二桥夜月”，是指村中上桥连通旸源下桥，跨过东山，形如长虹，遥遥相应，每当红日西下，皎月东升之时，散步村之左右，只觉水光清浅，山色横斜，甚是可爱。“三塘雨霁”，是因上村共有里塘、中塘、外塘三塘之水，皆由本村祖山过峡处而来。春雨过后，里塘中的菱角如排，中塘里的蒲列如剑，外塘中的荷浮如钱，其水涓涓而流，绕村前流入大河。“四形雪融”，鱼、蟹、虾、鳖四形皆属上村水口重镇，鱼形由上村建福神祠于其上，虾形为上村六社立梅仙庙于其间，鳖形为蓄植树木以为印垒，蟹形则因其钳宏开中造大路以便行人。每当积雪消融，四形皆如活物。“五岭行人”，是指新岭、张岭、吴边岭、佛岭、塘岭五岭，其岭头或建茶庵，或立茶亭，无论损坏与否，递年秋季，上村六社路会必进行修整。尤需指出者，张岭、吴边岭上接胭脂降，行人往来，上下遥遥相隔七八里。但在上村祠堂前，举目可见其人形，倾耳可闻其人声，皆因其张岭、吴边岭盘旋环绕，如众星拱辰。“六秀合渚”，起源于旸源与岭西源两水汇合于上村上首，由艮方来，寒言塘水由寅方来，张岭水由巽方来，黄荻坑水由丙方来，塘坑水由坤方来，后塘水由乾方来，而塘阬、后塘二水为上村来龙源头水，与众水汇于四形之上，可谓并皆佳妙。“七石砥柱”，是指水口重镇，四形为最，而水碓、石堨之下，众水合流之上，大河之中更有七块活石，为中流砥柱，春雨降水频繁，水涨则石没，水落则石出。平时水浅，状如七星，隐约可见。“八门上升”，是因陈氏宗族支派多属不齐，上村宗支由四大派衍生为八门，长支居下村，上升至二房；逢原支上升至南源支，又上升转至三房；安基支上升至馨山支，又上升至祥和支，继而上升至书坊支，由书坊支直上则至四房。[①] 祁门樟源上村八景主要是村落人文景观的反映，与村落民众日常生活息息相关。

韶铿村在歙县水南乡，为徐氏聚居地。村居万山中，四面环绕，前水合抱，后水围屏。如不寻水之来源，则不知何以入村；若不随水之流向，亦不知何以出村。村落中央宽旷，两水夹行，双流汇合，“其势雄，其景幽，较桃源有过之无不及也”。[②] 洪武六年（1373），天下未定，徐氏景春公欲觅一处安逸之地，乃自歙北皇呈向南，一路找寻，不觉间进入深山，得此佳境，遂卜居于斯，至民国年间已逾600年，子

① 宣统《祁门陈氏宗谱》卷十八《樟源上村八景诗并小引》。
② 民国《韶铿徐氏宗谱·村图》。

姓繁衍，人口众多，可与歙北皇呈徐氏相比。因山幽水韵，其音铿然，宛若虞韶，故曰“韶铿”。每年阳春之际，鸟语花香，烟蓑雨笠，有事西畴，与陶渊明之诗“农人告余以春及，将有事于西畴”颇为相合。夏日炎炎，士人或在松荫下休憩对弈，或踞磐石垂钓。清秋气爽，则心旷神怡，吟风啸月，禾黍熟，税粮输，无官吏之扰。瑞雪飘飘，父母妻孥拥炉暖阁，值静夜幽窗，穷诗读礼，会心不亦远乎？《世说新语·言语》云：“会心处，不必在远。”意为只要是开心会意的地方到处都可以领略到佳景妙趣，不一定非到远处去寻觅不可。民国修谱时，徐氏族人曾赋诗四绝，以志乡景，四景为石矶渔钓、暮岭樵歌、上陇春耕、南楼夜读，可谓颇得村居深山之乐。①

除了这四景，韶铿还流传诸多杳然不可寻的古迹，如中堂仙境、石犬夜吠、水埠横泉、丹凤朝日、企鹅升天、珍珠名胜、铁砚流传、蜈蚣龙脉、螺蛳牛眠、青狮回护、白象盘旋、关津履泰，故而在修谱时，特意将这些遗迹载入其中以志怀想，他们认为古迹与风景不同，“景则人所同，迹则村所独，景历四时而或有变易，迹则历万古而永远常留”。② 祁门琅琊王氏聚居的易溪村八景命名缘由简单明了，如南潭石出类马，号“江潭石马”；西池圉圉洋洋，曰“湖沼金鳞”；村北建有学馆，其地绿竹漪漪，名“学堂翠竹”；西馆迎宾，青松郁茂，取“驿馆青松”；河东有平冈垅，树木稠密，便人樵采，为“铁垅樵歌”；村后多大山旷野，牛羊往来其间，曰“铜山牧唱”；易村王氏宗族之前有很多佃仆，夜间举火纺织、舂粮，是为“前村灯火”；学馆傍于后屋，时常传来琅琅书声，号“后屋书声”。③ 可见，易溪八景以人文类为主，是王氏宗族生产生活场景的映照，较为写实。

第三节　新安村落景观的吟咏

新安村落景观的提炼、总结只是初步工作，最重要的一环是由宗族中的文人或宗族延请名士、文人对景观题咏作诗，从地理景观实体延伸到诗文作品，部分宗族

---

① 民国《韶铿徐氏宗谱·韶铿四景诗》。
② 民国《韶铿徐氏宗谱·韶铿胜迹序》。
③ 民国《新安易溪琅琊王氏宗谱》卷首《八景诗》。

还绘制村居图，把八景纳入其中，并载诸族谱，传之后世，从而将景、诗、书、画等多重元素集合于一体，形成了一个相对完整的村落景观文化复合体。

明弘治年间，休宁流塘詹氏宗族曾言：“流塘四景图，乃贵泊族人家山之总图也。……后世子孙读其记文，诵其诗词者，油油然想见乎眼底，企慕乎胸中，必能继述之。故笔于图末，俾观感而有兴起焉，则庶乎不颓先志耳。”[①] 意即通过绘制四景图，记述、题咏四景景观，让后世族人记住祖先的功德，维持宗族的地位。清康熙年间，歙北岑阳江氏宗族阐发了对景观与诗文之间关系的认识，“天设画图，群秀毕聚，文辅月遇。其间意与景会，景与诗融，点染丹青，不知山水倍增清丽也。不然，天景殊胜，遗迹犹存，文辅列题编目，自成八咏，为骚墨，倡文辅，纵游江海而士大夫争相品题，彰以华帙。”[②] 意象与景观相会，景观与诗文相融，构成了层层递进的关系。岑阳景致优美，其地有山有水，竹木翳翠如练，溪流清澈急湍，岑峰幽岩深谷，登临飞布山但见云气翱翔，令人心旷神怡。此外，岑阳存留众多景观遗迹，如鳅山翠色、百亩春耕、戈湖夜月、侧堨甘泉、任矶古桥等，

樟源张山村八景图

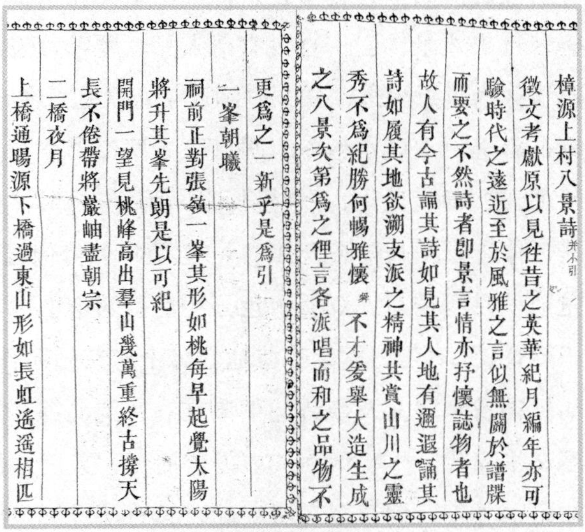

樟源上村八景詩 并小引
徵文考獻原以見徃昔之英華紀月編年亦可驗時代之遠近至於風雅之言似無關於譜牒而要之不然詩者即景言情亦抒懷誌物者也故人有今古誦其詩如見其人地有邇遐誦其詩如履其地欲溯支派之精神共賞山川之靈秀不爲紀勝何暢雅懷彝不才爰舉大造生成之八景次第爲之俚言各派唱而和之品物不更爲之一新乎是爲引
一峯朝曦
祠前正對張嶺一峯其形如桃每早起覺太陽將升其峯先朗是以可紀
開門一望見桃峰高出羣山幾萬重終古撐天長不倦帶將巖岫盡朝宗
二橋夜月
上橋通暘源下橋過東山形如長虹遥遥相匹

樟源张山村八景诗

① 弘治《流塘詹氏宗谱》卷四《文翰》。
② 康熙《歙北岑阳江氏宗谱》后集《传序诗文·岑阳八景记》。

皆是先人触目生情提炼的景观。寻找遗迹感今怀古，文人雅士往往诉诸诗歌，士夫、亲友、缙绅等亦多求题品，藏箧笥，以传后裔，这是传统文人乐意所为之事，春风夜月，酹酒临江，登高望远，点笔题诗，念之神往，因而，人景两相传会，“闲居各题一律，以志其列，岂诗云乎哉”？[①]为景观题咏之风日盛一日。时至清末，祁门樟源上村陈氏进一步阐发了对景观诗的认识：“诗者，即景言情，亦抒怀志物者也。故人有今古，诵其诗如见其人；地有遐迩，诵其诗如履其地。欲溯支派之精神，共赏山川之灵秀，不为纪胜，何畅雅怀？舜不才，爰举大造生成之八景，次第为之俚言，各派唱而和之，品物不更为之一新乎？”[②]也就是说，诗是借景抒情、怀志，吟咏诗作如见其人、履其地，既能欣赏山川钟灵之秀，更能畅想雅怀，与先人进行对话，不忘宗族的延续发展。

延请地方官宦或文人雅士为景观作序、题诗成为新安宗族普遍做法，这也是为了扩大宗族在区域社会的影响力，提升宗族社会地位的一种途径。明天顺七年，徽州府经历阎禹锡在公事之余，其从事吴让请他为歙县岩镇八景写序，理由是岩镇先儒曾选出八景，但一直没有请人品名题咏，恐湮没不彰。在吴让介绍了八景后，阎禹锡认为寓意深远，并一一阐述了八景的意象，“七墩星列”昭示休象，“双庙晓钟”象征忠义，“双溪水色”表明自取，“两市书声”抑抑末务，“龙池秋月”以澄人心，“马岭朝云”管窥大化，“紫极丹光”固守本源，“黄罗雪霁”坚持晓节。阎禹锡还挥毫作近体诗，把八景嵌入其中：“七墩星列势何雄，双庙风清度晓钟。马岭朝云迷彩照，龙池秋月浸瑶空。双溪水色分泾渭，两市书声斗征宫。尤有丹光盈紫极，黄罗雪霁玉玲珑。”不久，吴让手持地方名士唐邦植所作八景序文及律诗请阎禹锡为其作序。阎禹锡看到序文及律诗铺事典雅，音韵铿锵，颇为激赏，特意将此事在本人所写的序文中交代一下，认为“地因势而灵，人因地而杰，理固然矣。传不云乎诗可以兴。故用引于首，俾读者有所兴起，异时从容抚景纵眸，忘言相对，收清淑之气，归吾肺腑”。[③]岩镇处于歙县西乡，人烟稠密，市声喧哗，被称为“万家之市”。乾隆年间编著的《新安名胜》曾列举歙县境内的名胜古迹，载有“岩镇松涛”一景，其诗曰：“横桥斜影漾溪流，野径虬枝响不休。叠嶂遥临连碧落，层台高处出松楸。春明柳浪遮

① 康熙《歙北岑阳江氏宗谱》后集《传序诗文·岑阳八景自跋》。
② 宣统《祁门陈氏宗谱》卷十八《樟源上村八景诗并小引》。
③ 万历《岩镇百忍程氏宗谱》卷十一《岩镇八景》。

红袖，风暖花飞映紫骝。万壑千岩称胜地，村村点染若丹丘。”该诗注曰：“郡之西镇，烟火十万家，古迹形胜，指不胜屈。路当孔道，水合诸源，溪桥深邃，亭榭幽闲，概新安第一镇也。”

西溪南村，在歙县城西35里，为西乡之佳境，崇山环绕，丰水潆回，因处丰乐水之南而得名丰南，一称丰溪，俗称溪南。西溪南村东临大溪，西接沃壤，南临丙村，北接刘村，吴氏居处其间。吴氏始祖宣议郎光公自唐懿宗咸通元年（860）由休宁凤凰山徙居于此。吴光善堪舆，曾在歙县西乡卜居三处，一曰莘墟，地刚而隘，山峭而偏，居之者主贵而不利于始迁，一曰横渠，地广而衍，水抱而环，居之者主富而或未蕃于后裔。一曰丰溪之南，土宽而正，地沃而厚，水楫而回，后世其大图也。换言之，吴光卜算的三处地方中，莘墟对始迁之人不利，后世子孙在横渠不能繁衍生息，只有丰南最为合适，遂迁徙此地。其时丰南地广人稀，吴光生性澹泊朴实，勤俭治生，因地开浚，树艺五谷。躲过唐末黄巢之乱后，益修故业，明礼义，训子孙，其孙吴逸中南唐进士，为柳州马平县令，族姓田地日广、渐益蕃衍。村内居室鳞次，通衢纵横，列以巷道，卫以仆舍，不杂他姓。元至治元年（1321），族人吴希德撰有《溪南吴氏八景记》，介绍了村中八景的由来。自唐迄于元，吴氏族人曾建始祖后稷祠，吴姓子孙岁修祀事，祠前有古银杏二株，数尺粗，高不可量，是曰“祖祠乔木”。吴希德学文修行，隐处精舍，因其名号梅溪而题为“梅溪草堂”。丰南村南面临山，青苍满望，题曰“南山翠屏”。村东皆水田，町畦万顷，溪流活泼，修渠周护，是曰“东畴绿绕”。发源于黄山的丰乐水清澈见底，是为“清溪涵月”。村西高冈吐纳云气，卷舒异态，是为“西陇藏云”。村中有竹林二十余亩，半夜尝有凤鸣之声传来，因而称之曰“竹坞凤鸣”。村周围诸山绵峙，四面皆有泉脉，甘霖膏澍，崇谷通深，洪澈浴漫，化育百物，则又所谓“山源春涨”。[①] 时至明代，西溪南因吴氏宗族涌现了众多富商巨贾而发展成为著名的村落，《新安名胜》记有“丰南别业”一景：“争道延陵氏，名园十二楼。水中峙台阁，窗外抚松楸。选胜高踪过，分题野客留。春秋时检点，一步一丹丘。”诗下注曰：“延陵望族秀杰诸乡，缥缈园林，绿溪卜筑，凿池引水，垒石成山，追金谷之遗风，效秦山于仿佛，楼高十二，竹影千行，洵称名园也！”因吴氏家资富饶，村落景观优美，接待了众多来徽州做黄白游的文人墨客，

① 民国《丰南志》卷八《艺文志（下）·溪南吴氏八景记》。

如祝枝山、冯梦桢、董其昌等。吴希德后裔吴以睿为苏州“吴中四才子”之一的祝枝山故交，明弘治十一年（1498），祝枝山受邀到西溪南做客游览，祝枝山以吴希德《溪南吴氏八景记》为蓝本，据八景之名和意境，欣然走笔，作《溪南八景诗》①：

祖祠乔木

煌煌清庙奠崇冈，灵树擎天拔地强。
天子报功惟社稷，云孙追远许烝尝。
千寻古色武侯柏，十亩清阴召伯棠。
今日孙枝正蕃秀，愿移材干献明堂。

梅溪草堂

君子高居涧水浔，小斋还筑傍琼林。
看花忽见乾坤理，玩易正求天地心。
香蜡浮浮谁共味，寒流汩汩自成音。
试看床上书连屋，莫道前人不遗金。

南山翠屏

结庐当面玉周遭，登眺何须著屐劳。
节彼瞻如太师尹，悠然见似隐君陶。
千岩雨过浮青障，万木春深滚翠涛。
柱颊朝来得新句，棱棱秋色与相高。

东畴绿绕

庞公宅畔甫田多，畎亩春深水气和。
五两细风摇翠练，一犁甘雨展青罗。
鱼鳞隐伏轻图径，燕尾逶迤不作波。
最喜经锄多有获，丰年宁愧伐檀歌。

---

① 民国《丰南志》卷九《艺文志》。

清溪涵月

黄山高脉滥微觞，一道分明向草堂。
有本却如先泽远，分清还看末流长。
金波泠浸罗纹丽，玉髓虚凝宝鉴光。
记得唐贤佳句在，千寻练带晚含香。

竹坞凤鸣

当时贤者此徘徊，手把琅玕屋后栽。
万个自缘医俗在，九苞曾览德辉来。
宫商盈耳箫韶奏，毛彩朝阳紫翠开。
今日遗雏有君子，来仪须上九成台。

山源春涨

清时潘骑有闲居，山泽源通二月余。
才见甘霖过洞府，忽看浮气袭图书。
镜铺浩渺金波泛，帘挂玲珑玉液虚。
好待桃花春浪暖，君家惊起化龙鱼。

西垄藏云

飞烟长护屋西岑，恍惚朝晖又夕阴。
不可赠君惟自悦，有时出岫本无心。
微横一抹蛾眉翠，漫绕千金絮幄深。
好去从龙覃世泽，南溪应作傅岩寻。

祝枝山擅诗文，尤工书法，名动海内，与唐寅、文徵明、徐祯卿并称为“吴中四才子”，又与文徵明、王宠同为明中期书家代表。明代书法名家江阴人王穉登为《溪南八景诗》题跋：“祝京兆平时入颠出素，故其书狂怪怒张者多，清妍秀媚者少。此卷《溪南八景诗》盖是真行，全法大令，结构婉转，回环盘纡无不纯熟，而一波一画蹁跹飞举，永和之后仅有此君耳！”对祝枝山书写的《溪南八景诗》大加赞扬，将其提到王羲之以后“仅有此君”的高度。明末书法家宣城人唐允甲在为此卷所写的跋语中亦极尽赞誉之词：“此卷规模大令，神韵生动，故是能品。闻京兆为吴甥，又所咏八景，此吴氏之家珍也，流传数十年，今归尔世，其宝之。”诚如其言，溪南吴氏将此卷视为家藏至宝，秘不示人。入清后，为收藏家吴尔世所藏，后传至其孙吴与桥手中。吴与桥，字南高。与著名画家石涛交谊甚深，他在此卷的跋语中称：“吾邑溪山之胜，得邀前贤流连咏歌者，无如丰南为甚。祝京兆列为八景，各赋一律，辞条雅正，墨光映彻，远近传播，人每以未得见为憾。墨迹久为先王父宝蓄。先君尝欲勒石以公同好，而天夺之算，有志未逮。闲暇展卷，为至怵然，乃谋同心，按法上石。先人遗忘，庶几续之，非敢博雅望也，览者其鉴诸！是刻成于康熙庚辰仲春，壬辰冬为雪冻折，复于次年仲秋月拔石重镌并识。”[①] 由此可知，康熙三十九年(1700)，吴与桥将家传的祝枝山《溪南八景诗》刊刻石上，又请石涛依照祝枝山八景诗的意境作画 8 幅，即《溪南八景图册》。石涛八景图在前，八景诗碑成于后，今在歙县碑园仅见八景诗碑一块，为 1713 年重刻品。石涛《溪南八景》图册与祝枝山《溪南八景诗》一样，成为溪南吴氏宗族心目中的宝物，康熙以后，辗转于众人之手，现藏于上海博物馆。据许承尧考证：“《虚斋名画录》释石涛有《溪南八景》图册，为吴南高画，每图录祝枝山一诗，孙豹人复为吴尔世和之。卷端有何子贞题云：‘苦瓜真实妙谛，吴平斋藏。’又有戴醇士题‘延陵世宝’四字。考其题记，此册曾由吴君景怡归吾宗许睡山华生。”[②] 许睡山华生，即唐模许华生，与许承尧同宗。许华生在今藏石涛《溪南八景图册》跋云：“予素爱石涛上人画，所藏卷轴颇多，出则载诸行笈，入则挂诸斋壁，未尝一日离也。顷于吴子景怡案头见石公所图溪南八景页，爱入骨髓，把玩移时。景怡曰：‘君其有画癖乎？’爰持以相赠。予获之，不啻锡我百朋。亟命工装潢，什袭珍藏，以时省观而自喜焉。抑因之有感矣。予先世系本唐模，与溪南接壤，村墟林壑，差堪仿佛。自高曾以下侨居维扬，家山家水，经年罕到，回首桑梓，徒萦归梦，安得好手如石公者一一摹写以卧游乎？”[③] 许华生毫不掩饰他对石涛《溪南八景图册》的喜爱之情，也流露出了对家乡的眷恋。汪世清《艺苑查

---

① 民国《丰南志》卷九《艺文志》。

② 许承尧撰，李明回、彭超、张爱琴校点：《歙事闲谭》卷三《蜀源即景诗》，黄山书社，2001年，第36页。

③ 转引自朱良志：《石涛〈溪南八景图〉诸问题》，《中国书画》2018年第10期。

疑补证散考·石涛交游补考》记载了《溪南八景图册》的流传经过，可供参考。[①]

乾隆时拔贡生、候选教谕程夔龙程古雪先生，被时人称为文学昌黎，其诗亦有法度，曾受邀在歙县蜀源文几精舍担任塾师，教授鲍氏生徒，著有《瀫潭山房集》《古雪集》。程古雪初至蜀源，只见该村“环源皆山，层遮叠绕，聚族而居者为鲍氏，虽户不满二百，而丘壑窈窕，烟云幂历，与夫林亭泉石花木之美，殊足游目骋怀”。遂作《蜀源即景诗》：“仄径何逶迤，崎嵚入幽邃。翠巘列成围，豁然辟兹地。阡陌暖交通，衡宇俨鳞次。溪流绕其前，云树相亏蔽。舍北敞平畴，旷望繁种植。古木郁层阿，细泉咽岩际。花时想清妍，秋景亦明媚。于焉展书策，聊用索同契。剥啄昼无声，散步从所契。小阁面西山，朝朝挹爽气。”随着程古雪在蜀源居住的时间不断增加，他愈发喜欢上这个地方，凡足迹所至，会心处往往皆是。在得知蜀源曾有八景，因苦无题咏，大半皆失其名后，程古雪以其在蜀源所见，合之旧传，即景口占，作诗十三首，“亦聊志一时栖托之况云尔”。如岑麓，为蜀源村西山，峤而扈，双鬟并起，登山顶一望数十百里，远空叠嶂，如列雉焉。诗云：“岹峣俯村舍，翠壁双峰开。绝顶一搔首，招呼太白来。”金带溪，一湾清浅，自北而东，依山渟流，绕出村墅，以其发源于灵金山，故以“金带”为溪名。诗曰：“写影明黛螺，沿沙闲白鹭。恐引捕鱼人，不种桃花树。”枫墩，村舍前两墩相拱，上有数十株枫树，秋季丹黄错落，色彩斑驳。诗云：“霜信到岩阿，出户看秋色。横空一片霞，枫林绀如织。”采苋涧，为元代鲍琪之妻吴氏殉节处，其事载于府志。诗云：“采苋复采苋，思羹姑在床。当年全节处，涧草至今香。”北原，在众山合围之中，划然一区，阡陌广衍，婆娑明月之下，最为清旷。诗云：“苍茫敞林外，明月入怀处。寒烟立夜深，鹤唳寥空去。”岑泉，在岑麓之下，深二尺许，窅然澄澈，夏冽而冬温，右边村子有数眼泉水，远不及此。诗曰：“暗窦窅无声，渟渊甘以冽。我携折脚铛，来试小团月。”梅冈，在村之西偏，有梅树数株，依山临涧，点缀闲冷，可谓花与地相称，“雪花何漉漉，冰花冉冉香。借问辛夷坞，何如梅子冈”。仙人石，相传围聂真人跨鹤上升处，石上履痕宛然若见，“仙人昔解蜕，石上划履迹。或在此山中，相逢不相识”。复春桥，入村处有石桥横小溪上，苔藓斑驳，不事雕琢。诗曰：“柳色年年绿，小桥春复春。山居无限好，不解送行人。”锦岸，复春桥上游两岸皆种

① 黄山市徽州区档案局、地志办整理，吴晓春点校：民国《丰南志·附录》，黄山书社，2017年，第710页。

芙蓉，盛开时隔溪交映，如披蜀锦。诗云："我醉朱颜酡，恰对芙蓉绮。春风本不知，枝枝照秋水。"昙花岭，为入村大水口，下为青莲庵，上有环翠亭。诗曰："佛说大解脱，我识西来意。优昙本无花，不论色与味。"龙窟，在岑麓后环岩之下，黝然窅然，相传昔日曾有龙蟠伏于此，裂石飞去后，石上隐然可见足迹。诗曰："蠖屈以求神，鬐鬣乃潜处。蓊然一片云，去作人间雨。"凌云松，嵛麓坡上有一松孑立，直上百尺，嵛麓坡虽多竹木，独凌云松品质最佳。诗云："凛凛岁寒姿，撑霄长不朽。山空莽无人，敬此苍髯叟。"①

村落景观总结、书写和八景诗创作的过程中，专业修谱的谱师所发挥的力量不容忽视，周赟即其中一个代表。周赟（1835 ~ 1911），字子美，号蓉裳，宁国市胡乐乡人。清同治三年（1864）中举人，被授予奉政大夫和花翎同知，后担任训导、教谕。清光绪二十八年（1902）起，任徽州府学教授。宣统二年（1910）十一月，他从徽州府学教授职上辞官回乡。周赟先后纂修多部族谱，如绩溪《古校头周氏宗谱》《亨源周氏宗谱》《梁安高氏宗谱》《金沙许氏宗谱》《梁安城西周氏宗谱》《周氏宗谱正宗》《仙石周氏宗谱》、宁国《章湾章氏宗谱》《宅上陶氏宗谱》《中川周氏宗谱》，以及旌德《仕川喻氏宗谱》等。他在为宣统《仙石周氏宗谱》撰写的《仙石十景诗序》中交代了自己修谱的渊源："先曾祖通奉大夫纲斋公以谱学名家，一时世家大族重修世系，多聘问焉。及先大父教谕凤冈公能传其业。咸同兵燹后，户口凋残，谱牒亦多散佚，续修甚难。赟勉承先训，每为人主修谱稿，润笔虽微，而忘餐废寝，三十年来，勤劳不懈。"可见，周赟祖父、父亲都是地方谱学名家。受其祖辈影响，周赟也是三十余年孜孜于修谱活动，而周赟每次纂修族谱，写村景，即作《十景图诗》，以自快游咏。周赟在为宣统仙石周氏族谱绘图题诗时，"兴到笔落，如与家人书，如对野老语，工拙雅俗所不计也"。② 为仙石楸枰、汝溪灌溉、列屏霁雪、双钟夜雨、帽峰瀑布、玉井清泉、莲峰待月、松阜吟风、狮岩白云、龙冈红旭等十景写了七言十首诗，缀于村图后。周赟曾在《游南关题绩溪十景》中说明了他对景观书写的认识，南关许氏宗族为绩溪大族，"以城居独无十景诗，非城居无十景也，以十景乃一县之景，非一族所得私也"。绩溪十景中有"文峰雅会"一景，周赟认为绩溪之水没有体

① 许承尧撰，李明回、彭超、张爱琴校点：《歙事闲谭》卷三《蜀源即景诗》，黄山书社，2001年，第85～87页。
② 宣统《仙石周氏宗谱》卷二《村图》。

现出来，以巽方之峰为文峰，是术士之言，不可据以为典，以会课为雅会，则比较符合实际情景。而且文峰与东屏山实为一体，亦觉重复。而绩溪一水分而复合，此舆图所仅见，也是县治得名的由来，一县之景莫重于此。为绩溪一县写景而反遗绩溪，可谓忘本。纂修宗谱的本意即在于报本，因而周赟为绩溪南关作十景诗，便把“文峰雅会”改为“双溪绩月”。周赟还把绩溪县志中原居第八位的大屏积雪改为东屏雪霁，并移到第三位，以示其重要性，其余八景分别为大会晴峰、鄣山叠翠、石照清晖、翠眉春色、飞云天池、苍龙瀑布、印石回澜、祥云洞天。[①] 周赟在纂修《梁安高氏族谱》时，为横城、青山塘、下朗坑、上草坦、二都东山、杨家岸、祝山、中央山、古塘、柏节坦、上村、一都东山、凤池湾、浣纱溪、万富山、横坞等 16 个村子题写了四景诗，付出良多。

新安村落景观诗通常是律诗和绝句，少数以词的形式出现，如是律诗，则其押韵一般遵守通常韵律。根据字数，可分为五言诗、六言诗和七言诗。根据内容，可分为山水田园诗、咏物诗。就吟咏的题材分，主要分为自然和人文两大类，日、月、雷、电，山、水、溪、流，雨、雪、晴、云，松、木、乔、叶，塘、堨、池、坝，亭、台、楼、阁，寺、观、院、落等，皆是吟咏的主要载体。其中，山是绝大多数村落景观和景观诗都绕不过的题材，占绝对主导地位；其次是溪水，仅以双溪命名的景观就有 11 个，遑论单以溪或水命名者；再次是以雪命名的有 31 个，仅以霁雪命名者就有 6 个，如炉峰霁雪、竹松霁雪、紫金霁雪、梅山霁雪、石盂霁雪、列屏霁雪等，充分反映了徽州山水环绕的基本地理环境。

现存新安村落景观诗中，有一类是村落景观总图诗，对该地景观进行整体描摹。如婺源理田十二景总诗：“青献双峦涧两流，堨边月桂柳梢头。锦屏华盖东西美，玉几金峰南北幽。静读学山烟色曙，钟鸣道院籁声悠。仙桥待渡飞天马，笑取椒塘水上球。”[②] 婺源桃溪十景总题：“石门孤月一轮冰，峭壁飞泉瀑布声。碧井曲池春水冽，金山万卷晓云轻。桃花流水松壝雪，岸柳垂荫芳桂荣。犹记河阳花县好，山门此景亦天成。”[③] 另一类是景观词，而不是诗，这类词数量非常少，现仅有绩溪荆川八景总图题词：“一卷图书，莫漫拟。嘉陵山水，几曾见。葛磊瓜绵，万家成市。族聚冈

① 光绪《南关惇叙堂许余氏宗谱》卷一《十景诗》。
② 万历《三田李氏统宗谱·理田十二景总》。
③ 崇祯《婺源桃溪潘氏宗谱·桃溪十景总题》。

头丞相宅，宗开泽底新昌里。愧挥毫，落纸异烟云，徒尔尔。溪九折，翔麟趾；山万叠，招凤峙。统八景，描摹林峦旖旎。玉笏峰撑银汉转，晶盘岫涌冰轮起。爰堂登，锦绣百花洲，纾青紫。满江红。”①

现存新安村落景观诗有五言绝句，如婺源桃溪十景诗，录文如下：②

石门孤月

石门倚天开，锁钥着无处。
夜夜不掩关，明月自来去。

峭壁飞泉

峭壁有飞泉，清声聒人耳。
何如君子心，汪汪淡如水。

岸柳垂阴

岸柳垂清阴，黄鹂吐佳句。
行人何处来，斜阳不知去。

桃花流水

涧水千年绿，桃花两岸红。
若为风俗古，还与武陵同。

桂芳桥

桃头有古桂，月窟移仙根。
八月开金粟，清香庆几村。

① 光绪《荆川明经胡氏五义堂宗谱》卷十二《荆川八景全图》。
② 崇祯《婺源桃溪潘氏宗谱·五言绝句》。

曲池轩

当年构小轩，坐占曲池上。
夜静看姮娥，天开云母帐。

松壝积雪

松下有古壝，满地琼瑶积。
清澈诗人脾，并入梨花白。

澄碧井泉

古井几千年，香泉湛清冽。
汲少终不盈，汲多终不竭。

万卷晴峦

太上不待言，人间自多事。
上古有至书，一璞本无字。

金山宝塔

七宝浮屠塔，长仓太古意。
上借百鸟巢，下占立锥地。

歙县桂溪项氏八景诗，亦是黄方山所写的五言绝句，录文如下：[①]

梅村春早

芳村饶古木，梅树最堪夸。
一夜春风到，枝头放几花。

① 嘉庆《桂溪项氏族谱》卷十九《艺文·诗》。

塘坞荷鲜

我爱横塘曲，荷花逞艳姿。
还乘明月夜，来听采莲词。

莘田秋稔

莘田粳稻熟，农获正当场。
归来酿浊酒，留取醉重阳。

松坞雪晴

坞僻画常暗，松声雪更迷。
朝来双白鹤，长唳向谁栖。

东山圣殿

阶除鸟鹊驯，垣壁丹青委。
梁帝何英灵，居民祷于此。

西山道院

夙闻西山胜，策杖喜追寻。
道侣四五辈，谈元望竹林。

壶山诗亭

壶山去人境，亭上长僻静。
爱尔坐晨昏，抱膝自吟咏。

岑山书院

厌彼城市喧，惬兹丘壑美。
时闻读书声，遥出烟萝里。

而歙县沙溪八景诗，则是方卜频撰写的六言绝句，录文如下：[①]

沙溪春晓

沙堤柳浪深深，晓遇春容爽心。
蝶梦花丛未醒，莺藏叶底初吟。

社坛烟柳

社宇金炉篆烟，社坛柳线齐肩。
岁岁坛前春柳，和烟三起三眠。

平楚遥青

荆丛际地含烟，嫩碧蒙茸态妍。
雨霁凝眸远眺，居然一片青毡。

双溪垂虹

两余蝃蝀垂象，夏涨两溪浩荡。
东西掩映彩虹，连蜷济下蟠上。

新桥晚眺

倦鸟归栖茂树，炊烟直上层霄。
牧竖驱牛正返，月轮将照双桥。

文台秋月

桂影斜移粉壁，松针铺遍文台。
西南清响忽动，鸟雀带月飞来。

---

① 乾隆《沙溪集略·诗》。

苍松挺秀

黛色参天蔽日，苍髯老叟乘龙。
影动浑疑云散，风号恍似鲸钟。

梅山霁雪

山梅雪压如花，不复风飘雾遮。
日出寒光璀璨，目眯鸲鹆乌鸦。

祁门柏墩八景诗，则是七言绝句，录文如下：[1]

月照灵犀

天工范物羡洪陶，尾首昂霄月照高。
几树鸡桑开晓户，卜居旧拟武陵桃。

古柏环庐

冉冉清阴古柏肥，绕庐侵井碧依匕。
里居自引君为号，长此黄童判鹤飞。

文笔点水

断壁颓崖肖颖毫，溪边临水起波涛。
拟抗百斛词园耒。横扫千军文阵刀。

墙龙左卫

青龙居左石为垣，蟠砌环遮古树村。
试上高楼窥郭外，长亭广陌列郊原。

① 同治《祁西桃源陈氏通公家谱》卷一《阳基图·八景诗》。

石井穿虹

井转辘轳晓有声，灵泉弗凿自天成。
春深最好溪光烂，百尺长虹截雨生。

洗心堂址

水云岚月一堂开，家塾当年辟草莱。
大雅风流人去后，荒池终古绣苍苔。

鸬鹚蝉翼

村西山状水禽飞，芦苇沙边两翼垂。
等是窥鱼傍秋水。翻风逐浪羽差池。

洞口虹桥

洞口烟低翡翠流，虹腰跨岸却渔舟。
年年一片桃花水，犹溯秦人话渡头。

新安村落景观诗七言绝句数量最多，部分村落景观诗是文人互相唱和而成，如歙县桂溪十二景为项问达所撰，其后项戬亨和前韵成诗，项问达十二景诗录文如下：[1]

溪干梨雨

两岸迷离柳外烟，几人蓑笠在郊阡。
予间独坐西窗下，绘就西畴词一篇。

源岭樵云

莫道仙源有烂柯，逃名应得老间多。
柴门倚杖看流水，云外归樵接牧歌。

① 嘉庆《桂溪项氏族谱》卷十九《艺文·诗》。

烈潭秋水

石壁荒凉何所名，反缘贞烈得分明。
堪嗟汗行须眉子，愧尔寒潭一片清。

壶山夕照

松影参差日欲斜，坐看流水洗残霞。
何须濯足沧浪外，已得幽入风味奢。

岑潭松影

屈曲虬枝势欲欹，风来鼓动若奔驰。
鱼龙应起争浅跃，试问松兮知不知。

西山红叶

执炬司行又已秋，白云冉冉度溪头。
金风吹入林中去，堪拟时花艳更幽。

丛林晓钟

启明焯焯星河开，云外钟声迢递来。
惊起翩跹双蝶散，鸡鸣相戒共徘徊。

多宝晚梵

紫绿多收夕照微，松间皎皎月生辉。
一声磬响诸山静，堤上行人犹未归。

莲台春眺

岩石嵌崎拥翠璇，登临花气袭衣鲜。
朝晖焕发千家晓，暮雨霏微万井烟。

芙蓉积雪

寒光熠熠玉芙蓉，冻锁园林出壑松。
几处梅花诗致好，何须远忆灞桥风。

东山秋月

风叶萧萧候已秋，林光一片更清幽。
群贤尽为苍生起，我独还因素月留。

园林夜读

林间月出正娟娟，鸟宿鸦栖不敢喧。
一片书声彻林外，此中养就几英贤。

和前韵，项戳亭和诗录文如下：

溪干犁雨

垂柳丝黄杂曙烟，老农晴雨课畦阡。
巾车未命桑田驾，独诵豳风举趾篇。

源岭樵云

樵彼松薪孰执柯，源深独得白云多。
逢人但话桑麻事，笑语穿林杂鸟歌。

烈潭秋水

纲常偶激岂沽名，质弱从来见独明。
潭影至今浑未改，月砻秋水一泓清。

壶山夕照

曲曲壶山石涧斜，松间落照集飞霞。
数椽茅屋依岩下，仅取容身不事奢。

岑潭松影

风动涛声千澌敧，堪连碧水共奔驰。
月明矶上垂寒钓，挽入松根迥不知。

西山红叶

鲜妍万卉淡于秋，潦水寒生静不流。
霜叶缀枝犹艳冶，西园片日自清幽。

丛林晓钟

寺云深锁几曾开，远近钟声何处来。
唤醒迷迷新梦觉，游人当此独徘徊。

多宝晚梵

梵刹禅机妙入微，山衔月下夜增辉。
风幡已证菩提岸，香积罗僧尚未归。

莲台春眺

一水如环绕碧璇，池亭出处着花鲜。
当春不厌频来往，山麓齐收万壑烟。

芙蓉积雪

千寻玉尺冻芙蓉，不改寒威几树松。
拥鼻行吟山脊上，浩然自古踞高风。

东山秋月

纤月微茫物候秋，东冈薄暮可探幽。
登临渐觉霜威迫，为把清光又少留。

园林夜读

远山含黛秀于娟，净几明窗避野窗。

夜静月明赓古句，何妨自我继先贤。

第四节 小 结

八景文化在中国源远流长，现存方志、族谱中保存有为数众多的景观和景观诗，是考察小尺度区域景观文化的重要资料。新安村落景观虽然在命名方式上与其他地方的景观文化并无二致，但在文化内涵上却充分反映了新安独特的依山傍水、山环水绕的地理人文环境，是该地区自然与人文要素互相作用的产物，朴实自然的景观内容亦包含了深厚的历史背景和生动的现实生活，具有浓厚的文化气息。新安村落景观的书写更深层次地体现了传统社会新安民众在聚落选址、空间布局中所蕴含的天人合一的观念、风水观念，反映了新安人生产、生活场景和状况的真实面貌，蕴藏着极为丰富的营建理念和深刻的文化内涵，透露出新安人精神深处较为隐秘的世界。

新安村落景观的题咏则是该地人文素养的典型体现，延请文人名士和地方官宦题诗是最常规的操作，某种程度上也折射了宗族的综合实力和在地方社会的影响力。新安村落景观诗形式多样，日月雷电、山水溪流、雨雪晴云、松木乔叶、塘堨池坝、亭台楼阁、寺观院落等，皆是吟咏的主要载体。这些景观诗作，为探讨新安民众追求人与自然和谐相处、宗族运行实态、家庭生活、信仰世界的变迁历程提供了生动素材。

第三章　新安村落的村运作社与社祭活动

新安村落祭祀活动非常兴盛，从祭祀对象来看，宗族祭祀祖先的祠祭和墓祭活动，属于与宗族有血缘关系的内神。与此相对的是，与宗族无血缘关系的外神祭祀在明清新安也非常活跃。如明万历范氏宗族在属于祖先祭祀的时祭、统宗祠祭、忌祭、墓祭之后，列出灶祭、社祭、厉祭、五祀祭、八蜡祭、焚黄祭等外神祭祀对象。[①]雍正《茗洲吴氏家典》卷七《外神祀议》明晰了吴氏宗族外神祭祀的对象主要为灶、社稷、乡厉，并对三者的祭祀仪节进行了整理。《外神祀考证》把灶、社稷、乡厉作为宜祀的外神，三者之外，皆不当祭。“非所祭而祭之，名曰淫祀，淫祀无福”。不当祭的外神有释迦牟尼文佛、三清三境天尊、北极中天星主紫薇大帝、九天应元雷声普化天尊、梓潼帝君、观音菩萨等将近30种，认为世间淫祀甚烦，“总之祷张为幻，莫可征信。兹据张九功《厘祀典议》、吴肃公《广祀典议》节录如右，卫道者推类而悉屏之可也”。[②]在新安乡村社会中，外神信仰非常普遍，祭祀的神灵多种多样。本章即探讨明清新安民众广泛祭祀的社稷之神，考察社与宗族的关系，讨论社祭活动的举行及与社祭相结合的元宵灯会的举办盛况。

第一节　新安村社的运作与宗族关系

在传统中国，社的崇拜与祭祀源远流长，直到民国时期也未曾中断，深刻影响了中国传统社会的走向。社之起源甚早，含义多歧，历代硕儒名彦多著文探讨。陈宝良在《中国的社与会》一书中将社的含义总结为五种，分别为土地之神、古代乡

---

① 万历《休宁范氏族谱》卷四《谱祠·宗规》。

② 雍正《茗洲吴氏家典》卷七《外神祀考证》。

村基层行政地理单位、民间在社日举行的各种迎神赛会、信仰相同和志趣相投者结合的团体、行业性团体。揆诸史料可知，一般都倾向于认为社是指土地之神，这也是其最基本的含义。《礼记》载："句龙为后土，能平九州，故祀以为社。"祭祀土地神的场所，亦称为社。《礼记·祭法》载："王为群姓立社，曰大社；王自为社，曰王社；诸侯为百姓立社，曰国社；诸侯自为立社，曰侯社；大夫以下成群立社，曰置社。"围绕社的祭祀活动，社开始衍化扩充出另外几种含义，而引起后世学者关注的多集中在作为祭祀活动的社和作为基层组织单位的社两个层面。

杜正贞在《村社传统与明清士绅——山西泽州乡土社会的制度变迁》一书中对社研究的学术史做了比较全面的梳理，此处不赘述。[①]具体到本章的选题，学界对徽州社的研究尚不多见，日本学者牧野巽利用《休宁茗洲吴氏家记·社会记》中有关社的记载，考察了明代徽州同族的社祭，认为明代徽州的社不是一族的祖先，而是庙的一种，是代表一个地方性的结合体。[②]郑力民以歙南孝女会田野个案为例，考察了徽州社屋的诸侧面，对祠社关系、社庙结构等社屋的基本形态做了全面而深入的分析，并从接菩萨、嬉菩萨、坐菩萨、送菩萨四个阶段解读了迎神赛会。[③]学界已有成果丰富了我们对传统时期徽州社的认识，但就揭示社的具体面向而言尚有一定距离，而这需要进一步扩大资料收集面。

除《橙阳散志》《丰南志》等乡镇志中的记述外，现存明清时期徽州族谱也保存了大量的社的记载，如明弘治《休宁陪郭叶氏世谱》、正德《新安毕氏会通族谱》、嘉靖《休宁县市吴氏本宗谱》、万历《休宁范氏族谱》、崇祯《重修古歙东门许氏宗谱》，以及清雍正《潭渡孝里黄氏族谱》等族谱中，既有立社的序文、社祭文，也有做社规约，而且还有社田的记载、社首轮值名单。此外，可供披览的徽州文书中亦有不少社的文书，如安徽图书馆古籍部收藏有《生活纪事文稿》《春秋社簿》等数份社祭文书。《生活纪事文稿》起始数页略有残缺，其后则比较完整，简要记载了从明天启元年到弘光元年婺源朱氏春、秋二社祭祀的轮值、开支等情况，其间亦有对社会时局的描述，

① 杜正贞：《村社传统与明清士绅——山西泽州乡土社会的制度变迁》第1章《绪论》，上海辞书出版社，2007年，第7～13页。

② [日]牧野巽：《明代同族的社祭记录之一例——关于〈休宁茗洲吴氏家记·社会记〉》，刘淼辑译：《徽州社会经济史研究译文集》，黄山书社，1988年，第125～140页。

③ 郑力民：《徽州社屋的诸侧面——以歙南孝女会田野个案为例》，赵华富：《首届国际徽学学术讨论会文集》，黄山书社，1996年，第34～53页。

让我们对明末那个动荡时代有了更为细致真切的体会。如对崇祯十五年（1642）举办秋社的记载：

崇祯十五年九月初一日，秋报。弟子朱有盛酒肉羹饭皆好，盗贼比前猖獗，六月三十日至本家卷掳。八月廿八日正午王上田造饭（反），至本家席卷一空，人家如洗，上门毁，有纶兄弟住屋外门寝楼并众住屋尽烧，仅救厅屋所。下门刀伤三妇女，凄惨可怜。开辟以来未曾见此大贼猖獗，人们被害若此之甚。且又钱粮紧急，年岁又荒，田稻歉收，秋间谷价一钱五分一秤，豆油每斤价一钱，盐要二分五厘一斤，肉每斤八分，牛肉每斤四分，黄豆每斗一钱六分。

做社之家因被盗掳少酒八巡，未有开光，正日少鸡少鱼少果子，众议义让，以后做社不得以此借口，自后照依社规毋许纤毫躲避。

原实在本银四两三钱八分五厘，该利五钱二分六厘，二共本利银四两九钱一分一厘，当支三钱八分一厘，找约一甲粮边饷，又山后源鸡银八分，买鸡敬神，仍净实在本银四两五钱三分，交与下首朱文臣兄弟收贮生放，家伙照旧不缺。

十五年一甲钱粮开于后（略）

《春秋社簿》为万历刻本，但粗糙不堪，字迹多漫漶不清，记录了项氏举办春秋社祭的规约、利银收入、买房置地文契，以及万历九年（1581）清丈户册等，内容颇为丰赡，亦有助于我们对社的理解。

一、明清新安社的概况

古人称社为五土之神，稷为百谷之神。杜佑《通典》云："人非土不立，非谷不生，不可偏敬，故立社稷而祭焉。"从上古时代起直至清末民国时期，对社的祭祀始终都是乡村社会中最重要的仪式活动之一，"夫社稷之设，其来久矣。按史所载，五土五谷之神，谷无土不生，民无食不长，有功于世。故朝廷命府州县设坛场，春秋祭祀，民亦仿效立社屋，置龛座，至春秋置办牲牢以供祭祀"。[①] 据此可知，遍设于乡村的社屋实为仿效于官方的社稷坛，"人皆曰社以赛会，此俗世之见也。余尝

① 正德《新安毕氏会通族谱》卷十五《宫室志·社序》。

稽之礼有王社、有国社、有屋社、有坛社，凡以重民食、正民俗、惇民义、联属人心已尔，故列代建国君民莫此为先。而我明社稷有坛，乡社有屋，行之民庶者久矣”。[①]徽州社的历史悠久，宋元时期即有社的设立，“吾绩祭赛社会之俗滥觞于北宋，而极盛于明清之间，兵燹以后此风顿戢”。[②]南宋咸淳六年（1270），歙县岩镇的邱龙友等人奏请立社，认为唐高祖武德初定，“令仲春、仲秋二戊日大社、大稷，配以勾龙、后工，诏州县祀社稷，士民里闾亦许相从，各仲祈报，用洽乡里之情”，故奏请以岩镇东荣善亭旧址立社坛。“集家同祀，庶春祈秋报有所因，得于时中明乡约、劝沮减否，以保年谷丰登”。[③]明洪武三年（1370），朱元璋诏天下乡民立社，每里建立里社坛场一处，但社之兴废无常，行之不久，即多湮没无闻。嘉靖五年（1526），明政府又重新明令地方立社。歙县知县孟镇对洪武和嘉靖年间的两次兴社之举做了详细交代：[④]

直隶徽州府歙县孟为申明乡约以敦风化事。抄蒙巡差总理粮储兼巡按应天等处地方都察院右都御史陈案验备，仰县遵照洪武礼制，每里建立里社坛场一所，就查本处淫祠寺观毁改为之，不必劳民伤财，仍行令各乡图遵行。嘉靖五年二月起，每遇春秋二社，出力办猪羊祭品，依式书写祭文，率领一里人户致祭，五行五献。设礼生冠带几人，务在诚敬丰洁，用虔祈报。祭毕就行会饮，并读抑强扶弱之词，成礼而退。仍于本里内推选年高矜式者一人为约正，有德行兼优者二人副之，照依乡约事宜置立簿二扇，或善或恶者各书一籍，每月一会，务在劝善惩恶，兴礼恤患，以厚风俗。乡社既定，然后立社学，设教读以训童蒙，建社仓积粟谷以备凶荒，而古人教养之良法美意，率于此乎寓焉。果能行之，则雨赐时若，五谷丰登，而赋税自充；礼让兴行，风俗淳美，而词讼自简。何待于催科，何劳于听断，而水旱盗贼亦何足虑乎？此敦本尚实之政。良由此者，自当加意举行，不劳催督。各将领过乡约本数，建立过里社，所选过约正、约副姓名，备造文册，各另径自申报，以凭查核。其兴之有迟速，行之有勤惰，

① 万历《春秋社簿·序》。
② 民国《新安柯氏谱》卷二十六《杂记》。
③ 邱龙友：《题请建立镇东祖社奏疏》，《岩镇志草·利集·艺文上》。
④《建立社坛示碑》，乾隆《橙阳散志》卷十《艺文志》。

而有司之贤否于此见焉。定于分别劝惩，决不虚示等因。奉此除遵奉外，今将备蒙案验事理刻石立于本社，永为遵守施行。

可见，立社坛，设乡约，立社学，建社仓等举措成为明朝政府治理乡村社会，构建乡村教化体系的重要环节，“其意大率本祈报之文，寓教养之法栖神于坛，春秋祀之。而于里中择年高德茂者为约正副，率一里之人咸聚焉。月有常会，会有常期，相与赏善罚恶，行仁讲义。立社学以训蒙，置社仓以贮谷，俾人自为教，家自为养”。[①]在政府的鼓励下，社在徽州各地普遍设立，“俗重社祭，里团结为会。社之日，击鼓迎神，祭而舞以乐之，祭必颁肉群饮，语曰：‘社鼓鸣，春草生。’至秋而祭亦如之。闾里之欢，此为近古”。[②]徽州府属各县社在城内建立了社稷坛。

明清徽州府社稷坛一览

徽州府	社稷坛在府城镇安门外，其坛社右稷左，建神厨宰牲房、库房各三间，洗牲、宰牲各有池、有井，缭以垣墙。宋时在府城南隅，元时迁西南，明洪武三年（1370）迁今所（雷师、雨师坛附于社）。按，礼部则例，祭社稷坛，以春秋仲月上戊日为民祈报，各府州县以正印官将事，以各学教官纠仪，生员充礼生，掾史执事
歙县	社稷坛从府祀
休宁县	社稷坛在西门内，宋时在县东南，后移今所。初社、稷各一坛，明嘉靖间始合。径二丈，封三尺
婺源县	社稷坛在城北汤村，明迁今所
祁门县	社稷坛旧在西城门左，明迁门外，后又迁大洪山
黟县	社稷坛在西北城外，宋时在城西南，元代迁城南隅，明时建今所。宋初在城西南，绍熙间葺之，后废。端平改元，知县舒冰之重建，环以堵垣。元至元间，在城南隅。明洪武三年（1370）改置在县治西北，建神厨、宰牲、库房各三间，洗牲、宰牲各有池、有井，俱于坛之左缭以周垣，并置门墙。国朝改建城西，其坛北向，社右稷左，木主二，题曰“县社之神”“县稷之神”
绩溪县	社稷坛在眉山门内，元时在门外。明嘉靖二十二年（1543）知县甘汝孚复修，后因筑城故在门内

资料来源：道光《徽州府志》卷三之二《营建志·坛庙》

①《重建慈化西社记碑》，乾隆《橙阳散志》卷十《艺文志上》。

②康熙《婺源县志》卷二《疆域志·风俗》。

广大乡村社会以里为单位立社兴祀，明清时期记载在《丰南志》中的社有10处之多，其情况如下表所示：

明清徽州西溪南社之概况一览

仁德社	旧志云：在街桥西，吴氏世祀之，淳熙中修三门，元泰定年吴樾等重修，明天顺年间重修，正厅三间，耳房二间，门房一间，两旁天井中有古木银杏、檀木等，正德庚辰六月因根朽忽倾坏，社屋墙倒塌。嘉靖间里人吴桢祥等协力喻众出资财修理，两旁砌以砖墙，地甃以石，丹漆，焕然一新。祭户旧分上下管，上管一岁祭，下管附吴鳌名等二姓，增吴仁、程志广二户，上管事宜照社簿抄入，下管亦同。麟册系发字号二千六百九十六号，税三分六厘一毫，见业十六都
新义社	在仁德社西，瓦屋三间，里人胡志勗等姓所祀，见旧志，现无考
余村社	旧志云：在星桥西，余村里金氏等所祀，旧有社，今废。嘉靖年重建小屋三间，其额曰"余村仁德社学"
丙邨社	旧志云：在村东丙村里，吕氏等姓所祀，建瓦屋三间
仁义社	旧志云：在仁义寺门前。今废
唐朔社	旧志云：在里南，瓦屋三间
詹塘社	旧志云：在詹塘西南，瓦屋三间
义兴社	旧志云：潭水淹没，今无存
郑村社	旧志云：今废
前山社	在丙社东，今倾塌

资料来源：民国《丰南志》卷二《舆地志·社宇》

歙县岩寺镇在明清时期也先后设立永兴义井社、长兴祖社、四义井社等15个里社组织。江村立社的情况则为"里、外村，介塘分二十四股，后并为十六股，轮司祀事，岁于正月上元前三日设祭演剧，陈列方物，广张灯采，曰朝献"。[①]"(新安)人心尚朴，事多近古，即乡社之举，至今独能行之，而江村则尤称最焉。其奉祀社稷，素有朝献之仪，每岁轮值无论家居恪遵先典，即远游千里外者亦莫不届期而至，其奉醴牵牲，诚敬丰洁，能极情文，可称盛举"。[②]

① 乾隆《橙阳散志》卷六《礼仪志·祭祀》。
② 《重建慈化西社记碑》，乾隆《橙阳散志》卷十《艺文志上》。

古社制强调不屋而坛，故各地村社多建社屋，而城中社稷则多建坛而不设屋。洪武元年（1368），诏各府州县各祀事，坛遗其制，坛而不屋，缭以周垣。《钦定大清会典》亦规定直省府州县各择爽垲之地建社稷坛，均北向，岁以春秋仲月上戊日为民祈报，皆正官将事，以各学教官纠仪，生员充礼生，以掾史执事，社稷位前各帛一、黑色鉶二、簠二、簋二、笾四、豆四、爵三，共羊一、豕一、尊一，承祭官行三跪九叩礼，陪祭官皆随行礼，爵行三献。社主则用石形如钟，长二尺五寸，方一尺，剡其上，培其半。神牌有二，以木为之，高二尺五寸，博四寸五分，厚九分，硃饰青字，一书县社之神，一书县稷之神，临祭设于坛中，以矮桌安奉，祭毕藏之。《宋史·礼志》云："先是州县社主不以石。礼部谓：社稷不屋而坛，当受霜露风雨，以达天地之气，故用石主，取其坚久。"[①] 嘉庆《绩溪县志》卷七《官祀》载："里社：城内及各乡群姓所置，在县东南者名德安社，在五根岭者名连城社，在翠眉麓者名西坛崇德社，并易坛以屋，易主以像。"该书卷一《舆地志·风俗》则记载："（二月）戊日祀社，春祈秋报，岁凡二举，里自为域，献□醉酒，尚遗古风。社神为男女二像，庞眉皓首，呼为社公、社母。社前有雨，谓之社公雨，言'社神不能食宿水'。"社公、社母在徽州村落有时也就成为社屋的代名词。笔者在绩溪县家朋乡幸福村竹里做田野调查时，曾按康熙《周氏族谱正宗》中的村落图询问社屋遗址，村民周国发脱口而言社公、社母在村西水口处。詹元相在《畏斋日记》中记录了康熙三十九年（1700）八月初八日婺源庆源秋社的另一番情形："本村独无社坛，虽有社会，而祈报皆不得其所。惟各户轮流充首，迎至各家众屋中祭神、领胙而已。不知社无屋，于众屋中祭社，其事已非。又各户领胙而去，其有剩租，亦第春、秋二祭，其余祈雨祈晴，以及发风、驱耗等事并不之及。此而曰社何也？"[②] 社屋的全称有一定的格式，一般写作"江南徽州府□□县□□乡□□里□□社"，但社屋门额均以末尾四字例题，如江村的慈化西社、丰南的仁德社、沙

歙南雄村镇夏坑社屋

① 乾隆《歙县志》卷之一《建置志上·风土》。

② 詹元相，刘和惠标点：《畏斋日记》，《清史资料》第4辑，中华书局，1983年，第199～200页。

溪的皇富大社等。

二、新安村社与宗族

据郑力民的研究，在宋明之间一段有社无祠的时期内，徽州各姓包括祭祖在内的种种族事活动即是在社中进行，或以社的名义举办，这时的社即兼有此后宗祠的功能。[①] 常建华先生的研究在相当程度上证实了郑力民的观点，不过也对其进行了部分修正，强调明代中后期是徽州宗祠大规模兴起之时，而徽州宗祠的出现并且与社祭发生兼容可以追溯到宋元时期。[②] 刘道胜亦指出，兴社成为宋元时期聚族而居的徽州地方村族祭祖祀神的重要形式。[③]

明清时期的徽州，社与宗族的关系非常密切，众多的社屋由宗族所建。如在休宁汪溪，“玹公谱载古社坛在汪溪之东北，名曰社屋墩，今为里边园是也。昔吾定远公尝欲创于西山，竟未能就，今以社位附于月石行祠。据古社制不屋而坛，后之子孙能正典礼辟地遵制建立，实一族之攸赖也。其有玹公所著社稷坛，遗不及详录”。[④] 婺源上溪源程氏十九公自宋朝迁居溪源下村，六公迁居溪头上村，建坛于社屋溪，明成化八年（1472），程思隆等人以坛址弗利，重建于环拱坦，名曰崇兴上社。在雍正七年（1729）程嵩辑录的《新安婺源上溪源程氏乡局记》中还收录了此次重建的社庙钟文：“崇兴上社居民众信等，切缘社屋溪祖社坛少利，今众发诚心议照丁粮出财卜地，于水口环拱坦填筑地基，创立社坛，重装圣像铸造钟鼓，永充供养。上祝皇图巩固，下祈社界清平壮观，山川匡扶，人物福音有攸归者。”[⑤] 徽州宗族甚至将立社视为聚族的一种手段，万历二十七年（1599）方氏裔孙方万山《柘源方氏族谱序》曰：“盖自予少时尝见时祭肇举，五派咸来，今结林迟迟而不至矣。高祖墓祭往犹合举，自一二之利，于租入之可私也，而今且分而为四矣。夫乡社亦聚族

---

① 郑力民：《徽州社屋的诸侧面——以歙南孝女会田野个案为例》，赵华富：《首届国际徽学学术讨论会文集》，黄山书社，1996年，第34～53页。

② 常建华：《安徽徽州府的宗族祠庙祭祖·徽州其他姓氏的祠庙祭祖》，《明代宗族研究》第2章，上海人民出版社，2005年，第45～50页。

③ 刘道胜：《明清徽州宗族文书研究》，安徽人民出版社，2008年，第177页。

④ 嘉靖《新安汪溪金氏族谱·附录》，嘉靖三十二年家刻本。

⑤ 程嵩：《新安婺源上溪源程氏乡局记》《成化社坛境神庙记》《附录社庙钟文》。王振忠先生曾对该部抄本进行深入研究，参见其《徽州村落文书的形成——以抄本〈新安上溪源程氏乡局记〉二种为中心》一文，王振忠：《明清以来徽州村落社会史研究》，上海人民出版社，2011年。

之一端也。昔也举同日、散同会，犹有家家扶醉之遗风焉，乃今且析而为三矣。”[①]

徽州村社的建立存在多种形态，有的为一姓所建，并强调他姓不与。如嘉靖《休宁县市吴氏本宗谱》在社款中明确提出："吾吴氏恭立社神，惟本氏一族敬设，不紊外姓，名曰东岸节义社。计户三十有一，各备贮银若干，以为春秋祈报之需，年深月久，所积本利颇丰饶，递年出入银数另有收支簿以备存查。”[②] 巨川毕氏所建保厘祖社亦强调惟毕氏族人祀之，“保厘社庙，毕氏共建春秋，祭社稷之神。同治初适遭洪杨兵燹，至光绪壬午之末秋，族人重为建造。然古人何以命名曰‘保厘祖社’邪？盖取毕公保厘东郊之意。保者，安也。厘者，理也。凡我巨川毕氏族人如遇水旱疾疫，皆赖神祇安而理之。所以惟我毕氏族人祀之，他姓不与焉。”[③] 有的为多姓同建，如歙县潭渡黄氏的礼堂社，坐东面西，成化间社簿载社户不满三十，而黄居大半，仍有五姓，朱姓居其一。[④] 民国《新安柯氏谱》载："嘉庆谱中又有麻田头社屋图，图中标明柯、程、王、董、李五姓同社，社额曰‘忠祈’，一切均与今同。此谱中又有三厅八社户之目，今族人亦传有是说。盖耕心堂派占一户，中和堂派占三户，敦伦堂派占四户，合其八户也。至八户之由来则无可考证，意者当日建社时，柯氏尚只八户，既各输建筑之费，于前复轮举，奈赛之典于后，故遂因以得名欤。自咸同兵燹以后，中和堂派、敦伦堂派各有一户乏嗣，实际仅存六户。”[⑤] 由多姓同建的社又有一个逐渐趋于单姓的过程。据正德《新安毕氏会通族谱》载，洪武十七年（1384）建河南福庆社稷行祠，“旧与杂姓淆混”，逮弘治癸丑（1493），毕永春、毕文玉等人“舍旧而新，惟与毕氏共祀之，而他姓不得与焉”。并创制立法，“甚得其宜，迄今礼乐衣冠容容如也”。毕文理、文王左、毕文琛还为之作序，颇可窥见毕氏何以单独立社的缘由：

> 今吾姓社原本与外姓相共，近数年来，老者希故，少者不知上古所立之风，不习规矩，希念至期饱食醉饮，甚则至于语言犯上，或相詈而散，无足观者。吾族众合议曰：社本集义，今而如此，后必生祸。且吾族众不若另设，仍立祖

① 乾隆《歙淳方氏柳山真应庙会宗统谱》卷二《各派谱序》。
② 嘉靖《休宁县市吴氏本宗谱》附录卷十《社款》。
③ 民国《巨川毕氏宗谱》卷五《宫室志》。
④《重订潭滨杂志·礼堂社》。
⑤ 民国《新安柯氏谱》卷二十六《杂记》。

社之名，春祈秋赛亦复如是。今弘治十年春始立神牌，依姓郡氏立河南福庆大社稷之神，是设为因众姓混杂，无上古之风，弄酒乖张，难以为劝。一年一年，一代一代，尤恐后之子弟同流合污，仿效摧毁。吾之族氏古来良善，颇有文风，若不立成规矩，革故从新，亦复如是，是求荣反辱，求亲反疏也。徒哂于人，不如不设矣。今既族义立社，当以仁义处众，禀诸长少，孝悌忠信礼义廉耻数事不可不察，齐家治国亦足为用，是云再禀族众，勿分尔我之嫌疑，勿分贫富之不一，察原始之来亦由今日，父子何嫌何疑？但士农工商各居一业，安分勤俭，勿作非为，守己奉公，各循天理。

歙县东门许氏宗族也是先与本关汪氏斋谕公等共为一社，宋季间至元，族伯祖荣甫公谋诸族曰："吾宗人繁衍，当自为一社，春秋祭祀，使子孙序昭穆、习礼义，或商或儒，各勤本业，谨守礼法，毋坠先志。"族人咸称善。于是该宗自号为高阳和丰祖社。[①] 明宣德二年（1427）许斯器在为该社营置义田所作序文中也同样强调单独祭社的重要性："昔本族与异姓同奉社稷，后族内蕃衍，兼且异姓溷杂，意其不便，恐无以格神，是用改号高阳和丰祖社。凡遇春秋祭赛，皆吾宗枝子孙虔于祭奠，纯一不溷。逮至于今，咸仗神功，奕叶茂丽以倍于前。"[②] 休宁茗洲吴氏的祈宁社亦经历了先与他姓共社，后将他姓绌之单独祭社的过程，"家史氏曰：月令云仲春之月，择元日命民社。援神契云：仲秋穰禾，拜祭社稷，春则求之，秋则拜之，是民间可得立社祀也。先是我社有非我族类溷其间者，凡四户，至正统丁卯社日尽绌之。

① 崇祯《重修古歙东门许氏宗谱》卷十《社序》。为有助于对许氏高阳和丰祖社的理解，兹全文录其序文："上古以来有民人焉，有社稷焉，社则勾龙奠民之居，稷则后稷立民之命，此其德配乾坤，恩同天地，民被其德，相安相养，敦睦以成俗也。吾族先与本关汪氏更为首祀之，至今无怠。迨吾父士聪公因见每遇时祭，散胙人稠，基宇狭隘，起坐行礼未得展舒，有失外望。与族兄文浩、义刚、义弘，族侄弘道、弘远、正通等相与议曰：'率吾宗中但新娶诞子，每名或出银五分、一钱，归众轮领加利，积蓄至盛，增置祭田，买基立祠。'后吾兄克祥同尚礼、廷璧将众银买十都三图汪暹、汪昕、汪晟、汪祥、汪仁义、汪礼道本关第字二十一号五等地二分零，因基尚隘未建。弘治辛酉年间，郡守彭公、县令朱公来守是邦，勘得孚惠庙系无额淫祠，申上将庙折去府庠，改造射圃。其基地因原系本宗出舍建庙，作免征报官。以此仍召克昌与庙邻朱斌纳价银二百四十两入官，作科举生员盘缠公用。其地帖仰昌等升科纳粮管业，各得七分五厘。后与斌弟文将地丈量实数，分拨兑换，各取便管各业明白。本宗又价买许昂铭及许世彰、世瑛山，许端又出己山脚，开垦凑业。至正德三年元宵赏灯会饮，昌曰：'基地既成，宜当造屋，买办督工无善于廷冕。'冕慨诺曰：'此诚美事，当以身先之。'于是邦大等协之，两年屋成墙完。但恐日久后人不知其由，因将其情聊载簿末，使后闻知之，贤者切勿以俚言语人，甚幸甚幸"。

② 乾隆《重修古歙东门许氏宗谱》卷十《本社营置义田序》。

增入我族户如其数，是社当称族社矣。长老曰：‘立社以来，故有纪事。今既称族社，则族属事尤载笔者所当记。’遂于是日具簿牒，书岁候，书牧长，及时事如故。今要删丁卯以前者不录，略采其后事，载入家记云”。[①] 正统十二年（1447）春社之日，从本族内部增加四户以补前述去除的四户外姓，“是日，绌革吴宗成等非类者四户，新入德烜、德安、德皓、敏文四户。无何，宗成兄宗佑自外归，介李存政谢瑞恳入社，愿椎羊、豕、尊酒，至门赛谢社神，姑许留之。社户十勾为次：吴普佑字孟容，吴斯文字音海，吴德昱字文明，吴敏文字茂成，吴德烜字文亮，吴德安字进武，吴德皓字文暹，吴存杰字功傑，吴德春字进民，德昶字文昇”。[②] 从这个层面而言，由单姓祭祀的社也便具有族社的性质。

三、新安村社的运作实态

社祭每年依例分为春社、秋社两次举办，由此需要一定的经费以维系社的正常运转。明清时期徽州各地村社的经费来源各有不同，但举其要者多集中在银和田两种形态上，有的社系社户出资襄助，如歙县虹梁村程氏得卿公匣规条规定，支下轮值春秋两社，每户匣内贴纹银四钱。后议定发元丝银四钱壹分贰厘，社前十五日发。[③] 又如，徽州项氏宗族，其族内旧例，新婚者每遇元宵，送花烛一对，以求子嗣，例设醴以答众志，后变其规每出银一钱五分入社，如此，项氏子孙便无须置社田以行社。经过多年积累，项氏春秋社的本利银有一百二十四两一钱一分之多，除买田外，剩余银两放款生息。此外还规定，在 64 户社户中，新入者每户出五钱作为生息资本，违者以不义黜之。嘉靖十五年（1536），项宗密对社内资产进行清查，“今查众社内新旧银租二簿，置买山场田地，由成化丁未年在社子孙新娶者喜出花烛银一钱五分包利，至正德壬申始，买田起共存银一百二十四两二钱。后入社者出银五钱，又贡巧坑等处山场银放有利，田山有花，年积月累共买民粮两硕，皆赖六十四户创立，今查六十四户绝无项振生名目，伊子宗密值至嘉靖十五年，说伊堂兄宗茂、崇富等禀众收入在社，批开：只许赛社分胙，山场田地宗密子孙俱无分法。批记为照。”[④] 从嘉靖十九年到三十年，项氏春秋社共有本银

---

① 万历《休宁茗洲吴氏家记》卷十《社会记》。

② 万历《休宁茗洲吴氏家记》卷十《社会记》。

③《歙县虹梁村程氏得卿公匣规条》，安徽大学徽学研究中心资料室所藏复印本。

④ 万历《春秋社簿·查簿遗》。

二十三两一钱八分，而利银达一百五十一两二钱，两者共计本利一百七十四两三钱六分。[①] 培郭程氏在会约中规定，在会 28 户所出银两投积社内，每年由社首领去，加息三分，过春秋二戊，交与下次社首，社内各户添丁助银三分，亦同交付生息，不许隐匿侵欺，违者一罚倍十。另外，“在会人户每过二戊亲赏缗币一付至当首，众取齐行礼，复以任时为约，有不至者罚银三分入众。”[②] 程氏族社还置有社田，订立合同，严禁社户盗卖[③]：

我培郭程氏自宋元以来置立社田，具立规约。窃恐子孙众多，贤愚难保，原置文簿一扇，或有损失。今立合同与诸房子孙收执，如有将社内田土盗卖及将存众钱本侵欺者，各执赴官陈告追给，仍将本人坐罪不孝，毋许入会者。

弘治十年八月十九日培郭程氏义社族众　敏政　士熙　以迅　宗杰　以旺　以承　彦秀　宗富　以权　宗讯　宗弼　宗英　以旺　本一　文翀　文昭　以高　以道　宗琳　宗美　宗振　文瑞　宗顺　文积　文浩　文元　文觉　景扬

清嘉庆十一年（1806），郝、方、佘三姓立社公神会，签立合同，对社内经费作出规定：[④]

立议合同人郝、方、佘三姓人等，今因公议新起社公神会，名下议定每家喜取出银公放生息，其利言定会内支用，自议过之后无得退悔。公众退还银五钱，有本无利，倘有日后发大，人圣出银，家家有份，如有无后，不得退还。其会二人合管，十二个月为满，将账算清以交下首轮流交管。倘有上首不清，今首者倍赏。倘有人借去，须要硬保包付，方口借用，不能自便取用。恐口无凭，立此合同一样二纸，各执一纸，永远存照。

嘉庆十一年十月　日　立合同人　方永忠（押）　郝长全（押）　郝永如（押）

① 万历《春秋社簿》。
② 弘治《休宁陪郭程氏本宗谱》附录《书锦坊培郭义社首末·会约》。
③ 弘治《休宁陪郭程氏本宗谱》附录《书锦坊培郭义社首末·社田合同》。
④《清嘉庆十一年十月郝、方、佘三姓人等立议合同》，安徽大学徽学研究中心特藏室。

郝廷臣（押） 方永华（押） 郝加福（押） 方永安（押） 郝长兴（押） 方永吉（押） 郝万年（押） 方兆有（押） 郝佩华（押） 郝万盛（押） 郝三宝（押） 郝永达（押）

代笔人 郝佩华（押）

歙县潭渡长至社规定，新入社者须出钞半锭，否则不许入分。并对旧社产立碑为记：[①]

一、经理元有空字457号社基地2亩2角，东至黄荣卿地，西至黄智地，南至吕亚卿田，北至鲍家田。于上长养松木，荫庇社坛，别无花利。

一、至元戊寅年用价银30两买到余后秀空字435号20步当作2角23步，坐落社前，见开成田，东南至吕亚卿田，西至黄胜祖塝，北至社基地。

一、至元九年已丑三月用价钱11锭买到黄智空字428号，沙田30步，沙地1亩1角，坐落社基上，东至社基地，西至黄荣卿地，南至黄胜祖地，北至甽。又空字741号，下田1亩2角坐落交池，东西至张家田，南至黄大达田，北至黄智田。

右前项产土系元来老社户用累年杂支内余钱并卖到社内树钱，共买前项产土入社内收租、输纳二税外，有余钱并系社内杂支公用。如在后有新来社户不知前人艰辛，妄以尸位素餐，似觉无分于轻重。倘有新来之人，须要出钞半锭入社公用，方许入社，同众承管。无钞并不许入分，毋得违约争论，诸人不许典卖。所有来脚文契，各人不在行用，须至约者。

计开老社产土有分人名：

黄胜卿　张君祥　朱瑞卿　黄福之　黄　智　黄贵甫　黄道甫
黄尧甫　黄伯庠　黄仲刚　黄子庸　黄仁卿　黄良卿　黄祥甫
程买之　黄佛秀　黄占秀　黄佛卿　黄文甫　唐子陆　黄惠甫

明清徽州村社的运作采取社首轮值制，当值社首负责该年春秋二祭的各项事

① 雍正《潭渡孝里黄氏族谱》卷六《祠祀·元至正已丑长至社众公立礼堂旧社产土碑记》。

项，如办理不周，众议予以惩罚。休宁李氏在明正统年间兴立了春秋二社，社祭的举办则以房为单位轮值，“坐春秋二社，乃朝献等福，庚戌年为始，议该□□房交管，甲寅年系□□房管办，四年一轮，周而复始。其遇本户酬赛福头，合众均同管办”。[①]休宁培郭程氏订立了十三年的社首当值顺序，每年春祈秋报各有一至二人轮值。崇祯《生活纪事文稿》对每次社祭情况均记录在案，如崇祯六年（1633）八月，秋报，十九日，头首弟子朱祉祚酒肉羹饭俱好，鲞多一头，众议照前罚银三分，整家伙照旧不缺。崇祯十年（1637）八月初三日，秋报，头首弟子朱立觉等酒肉羹饭皆好，家伙照旧。歙县潭渡春、秋二社皆设祭，社首凡百户，“惟前后值年之二十户与祭，祭毕具饮福之礼，酒必老醇，肴必丰腆，炙鸡烹鱼，大胾肥脔，观者无不朵颐，稍有不善，则起訾之，盖循甲乙迭为宾主故也。然所费不赀，贫者每以为苦焉”。[②]社首既承其责，也享有一定的权力。如绩溪柯氏谷川族的社名曰平安，向分六户，仁睦堂派领两户，叙伦堂大分派四分派各领一户，三分派领一户有半，余半户则隶二分焉。此盖最先社祀成立时由此六家首倡，故相传至今犹仍其例欤。六户中常推一户为社首，递年轮流周而复始，每逢春社日为新旧社首换班之期，先治具祀社，祀后新社首以米粿等颁给余社户之有交谊者并遍饩亲友，旧社首亦如之，惟俱用蒸糕俵散。又元旦开门祀天地，须社首先举，届时合族数百家咸盥沐执香以待，一闻社首鸣爆则全村爆竹齐发，声隆隆然震撼山谷。至除夕封门则社首又居最后，若社首已封门，而族众犹有未封者，则封门时不得鸣爆。盖除夕爆声当以社首殿，而元旦则社首先也，违此例者族众共罚之。交年节也向无定期，例于腊八日由社首择定宣示大众。[③]流传于民间的《村社竹枝词》反映了社首操持忙碌的景象：“提灯社长唤邻家，今夜须教算莫差；某项某钱该某步，丝毫准折到棉纱。”[④]

为保证社祭的顺利进行，明清徽州众多村社还制定了严格的社规。如《休宁县市吴氏本宗谱》收录的社款对立社的目的、如何办祭、社田的经管做了详细规定。明万历《春秋社簿》先后收录了正德七年、嘉靖十五年、隆庆元年制定的社例条则，

①《正统休宁李氏宗祠簿》,《徽州千年契约文书》(宋元明编)第五卷。
②《重订潭滨杂志·社烛》。
③ 民国《新安柯氏谱》卷二十六《杂记》。
④ 欧阳发、洪钢:《安徽竹枝词》,黄山书社,1993年,第60页。

为解读明代村社的运作提供了连续的史料：

正德七年（1512）订立了6条社例规则，主要是对社首所办酒馔及社银管理做出规定：

一、众社户尝牲，社首四人，各己出肝大肠五斤，好酒三盃，众用。

一、各社户出糯米半升，秈米一升，盐一两，纸十张，谷一秤。

一、赛社各社首出好酒五盃及尝牲酒，如淡酸倍罚之。

一、借银人户秋社之日领去，至次年秋社日齐要交纳，预期三日社首同议各户催取，如期有误，每一日倍罚利一钱。

一、借社银照依前例，供息本利俱要白脸，如有成色高低，凭众佑补。

一、社之日以敬神为本，如在家而不亲莅者，以亵渎论罚白银一钱；如商游出外者不在此限，有子孙者许令替之。

嘉靖十五年（1536）秋，由众社户重新议订的社规比正德七年的社规要详细具体，有10条之多，从准备祭祀到祭祀礼仪的制定直至祭祀结束的分胙宴饮皆做了安排，涉及社祭的各个环节，其中有7条是对社首的规定，可看出社首在整个社祭过程中的重要性：

一、各社首每遇春秋二祭，先三日示谕各社户并执事者一十六人，务要斋戒沐浴。至是日清晨各穿本色礼衣至祭坛行礼助祭，违者罚银五分入社公用。

一、各社首预集鼓乐，敬具祝版、祭文，整备桌面各一张，奠食各三盏，羹饭各一碗，全猪各一口。五更，社首鸣锣一通，晓谕社户亲临助祭，以敬为本，毋得懈怠喧哗，违者照前罚银公用。

一、例支社银一钱买香烛纸敬神。

一、未祭祀前十日，社首各出白糯米二斗，眼同上手社首造酒以备祭奠，众除干谷二秤抵还社首。如有造酒不如法者，俱是社首倍偿。

一、祭祀毕，分胙外，其余猪首肝肺杂物烹熟，每户二株好酒一壶，照依穆次序而饮，所言者皆寓道理之事。如有搀越次序喧哗妄语，不依家规者，亦照前例罚银公用。

一、赛社毕，如不在家者，社首将所得酒肉送至大门之外，交与领去。如有不遵家规，闯至席内喧攘者，社首人户各照前例罚银。

一、社户名目务要炤依房分，子承父名，排行次序，以便轮该社首。如有搀越者，亦照前例罚银公用。

一、每社首止许答牲首七斤、脚二只，余多不用。

一、社毕三日供，要将银两租谷结算明白交与下手社首，违者照前例罚。

一、社银众举公道社首二人经管收支，如有不遵混收者照前例罚。

隆庆元年（1567）秋，又由九房尊长及公直者议立规约，该规约仅有4条，主要是对借社银逾期不还者社首如何催讨惩罚，以及对盗取社内器物者如何处理等做出规定，能够看出是对正德七年（1512）和嘉靖十五年（1536）所定规条的补充：

一、正借社银者至社日不还，众议停胙。

一、外借银者社日不还，照例除银一两出社，仍欠，照数加利扣算还社。如不还，众社户协同社首登门攻取。如社首不行催取以致拖欠，情甚不堪，仍要经手者催完，方许给胙。如不完，经手、社首一利停胙。

一、经收社内器皿等物乘盗匿不还者，将一家生日设誓，愿赔者听。

一、乘机盗社内器物赃证明白者，坐赔，不准设誓。外人盗者，获赃报给赏告追。

第二节　新安村落的社祭与元宵灯祭活动

自上古时期直至民国，对社的祭祀始终是中国传统乡村社会最为重要的仪式活动之一，牢牢地嵌入民众的日常生活框架中，深刻影响了传统中国社会的走向。海内外学者在关注社的同时，对社祭也给予了一定的重视。劳干、宁可、晁福林、郝春文、杨讷、须江隆、金井德幸、余欣等学者，分别对我国宋元以前不同时期或不同地区的社作为社会组织及祭祀仪式等方面的问题做了深入考察。①

至于与本研究时段相关的明清时期社祭的研究，郑振满以莆田江口平原为例证，考察了不同层次的神庙系统和祭典组织形式，指出江口历史上的神庙祭典组织与台湾的“祭祀圈”颇为相似，但其不仅是一种宗教组织，同时也是一种社区组织，因而具有比“祭祀圈”更为丰富的内涵。② 赵世瑜对明清时期华北地区的社与以社为活动单元的民间表演形式社火之间的关系做了探讨，指出作为基层行政或税收组织的社只是明清时期华北地区社的两套系统之一，华北地区社的另一套系统是从古代继承下来的，以祭祀为核心，兼及其他基层社会职能的作为“民俗聚落”的社。传统的岁末傩仪与二月初的社祭有可能逐渐向对方靠拢，最后选择了元宵这个居中的节日，集中进行源自社祭，却又在华北汉族地区保持傩事活动痕迹的社火。③ 丁荷生《福建社神之转型》一文认为，从唐宋到明代，社一度是王朝推行乡村教化的一种手段。但在推行过程中，社祭的仪式和组织一再偏离官方规定的轨道，成为地域社会建构认同的一个重要策略。在此过程中，社与宗族的关系及各自的演变轨迹尤其值得注意。④ 王兆乾《安徽贵池的社祭祀圈》一文对安徽贵池社祭活动中的社祭源流、社祭与傩仪、社祭祀圈等问题进行了探讨，认为明代或明代以前贵池一带傩事活动已与社祭相结合，傩祭以社祭为依托，因而贵池傩戏也是一种具有浓厚宗法色彩的“社戏”。⑤ 杜正贞的专著《村社传统与明清士绅：山西泽州乡土社会的制

① 劳干：《汉代社祀之源流》，《历史语言研究所集刊》第11卷，1949年。宁可：《述“社邑”》，《北京师范学院学报》1985年第1期；《汉代的社》，《文史》第9辑，中华书局，1980年。晁福林：《论春秋时期的社神与社祭》，《齐鲁学刊》1995年第2期。郝春文：《〈唐末五代宋初敦煌社邑的几个问题〉商榷》，《中国史研究》2003年第1期。杨讷：《元代农村社制研究》，《历史研究》1965年第4期。[日]须江隆：《社神の變容——宋代における土神信仰をめぐって》，《文化》58卷1、2号，1994年。[日]金井德幸：《南宋祭祀社會の展開》，《宗教社会史研究》，1977年；《宋代の村社と社神》，《东洋史研究》，第38卷第2号，1979年；《宋代の鄉社と土地神》，载于中屿敏先生古稀记念事业会：《中屿敏先生古稀记念论集》上卷，汲古书院，1980年；《宋代の村社と宗族——休寧縣と白水縣における二例》，载于酒井忠夫先生古稀祝贺记念会编：《歴史における民眾と文化——酒井忠夫先生古稀祝贺记念论集》，国书刊行会，1982年；《宋代浙西の村社と土神——宋代鄉村社會の宗教構造》，载于宋代史研究会：《宋代の社會と宗教》，汲古书院，1985年；《南宋“里社廟”の祭祀基盤》，《立正大学东洋史论集》2，1989年。余欣：《神祇的“碎化”：唐宋敦煌社祭变迁研究》，《历史研究》2006年第3期。以上是对宋元以前社祭主要研究成果的回顾。较为详细的社的学术史梳理，可参考孟宪实：《敦煌民间结社研究》，北京大学出版社，2009年，第1～18页。

② 郑振满：《神庙祭典与社区发展模式——莆田江口平原的例证》，《史林》1995年第1期。

③ 赵世瑜：《明清华北的社与社火——关于地缘组织、仪式表演以及二者的关系》，《狂欢与日常——明清以来的庙会与民间社会》，三联书店，2002年，第231～251页。

④ 丁荷生：《福建社神之转型》，刘永华：《中国社会文化史读本》，北京大学出版社，2011年，第234～273页。

⑤ 王兆乾：《安徽贵池的社祭祀圈》，《池州师专学报》1997年第4期。

度变迁》以北宋以来山西泽州的阳城、沁水、晋城为中心，研究了当地村社的系统、结构与功能的演变历史，尤其是在明清以后村社与国家基层行政系统的关系，以及其在地方商业和士绅力量兴起过程中的表现。该书对社祭也进行了考察，认为在“社”的大部分时间里，其活动重点主要表现在信仰祭祀方面，村社的社众，以及各个村社在神庙、仪式中表现出他们对于彼此之间的关系的理解，反映并塑造了乡土社会中的秩序。[①] 姚春敏的专著《清代华北乡村庙宇与社会组织》亦以山西泽州为标本，考察了庙宇在乡村社会所处的重要位置，以及乡村庙宇与左右乡村社会运行之社会组织的关系。对泽州乡村庙宇中的“社庙”的形成原因、认定标准、发展源流、主神选择、功能特色等，以及依托“社庙”的乡村社会组织“社”的社界、构成、功能、活动方式与官府及他社关系等进行了系统考察。认为在清代泽州村内庙宇中，社庙规模最大、祀神最全，是一定地域范围内乡民春祈秋报的中心，也是乡村社会最重要的自治组织——“社”所依托的载体。[②]

学界对徽州社祭的研究也取得了一定的成果。日本学者牧野巽考察了明代徽州同族的社祭，认为明代徽州的社虽然不是一族的祖先，而是庙的一种，但可以视为一个地方性结合体的代表。[③] 郑力民以歙南孝女会为例，对祠社关系、社庙结构等社屋的基本形态做了全面深入的分析，并从接菩萨、嬉菩萨、坐菩萨、送菩萨四个阶段解读了迎神赛会。[④] 常建华在考察明代以前徽州祠庙祭祖的形式及其变化时，以歙县郑氏、休宁陈氏、歙县沙溪凌氏、祁门孚溪李氏为例，讨论了族祠与社庙的关系，认为徽州宗族祭祖与社祭有密切关系，徽州宗祠的出现并且与社祭发生兼容可以追溯到宋元时期。[⑤] 王振忠通过一份社祭菜单的介绍，对徽州的春祈祭社进行了考察。[⑥] 舒松钰通过对黟县屏山村长丰大社祭社组织仪程和习俗的分析，认为它是存在于民间各地社祭的典型代表，并指出社、社神祭的习俗及其有关活动充

① 杜正贞：《村社传统与明清士绅：山西泽州乡土社会的制度变迁》，上海辞书出版社，2007年。

② 姚春敏：《清代华北乡村庙宇与社会组织》，人民出版社，2013年。

③ [日]牧野巽：《明代同族的社祭记录之一例——关于〈休宁茗洲吴氏家记·社会记〉》，刘淼辑译：《徽州社会经济史研究译文集》，黄山书社，1988年，第125～140页。

④ 郑力民：《徽州社屋的诸侧面——以歙南孝女会田野个案为例》，赵华富：《首届国际徽学学术讨论会文集》，黄山书社，1996年，第34～53页。

⑤ 常建华：《明代宗族研究》，上海人民出版社，2005年，第45～50页。

⑥ 王振忠：《徽州的春祈祭社——介绍一份社祭菜单》，《华南研究资料中心通讯》第25期，2001年10月25日。

分反映了有关土地问题的丰富文化内涵和深刻的社会意义。[①] 陶明选考察了明清以来徽州会社所反映的信仰习俗，对会社兴盛的原因及其负面影响进行了分析，部分内容涉及社祭。[②] 史五一的博士学位论文《明清徽州会社研究》在探讨祭祀性会社时，对社日祭祀社神所举行的各种迎神赛社活动作了考察。[③] 这些成果丰富了我们对传统时期徽州社的认识，为我们考察徽州社祭提供了有益的启发，但因资料所限，多数成果没有揭示社祭祭仪的具体展开情况，对围绕社祭所举办的迎神赛会也没有过多涉及，这就为本节的探讨预留了一定的空间。

一、新安春、秋二社社祭的举行状况

祭祀是立社的一项重要内容，“春社，同社者祀社神以祈年，祭毕馂余，秋社如之。凡新封之墓，咸于社前标扫，谚云：‘新坟不过社。’”[④] 春社与秋社一般是在每年立春和立秋过后的第五个戊日举行祭祀活动，时人称“祭祀首重社事”，[⑤] 洪武八年（1375），诏天下乡民立社，规定：“凡各处乡村人民，每里一百户内，立坛一所，祀五土五谷之神，专为祈祷雨旸时若，五谷丰登。每岁一户轮当会首，常川洁净坛场，遇春秋二社，预期率办祭物，至日约聚祭祀。其祭用一羊、一豕，酒、果、香烛随用。祭毕，就行会饮。会中先令一人读抑强扶弱之誓，其词曰：‘凡我同里之人，各遵守礼法，毋恃力凌弱。违者先共制之，然后经官。或贫无可赡，周给其家，三年不立，不使与会。其婚姻丧葬有乏，随力相助，如不从众及犯奸盗诈伪，一切非为之人，并不许入会。’读誓词毕，长幼依次就座，尽欢而退。务在恭敬神明，和睦乡里，以厚风俗。”[⑥] 可见，朱元璋力图将民间的社祭活动纳入官方的祭祀制度，[⑦] 但因经费所限，里社兴废无常，行之不久即多湮没无闻。嘉靖五年（1526），朝廷又重新明令地方立社。存续数百年的绩溪庙子山寺后古社，教化之义代相传，民国《绩溪庙子

---

① 舒松钰：《社祭及有关土地的思考》，《徽州文化研究》第2辑，安徽人民出版社，2004年。

② 陶明选：《明清以来徽州民间信仰研究》，复旦大学历史系博士学位论文，2007年。

③ 史五一：《明清徽州会社研究》，安徽大学历史系博士学位论文，2008年。

④ 同治《祁门县志》卷五《舆地志·风俗》。

⑤ 乾隆《橙阳散志》卷六《礼仪志·祭祀》。

⑥ 申时行等修：《明会典》卷九十四《群祀四·有司祀典下·里社》。

⑦ 郑振满指出：“明王朝推行里社制度的目的，是为了把各种宗教活动纳入官方的统一规范，以限制民间集会结社的自由。因此，明代的里社制度不仅是一种宗教制度，同时也是与里甲体制相适应的社会制度。”郑振满：《明清福建里社组织的演变》，郑振满、陈春声主编：《民间信仰与社会空间》，福建人民出版社，2003年，第336～337页。

山王氏谱》的编纂者王集成曾感慨道："余生逢其会，粗窥诗书礼义微风，晴日好兴，二三君子徜徉于古社，审视'嗣后'二字，想象当年之所以勖后人归厚德，未尝不低回向往，深自勉焉。"①

明初规定的里社祭祀制度成为徽州各地进行春、秋二社祭祀奉行的标准。新安林塘范氏在宗祠条约中对社祭做了较为详细的交代，可以看出林塘范氏在社祭仪节方面完全比照《明会典》的相关规定，"古人重乡谊，如枌榆社之名，至今未泯。伏睹会典，有每里立坛一所，祀五土五谷之神。吾村春秋二社所从来远矣，后于成化十五年复建坛于宗祠之左，合本族为一社。万历初年增垣门，修葺坛壝，规制更肃。今照旧轮，该会首举行，但祭毕当依会典所载，先令一人读抑强扶弱之誓，然后长幼依次就饮，尽欢而退。务在恭敬神明，和睦乡里，以厚风俗。其间或有义士助置社田，如清明事例，则吾宗贫者亦得入社，不致废礼。神人胥庆，福有攸归"。②新安正德毕氏也强调在社祭中要宣读劝善惩恶之言，"夫社稷之设，其来久矣。按史所载，五土五谷之神，谷无土不生，民无食不长，有功于世。故朝廷命府州县设坛场，春秋祭祀，民亦仿效立社屋，置龛座，至春秋置办牲牢以供祭祀。祭毕而饮，长幼次序列坐，内举德行相济一人，设端肃，或说书史，或说故事，或谓劝善惩恶之言。酒至半酣，少者子弟歌曲，奉长者乐饮。一社内凡遇冠婚丧礼之家，有相周顾吊之义"。③广为人引用的能够证明徽州各地已形成社祭习俗的是康熙《婺源县志》中的一则记载："俗重社祭，里团结为会。社之日，击鼓迎神祭而舞以乐之，祭必颁肉群饮。语曰：'社鼓鸣，春草生。'至秋而祭亦如之，闾里之欢，此为近古。"④休宁茗洲吴氏则在家规中明确规定："五土五谷之神，春秋社日率族众致祭。祭毕，饮社酒。先令子弟宣扬劝惩训辞，然后就席，不得免冠露体，不得长幼无序。"⑤歙县江村的社祭也颇为兴盛："人心尚朴，事多近古，即乡社之举，至今独能行之，而江村则尤称最焉。其奉祀社稷，素有朝献之仪。每岁轮值，无论家居恪遵先典，即远游千里外者亦莫不届

① 民国《绩溪庙子山王氏谱》卷十二《宅里略五·胜迹》。
② 《新安林塘范氏宗规》卷一《宗祠条约》，明刻本，《北京师范大学图书馆藏明刻孤本秘笈丛刊》第12册，广西师范大学出版社，2010年。
③ 正德《新安毕氏会通族谱》卷十五《宫室志》。
④ 康熙《婺源县志》卷二《疆域·风俗》。
⑤ 雍正《茗洲吴氏家典》卷一《家规》。

期而至，其奉醴牵牲，诚敬丰洁，能极情文，可称盛举。”[1] 据今人吴正芳的调查，歙县白杨源在民国年间“对于社神的祭祀，置于祖庙中的社神，享受祖神的一切待遇；建在村内的只供奉一尊社公菩萨（或牌位）的社屋，祭祀时间则在春秋祭；而大量的建在村郊田地间谓之为土地神的社神，一般是在采种落土之后和庄稼成熟收获之前。其目的大多也只是单纯地祈求土地菩萨驱赶禽兽，保障种子顺利出土，苗粗苗壮，保护那将收获的五禾不受禽兽啃咬糟蹋，保证五谷丰登，生活安宁”。[2]

今人柯林权对1949年前歙县社祭的情况进行过整理，可供参考。“村（族）社祭，轮推社首若干人，以族（祠）田、社田之租举行祭祀，或将社属支丁分成若干‘分’轮值举祭，负担所费。届时全族（村）男丁齐集社屋焚香燃烛拜祭，然后到宗祠祀祖，供社胙于先人灵前。春社之供以米馃、豆腐等粮食制品为主，祭祀亦以祈祷许愿为主。秋社之供则买猪宰杀，以猪头加祭。祭毕，按丁分享社胙（供品）。有些村社猪宰杀后，以整猪披红戴花做牺牲在社屋供祭一天，俗称‘摆社猪’。洪村口一带许多过小愿人家，则于秋社日赶猪至社屋祭刀还愿，泼猪血于墙酬神”。[3] 根据柯林权的描述，结合上文史料可知，明清时期徽州社祭的环节大体上为致祭、饮酒、读誓词。歙县城东许氏的社祭流程明了清晰：“凡春祈秋报，祀社大典，首家以是日敬备豚羊牲醴蔬帛。致祭毕，例有馔品、整胙、鼓乐、乐散，四日尽欢。”[4] 休宁林塘范氏在宗规中详细记载了祭社仪节的程式，有助于我们了解明代徽州社祭的具体开展情况，兹录文如下：

祭里社仪节[5]

祭品会饮，酒肴俱照旧。但入社者尽赴坛所，方为敬神。是日辰时，执事燃香明烛，置盥洗所巾、盆、拜毡，备祭物、楮钱于各神位前，擂鼓三通，会首以下各服常服入。

---

① 《重建慈化西社记碑》，乾隆《橙阳散志》卷十《艺文志上》。

② [法]劳格文、王振忠主编，吴正芳著：《徽州传统村落社会——白杨源》，复旦大学出版社，2011年，第98～100页。

③ 柯林权：《溪头志》28《宗教编》第3章《神祭》第1节《社公祭·土地祭》，合肥工业大学出版社，2003年，第855页。

④ 崇祯《重修古歙东门许氏宗谱》卷一《宗祠祀典条录·社祀》。

⑤ 《新安林塘范氏宗规》卷二《宗祠仪节》，明刻本，《北京师范大学图书馆藏明刻孤本秘笈丛刊》第12册，广西师范大学出版社，2010年。

通，序立，鞠躬拜兴。拜兴，平身，盥手会首一人，诣五土神位前，跪三祭酒。执盏者酌酒与会首祭酒三滴地，仍斟酒满，置神位。俯伏兴，平身。诣五谷神位前，跪。三祭酒同前仪，俯伏兴，平身。就读祝位，跪。与祭者皆跪，读祝。读祝者跪于主祭之左，读讫置于案，俯伏兴，平身，复位。鞠躬，拜兴，拜兴，平身。焚祝文，并焚楮钱。礼毕，行会饮读誓之礼。

里社会饮读誓仪节[①]

与饮者序班齐立阶下，会首置香案厅前南向，安誓词牌，择音响洪亮者一人立牌左西向。

唱，序立，听誓词，随举牌西向读讫。唱，揖，平身。各就座。会首撤香案、牌，序坐欢饮。

钦须会典祭里社祝文[②]

维万历　年岁次　月　朔　日，徽州府休宁县由山乡嘉禾里范某等，谨致祭于五土之神、五谷之神，曰："惟神参赞造化，发育万物，凡我庶民，悉赖生殖。时维仲春，东作方兴；仲秋，岁事有成。谨具牲醴，恭申祈告、报祭，伏愿雨旸时若，五谷丰登，官赋足供，民食充裕，神其鉴之。尚飨。"

林塘范氏和休宁县市吴氏的社祭祝文，基本是以《明会典》为蓝本，简明扼要。但明清易代之后，社祭祝文的内容不断增加，以至到民国时期洋洋千余言，如婺源十都方思山胡氏文书中《春秋社请社稷祝文》所示：[③]

伏以一犁春雨足，人民兴望获福于春祈秋报；万顷岁云丰，社稷广庇于昭垂，敬陈俎豆之仪，用申祭献之奠，上祈苗稼以丰盈，下鉴愚忱之处悬。以今大民

①《新安林塘范氏宗规》卷二《宗祠仪节》，明刻本，《北京师范大学图书馆藏明刻孤本秘笈丛刊》第12册，广西师范大学出版社，2010年。

②《新安林塘范氏宗规》卷三《宗祠祝文》，明刻本，《北京师范大学图书馆藏明刻孤本秘笈丛刊》第12册，广西师范大学出版社，2010年。

③《春秋社请社稷祝文》，《民国十九年蒲月胡义盛抄〈常请十庙祀典〉》，刘伯山：《徽州文书》第2辑第3册，第15～17页。

国江南安徽省婺源县浙源乡嘉福里方思山新兴社，奉神信士弟子胡△△等，今当社节之期，特备全猪荤素、酒礼粽仪，端伸拜请，本属方山新兴社社稷明公尊神、社母圣官夫人、社子社孙圣众、掌管人伦罪福神君、五谷苗稼龙神、收摄蝗虫使者、五方社公社家眷属一切神祇同降香筵受沾供养。盖以人民社稷自古称传，苗稼至今咸仰，祈求东作，获报西成，泽及下民，福滋乡党。使民出作入息，咸蒙庇佑之功；东作西成，均沾饱暖之德。伏惟社稷灵神，万古钦崇，一方主宰，恩同天地，德合乾坤。雨顺风调，四时获福以丰亨；国泰民安，耕乐田园而美利。神灵自古以昭彰，至今申情而愈盛。言念众信人等，生居尘世，久赖匡扶，知恩有自，报答无由。今当五戊之辰，春秋社之节，弟子无表虔忱，特陈一炷心香，福仪薄礼，一心扳请，谅沐光临，有酒在樽，敬陈三奠。伏愿圣德垂祥，神慈降福，专保弟子等广进钱粮，大旺人丁，使其少者壮，壮者老，人人寿元绵远；贫者富，富者贵，个个运限亨通。男增百福，女纳千祥，门庭光显，事业维新。四时八节，福祉骈臻；春夏秋冬，祯祥咸集。读则名登，谋为显达。出外经商，十谐九合，好主多财，财源倍获；水陆往来，船车顺利；行商坐贾，买卖兴隆；东西南北，显达四方；钱财堆积，万贯腰缠。再祈耕种田园，天时和畅，雨顺风调，禾麻粟麦稷豆苗，丘丘秀实，亩亩丰登，万子全收，千仓储积。至于螟蛉蟊贼，鼠雀山猪，蛇虺蝗虫，逐于境外。又有豺狼虎豹兔鹿獐麂，一切时灾瘟病远去他方。使人年年欢乐，岁岁优悠，仓廪余而标红插紫，财利兴而东进西来。更祈夫妇齐眉天长地久，子孙绕膝，而为圣为贤，匡扶老幼常安常乐，保佑孩童无患无灾。幼童淋痘稀疏，孕妇临盆有庆，未曾婚娶者解却孤虚而配人间鸾凤，未招子嗣者打退孤鸾而产人间鸑鷟，老安少怀长高无穷之福，子秀孙繁永传奕世之芳。再求各家炉前灶后火烛无惊，水星高照；口牙不生，是非不惹，盗贼埋藏，官灾殄息；供养猪只日长千斤，夜长万两；供养牛只脚踏实地，无凶无险；六畜成群，牷牲旺相。以上情款，逐一敷宣，自今扳请之后，有求必应，件件如心，般般遂意。凡在炎凉之中，总赖匡扶之内，阴中护佑，暗里扶持。赦已前疏慢之愆，锡后来无疆之福。情款云周，礼不再陈，所有金银纸财风传火化，伏望社圣各回社坛，弟子恭身拜送。

许骧对民国时期歙县许村东升大社的春社祭祀礼仪描述得颇为细致，仪式在社屋上进的大厅举行，神龛前横放一祭桌，桌上摆放炉、瓶、烛台“五什件”。祭桌的两边供奉三牲，左为一猪首，右为一全羊。祭桌前放红地毯，供跪拜之用。一个主祭和两位陪祭站在大厅的中央，祭桌的左前方站着读祭文者，右前方站着叫赞者。大厅的左右两侧各纵向摆放一张供桌，桌上各摆 5 件祭器。每桌后各站 5 位礼生，10 位礼生分成两组，每组各有一个带班。由本村小姓人组成的乐队，分立于天井的两侧。叫赞发出“祭祀开始”的号令后，行祭开始，乐队演奏《大开门》。两个带班礼生分别迈着方步走到各自的供桌前，先用双手恭敬地把其中的一件祭器从桌中抱出，摆放到靠身前的桌沿上。双手垂放后，再将祭器端起，迈着方步走到其他礼生前，将手中的祭器交给一个礼生。礼生在行进的过程中，遇到线路拐弯处必须先停顿，再转走直角弯，再前进。如此往复，将 4 件祭器分别送到礼生们的手中后，最后一件归自己。叫赞喊“进爵”时，手持爵的两位礼生走出队伍，双方将两爵相对，绕整个社屋一周后，才到主祭人身边。整个过程同样恭敬从容，走直线拐直弯。礼生在主祭身边站定后，叫赞喊“端起”“举上”时，礼生将爵举过头顶，恭敬地送到主祭面前。叫赞喊“接过”时，主祭接过爵。随着叫赞的一声“上供”，顿时钟鼓齐鸣。主祭同时行跪叩之礼。礼毕，再将爵交还给礼生。叫赞喊“退”时，两礼生相向而

猪头祭祖

退行，返回队伍中。其他四组依次而行。接下来是读祭文，祭文读后“踩万字”祈福。仪式结束后，所有参与祭祀活动的人一起吃“祭面”，晚上在社屋前看“社戏”。[①]

二、新安村落的元宵灯会与社祭习俗

赵世瑜在探讨明清华北的社与社火时提出，以里社为单位分别组织或共同参与的神灵祭祀活动，并不仅限于春秋社日祭祀活动，祭祀的神灵并不见得是本社的社神。[②]上文已述，在明清徽州，社与宗族的关系非常密切，既有单一宗族所建的族社，亦有多姓共同举办的村社，而由多姓共建的村社有一部分在运作过程中逐渐归于单姓控制。原本带有浓厚地缘色彩的社又兼具血缘关系，成为乡村社会各类祭祀活动的单位。许骥将许村一年中与社有关的风俗活动区分为正月十二的“上灯”和“还灯”、正月社祭、二月社（春社）、三月三日祝寿、八月社（秋社）等，并提出富溪大社是许村很特殊的一个社屋，除了负责春秋二祭外，还负有大年三十在社屋点烛并雇人守烛、接汪公保苗、组织参加协忠会和登堂庙会、组织元宵灯会的职责。[③]民国《丰南志》的编纂者吴吉祜明确指出：“明时社内每岁共九祭，正月元宵、二月春祈、三月清明、五月安苗、六月遣蝗、七月荐新、八月秋报、九月重阳、十一月冬至。”[④]如果说吴吉祜所言仅是指涉歙县西溪南一隅，尚不能囊括社在整个徽州社会的广泛影响力，那么，元宵灯会与社具有密切关系则有实例可证。

安苗安秋

① [法]劳格文、王振忠主编，许骥著：《徽州传统村落社会——许村》，复旦大学出版社，2013年，第409～411页。

② 赵世瑜：《明清华北的社与社火——关于地缘组织、仪式表演以及二者的关系》，《狂欢与日常——明清以来的庙会与民间社会》，三联书店，2002年，第242页。

③ [法]劳格文、王振忠主编，许骥著：《徽州传统村落社会——许村》，复旦大学出版社，2013年，第400页、第436页。

④ 民国《丰南志》卷一《舆地志·风土》。

在传统徽州民众的日常生活中，灯具有特殊的意义，新婚要上灯，添丁要还灯，寿庆亦要还灯，也即头年结婚、生子和过五十寿者都要到各自所属的社屋去上灯或还灯。“吾门旧例，新婚者，每遇元宵，送花烛一对，以求子嗣，例设醴以答众志。今变其规，每出银一钱五分入社”。[①]歙县许村添丁还灯仪式的整个过程包括上灯、接灯和还灯。据许骥对村中耆老访谈可知，“上灯”是指一家娶了新妇，先将一个大红灯笼挂于家中大厅之上，家里亲朋聚于灯下，开宴庆贺。次日，再将该灯笼挂于本姓祠堂中进横梁之上。一族之人聚于堂上，庆贺婚礼，谓之“新婚上灯”。新婚夫妇将灯上于祠堂的同时，将先前还灯者留下的“灯罩”接回家挂到厅堂之上。同时，要在祠堂原来挂“灯罩”的位置上用红绳挂一个“抢位”的木雕寿桃印，此举意为抢先生子的愿望，该过程就叫“接灯添丁”。婚后生子，即为“添丁”，要在次年正月初九将添丁灯挂在接下来的灯罩之下，再送到祠堂。将抢位的寿桃印换下，挂上“添丁灯”，此为“添丁还灯”。还灯为期三天，从每年的正月初九开始，到正月十一结束。正月初九是“暖灯”，正月初十是“撑灯”和“夹灯菜”，正月十一晚吃“还灯酒”，酒席结束后，是添丁灯上社，上社仪式由族长主持。到了社屋，东家给管社的一些灯火费，恳请他将灯点到正月十八，正月十九，上香祷告之后，才将灯取下焚化。还灯仪式至此结束。[②]

香港中文大学劳格文在为许骥所著《许村》撰写的民族志导言中就此问题指出，春节游灯，社屋与祠堂之间来往的关系特别有意思，社的核心角色是在灯节时候。2009年，笔者陪同劳格文在绩溪县做田野调查时，他就多次提醒笔者注意村民时而不时地说到的灯。其意为“灯”同“丁”，对讲究男性血缘关系与世系继承的徽州宗族社会而言，尤为重视添男丁延续香火，因而徽州各祠堂将除夕夜挂灯、元宵张灯敬神的要求写进祠规。如歙县城东许氏规定，“元宵张灯敬神，凡以祈风调雨顺、时和年丰也。群饮于祠，饮而有节，宗情浃洽，何乐如之。间有酗酒乱仪以妨众乐者，罚有差。其新娶之家例应请灯，务照尊卑名分次第而行，毋许搀越，以起争端。其请灯之期多于十三、十五、十四、十六，有所不同，有所不及也。而饮灯之人每较茶果而越次规避，诚为可恶，宜加痛革”。[③]歙西仙源汪氏要求，每年灯节，

① 万历《春秋社簿》，安徽省图书馆古籍部藏。
② [法]劳格文、王振忠主编，许骥著：《徽州传统村落社会——许村》，复旦大学出版社，2013年，第90～92页。
③ 崇祯《重修古歙东门许氏宗谱》卷七《许氏家规·庆赏元宵》。

年首备精巧红灯一座恭奉神主前，各阄张挂堂灯、壁灯，自正月十三夜起至十六夜止，年首轮流看管，候蜡烛燃完锁门。[①]绩溪盘川王氏规定，“元旦日，各派裔诣祠贺祖，值年头首须先期打扫祠宇，黎明拈香点烛，烛以一斤为对，吊香两挂，点至十八。元宵，寝室挂灯，点至十七夜，头首各守灯一夜。其拜请收灯时，头首四人各备供仪、香烛、纸箔，照收租例焚化。在事人等各宜恪恭将事，以祈神贶”。[②]绩溪旺川曹氏在《祠规》中要求，每年元旦拜节，元宵悬灯，祠首先期付冬至头首银六钱，元旦前一日用红纸楷书“元旦拜祖，某时大吉，粘总处知悉”，又用梅红全书楷书祝文一篇，香烛、纸箔、三牲、酒仪俱头首承办，果盒茶则头首每人各一副，元宵头首于十三日寝室前悬灯起，至十八日具三牲、酒醴，以告撤灯。[③]歙县棠樾鲍氏建有西畴书院，每年正月元宵前后，在书院内举行灯事活动。为保证灯节顺利举办，正月初二早饭后，就命守祠人鸣锣，凡诞子、新娶子弟者各具香楮，邀众诣书院会叙展拜，照旧规定银书单，俱限初五日送书院交收，迟违一日者罚银三分。众人推族内子弟能干者四人，买办酒肴、灯烛，以备送灯庆赏之用。除支用外，剩余银两限正月二十日活动结束即登载簿册，付管年者收查。正月十三日下午，管事子弟会同管年者将所办酒肴等物陈设祠内，令守祠人鸣锣。至黄昏，各接子弟具香楮，聚于祠中，听候唱名，行四拜礼，读祝，焚楮钱毕，分列两旁，照旧规秉公粘阄，跪领酒果，次第由中门鼓乐导送，各家不许搀越紊次。本年内有续娶接灯者，不必粘阄。俟正灯结束，依名分、序齿先后，一同鼓乐导送，各家迎送相待，丰俭随宜，撑灯、鸣鼓，乐人等照旧规给发。书院门内不许放火铳、爆竹、烟花，违者罚银一钱。正月十三、十五、十七三日俱照旧规赏灯，各依名分列坐，不得紊乱争嚷，未冠者不许入座。接灯子弟照旧供奉酒菜，不到者罚银三分。正月十四、十六两日，好事者各自备酒肴赏灯。该年管事者事先分班，每夜照点灯烛，各房子弟俱要相助，不许推调坐视。管年者先于正月初五日会众议办花灯、油烛，该收买者遣人收买，该修整者令人修整，收支银两先记草账，候二十日付众查算登录。每年管事12名，各房轮流，推其能者而代之，不许易名代替。赏灯时，族众不许猜拳执骰、喧哗欢呼。[④]

① 光绪《歙西仙源汪氏族谱》卷首《祠规》。
② 民国《绩溪盘川王氏宗谱》卷五《管祠规则》。
③ 民国《曹氏宗谱》卷一《祠规》。
④ 乾隆《重编棠樾鲍氏三族宗谱》卷一百八十三《棠樾西畴书院仪礼》。

太平县馆田李氏的上灯节和送灯节都极为隆重，正月十三日为上灯节，是日献灯于祠堂，主人具馔、奏乐、焚香、斟酒、化帛、四拜、兴，到晚上燃灯时，复击鼓、鸣钲，间以箫管奏升平之乐，以娱诸位先祖。十四日的仪式与十三日相同，十五日为正灯节，馔、帛、灯、烛皆有增加。十六日为送灯节，是日，宗子率诸子弟整肃衣冠，齐诣祠堂焚香、斟酒、化帛、四拜、兴，乃阖棂闭门，命诸子取灯送于新婚及婚久而未生子者家中，名曰“添丁”。[①]休宁孚潭于每年正月十三日，首家率族人张灯厅事，至十八夜才罢。每夕锣鼓喧阗，谓之“闹元宵”。十五日前后，选日游烛。首家32户每户各出烛一板，击打鼓乐在前引导至各田坂。返回后，首家于神前祷祝，再投筊于地，以卜一岁之丰歉。[②]詹元相在《畏斋日记》中记录了康熙四十五年（1706）婺源县十二都庆源村举办灯节的活动过程：正月十三日，詹元相支米三筒，另有詹兼三支米三筒、詹廷茗支米三筒，买纸灯一盏，充神灯会首，挂于下庙，各烛二枝。十四日，詹元相在詹莫生家饮本房关帝会酒。十五日，饮张仙会酒，在树槐堂饮兴灯会酒。十六日，充庆灯会首一股，置办菜肴4碟荤、2碟素、火炮10个。十七日，充本村出灯会八股之一，旧年收租449斤，该年各出银九七银二钱，共一两六钱，加上租银八钱六分九厘，合计收入二两四钱六分九厘。而支出部分包括：支四钱，龙头牌灯；支四钱，火炮五百；支一钱一分一厘，流星；支一钱一分一厘，鸭；支三分一厘，猪肚；支二分一厘，乌粉；支七分一厘，池鱼；支五分一厘，亥；支二分三厘，纸、金银香；支一钱三分一厘，鼓吹十三人；支四分一厘，值日仆人；支四钱，烛三百卅七支，计十二斤半；支五钱，米四斗半，散拖桥烛仆人；支一钱七分一厘，买皮纸三百；支三分一厘，贴怀仁办五荤，并散火柴火。十七日上午，至庙迎关帝菩萨至祠堂内，8名会首各出旗一对、锣一面、火炮一包。菩萨起马时，供献果伏饭；下马时置果酒一只，由詹振期备办。正式祭祀时，詹鸿安采办五荤，詹怀仁置碗5碟、换碟五品，詹元相办素菜5盘、果子5盘。当晚出灯，共置桥烛37板外，另有龙头、龙尾2枝，送神归庙后，仆人各给酒半壶、面一碗，每首计7人。十八日的神灯会，詹元相与詹兼三、詹廷若充当会首，在正月十三日，3名会首共糊灯一盏挂下庙，点至十八日止。上年共办供献至庙祀神，每户各给散

① 光绪《馆田李氏宗谱》卷二十三《家礼》。

② 雍正《休宁孚潭志》卷三《岁时》。

饼一对，至庙中领取。金元棠充大王会首，上午至宗庙迎神，中午起元堂正祭，三桌荤。五显灵官，一桌素，会户各领胙一斤二两半。当晚出灯后，神灯会散伙。[①]

有的宗族还设立灯会，置田收租，举办赛会，买灯入祠或置换新灯，以保证祠堂灯烛不致短缺。如《康熙五十九年月祁门灯会置田赤契》记载：[②]

> 立卖契江公会章永祯等，今因人心不一，自愿托中受买民田一备坐落六保土名下坑正源茶柯坞口原租七秤，每秤加头一斤，凭中立契出卖与灯会名下为业，三面议定时值价纹银七两三钱整。其价契当日两明，未卖之先即无重复交易，来历不明尽是卖人承当，不及买人之事。其田四至，自有鳞册可查，不及开载。所有税粮，再不得另立推单，听自买主挖纳供解毋词。今欲有凭，立此卖契存照。
>
> 康熙五十九年三月初六 日立 卖契人 章永祯 押
>
> 代笔 章佛佑 押

祁门善和程氏设有元宵灯会，每年正月十五举办，该会共有 9 会，每会一人。忏灯会则每年正月十五日、七月十五日、十月十五日祭等，该会共有 18 会，每会一人，每年设会首 3 人，系“点灯之家”。六年一轮，管办祭灯，每逢朔望之日，“洁净焚香，供献斋饭”。[③] 婺源双杉王氏于康熙年间创立兴灯会，“置租三百三十余秤，税归始祖户下完纳。会分四十户，每年八户轮收租谷，除散胙外，买灯入祠，元宵张挂。后来人心渐懈，上下轮值，互相推诿，以致旧灯日坏，新者不增，每遇元宵，人言啧叱。众议将会租内扒六十一秤送祠经收租利，贴完灯会钱粮，其买灯张挂，补旧更新，悉听祠首于公产出支。庶上不累始祖之虚供国课，下亦免会户推诿之弊矣”。[④]

歙县东关济阳江氏对宗祠灯节事宜做了详细规定，并刊入族谱。每年灯节，各房按股拈阄排定顺序，每股出银二两四钱，按年轮管，周而复始。轮管司年每年 20 股，并举其中 4 人总领其事，文号 2 人、行号 2 人，收贮灯彩，交付下手时，公同验好封锁，不得徇情私借，查出罚银二两。灯事租息归入公匣，订立收支簿，司祠年者事先取讨，

---

① 詹元相：《畏斋日记》。

②《康熙五十九年月祁门灯会置田赤契》，中国社会科学院历史研究所图书馆藏。

③《徽州会社综录》，抄本。

④ 光绪《双杉王氏族谱》卷十一《灯会记》。

统一收贮匣内。举办灯节时，司灯事人领出支用，事竣结算盈余归匣。如丁胙用度不敷，酌量拨付此项租息以通融办理。宗祠置办灯彩，皆书写“江氏宗祠”四字于其上，以杜外人假借。族人愿捐输灯彩入祠者亦照此办理，宗祠已置备的灯彩等物品皆编注入簿以便稽查。此前灯节悬挂的灯盏如不敷使用，则由支丁借凑，多有不便，为此劝勉族中孝慈子孙量力乐输，并饬司年积资置办。如未办齐原用之灯，族人须踊跃借出，不得推诿。张灯时，于正月十一日放索，十二日挂灯，十三日午前铺设厅堂大灯，以二两烛两班为率，其余灯盏俱照厅堂大灯置办。张灯三夜，每夜办蜡烛约 20 斤，每日中堂铺设用炉、瓶、桌帷、席毡、献茶 6 樽、杯盘 6 副、供碟 24 具、献菜九品，皆司年置备，事毕各自撤回，不支匣费。每夜支钱二百文办纸箔、花炮，每夜吹手 6 名，给工食钱五百文。设茶供客及办翠灯等件，共支钱约一千文。请人夫二名收挂灯彩，借送什器及打扫守夜，共给工食钱九百文，如不小心打破损坏，即扣工食修补。灯彩用后倘有损坏，当支公匣修整，上、下手共同封识以交付下手。新制灯彩、香案及祭器等物品原供祠用，不得借口众物移用及假借外人，违者罚银一两入匣。[①]

扎花灯

屏门乡丁家畈村花灯表演

在明清徽州的民间习俗中，元宵前后两日为灯节，人们游龙嬉灯，观戏赛会，呈现出闹元宵的狂欢色彩。如嘉庆《绩溪县志》载：“上元日，各处土坛神庙张灯演剧，或扮童戏，持大马舞青衣，游烛龙遍巡衢巷，名曰闹元宵。是夕，幼女具香烛迎紫姑，问年岁丰歉，卜休咎，谓之接三姑。……十八日，落灯前夕，或摘神前花灯送新妇，

① 乾隆《重修新安东关济阳江氏宗谱》卷十四《事宜·元宵张灯事宜租产》。

谓之添丁。诞育后，制灯酬神。”[①] 徽州元宵灯会的会期安排往往和对社神、汪公及其子乃至程灵洗的祭祀活动结合在一起。乾隆《歙县志》载：“元夕并前后二日为灯节，乡落游烛龙于社，为汪越国寿，亦有燃蜡百斤为巨烛，以奉程忠壮公者，以二公皆正月诞云。”[②] 道光《祁门县志》亦载：“上元夜，庙宇张灯，或扮龙灯钲鼓游于里巷，以庆元宵。十八日，祀越国汪公，有演剧者。”[③]

里商仁灯巡演

元宵灯会一般从正月十三开始，延续至正月十六，部分至正月十八方才结束。会期中间，也多设有与添丁相关的仪节，这既凸显了元宵灯会的特殊含义，也透露出传统徽州民俗的丰富性与复杂性，很多事物或环节相互纠合。如歙县西溪南吴氏从宋元时即设有仁德社宜男会，每年从正月十三夜起，至十六夜止，共放烛四夜，悬灯数昼，并悬“满池兆”。所谓满池兆者，是指用竹篾制作一灯架，宽约 3 尺，单层圆形，八棱沿糊白色铲空花纸。架下悬灯 28 盏，皆是鱼虾、螺蛤、鸳鸯、莲花、莲实等水中生物。凡族内各派后人，于新婚之次年正月十四日晚间子刻，挽福

① 嘉庆《绩溪县志》卷一《风俗》。
② 乾隆《歙县志》卷一《建置志上 · 风土》。
③ 道光《祁门县志》卷五《舆地志 · 风俗》。

德者数人，到社内领灯一盏，以兆多男。发灯时，闲人不能入内。此前数日，社中司箓预送灯牌，届时见牌发灯，以杜假冒。在吴氏宗族强盛之时，每年有数十户领灯，加上护灯及提堂灯者、燃炮者，每户有四五人，总计二三百人之众，虽在深夜，亦极一时之盛。民国《丰南志》编纂者吴吉祜所在房分的老屋祠则在十五日傍暮时刻发灯，手续较为简单。①

歙县潜口汪氏立有福民会，万历十八年（1590）正月十二日，社评汪大圭等人与族众集议重订会社37条，其中有数条涉及元宵前后新娶之家迎灯送灯事宜。正月十三日，当年灯首迎送花灯到庙，至晚点放，每夜赛神，酒礼香纸由当年灯首自备，不许越例。凡遇会中新娶者，当年灯首于十四日早晨同社评上门，先行说知，傍晚敲锣打鼓送灯到庙，晚上点放，各娶亲者诣神前祷告，照旧例从上而下各请花灯一枝，以祈熊梦之兆。次日要送灯，当年社评灯首将会中置办的锣鼓抬出，沿街通依次通知新娶之家将花灯送归。送灯结束，社评、灯首要一起到请灯之家收取酬灯银物，以礼劝谕，不得以强欺弱及索要酒食果子。请灯之家所酬灯银，量力多寡支付现银，不许虚写。

潜口福民会还在灯节前后举办汪华出游赛会活动。正月十三日，琶塘庙神出游经过潜口时，当年中管头首于社评处支银二钱，办纸一百做长钱一竿、红烛一对、酒一壶，并给庙祝盐一斤，该银二钱三分，另备三牲十一副设祭。正月十七、三月十三、四、五，分别为等候汪王出游日。当年灯首装辇轿、香亭、銮驾等物迎神下街，领银人户各出一人，倘不敷数，社评支银雇请一房一名。至晚，灯首备众纸一竿、香案、一字旗，鸣锣催领银人户各备纱灯一对点送归庙，鼓吹照例不给工食。正月十八、三月十四分别为汪王祝寿，当年知庙头首承管，于社评处支银三分，外加厨役、鼓吹、从人、社评等胙一钱五分，随物价贵贱伛银酌量买办祭仪；社评、灯首祭毕，社评监检，秉公分胙；承管灯首将收支银与分胙数目逐一登记在账簿，详列明细以凭众稽查。正月十六日，张巡、许远二公神像送归庙中，管庙头首支众银备纸、买真香一两、香案、凉伞、一字旗、金锣，督催各户备纱灯一对点齐送神归庙。如违，照例举罚。正月十八日为汪华寿诞日，福民会和汪氏宗祠合办祭仪。正月二十七日，汪公出游，社评、灯首各正衣冠整肃送神下街，违者照例行罚，新做香亭由社评四

① 民国《丰南志》卷一《舆地志·风土》。

家人扛抬。三月十三、十四、十五日，汪王出游，当年管庙灯首请神上轿下街，各备下马三奠礼祭。违者，社评举罚。该年中管头首于社评处支银额办真香半斤，糯米三斗造酒，发豆二升，神轿下红烛一对。十四日，各要正身奉神出游，凌角塘设酒。晚回，办纸钱一竿、香案、一字旗、锣、凉伞送神归庙，仍催各户送纱灯一对，俱中管头首撑管，不得推故，违者举罚，设酒银六钱五分。

现存崇祯十六年《潜川福民会抄录》详细登载了各式花灯，福民会花灯有大满池莲一盏、像生花灯6盏、木红单头莲6盏、脂红单头莲4盏、双头阳红2盏、双头脂红莲2盏、五头脂红莲一盏、单阳红4盏、八角球球灯一盏，除八角灯外，共该灯银五钱。保宁社花灯有五头脂红莲一盏、双头阳和4盏、双头脂红莲4盏、单头木红莲10盏、单头脂红莲8盏、大满池莲一盏、像生花灯6盏、八角纱球灯一盏，除八角灯外，灯银五钱。宗祠花灯有大满池莲5盏、脂红单头莲8盏、木红单头莲4盏、单头阳和6盏。诰敕堂及边间两廊挂灯有脂红单头莲6盏、单头阳和2盏、五头莲一盏、双头莲2盏、五头阳和2盏、木红单头莲5盏、单脂红莲5盏。所后挂灯有脂红双头莲2盏、木红单头盏4盏、单阳和2盏。惇本堂挂灯有大八角纱球灯一盏、像生灯6盏、脂红五头莲2盏、五头阳红2盏、五头脂红莲2盏、双头阳和2盏、脂红单头莲8盏、单头阳和8盏。廊屋挂灯有大满池莲一盏、单头阳和4盏、木红单头莲6盏、单头脂莲6盏。门屋挂灯有鹦粟灯一盏、芙蓉灯一盏、五头脂红莲一盏、五头阳和一盏。牌楼挂灯有五头脂红莲一盏、双头牡丹一盏、四季花灯4盏，此处灯因风雨难点，族众决定免于置办，又出于节惜费用考虑，正用壁灯除八角球

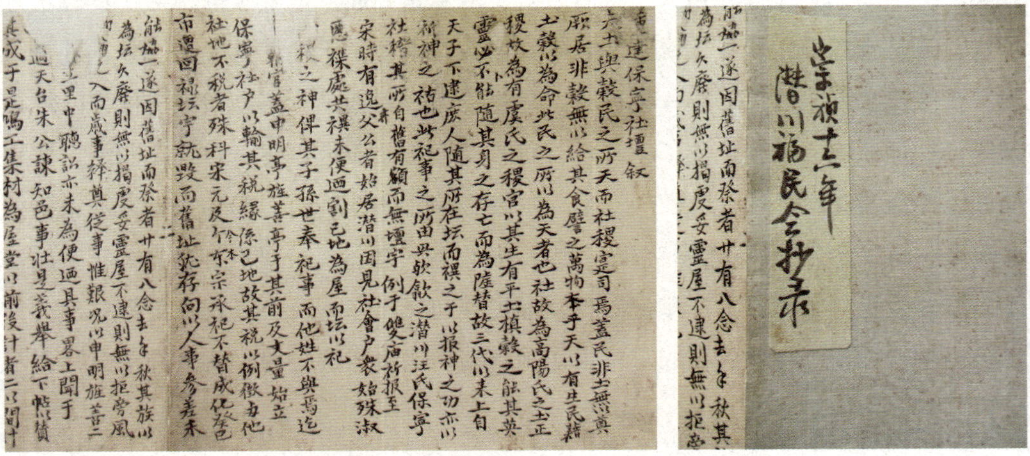

崇祯十六年潜川福民会文书抄录

灯外，共该灯银二两。社庙、宗祠花灯俱照此前数目、花色，由各位该年头首于新年正月初一即行催取，至正月十二日催完，以免致临期缺少。如有将低灯抵数，以致正数不足，则早查买补，力图避免破坏良规。

歙县呈坎罗氏在家族祭祀礼仪专书《庙事志》中，对元宵灯节祭仪做了详细规定。每年正月十三，张灯庆贺元宵节，年内收买油烛订做花灯。至期洒扫庙堂，装灯燃放，置办牲醴，祭祀先祖，以三夜为率，十八日化灯。灯节所用物件主要有花灯2两，油25斤，烛25斤，香纸三夜三分，装灯棉纸随量酌买。暖灯、化灯请祖先牲醴并管祠帮助装灯者赏灯酒肴，每年三夜，每夜二席，每席五荤三素，双出，16盘，其中鸡4盘，每夜定重3.5斤；鱼4盘，每夜定重3斤；肉4盘，每夜定重4斤；丑4盘，每夜定重4斤；假鳖4盘，每夜定重4斤；煎腐四盘，每夜定2分；煮腐4盘，每夜定一分；粉皮4盘，每夜定粉一斤，内与鼓手一盘。七酒，每夜共定16壶；鼓手6名，每夜给三荤三素，共六盘，包括肉一斤、丑一斤、假鳖一斤，以及煮腐、煎腐2斤、粉皮一盘、时酒4壶。罗氏宗祠在挂灯、装灯、收灯等环节，共使用十六工，每工付工食三分。①

歙县许村的元宵花灯会从正月十三开始，到正月十七结束，具体安排是：正月十三烧福，正月十四素祭，正月十五请神和游烛，正月十六游神，正月十七还福。据许骥的研究，烧福，即祈福。由当年头首主持，祭品为纸、箔，供品为肉、酒。祭仪较为简单。中午参与者喝酒，吃猪肉面。素祭是用素食祭祀社神，祭品有纸、箔、官香、蜡烛、长钱、鞭炮、纸马，供品为木耳、豆粉、腐干、寿桃、酒参与素祭者多人各姓和各派长者。请神是请汪公和其子下神龛，俗称“菩萨下座”。菩萨下座后，要用水纸蘸酒擦洗其面部和全身。游烛是在十五晚上，黄昏三通锣响后，旗锣方阵、长钱方阵、花灯方阵、大刀方阵、舞台方阵、排灯龙方阵依次出场。在排灯龙出场之前，还要举行请龙头的仪式。花灯队的游行路线是从许村的官厅出发，沿街下，穿五马坊、大观亭、双寿承恩、高阳桥，到总祠前的广场上擂鼓，放爆竹，盘龙，表演节目。然后再沿今天的马路下到善德桥，到大小庙前略作表演后，从楼下当街而上到土地庙，过木桥，到东升大桥，演大刀割麦结束。正月十六的游神是当天一早，村中的青壮年听到三遍锣后，即按事先安排集中于社屋，焚香烧纸，敲锣打鼓，用菩萨轿

① 万历《庙事志》，上海图书馆古籍文献部藏。

将七相公抬出，通村游行。[①]

据现存《花灯会支用帐》，以嘉庆十三年（1808）的开支账目为例，我们可以管窥整个花灯会烧福、素祭、请神、游神、还福等各个环节的运行情况：[②]

嘉庆十三年正月十五日当大首收支账开后

收到兴贵还龙头烛三斤。于乾隆五十五年正月十五夜领龙头烛，今酬还。共十七股，每股各出钱一百四十文。十二年十一月，支元银三两三钱六分六厘，买索面七十六斤半。

十三日烧福

纸一刀，五文。箔四百，二文。肉二斤十三两，一百八十文。索面三斤半，买有。付，四文。酒五乎，二十文。猪油，十文。共用前二百二十一文。

十四日素祭办账

官香一支，二文。纸一刀，六文。箔二百，四文。长钱一千，五文。木耳一两，三十五文。鞭炮一卜，十二文。豆粉一斤十二两，九十八文。付干，三十四块，七十五文。纸马红纸一张，一文。寿桃九斤，一百三十四文。烛一堆，换有。索面八斤，买有。

共用钱四百七十二文。

十五日请神办账

官香一支，二文。烛一对，换有。纸一刀，六文。箔二百，四文。边炮一卜，十二文。肉七斤半，七百三十文，平。索面十二斤，买有。游神利市纸，二十文。火炮五十个，四十一文。酒一乎，四文。

十五日游神，上社新义管出银六两四钱。外交原有足钱七百七十四文，交与寺上管领去。外原有六管众匣一个轮流交头。虎皮一张同交寺上管接领去。新义管又接德胜管账匣一个，来年元宵交于下首。

① [法]劳格文、王振忠主编，许骧著：《徽州传统村落社会——许村》，复旦大学出版社，2013年，第401～409页、第446～452页。

② 2014年8月24日，笔者与歙县档案局邵宝振局长、黄山学院马克思主义学院讲师刘芳正博士、中国徽州文化博物馆程乔与歙县中学语文教师、《许村》作者许骧进行了座谈，承蒙许骧惠示《花灯会支用帐》并慨允拍摄，特致谢忱。

十五夜嬉烛办账

桓子换烛十九斤，于中八股出烛七斤，仍一股出钱九十六文，每出烛一斤，又加。兴贵还龙头三斤，共烛三十九斤，支钱十七文。交红棉纸、寨表纸补龙头，先补再嬉，鼓乐四名，钱二百文，未散伙。索面四十斤，买有。猪油化油，七百三十文。酒一百乎，四百文。余烛八斤四两，九十文。卖钱七百四十二文。支钱三十五文买纸贴许姓补龙头。支钱一百七十文买纸补花，还各家利市纸二十文。火炮五十个，四十一文。边炮三卜，三十六文。换排灯甲一个，四文。支钱十文，青菜十二把。共用足钱一千一百八十五文，买寿桃在内。支钱五十二文，寿桃二斤，索面四斤，请神肉八块，送与叶树乾、叶长寿二名之胙。

十八日西环游神，首家要入社看穿袍，嬉还，担三牲上社请上座。纸箔，前买有水红纸一张，钱一文。酒一壶，四文。

二十六日还福办账

纸一刀，七文。箔二百，二文。肉三斤，钱三百文，平。索面四斤半，买有。付二斤，十二文。猪油，十文。酱，四文。酒八乎，三十二文。共用钱三百六十七文。于三月初二日原视古山下花二钵嬉破外，赔钱六十文。当年头首吴细贵、胡柏贵交下首胡社明、胡春贵。领盔一顶，神袍一件，护领一件，吊炉一堆，锣二面。同收处。

歙县潭渡的上元龙灯仪式隆重热闹，是远近闻名的迎神赛会活动。潭渡龙灯有两只，用竹篾编龙头和龙尾，用白纸糊之，画成各色图案，中间是空的，用以点燃蜡烛，并穿插木杆使人能撑起来。龙身由灯笼组成，五灯为一排，共有百排，亦以木杆支撑，人并成一排，彼此相互衔接。每年正月十一日，由10名社首制作莲花灯数十盏，张乐而饮于神前，谓之“馔灯”。十四日，把灯送至新娶妇之家，以年龄大小为序先后送达，如果年前新娶者人数较多，要耗时一整夜直至天明。十五日奉神出游，巡游结束后进行祭拜，傍晚龙灯出行，两只龙前各有一球，其形制如同浑天仪，以手旋转而行，球旋而烛不动。由灯笼组成的龙身衔续既成，即绕上、下塘巡行三周，谓之“打三圈”。塘角有墙体斜出，二龙在此处相遇，必将龙首高高举起以较高下，谓之“赛龙头”。出村至三元殿后折返后许村内，许姓族人燃放花炮迎送之，由高峰大路返回潭渡后，亦绕塘三周，谓之“后三圈”。二龙龙首在旌孝坊竞相高昂，村人举双球立于栅外，指尖以千百计。一时间鼓吹喧天，爆竹阵阵，烛排之相衔者皆拔其楔拆去，谓之“拆烛”。随后将龙头、龙尾供奉于社，谓之“双龙进社”，村人最喜观之。仪式结束，复将奉于神前盏灯送至新娶之家，以祈多多生子，接灯各家取出壶觞以待客，尽醉而返。举办社火的当晚，各门皆张灯，而黄氏春晖、思诚、蓼我三门的灯盏最为壮观，珠灯之大者值数百金，灯帷上画有《出番部射猎图》，人马驰骤，各尽其态，村人亦喜观之。①

乾隆《橙阳散志》的《风俗志》中详细记录了歙县江村元宵节前后举办灯事、游神、还烛等一系列活动，可以看出当时的盛况。每年正月上元前后，各祠堂张灯设饮，好事者预先准备好锣鼓音乐之属，是为“贺灯”。十三、四日，各祠送灯张挂于社坛前后，位置各有定次，只是偶尔有所变动。十六夜，各祠设大烛二炬，重十余斤不等，以木驾烛于其上，下笼红纱作六角灯状，内燃细烛，舁之以行，各色小灯在前引导，曰“从灯”。合村齐集献入社坛，旧称“游烛”。环村而行，照耀数里，观者云集，遇雨则改期。除祠烛外，另有社公烛、汪公烛、夫人烛等，以供奉各神，皆排于各祠大烛之后。更有献于痘神者，曰“梅花烛”。小儿未出痘者，则忌讳见到。因江村地形为鸡冠尖状，则忌讳龙灯，多制作水族、鱼虾等形状的灯笼以镇之。正月十三、十五及游烛夜，朝献首事家张灯演剧以酬社稷之神，照例必演通宵，亦含“金吾弛禁”之意。清嘉庆时，因夜戏容易滋事，族人公议于正剧之外，以二十杂出为定规。此处的“朝献”具体是指，“正月上元前三日设祭演剧，陈列方物，广张灯彩，曰朝献”。江村“朝献”虽然仅为一祭，但“备极丰腆，奇珍异玩，弗惮千里采购以供享祀。禋事之诚，为诸乡所不逮”。②

朝献礼在歙县东北乡广泛存在，影响力非同寻常，今人柯林权将江村朝献列为歙东四大著名神酬社会之一，其余三者分别为桂林社、溪头龙灯、竦口会。③正月十五，奉社稷出游，汪公神像陪伴在侧，凡村内供奉诸神像皆从之，各具彩旗舆马环村而行，曰“游神”，以驱疠疫。朝献迎神入祠后，司事用鼓吹送烛于新婚以及没有生子之家，其家人以果饵酬谢。生子者备大烛二炬，如祠堂蜡烛式样，曰“儿烛”。在正月十六游烛之夜献入社坛，曰“还烛”，贫困无力的家庭则不必还烛。村

①《重订潭滨杂志·社烛》。

②乾隆《橙阳散志》卷六《礼仪志·祭祀》。

③《溪头志》28《宗教编》第3章《神祭》第1节《社公祭·土地祭》，合肥工业大学出版社，2003年，第856页。

内供奉诸神，司会者于朝献送烛后，亦各送烛于新娶之家。得子还烛之日，以绛蜡等物品加倍酬还。送烛之家在正月十三日献灯于社，先至慈姑社坛，以溯其本始，后至江村社坛。其灯曰“幢灯”，因其式如幢，而系灯于下。由还烛家的父兄自持之，献毕领归，悬诸自家厅堂，以邀神贶。还烛日，照例设押烛酒食以款待族邻，夜则设饮以酬谢前来贺喜的客人，加之从灯、火炮之属，费用多至百余金、数十金不等。后因费重难行，议准数家合办，“则贫富胥克循例，亦善全古礼之一道也”。溪南灯会则较为惊险刺激，“出灯者，溪南俗，元宵后以灯娱神，例正月二十五出，不晴则更期，遂至此月。鼓乐前导、台阁、彩船、旗盖，俱以灯为之。上饰倡女，凡二阁一船，后纱珠、羊角等灯，多至数百，后迎关神，巫以巨斧入额寸许，血淋漓披体，男女聚观，道路为拥”。①

对徽州元宵灯节的盛况，徽州抄本《略要杂字》如此描述道：“元宵节，挂灯结彩，挂神帐，铺棹垫，搭灯棚，挂字画，写对联，挂牌匾，搭台接箱，接菩萨，打锣鼓，放炮竹，打神铳，开锣职事，飞虎清道，金锣金鼓，鸾架招锣，提炉香盘，凉伞鼓乐，礼生做祭，礼壶爵杯，祭菜祭盘，梨园演戏，戏火火南，请老郎，做正本，做长套杂出，架官包中台，扮马戏，嬉台阁，嬉过元宵。”②

第三节　小　结

村社是一个有着数千年传统的事物，在新安府属各县的践行过程中，各地因地而宜，作出了可贵的诠释，从而丰富了社的运作内容。传统新安是中国境内宗族组织和宗族制度最为发达的地区之一，新安地区的宗族制度堪称华夏正统宗族制度传承的典型。陈瑞在《明清徽州宗族与乡村社会控制》一书中指出，在中国宗族发展史上，新安宗族已形成一种颇具自身鲜明个性特质的模式，或可称为宗族发展的“徽

① 冯梦桢：《快雪堂日记》，《四库全书存目丛书·集部》第165册，齐鲁书社，1996年。

② 转引自王振忠：《明清以来徽州的礼生与仪式》，2008年5月5～7日，香港中文大学宗教与中国社会研究中心和文化及宗教研究系合办的“中国社会仪式比较研究国际学术研讨会”会议论文。

州模式”。[1]也正因为宗族在新安具有广泛而深刻的影响，所以宗族与村社形成彼此难分的密切关系也就不难理解了。至迟在明中叶以后，随着新安宗族组织的不断完善，在官方法定的里社祭祀制度因经费无常而趋于衰落的背景下，聚族而居的特征使得新安村社与宗族逐步融合，以族立社，社为宗族所有，各村的社庙有相当一部分成为家族寺庙。郑振满在研究明清福建里社组织的演变时，曾指出："清中叶以后，随着‘分社’‘分祭’的日益盛行，里社组织逐渐趋于家族化、社区化或社团化。"[2]由此不难看出，新安和福建两地在里社趋于家族化的时间上有一定的先后，也进而能够看到两地宗族发展时代的不同。

作为传统新安社会的重要日常活动，祭祀深刻影响了新安民众的日常生活。在每年春、秋两社的社祭活动中，通过恭谨严肃的祭祀仪式，宣读抑强扶弱、劝善惩恶之词，利用散胙聚饮等方式，强化了民众对社稷神灵的敬畏之心，形成特定的乡土习俗，有效地约束了民众的行为，稳定了乡村社会的基层统治秩序。宗族将社祭纳入岁时祭祀系统之中，保证了村社的良性运行。然而，年复一年的社祭难免流于形式化，但也在一定程度上强化了宗族观念和认同，部分实现了宗族整合。“社”作为一种地缘关系的象征机制，与以血缘关系为纽带而组织起来的宗族，共同构成地方社会的关系网络。围绕社祭及其所衍生出的迎神赛会，已成为展示宗族实力，进行地域社会权力再分配的重要契机。通过探讨村社的运作，在某种程度上，为我们考察明清新安宗族及地方社会提供了一个独特的视角。

明清新安的社兼具地缘和血缘色彩，成为乡村社会各类祭祀活动的单位。社祭与元宵灯会实现了有机结合，并沾染上迎神赛会的因子，成为彰显民众狂欢精神的媒介，实现了娱人娱神的功能。而元宵灯会的上灯、接灯、还灯习俗更是新安宗族重视男丁的直接反映，在讲求世代延续不辍香火兴盛的新安社会，借助一系列仪式化的行为，既满足了人们希求多子多福的心理，更给由于种种原因而面临继嗣乏人窘境的人们带来了一丝希望，求得暂时的心理慰藉。

① 陈瑞：《明清徽州宗族与乡村社会控制》，安徽大学出版社，2013年，第2页。

② 郑振满：《明清福建里社组织的演变》，郑振满、陈春声：《民间信仰与社会空间》，福建人民出版社，2003年，第351页。

第四章　新安村落的迎神赛会活动

迎神赛会是传统新安具有重要影响力的民俗活动，也是民众日常休闲娱乐的一种独特方式，内涵丰富。就字面而言，迎神赛会是民众将神像从庙中抬出巡游守境，并举行盛大的仪式，搭台演戏，祭祀神灵，清代士人徐珂对“赛会”一词做了解释：“具仪仗杂戏迎神，以舆昇之出巡，曰赛会，各省皆有之。”[①]《六部成语注解·刑部·迎神赛会》则曰：“巫者迎请神像，开设祭会，以惑众取钱也。”“徽俗每有迎神出游之典”。[②]明清新安村落的迎神赛会镶嵌在民众岁时节日的序列中，一年数次举办，崇祀的对象多为人格化的神灵，如汪华、程灵洗、关帝、观音、张巡、许远、太子、相公等。规模庞大，声名远播的活动是民众为驱疫禳灾而举办的善会，如歙县、绩溪、休宁等地的保安善会，祁门的船会、福会，绩溪南关九姓瘟车会等。因赛会前后持续数日，规模庞大，靡费甚多，加之地痞无赖借赛会聚赌抽头，败坏风气，地方官绅对赛会多持禁止态度，但民众趋之若鹜，屡禁不止。这也反映出民间习俗的强大生命力，虽然治理者极力追求善法良俗，试图以礼匡正人们的行为举止，但往往效果不彰。因而，迎神赛会成为我们考察礼俗互动的一个很生动的切入点。

第一节　驱瘟习俗与新安村落保安善会的举办

赛会是傩俗的一种，在徽州社会普遍存在，徽州府属各县志、村志，以及族

---

① 徐珂：《清稗类钞》第十册《迷信类·赛会条》，中华书局，1996年，第4671页。徐珂还详细记述了赛会中的仪仗：“前导金鼓二，即大锣也。而衔牌繖扇旗红帽黑帽香亭及陈设各物之亭继之，中杂以乐队骑队，神舆将至，则先之以提炉，而僧道及善男信女则随于后。有击铁炼于手足者，有服赭衣而背插斩条者，有裸上体而悬香炉于臂者，皆先期许愿至是还愿之人也。”

② 雍正《江村洪氏家谱》卷八《周王会序》。

谱、文书等民间文献多有记载，部分赛会延续至今，成为非物质文化遗产的重要组成部分，如歙县许村的大刀会、岩寺的上九庙会、丰瑞里的嬉菩萨、瞻淇的十八朝祭，休宁黎阳的八月靖阳，绩溪登源的花朝会、磡头的太子会等，场面宏大壮观，热闹非凡。

明代歙县各类迎神赛会名目繁多，对此，万历《歙志》有着详细记录：

> 乡之有社，祭先啬，祝丰年，此农事耳。大都以社稷为主。其次则程忠壮、汪忠烈，是皆生为本乡英杰，殁为本乡明神。又次则关公，海内皆祀之，邑中亦多为之祠。至张、许二帝与周翊应侯诸凡敕赐庙额，列之祀典，宜也。今则淫祀蔓衍，各乡赛神，诚为可笑。正月、三月、四月间，则乡人或以马，或以舆，奉神出游，旗旄鲜丽，仪卫庄严，已为媚神矣。乃有为珠翠金银之冠、盘龙翥凤之饰，旌幢蔽野，箫鼓连天。彼此争妍，后先相望，则又可诧也。更有降神之人，披发袒膺，持斧自斫，破脑裂胸，溅血数步，名曰降童。蓦见恶状，令人吐舌。……邑中甚有五寸之神，美其衣冠，华其舆马，役此降童，喧轰街市。罢则褫其衣冠，裸而置之。至于次年，出诸尘坌，又复为此。①

许承尧《歙事闲谭》卷十八《歙风俗礼教考》依次抄录了歙县一年中举办迎神赛会的种类及活动场景。每年新正，童子穿彩衣，蒙假面，扮作魁星财神之类的神灵，或扮彩狮，敲击锣鼓，跳舞于庭，摘取果饵，即“玄衣朱裳，黄金四目，驱疫遗意”。初春，歙县西乡和南乡的村落祭祀土神，曰“作春事”，崇其神曰太子，亦供奉张巡、许远二公。神像出游之日，金鼓喧阗，陈列牲醴。会终之夜，则燔楮旗幡于所居村庄的下游，曰“送圣”，用以禳解。三月初三上巳节，丰乐、布射等河水流经的乡村，或竞渡河干，或造纸舟陆游，旗旄毕具，“盖寓修禊之意”，即用以祈福、禳除灾疠，又名“祓祝”。四月，歙县城中奉诸神像，遍巡街衢巷道，钲铙震天，各厢隅村落依次而及，逾月乃罢，曰“游神”，寓意驱除疠疫。各乡于四五月或八九月间，行保安之举，扎造龙舟，装饰彩绘，延僧道斋醮，磔牲以祷，曰“善会”。事毕，亦将龙舟、旌幡等送之河干。岁杪，召道士跳舞娱神，排设福神衣甲，曰“犒

① 万历《歙志》考卷五《志》六《风土》。

猖”。俭朴之家仅以牲醴祷祀，亦谓之“谢神”。

乾隆《歙县志》、民国《歙县志》对境内迎神赛会的记述与《歙风俗礼教考》所载基本相同，但也有所补充或变化，如民国《歙县志》将保安和善会称为“保安善会”，每年在夏秋之际举办，四五月则不再行之。岁杪召道士酬神，喃喃诵经咒不休，则谓之“烧木桁”，又称“醮平安”，亦季冬傩意也，而不再称“犒猖”。该志还补充了几类赛会，如郡城北街的献菜，南郭渔梁的灯船，最著者为东南各乡迎接观音，数年一举，靡费巨大，与举办保安善会相同，只是会期不茹荤，则与之稍异。八月秋成后，水南及西乡多奉神出游，按社依次及者，曰“丰乐会”。所至之村，家家为黍鸡豕杂，设亲戚，并相馈，延至九月而罢。[①]

歙县白石源接观音

接太尉

农业社会，人们的医疗条件落后，卫生认知水平有限，天花、痢疾、霍乱等瘟疫不断发生，引起了人们极大恐慌。为祈求平安，徽州民众择时迎神驱瘟。如盛行于绩溪县的天花娘娘，俗呼“痘神”。凡孩子出痘疹，其家必供此神，各村每隔一年即演戏酬神。[②] 清雍正四年（1726），歙县江村洪氏宗族复立已停止九载的周王会，起因是当年江村附近的村落瘟疫大作，有祷于神者，无不灵验。“谓神之出游，原以巡视田里，辟除疠疫，此典原不可废”。洪氏族人决定重立会簿，请周宣灵王神驾出巡，

① 民国《歙县志》卷一《舆地志·风土》

② 刘汝骥：《陶甓公牍》卷十二《法制科·绩溪风俗之习惯》，《官箴书集成》第10册，黄山书社，1997年，第622页。

虔奉礼祀。[①] 乾隆时期的诗人吴梅颠在《徽城竹枝词》中描写道：“逐疫时当四月八，装形扮样嬉菩萨。傩虽古礼迁于嬉，镜鼓喧天人闹煞。”[②] 乾嘉时期歙县诗人汪灼亦有反映乡间行傩驱疫的诗句：“扬旗击鼓又筛锣，张许南雷杀贼多。水重山围民苦疫，歙州秋夏必乡傩。”[③] 汪灼还指出，歙县民间俗谚把驱傩满日称为打标，“灵旗高五飐云开，戈盾纷驰疫不回。爆竹百竿山谷震，万人烟际起尘埃”。[④] 现存徽州文书中保留了诸多禳瘟记载，《应酬便览》收录多份送瘟疏文，如《合村因沾瘟疫祈神保泰疏》《四月瘟牛禳灾疏》《送牛瘟设醮疏》《送瘟禳火安龙损灾景福疏》《设醮送瘟疏》《种痘酬五显神疏》《出痘还愿疏》等。[⑤] 民国十九年（1930）婺源六都俞氏族人在承祜堂杂记汇编《羡余款目》中抄录了送瘟疫时灾吉凶诗、瘟鬼所在及逐时瘟鬼出入等文字内容，反映出民众对瘟鬼的恐惧与重视之情，不敢越雷池半步。[⑥]

送瘟疫时灾吉凶诗

甲子送神神便去，乙丑不去损人凶。丙寅直向南方去，送瘟之后主兴隆。丁卯戊辰主人凶，乙巳南方千里通。庚午辛未伤人病，壬申癸酉不回踪。甲戌须教大难当，乙亥丙子去西方。丁丑戊寅千里外，乙卯直去不回藏。庚辰辛巳永无妨，壬午癸未去西安。甲申乙酉与丙戌，送瘟去后却回旋。丁亥送神仍旧病，戊子乙丑去西行。庚寅辛卯壬辰日，三四五人不安宁。癸巳送神杀长子，甲午损人不须评。乙未丙申与丁酉，送去八十里回侵。戊戌乙亥主半吉，庚子辛丑西不归。壬寅送神不肯去，癸卯大吉永无危。甲辰乙巳三口亏，丙午丁未南行利。戊申送神神又转，乙酉庚戌吉无辞。辛亥壬子并癸丑，甲寅乙卯病仍出。丙辰丁巳不回还，戊午伤人送不周。乙未小口二人忧，损师庚申及辛酉。壬戌癸亥损人丁，仙人口诀宜遵守。

---

① 雍正《江村洪氏家谱》卷八《周王会序》，该卷还收录了《宣灵王神会秋日巡游先一日告文》《宣灵王神会秋日巡游祝文》《宣灵王会出巡驾临双溪祝文》，寄托了民众祈求周宣灵王御灾攘患，“和气弥纶于宇内，一时之疹戾胥除，光风披拂乎人间，千野之膏腴溶稔蘋清藻洁”的朴素愿望。

② 吴梅颠：《徽城竹枝词》，转引自徽州文献课题组：《徽州文献与<徽人著述叙录>的编撰》，《徽学》2000年卷，安徽大学出版社，2001年。

③ 汪灼：《渔村诗集》卷上十九《乡傩》。

④ 汪灼：《渔村诗集》卷上十九《谚以驱傩满日曰打标》。

⑤ 王振忠：《徽州社会文化史探微——新发现的16～20世纪民间档案文书研究》第2章《乡土习俗及民间文化·清代徽州的灾害、信仰与民间习俗》，上海社会科学院出版社，2002年，第229～231页。

⑥ 刘伯山：《徽州文书》第6辑第3册《婺源六都俞氏册籍文书》，广西师范大学出版社，2019年，第360～362页。

瘟鬼所在，谓八瘟家问病瘟鬼占处所忌等事

初一在中庭，初二在东壁下，初三在大门，初四在中门，初五在外，初六在东壁下，初七在西壁下，初八在西壁下，初九在外，初十在外，十一在西壁下，十二日在房中，十三日在房中，十四南方路上邸店，十五后门候客，十六在灶前，十七在病人床上，十八日在中庭，十九在灶前，二十在灶官，廿一在西方叶树下，廿二在堂前，廿三在路等诸客六亲，廿四在东方候客，廿五在路等师人，廿六日在树下，廿七在病人床边，廿八在北方井边，廿九日在庙，三十日在病人床上。

逐时瘟鬼出入

子日午时入申时出大门，丑日未时入酉时出大所厅，寅日申时入戌时出在前宅，卯日酉时入亥时出屋中病人身上，辰日戌时入子时出在药店，巳日亥时入丑时出在后门，午日子时入寅时出在中所，未日丑时入亥时出在东方，申日寅时入辰时出在东方，酉日卯时入巳时出在病人身床，戌亥日西南北方申时入在病人门户。

时而久之，举办驱瘟善会发展成为徽州民众的日常习俗活动。歙县西溪南吴氏于每年三月三日举行驱瘟元帅巡游活动，吴氏族人制作木制香亭一座，内置驱瘟大元帅神位，扛抬遍游村市。一名僧人穿佛装，领香前导，后随仆人一位，一手敲鼓，一手鸣锣，鼓声咚咚，锣声高亢，俗称“嬉咚咚亢”。是日，各户人家采嬉嬉花，备香烛、纸箔、米豆、茶叶置于神座，驱瘟元帅神像回到社屋后，僧人斋醮，仪式结束，香烛、纸箔等各式物品汇而焚之。驱瘟元帅共游行三日，初一由仁义寺出发，初二及初三由仁德社出发。举办善会活动时，由吴氏滔、翼、贯、振四派，每轮一年，周而复始，行之不替。① 江村于每年八月十六日奉瘟元帅像，巡行村内，村人设牲醴于各祠前进行祭祀。乾隆二十六年（1761），村内建成都天庙，才开始在庙内祭祀瘟元帅。②

绩溪县有出瘟车赛会，明万历《绩溪县志》卷一《天文志·时序》记载：“（七月）二十五日，迎土神，出瘟车，驱疫疠。”清嘉庆《绩溪县志》卷一《舆地志·风俗》解释了出瘟车的理由：七月二十三日是唐代安史之乱中为镇守睢阳城而死难的张巡

① 民国歙县《丰南志》卷一《舆地志·风土》。

② 乾隆《橙阳散志》卷七《风俗志·游神》。

童子打秋千

诞辰，为缅怀张巡的功绩，绩溪各坊市民众分五土之色，制作花灯，遍游三夜，日出瘟车，以驱疫疠。出瘟车习俗一直持续到清末，居住在绩溪县城南关的韩、高、朱、刘、戴、许、余、方、汪九姓设有祖传瘟车会。瘟车用硬质劲木制作而成，重数百斤，其法是以花卵石砌车模于社屋坦，车轮依车模制造。瘟车平日沉于太平寺塘中，七月初一日，众人将车推上街。二十三日为出会日，以一人套糅粉脸壳，意为二脸观音大士化身，肩驮太子尊神，跳之字步前行。又用粉装扮数位孩童，呼寒三，拾得哥套脸壳，跣足拍手，欢呼跳跃，寓意戏侮瘟车，引之前行，往复回还者四次。会罢收车下塘，车由力气大者滚动，旋转如飞，轰震若雷，土地为之撼动，可逐瘟疫气，故名瘟车会。该会置有田产，咸同兵燹后散落无稽，由会众募赀重兴。因戴氏出会，遂吸收唐氏入会。嗣后艰于举行，光绪年间，向市廛中各商号募赀举办，以应故事。①

相比之下，保安善会的分布更广，影响力更大。举办保安善会的核心内容是造龙舟押送瘟神出海，以保一方平安。所以龙舟又被称为瘟舟，保安善会意即瘟舟善

①《绩溪县南关许余氏惇叙堂宗谱》卷十《杂说》。

会。前文已述及歙县举办保安善会活动，乾隆《歙县志》载：“四月，郡邑奉各神像，遍巡坊市，钲铙震天，各乡落厢隅以次至，逾月而置，曰善会。西乡则夏秋之际，扎造龙舟，装饰彩绘，磔牲酺食，号曰保安。”[①] 乾隆歙县《橙阳散志》卷七《风俗志》专设“保安”一节，介绍了江村从五月到十月举办的属于保安范畴的民俗活动。五月，江氏族人设坛延僧斋醮，“曰保人口与事家，各事斋戒极虔”。六月，里、外村、介塘民众各自准备旗帜旛伞，至潜口紫霞岩迎接观音大士神像，演剧设醮，以保禾稼。八月中秋夜，农民在社坛演傀儡戏，以报秋成，并演化成为乡例。十月间，各祠设坛净醮，禳解火灾，或者演剧以示祛禳。吴梅颠所撰《徽城竹枝词》描摹了清代歙县举办保安善会的盛大仪式：“闰年做会为禳灾，华严龙舟锦绣堆。色按五方装五帝，轰天动地鼓声来。箫鼓中流光烛天，闰年费钞倍常年。满城人尽持灯出，争向水滨看亮船。”[②] 清末徽州知府刘汝骥主持调查了各县民俗习惯，对歙县的保安善会活动有所涉及，“年例有保安会，数年开光一次，游神演戏，科敛丁口，其所供奉者不一，大约五瘟、大王、小王及汪公、八九相公居多”。[③]“至下流社会则好以迎神为事，其逐年一行者，有保安会”。[④] 及至民国，乡民“夏秋之际，制龙舟，装饰彩绘，磔牲酺食，号曰保安善会，崇其神曰太子，并奉张、许二公，会终之夜，燔其旗于所居之下游，名曰送圣”。[⑤] 民国歙县石潭吴氏宗族，在闰月之年夏己卯日，大举善会，纸糊龙舟，以乘瘟部诸神，并供奉五帝，恭迎太子、观音。会期前三日，斋戒禁屠，意甚虔诚。届期香烟缭绕，四方来集者摩肩接踵。盖平日有生疾病者，辄向太子神祈祷许愿，俗名“许设粥”，届期而酧愿也。吴氏保安善会共举行五日夜斋场，请道士为之，以太子尊神在场镇压。每日换衣数起，或坐装，或立而武装，种种形式，如戏装焉，非常在，自然灿烂，俗名“扎靠”。吴氏保安善会尊崇太子神，与镇压唐代安禄山叛乱这一历史事件有关。相传演唐代安禄山作乱事，太子尊神能镇诸邪，故尊敬之。其末日即己卯日，开五色旗，即五隅五帝的旌帜。古时有五隅之阵，由道人扮安禄山，假演拒敌李、郭，偷劫五方阵，最终被获，抓获安禄山后即

① 乾隆《歙县志》卷一《舆地志·风土》。

② 转引自徽州文献课题组：《徽州文献与〈徽人著述叙录〉的编撰》，《徽学》2000年卷，安徽大学出版社，2001年。

③ 刘汝骥：《陶甓公牍》卷十二《法制科·歙县风俗之习惯·神道》，安徽师范大学出版社，2018年，第582～583页。

④ 刘汝骥：《陶甓公牍》卷十二《法制科·歙县民情之习惯·集会结社之目的》，安徽师范大学出版社，2018年，第580页。

⑤ 民国《歙县志》卷一《舆地志·风土》。

宰羊，盖以开河道、戮豕血，展旌旗。羊即杨贵妃，豕即安禄山，此举亦是模仿之意。五旗由吴氏五个门派制作，思善派出青旗，至善派出白旗，坚善派出黑旗，以上三派属春晖祠支系。立善祠出红旗，叙伦祠出黄旗，皆因善会而划分。[①]

傀儡戏

保安善会活动在绩溪分布较广，“闰年，民间卜日致斋，建善会，造龙舟，分方隅祀五帝，以禳疠疫”。[②]嘉庆《绩溪县志》记载：“闰年于六月中，阖城卜日至，造瘟舟，分方隅神祀五方神，并祀张睢阳殉难神，名曰善会。”刘汝骥主持的调查对绩溪县保安善会有一定描摹，“闰年六月中，各乡村卜日致斋，造瘟舟，分方隅祀五方神，并祀张睢阳殉难诸神，名曰善会。城中现已革除”。调查还铺陈了赛会举办的仪式场景，龙舟用竹木做成框架，以雷万春为大王，以南霁云为小王，分别站立于舟首和舟尾，大王蓝脸，小王红脸，大于其他神像。神像腔内放置石块，重近百斤，有力气的少年争相抢夺此神，满街跳舞，盛况空前，几乎和镇江都天会的规模相近。[③]

① 民国《石潭吴氏宗谱》卷二《石潭纪·风俗》。
② 乾隆《绩溪县志》卷一《方舆志·风俗》。
③ 刘汝骥：《陶甓公牍》卷十二《法制科·绩溪之风俗习惯·神道》，安徽师范大学出版社，2018年，第622页。

各地举办保安善会的时间不尽相同，初春、六月、夏秋之际，视地方实际情况而定，但各村落举办善会的日期一般都是固定的，会期也是长短不同，多数是 3 ~ 5 天，亦有 7 天、10 天。虽亦有半个月者，但仅是极少数。新编《绩溪县志》详细整理了民国时绩溪各地举办保安善会的时间和会期，“二月荆州、磡头，三月胡家，六七月伏岭、石蝎、水村、北村、胡里、忠周、上庄，七月镇头、浩寨、板桥、尚田，九月扬溪、大石门，九月下旬至十月上旬大坑口。会期一般三五天，伏岭、石蝎、水村、北村、浩寨七天，上庄、荆州十天，大坑口半月”。[①]保安善会的主事者称为会首、斋官，[②]一般以五隅的方式组织迎神赛会，即特定地域范围内的各村按方位分东隅、西隅、南隅、北隅、中隅为五隅联合举行赛会。五隅又被称为五方，各隅会众分工明确，各司其职。如《同治七年九月歙县阖村保安善会收支总账簿》收录了一份通告，称保安善会公用之需，向由五方均派。因兵乱之后，银钱维艰，人数稀少，阖村公议当年善会五方同帝，停止演戏以图减省，需费之项照丁灶髻统收公用，待日后人丁兴旺，仍照旧例而行。[③]另一份保安善会账册的封面从右至左分别写有“阖村保安善会／光绪念四年岁次戊戌良月吉日立／北方锅灶男丁女髻登簿”字样，结合所记载的内容看，该村落在保安善会中被划为北隅。隅内会众有各自分工，“灶祥抬船，天五驮五帝、一灶守经堂、五丁托公文，六富守经堂、一灶大总、四丁小总、三吉挑财宝，新富驮太子、一灶驮小王，冬苟驮五帝，社元纛旗，天开驮刀旗，小苟听事、一灶驮五位，佛圣管厨房，敬呈驮太子，天田抬船、一灶驮驳船，和尚托花灯，细田拜神、一灶驮太子，新庆守五帝舍、一灶打锣鼓、四丁打锣鼓、二吉挑

---

① 绩溪县地方志编纂委员会:《绩溪县志》,黄山书社,1998年,第1055页。

② 今藏绩溪县家朋乡梅干村民家的徽州文书中,有一份是同治九年三月周氏族人为轮流充当合社善会斋官而订立的议据,对了解斋官的角色颇有助益,特誊录如下：

立议据人荃太、启交等,缘我祖龙泉公所生四子永财、永富、永福、永英四公,福、英二公流后无传,逐年祭祀均归祠内支当。至道光二十九年,分到祠内抽出田租二十钧零以作二公清明,财、富二公派下各领一公,各领租十钧零。今为合社善会头名斋官九次轮,我派应当二次,每次约费钱百余两,均系苦丁,难以支持。因此阖派相议,仍将抽出之租及二公祭祀照古归祠,以图聚少成多。轮遇我财、富二公派下做此斋官者,议定贴公秤扇谷一千二百斤,并议派丁。会场内点有执事者,准入总房吃饭。如无执事者,不准。毋得希图口腹,争长论短,以坏祖制。今欲有凭,立此议据四纸,各执一纸,永远存照。

同治九年三月　日立议据。荃太(押)启交(押)有富(押)启明(押)金沛(押)启富(押)大礼(押)社太(押)水法(押)大和(押)。

③《同治七年九月歙县阖村保安善会收支总账簿》,中国社会科学院历史研究所图书馆藏。

财宝，聚新驮小王”。[①]

《光绪三十四年歙县某村阖村保安善会收支总账》由总房执事执笔，详细抄录了五隅负责办理的物件及各司职人员的分工，具体如下：

戊申年二月十五日许愿

吴竹、江根茂、何起玉三人往田干拣日子

一、经堂 壬山丙向

一、神庙 巽山乾向

一、社庙 未山丑向

一、祠社 寅山申向

一、雷祖庙 乙山辛向

计开各方级事

行香

太子尊神齐出：东方一尊、西方三尊、北方二尊；大王：南方；小王：北方；大、小王级事：五方均挑；龙头：东方；龙尾：中央；驳船：每方一只；纛旗：东方；五瘟：每方一位；夫人二位：中央；文书：北方托；化船柴：东方挑；金银纸：五方均挑；总厨房：每方一名；经堂拜神：每方一名；经堂听事：每方二名；经堂日夜看守：每方一名；经堂应用：每方各派，升斗二副、壁灯二对、八仙桌三张、条桌五张、方机一个、长凳三条、桌围二个、桌盒三个；插标收标堆沙：东方。

婺源县六都俞氏在民国十九年（1930）五月廿三日设坛建醮保安时，记录了会期中每天的禁忌事宜及准备的各项物品如下：[②]

备先洁净吃素敬神

文书（牒、呈）、疏

① 《光绪三十四年十月歙县保安善会锅灶男丁女髻登簿》，中国社会科学院历史研究所图书馆藏，该书名是图书馆工作人员拟定。

② 刘伯山：《徽州文书》第6辑第3册《婺源六都俞氏册籍文书》，广西师范大学出版社，2019年，第360～362页。

金，庚午天马。此日不宜出入。庚午，送瘟疫日。

水，壬午五鬼。求财行军遇急，选吉时出正东震方休门吉。壬午乙巳南方千里通。

金，庚午太岁。子丑午命又甲申子辰命俱悉用，乙巳。

土，戊申。五瘟偏杀。戊辰。

送瘟日，庚午辛未伤人病。

大贡献一副、小贡献9副、笼床9贝、大三牲一副、小三牲8副、素菜（粉丝、香菇、带皮、云耳、笋衣）、五件一副（肇付出，敬神）、酒杯一仝、鸡子9只（肇付出3只、办用6只）、雄鸡2只（肇付出雄鸡一只，计重）、方灯7副、牌木10只、柸香、红烛、原料毛长纸4把、黄表纸一刀、白表纸一刀，另外油泛12只、单桌15面、借用（红布5尺、黑布5尺）、金银（各家都做）、炼炉一座、洋素布3尺3寸（头上做帽者）、红布5尺（宝剑上用）、肇付出用以下纸5张（休红纸一张、省边黄一张、省粉白一张、省粉蓝一张、黑皂一张）、大绿纸一张、黑皂一张、洋金一张、铅粉一两（画符用，付钱50文）、水神马3张、火神马3张、众神3、空座10、台马8张、云鹤10、城隍3、土地3、社公3张、灶司6张、香火6张、祀典10、送圣10、送钱5张、送瘟5张、道座10、大舟3张、功曹4张、申文一张、土煞10、白虎3、五色放去纸3副、小纸船一只、纸鸡一只、银硃、笔、醋（用肇 酸酒）、烧红砖一块、馥兰香3箍（肇付）、长寿香3袋（敬神）、醮灶司神君（粿伏饭、净茶米豆碟、净水酒杯）、向渠答问言法事并回坛礼金、保命灯桶（内装籼谷、琉璃装灯油、戥秤铜镜铜尺银红布五色花线、敬天地果盒包、送保命灯包、剪刀）。

每次举办保安善会都有固定的程式，绩溪县的保安善会从定坛起会，相继有登舟、安圣、安五方、唱船、抢载、禳星、设粥（祝）、收圣、禳火、收火、祭旗、待宴、送圣等程式。[1] 同治七年（1868），歙县某村于二月初十许愿，执事人员往田干拣日期，定下当年保安善会的举办时间。九月二十日净街、斋戒，九月二十一日出龙头龙尾；

① 绩溪县地方志编纂委员会编：《绩溪县志》，黄山书社，1998年，第1055页。

起会日，九月二十三日未时、申时铺设，二十三夜、二十四日丑时、寅时发鼓申文大吉；行香；二十八日打标、出水；二十九日丑时、寅时，二十八夜送圣回天，流恩降福。再具体到每天的仪式：①

首日

铺设，解厌，净街，许愿，安奉，道场。

二日

解厌，签押，申文，迎圣，开启，接帝，点光，行香，落牒，安帝，安圣，安神，施食。

三日

解厌，万灵醮，中供，禳星，进表，安神，施食。

四日

解厌，接龙，赞龙，请圣，登舟，点光，大王醮，犒猖，安神，施食，悬斗。

五日

解厌，禳火，送火，游船，献粥，五帝醮，安神，施食。

六日

解厌，和土，解咒，起帝，登台，接帝，出令，接五位，开旗，打标，收圣祭舟　和瘟，待宴。

七日

送圣回天，流恩降福，阖村清吉，福寿绵长。

光绪三十四年（1908），该村举办保安善会的时间定于十月十六日，十月五日净街、斋戒，十月十六日出龙头、龙尾；十月十八日夜卯时起建发鼓、辰时起建申文；十九日寅时、卯时解厌、行香；廿四日打标、出水，不论时辰，廿四夜子丑时、寅时送圣回天，流恩降福。②

如果说上述记录还比较简略，《歙县胡埠口保安善会法事》对善会举办程式则

① 《同治七年九月歙县阖村保安善会收支总账簿》，中国社会科学院历史研究所图书馆藏。
② 《光绪三十四年十月歙县保安善会锅灶男丁女髻登簿》，中国社会科学院历史研究所图书馆藏。

描摹甚详：[1]

初之日

铺设道场，净坛解厌，申文发牒，奉送公文，安神许愿。

贰之日

九龙荡秽，迎接观音，观音请醮，迎圣开启，恭迎大王，瘟司下界，恭迎五帝，行香摆道，五帝点光，五隅安位，五帝请醮，散花光临，讽诵妙经，百户问安，安神定位

三之日

九龙法水，三官请醮，百户早安，午供中呈，圆经送经，五帝请醮，禳火灭荧，往返离宫，百户晚安，青华焰口，安神施食。

四之日

荡秽除氛，万灵大醮，禳星永命，拜奏表文，大设和悦，五方解咒，百户问安，大犒猖兵，安神施食。

五之日

扫净尘坛，百户问安，洞渊请醮，五帝请醮，接舟到坛，大王点光，接圣登舟，游船试水，祭舟顺水，安奉定位。

六之日

清洁坛场，奉送观音，五帝请醮，五隅起帝，接帅点将，迎接七圣，待茶奏乐，发牌放标，摆阵游旗，文书打标，开操祭旗，各家收圣，道场满散，祭赛花灯，禳瘟设粥。

终之日

打扫宴席，主帅安席，土地下呈，铺司下书，晏待天兵，送圣回天复命，洗恩锡福祯祥。

祁门县城于每年五月初五端午节迎神船逐疫，船用竹子制成，船身“袭画似鳅”，

① 转引自王振忠：《明清以来徽州村落社会史研究——以新发现的民间珍稀文献为中心》，上海人民出版社，2011年，第200～201页。

以12人为神，载而游诸市。祁门县自北宋大观年间起开始举办此活动，“虽其事间有兴废，所部署上下户，率不改其旧”。[①] 祁门民众为保证迎神驱疫活动顺利举行，分别成立了船会和福会，船会专司造船，福会则负责神船出游。四月十五日，船会迎竹于市，运至双忠庙制作神船。四月二十五日起工，起神，二十七日拗船。五月初一日，福会以彩楮制元帅像，舁游四隅。船会扮十二神，诵读啰曲以驱疫。端午日，悬蒲艾饷角黍，饮菖蒲酒，行龙舟竞渡。是日，福会、船会迎神船，载着扮作神像的12人，巡游城内街衢，由钲鼓导引前行。赛会结束后，举其事者致斋虔祷于双忠庙，上、下手进行交接，周而复始。祁门县司训赵克勤曾为神船会作序，认为神船赛会为古乡傩之遣，每年举办用以逐疫。祁门乡间则用木材制作神船，彩画装金，扛在肩上，巡游村落，相传是为了驱除蝗虫。[②]

现存徽州文书中有两份祁门县城阖邑《船会规则》文书，一份是《咸丰四年岁次甲寅仲夏月立船会规则》，收藏于中国社会科学院历史研究所图书馆；另一份是《光绪二十一年岁次乙未立船会规则》，收录在王振忠主编《徽州民间珍稀文献集成》第3册，其封面有“汪、王、吴三户仝订”字样。从内容上看，这两份文书是祁门县城阖邑船会造船活动的记录，其间所办器物用品及工食脚力等项、名目开支及月份时日，备述甚详。举凡该办物件、工料、吃喝、夫役、脚力、散福、给赏等用度标准及程序，例有成规，皆记录在案。咸丰四年（1854）船会文书内容较为丰富，收录了《驱瘟咒语》《船会神疏》《全保安疏》等，其余内容与光绪二十一年（1895）所记基本相同。

北宋大观三年（1109），祁门县尉史东勤政爱民，见祁门县多有疫疠及火灾，便令民众仿四川之俗，肇立船会、福会，在五月五日前用竹扎龙舟，是为五瘟神船．端午节游行街坊而禳灾集福，然后建三日之斋事，破开地狱而赦罪超生，从此民赖以生。史东后升任司农少卿，祁门人感怀其功绩，为其塑像，置于县东山祖殿张王祠而配享。[③] 船、福二会共计会众192户，编立24牌，每年八户各推一人共8人同值司事，24年轮流复始，故旧相传，绵绵不已，其费用向系岁收乐输。[④] 嗣因租谷难以齐置，

① 康熙《祁门县志》卷一《风俗》。
② 道光《祁门县志》卷五《舆地志 · 风俗》；同治《祁门县志》卷五《舆地志 · 风俗》。
③《史主簿》，《咸丰四年岁次甲寅仲夏月立船会规则》，中国社会科学院历史研究所图书馆藏。
④《端阳胜会序》，《咸丰四年岁次甲寅仲夏月立船会规则》，中国社会科学院历史研究所图书馆藏。

遂由各户自立己会以补不足。年久，各户己会沿革无常，船、福二会难以为继。道光二年（1822），民人陈尚裕勉力敬输田租 241 秤，输入船会，又将 69 秤输入福会，曾立输契二纸载明土名敬入二会，有租簿二本入匣存据。每岁司年首人照旧规办理，本年并上下三届司事，当面检齐交代，其租税粮照原则推入会内供解，禀请县主赏示勒石，置于双忠庙墙壁以垂永久。①

嘉庆八年（1803），叶圭为船、福会撰写了《船会神疏》，从中可以看出举办赛会主要是祭祀张巡，祈求降福收瘟。该疏文还描写了迎神驱瘟的场景，“伏以端阳佳节，谨依年例降福收瘟，常伏张大王之主宰，肇兴会次。当遵史县主少卿之成规，拗竹造龙舟，摇旗喧锣鼓，笛韵永清，锣声远彻，迎神队游衍街坊，陆地行舟，儿郎夺彩。三日一风，十日一雨。时和岁登，民安物阜。七乡丰稔，一邑永康。神圣威赫，官民乐业。凡居时序，悉赖帡幪。谨疏”。② 福会还将《全保安疏》文装成画轴悬挂于东山祖殿，该疏文奉献的神祇十分广泛，分别是三界瘟司圣众与火部神祇、主瘟忠靖景佑张真君、劝善申国柳夫人、瘟火二司一切真宰、合殿一切神祇、龙舟会上一切圣众、城隍社令各司圣众、五方宫庙典祀神祇、起造龙舟主簿真君、阖县七乡一切神祇，这也是祁门县地方神祇谱系的生动反映。③

下面即根据《咸丰四年岁次甲寅仲夏月立船会规则》所记，对每年船会扎造龙舟的日期及程序进行介绍。每年三月二十六日，船会开始启动，当日备木红纸 3 张，裁成单帖 60 个，其帖式为：

东山祖殿

端阳胜会谨依年例，关请△△于四月朔日各赍香信至闸谒神，临期再不催请。谨此预闻。

△年船会首人△△△等具

分别送上下年船会帖 8 个，送上下年福会帖 8 个，送本年福会帖 8 个，送输租陈宅帖 2 个，由旗手代送，给钱 200 文；送儿郎帖 11 个。另备梅红纸一张裁单条 8 张，

① 《陈尚裕输租簿序》，《咸丰四年岁次甲寅仲夏月立船会规则》，中国社会科学院历史研究所图书馆藏。
② 《船会神疏》，《咸丰四年岁次甲寅仲夏月立船会规则》，中国社会科学院历史研究所图书馆藏。
③ 《全保安疏》，《咸丰四年岁次甲寅仲夏月立船会规则》，中国社会科学院历史研究所图书馆藏。

上写“本年船会在△祠”糊贴各门。

三月二十九日，迎神座至闸。神座起身时，用轿夫4名、锣鼓2名，首人执旗一位、香纸一副、灯烛一对、火炮一串。神座迎至闸内，办鸡一只、五猖钱2付、菜9碗、酒3杯、香纸2付、红支烛一对、火炮一串、灯烛一对。

四月初一日，开闸。若遇闰四月，在前四月开闸，迎竹过街并迎福，遵闰四月用事。本日吹手4名，给包16个、筹8根；儿郎11位，给包60个，外神福钱600文；做船，在方宅，给包24个；船脚，有五姓，给包24个；画船，在饶宅，给包16个；庙祝，给包4个；道士，给包4个；输租陈宅，给包8个；上年船会、福会各给包32个，各送香纸来闸，给足力钱8文；下年船会、福会各给包32个，照前；本年福会给包32个，照前，船会亦要到伊劄参神，亦收，收回胙包32个，可以付支；儿郎送香纸来闸，给力钱8文。

四月初二日，接路公桥方姓画船、柯岭饶姓做船两姓，办扇8把，每把7文，面姜8包，每包4两，帖一个。着首人二位到路公桥方宅接，一位穿衣帽，一位执旗，办扇4把，每把七文，面姜4包，每包4两，帖一个。照前至饶宅。

四月初三日起至初五日止，船会着4人四门打柴、炭。

四月十五日，迎竹过街，提前三日备木红单帖11个，与儿郎执旗分头送派，提前一日，于一更天至闸请神面出座，给赏手二十四文、亥半斤、米一筒、腐干一块、酒二文。

四月二十一日，送帖。

四月二十四日，迎生福，本日福会着首人2位，穿衣帽迎送回客。本日丑刻，迎福出城至庙，儿郎吃血酒。本日早晨，迎福，出城办物。又办福肉2股，至庙吃羹，此福肉本闸收回。

四月二十九日，迎熟福，一应规矩照前二十四日同。

五月初一日，收瘟。首人一位，捧神面；又一位，捧儿郎帽；又一位，执旗；又一位，儿郎物件。4位首人早晨至庙。

五月初二日，收瘟，照前。

五月初三日，办亚糕二作（初四日祭船用，每作约钱百文，切一块插在船上，庙祝收，此糕候初五日发），本日着首人8位至寺吃福会，办斋一席，自带酒去，又带香纸、烛、火炮2副。

五月初四日，收瘟，照前。本日早晨贴告示，又贴八宝，办午饭米5升（麻豆麦粟和在5升之内）。本夜亚船（灯烛3对，发烛11对，纸马14副，三牲一副，酒4文，鸡一只，剪生祭船，本闸收回）。

五月初四夜，祭船。

五月初五端阳日，首人4位托物进庙：捧神面一位、提帽一位、执旗一位、捧儿郎物一位。又首人一位，执酒壶一把，敬酒众儿郎，每位敬酒一杯。龙舟起身，船头上灯烛一对，办香烛纸马2副，边炮一串、大锭2对。首人8位赶船。神座至张王庙，交来年船会收，当年船会立领约一纸，本会收执。

民国三十一年（1942），船会值守司事订立领神面、神疏、神袋、锡香台等物件字据，即“神座至张王庙，交来年船会收，当年船会立领约一纸，本会收执”的真实诠释。①

具领字，△△年船会人△△△，今领到△△船下移交神面三尊、神疏一轴、神袋三个、锡香台一支，是身领来，接至庙内收存，候明年做会期间迎接入闸，虔诚奉敬于中，不敢违误。所具领字存照。

民国卅一年旧历五月初五日。第一山下领字△△△。

第二节　汪华崇拜与明清新安村落迎神赛会的举办

从纵向的时间轴上来看，明清以来，新安迎神赛会的举办时间与农事节律、农事活动密切相关，通常集中在春秋两季，具有较强的时段分布。人们在繁重的田间劳动之余迎神、看戏、宴饮，不失为难得的休闲娱乐契机，而通过祭神拜神，表达了祈神赐福，希求禾丰稼熟、家人平安的朴素愿望，这也是传统中国农事节律与乡村民众年度时间生活一种理想的结合方式，这从赛会祭拜的主要神祇亦可看出此点。明清新安迎接祭拜的神灵种类繁多，如土地神、观音、关帝、周宣灵王、五显神、张巡、

① 《第一山下领神面领字底》，《咸丰四年岁次甲寅仲夏月立船会规则》，中国社会科学院历史研究所图书馆藏。

许远等与乡民日常生活直接相联的神灵受到崇祀。[①] 如婺源县，“其所奉为神道者亦至夥矣，若元帝，若关帝，若汪王、周王，若观音、地藏，其为名不一，皆所谓神也；若朝香，若建醮，若度孤，若斋，若忏，其为事不一，皆所以事神也”。[②] 而祁门县亦是最重神道，“岳帝、祖师、地藏、五显、土地，莫不有会。愚夫愚妇最畏神明，每遇疾病，诚心祷祀，一似神道骤从天降者，虽民智未开，亦足见民情之纯朴也”。[③] 但信众人数最广、影响力最大的神祇，则是保障乡民有功的乡土神汪华及其诸子。

汪华，号英发，绩溪县瀛洲汪村人。隋末起兵保全乡里，后归顺唐朝，总管歙、宣、杭、睦、婺、饶六州军事，任歙州刺史，封上国柱、越国公，食邑三千户。贞观二十三年（649）病故于长安，嗣后“以安国有功，民社封为六州总管”，江南各地立庙祭祀。宋朝累封至“昭忠广仁武神英圣王”。政和四年（1114）钦定建庙，赐额“忠显”；德佑元年（1275）庙额改为“忠烈”。明初朱元璋禁罢一切淫祠，却准许徽州人祭祀汪华，汪华成为传统徽州社会最重要的正统地方神灵。徽州府属各县建有汪王庙、汪公庙，设立汪公会，定期举行迎神赛会活动进行祭祀。

康熙《徽州府志》记载：“歙休之民，舆汪越公之像而游。云以诞日为上寿，设悱优、狄鞮、胡舞、假面之戏，飞纤重髾，偏诸革鞘，仪卫前导，旗旄成行。震于乡井，以为奇隽”。[④] 歙县于元宵节及前后二日为灯节，各村落在社内巡游烛龙，为汪越国公祝寿，亦有燃蜡百斤为巨烛供奉程忠壮公者。因汪华、程灵洗二公诞辰皆在正月，故有此迎神活动。[⑤] 江村于每年“正月十五，奉社稷神出游，以汪越国副之，凡村内供奉诸神像从焉。各具彩旗、舆马，环村而行，曰游神，所以驱历疫也”。[⑥] 歙县石潭吴氏于正月十五元宵节祭祀越国汪公和五显神，旧例按房分轮值司年，宰肥猪以献祀。夜间在天井中立一木杆，长二丈余，杆上端系一竹棍，横向套一个竹片，

① 如嘉庆《休宁碎事》卷一抄录了《海阳山水志》对五显神赛会的记载：“县东三百步而南峙曰芝山，上有五显王祠。嘉隆以来，五方居民每年四月朔日诣祠，拈香阄请，俗传拈得一五之神为喜，则不得亦不敢以好恶争竞，惟凭阄定迎出山。择日游行，五方不拘伦序，听其后先。出游之日，旗帜仪仗与王者埒，好事者助台戏，饰以黄白珠翠，火齐木难务以奇巧为胜。各方稍有省事，群谇揶揄，以此相尚，是所谓赛会也。是日，旌旗蔽日，鼓乐喧天，远近观者骈集如堵。游毕，令合属地方各户备灯烛、火炬送神入山。是夜，火光烛天如昼。祠前建华光楼，旁有五猖庙，四时有祷必应。至岁终，祭以牲醴更多，其神血食有年，旧传芝山祖殿是也。”

② 刘汝骥：《陶甓公牍》卷十二《法制科·婺源风俗之习惯·神道》，安徽师范大学出版社，2018年，第598页。

③ 刘汝骥：《陶甓公牍》卷十二《法制科·祁门风俗之习惯·神道》，安徽师范大学出版社，2018年，第605页。

④ 康熙《徽州府志》卷二《风俗》。

⑤ 乾隆《歙县志》卷一《舆地志·风土》。

⑥ 乾隆《橙阳散志》卷七《风俗志·游神》。

歙北富堨镇丰瑞里抬汪公

竹片两端横向各系一个硝筒，竹棍顶端直系一个硝筒，成十字形，三个硝筒均有硝线，外面沾满硝磺，三根硝线拧成一个总结，下垂尺许。立正后，下以单炮燃掷之，炮火沾线燃引筒内，硝花四射，横竹旋转极快，形如火树，因其滑动，故名“拔扣”，相传为太平山之火象。自十五日起至十八日止，同日还恭迎灶君。① 祁门县于正月十八日“祀越国汪公，有演剧者”。② 绩溪县登源十二社于二月十五日举行“赛花朝”活动，祭祀汪越国公。③ 清代文学家沈复在其25岁时被绩溪知县聘为幕府，曾至县东南仁里村目睹花朝会的盛大场面，“庙前旷处高搭戏台，画梁方柱，极其巍焕。近视则纸扎彩画，抹以油漆者。锣声忽至，四人抬对烛大如断柱，八人抬一猪大如牯牛。盖公养十二年，始宰以献神”。④

黟县七都素行游太阳、降童赛会，“岁以六月酷暑之时，凡七都各村各庙神像尽

① 民国《石潭吴氏宗谱》卷二《石潭纪·风俗》。
② 道光《祁门县志》卷五《舆地志·风俗》。
③ 嘉庆《绩溪县志》卷一《风俗》。
④ 沈复：《浮生六记》卷四《浪游记快·四》。

箬岭汪王庙

舁出游，聚于神位最尊之庙，数日乃还。降童者，游太阳日，以庄户童子为之，庄有世巫行术，降神附童子身，踯跳若狂，利刃剚额，流血至胸，谓之‘开天门’。别煎油大釜，极沸，下豆腐，赤手入沸油，数取之出，俵会众，腐尽而手不灼”。[①] 该赛会亦为祭祀汪华而举办，民国《黟县四志》对其做了详细考证，汪华在宋代即被封王，黟县俗语中，“王”沿“阳”音，大阳原系大王。庙在霭冈，为汪华后裔迁居霭冈时所建，其后支分远徙，庙圮失修。各村每年舁像崇拜，只能在大王庙遗址聚集以示纪念。元大德正元年间，婺源、祁门相继发生蝗灾，祁门人迎汪王神驱蝗。黟县七都因与祁门接壤，农民惧怕蝗虫波及该地，遂效仿祁门人的做法，迎接汪王神巡游田间，并取唐朝宰相姚崇驱除蝗灾“秉彼蟊贼，以付炎火”之意，即晚上在蝗虫出没的地方架起篝火，旁边挖起深壕，一边烧蝗，一边埋蝗的驱蝗方法。汪王神像巡游的程式是于先秋十日，既荐新麦于神前，始舁像出游，祈以保苗。在神像巡游过程中，童子前驱，斧额剚血，“若方相氏四目扬盾，郁儡神麾斧秉钺者”。诸

① 同治《黟县三志》卷三《地理·风俗》。

神会集后，即将大釜中的煎油加热至沸腾，然后下豆腐。豆腐被视为伤害禾苗害虫的象征，“盖谓螟螣蟊贼”。此仪式象征着汪华等徽州地方土神将蝗虫铲除殆尽，遂保一年中禾稼丰收。黟县欧村亦祭祀汪王，直至光绪末年才停止出游，汪村旋亦停办。而艾坑、玛坑、韩村、楠木岭、李村、考盆等地，持续到民国年间犹循而行之。① 嘉庆年间，黟县民众还有联会赛神的习俗，奉祀的神祇为汪华、张巡、许远、关帝、周宣灵王、康深等。汪华、张巡、许远是因昔日防御乡里有功德于民，关帝、周宣灵王则以忠孝为民所奉。康深自山右与张巡为黟县人迎归，人们纷纷称赞张、康菩萨最灵显，“凡黟之联关赛会者，或六关，或十关，岁时迎送于祠厅，与会者岁合息所出，盛饰仪卫，演剧娱神，饮福受胙，举茕相劳，或用不敷，至派丁钱以从事，即借质亦不悔也”。②

休宁县越国汪公神会的规模也很可观，如明万历二十七年（1599），为迎神赛会共置台戏 109 座。台戏，意即抬阁。由童子装扮故事立于台上，饰以金珠缯彩，多人前后扛抬，巡游于街市，场面壮观。此后，虽然为祭祀汪公举办台戏的风气有所减弱，但是在每年元宵节前后游灯时仍行台戏，以绸纱糊成人马，较为夺目。休宁隆阜戴姓尤为用力，戏场布置得奇巧壮丽，人马竞相斗舞，热闹非凡。每年聚工制造，自正月讫十月始能完成。时人认为，台戏也是一种奢靡习俗，不如将此费用赈济贫穷之人，但此建议被视为迂腐之谈。人们不遗余力地举办越国汪公神会，主要出于“酬其保障功，不得不然”的考虑，汪华在徽州人日常生活中的重要性不难想见。③

从田野调查来看，汪公神会停止举办的时间较早，目前在世 90 岁左右的老人大多没有见过迎接汪公赛会的场景。

徽州各地对汪公及其后裔的信仰也自成系统，相传汪华有九子，分别是建、璨、达、广、逊、逵、爽、俊、献，民间称为“一、二、三太子，四、五、六诸侯，七、八、九相公”。其中，一、二、三太子，神像极小；四、五、六诸侯，无神像；七、八、九相公，神像高大。每逢迎神赛会，汪华九子有时与汪公大帝一同巡游，如歙县武阳汪公庙会，每年正月十三至十八日举行。正月十三日，接汪公及其九子、周王、

① 民国《黟县四志》卷三《地理志·风俗》。
② 嘉庆《黟县志》卷三《地理·风俗》。
③ 徐卓：《休宁碎事》卷七。

财神等菩萨出游。有时则成为主神，受到单独崇祀。如吴梅颠的《徽城竹枝词》载：“通真封号与通灵，三四排行太子神。捍患御灾最灵感，多将香木肖其真。”这是对汪华三子、四子的游神。吴梅颠亦言：“翩翩贵介佳公子，八九相公为土神。三月半边看降轿，或云是假或云真。”并注明八、九相公是“汪越国公少子”。

徽州民众对太子神的祭祀比较普遍，现存徽州文书中有数份关于建太子庙、立太子会的记载。如《道光八年八月太子神会邀会合议》明确交代了置会目的、会产的筹措增值及管理，其文如下：①

立合议，本境太子神会今邀八股，每股科出干扇谷二十斤，共计一百六十斤。归付值年人生放起息，挨年本利交清。日后可置产业，不以丁多丁少，照丁拗众，不得违拗。倘有不愿来者，将谷本退还无辞。亦不准会内人借，倘有本会私借者，甘罚钱五两整。日后各股分居，照原一股面议。每年两次敬神散席，只无异言。立此议单八纸，各执一纸，永远大发存照。

道光八年八月十五日。立合议人：高寿女（押）高美芳（押）荣有（押）玉妹（押）天宝（押）永福（押）癸久（押）永溪（押）。

另一份《光绪十九年（1893）二月张、汪、陈三姓共造太子神庙合同》规定了三姓建造太子神庙的费用捐助、人力派出和神庙建成之后的运行管理，其文如下：②

立合议张、汪、陈三姓人等，缘因买来基地建造太子神庙，其基地所用之费是量力助捐，俱无违拗。复议建造，照丁派出，同心合作，踊跃争先，无有异言。神依乎人，人依乎神，竭力造成，不可有初鲜终也。自造之后，栋宇维新，神灵有托，逐年按名点灯，照管修理，无得推辞。将来民康物阜，大有年丰，则赫赫厥声，濯濯厥灵，可期万年俎豆馨香也。立此合议三纸，各姓一纸，永远存照。

光绪十九年二月　日。立合议人：张顺闵（押）陈社妹（押）张大贵（押）

① 俞江：《徽州合同文书汇编》第11册，广西师范大学出版社，2017年，第62页。
② 俞江：《徽州合同文书汇编》第11册，广西师范大学出版社，2017年，第254页。

汪启妹（押）裕生（押）汪国明（押）汪观元（押）汪社高（押）汪东元（押）汪桃元（押）。

代笔中：邵开铭（押）。

徽州民间迎接太子神赛会有一定的日期和程式，如歙县石潭每逢二月最后一天，恭迎太子，铳炮隆天，诚一盛会。[①]绩溪县仁里村胡、唐二姓在乾隆年间联合设立太子神会，每年于正月初一、八月二十五日两次出会祭神。该会分为12股，一年一换，轮流值首，定十八朝庆寿，值年者办祭，备办荤仪12碗、素仪12碗、果子12盆、汤3盏、饭3盏。[②]绩溪西北乡皆崇拜太子菩萨，五都、六都、八都香火最盛，民众自发地联结数社、十数社，组成五朋或六朋，挨年轮值。正月元宵节，各朋共同迎神赛会演剧，七月则依次迎神，六都自十八日始．五都自二十一日始，八都自二十五日始。赛会期间，进香者以千计，妇女跪拜焚纸箔者无算。[③]太子会在绩溪县具有广泛的影响力，胡适先生对此有过精彩的描写，其《四十自述》的开篇即言："太子会是我们家乡秋天最热闹的神会，但这一年的太子会却使很多人失望。"这是回忆其母亲冯顺弟14岁时，到姑妈所在的村子上庄看太子会的场景。在胡适的笔下，太子神出会的当天，首先过去一队神伞，是本村各家的绫伞。然后过去四队昆腔，昆腔子弟都穿着"半截长衫"，上身是白竹布，下半是湖色杭绸。每人小手指上挂着湘妃竹柄的小纨扇，吹唱时纨扇垂在笙笛下面摇摆着。接着是六出扮戏，都是"正戏"，没有一出花旦戏。当年最扫兴的是没有扮戏的"抬阁"。其实后村的人早就练好了《龙虎斗》和《小上坟》两架"抬阁"，但村中的三先生回家过会场，说抬阁太高，小孩子热天受不了暑气，万一跌下来，不是小事，便极力阻止，抬阁就扮不成了。粗乐和昆腔一队一队地过去，扮戏一出一出地过去。接着便是太子的神教。路旁的观众带着小孩的，都喊道："拜呵！拜呵！"许多穿着白地蓝花布褂的男女小孩都合掌拜揖。神轿的后面便是拜香的人！有的穿着夏布长衫，捧着柱香；有的穿着短衣，拿着香炉挂，炉里烧着檀香。还有一些许愿更重的，当天来"吊香"还愿，上身穿着白布褂，扎着朱青布裙，远望去不容易分别男女。他们把香炉吊在铜钩上，

---

① 民国《石潭吴氏宗谱》卷二《石潭纪·风俗》。

② 《道光十年——同治十二年太子神会簿》，南京大学历史系资料室藏。

③ 刘汝骥：《陶甓公牍》卷十二《法制科·绩溪风俗之习惯·神道》，安徽师范大学出版社，2018年，第622页。

把钩户钩在手腕肉里，涂上香灰，便可不流血。吊香的人很多，有的只吊在左手腕上，有的双手都吊；有的只吊一个小香炉，有的一只手腕上吊着两个香炉。他们都是虔诚还愿的人，悬着挂香炉的手腕，跟着神轿走多少里路，虽然有自家人跟着打扇，但也有半途中暑热走不动的。胡适先生还特意提及，三先生没到家时，八都的鸦片烟馆就都关门了，赌场也都不敢开了。七月会场上没有赌场，又没有烟灯，是多年没有的事。

歙县、休宁、绩溪、祁门等地，祭祀九相公的习俗比较兴盛。南宋时，罗愿的《新安志》在考证汪王庙诸问题时曾提及："今自歙及杭、睦间，往往祀所谓汪九郎者，云：王之幼子，岂钱氏所出欤？抑在八子之中，而其群从相与次第，故至九欤？当以待知者。"① 可见九相公成为徽州民众祭祀神灵的时间，不晚于南宋淳熙年间。自宋迄明清，九相公信仰在徽州不断扩展，歙县渔梁街上的忠护庙、璜蔚的敕封忠护侯庙皆以九相公为主神，俗呼"九公庙"。万历《歙志》考卷二《志三·建置》录有"忠护侯庙"，注曰："祀汪公第九子。"② 歙南街源横川殿供奉九相公神像，为周围众姓香火主坛，每年依次请神赛会，但某年正口、洽河两村因迎神发生冲突，经调解，双方订立了议墨合同如下：③

立议墨合同△堂△等，今因迎接街源横川祖殿汪九相公尊神，原系歙南众姓之香火主坛。历年挨时设祭祈福，求晴祷雨，自古迄今，无不皆然。今正口、洽河两村本素相好，因迎神不虞，忽生口角，以致争竞。语云神喜人安，致于两相结讼，则神不喜而人不安，况为祈福而生怨，岂不反为伐胎。今△△众等不忍坐视，出为劝息调停，今已两各心平，免其奴貌婢膝，屈膝公庭。各村长者务宜父诫其子，兄诫其弟，仍续旧好，毋得借端生事，睥睨起衅，报复相寻。至于进出，仍照亲友往来，不至反唇不睦，须两相逊让，以成礼义之乡。不因无知之俗，养其和平，消其元戾，凌竞之习日熄，姻睦之风日醇，是即九相公之灵乃众姓之福也。倘有仍蹈不悛，众议公罚△△，仍呈公究治。恐口无凭，

① 淳熙《新安志》卷一《州郡·附汪王庙考实》。

② 万历《歙志》卷二《建置》。

③ 王振忠：《徽州民间珍稀文献集成》第6册，《清咸丰歙县洽里凌春华辑会约序文集·抢九公合同》，复旦大学出版社，2018年，第277页

立此合同三纸，永远存据。

歙县大阜吕、何、凌、胡四姓立有九相公神会，该村另有保安善会，两者并行不悖，进入民国以后，四姓人等决定将九相公会内历年购办地业器具和存洋对南隅众姓公布，把九相公会和南隅保安善会进行合并，该村朱、吴两姓也愿捐钱入会，由此变成六姓共管，民国十五年（1926）六姓订立合墨，保证神会正常运转。①

立合墨南隅会内众等，缘我南隅有朱、吕、何、胡、凌、吴六姓，会内公款除办物外，尚存大洋五十元，而吕、何、凌、胡四姓，其先人另立有汪九相公神会，朱姓历来对于众事，间常均属北隅，惟逢阖村善会，则列在南隅，故从前未加入九相公会。吴姓虽入村卜居以后，凡事均属南隅，特卜居之初，已在吕、何、凌、胡四姓立有九相公之会之后，故亦未及加入。从前迎神所用之旗伞、锣鼓、桌围、五事等件，则为南隅所办，其余则均为九相公所办。今幸吕、何、凌、胡四姓众等，愿以九相公会内历年购办之地业器具，以及滚存之银洋百有余元，一概公诸南隅全体，将九相公会与南隅会合并为一，以便年年灯节，迎神坐会，六姓共同热闹。由是朱、吴两姓，念从前于九相公会未有捐助，朱姓愿出大洋十元，吴姓愿出大洋十八元，助入会内，共同生息备用。自是义务既均，权利共享，化除畛域之见，永无彼此之分。此系出于南隅六姓众等公同议定，当场一致赞成。惟愿此后同心协力，勿意见之△△△参差；好义急公，群精神之踊跃。故有藉故生端，自相破坏，自当凭公理论，决不稍示姑宽。欲后有凭，立此合墨一样六纸，六姓各执一纸，永远大发存照。

民国十五年夏正丙寅十一月立，合墨人△△△。

绩溪县也有九相公庙宇，道光《徽州府志》卷二《坛庙》记载乳溪庙曰："在县北，祀汪华第九子献。"② 休宁黎阳，每年的八月十三举办黎阳庙会，奉祀越国公汪华及其子九相公，分别在汪公庙、九相公庙两处选班演戏三天，异常热闹。休宁县的汊口、商山和浯田，歙县的木瓜坦，遂安县的张村和枫川等地设有奉祀九相公的香会。九

① 王振忠：《明清以来徽州村落社会史研究——以新发现的民间珍稀文献为中心》，上海人民出版社，2011年，第231页。

② 道光《徽州府志》卷三之二《营建志·坛庙》。

相公神像以檀木香雕刻而成，高不过尺许，金身塑彩，平素由村中有男丁的人家轮流供奉，每年十月半送往庙中，受众人祭拜，邻近各县也都来朝香礼拜。康熙十七年（1678）八月，札源、汊口、浯田、商山的程德羽、吴君慕、吴九仪等人为至札溪迎请九相公神像驾临各村签立合同，规定商山于八月十二日至札溪迎请，十三日到汊口宿坛，十四日备旗銮至汊口汪王庙迎至商山，旗帜听便，照浯田迎王例。商山于八月初一日备二名帖到汊口上下村族长处通知，八月十九日，商山由汊口送神至札源。违者罚名班戏一台。①

《徽州会社综录》记载了徽州许氏祭祀九相公的情况。嘉靖四十一年（1562）制定的宗族规条要求：清明前后迎接九相公香灯，供奉一月后送上庙，其余时间不管。递年迎接九相尊神，上坦下村伴儅见丁来拖銮驾，窄塘下村吴家两处用壮丁12人抬轿，其鼓手及抬轿人每人给豆五合，其余每人给豆二合半，共计豆一斗三升。族人议定的“管年事仪规矩”，明确了值年头首接送九相公的各项规定。为迎接

九相公庙会

① 乾隆《札溪吴氏宗谱》卷十七《祭文·又与汊口商山议墨》，此份材料承暨南大学历史系黄忠鑫副教授惠赐，谨致谢忱。

九相公，数日前具帖通知各宅准备銮驾旗帜等事项。迎神前一日的晚上，鸣锣通知各佃仆于次日清晨一齐赶赴所堂，听候迎神，先备上下马福事，主要为鸡一只、猪首、鱼、腐、香烛、纸马、金银、铳九把，轿、伞、提炉、插灯、旗帜，銮驾鼓乐迎入所堂，供奉香灯，早生福事，晚熟福事，日日如此。九相公贺生，先具帖粘壁通知。九相公诞辰日的祭仪，每房出资，照数备办酒肉，神前酒肴果献一桌，寿桃一树，果盒、香烛、纸、大红纸、马、金银、豆粉、盐、油、酱、醋、柴薪、椒、葱、蒜、菜、海蜇、血汤，人工、厨子、鼓手皆由年首津贴。三奠鸡鱼亦由年首出，祭后收回。长房主持送九相公，如轮二房支年，由里门送，唯里门迎相公年首有送相公福事。

休宁县十三都三图上自上庄，下自下岭的汪、吴、王三姓联合举办的祝圣会祭祀的神祇为汪华、九相公和破黄巢有功的“总管”胡元帅。从现存《祝圣会簿》可知，祝圣会最迟在万历年间即开始设立，历整个清代一直延续到民国三十年（1941），前后300多年．其存在时间之久，影响力之广，在徽州数量众多的会社中颇具代表性。祝圣会成立之初，仅祭拜神灵，而未举出游之典。万历四十年（1612），十三都三图里长吴天庆、保长汪宗公等人议立神像出巡合约，对出游费用和各村置办物品做了规定，“切以田禾丰熟、人丁茂盛，全仗神灵护佑，是以各村各乡立会，敬神祭祀，巡游田间，邀神欢媚之意。……今议，奉神出游，春祈祝会，必需人力扶持，钱财给用。议得士商之家出钱修坐辇、执事各件用度，农工之家出力。上下村司帝辇、相辇，上庄司帅轿，各执其事，共祝年谷丰登，人民乐业，人喜神欢，自然福禄永赖”。[①]

每年正月初二，会众到玉山祖殿迎接神像，揭开祝圣会盛大祭祀活动的序幕。初十后逢晴，鼓乐待神出游，以一日为规。十四、十五夜，神圣出游上殿。夜游时，上、下两任会首要监轿随行，不得隐灯拔烛，亵慢神圣，如违，罚银三分。抬轿之人也必须照旧例上至青山下埸边点名，下至八公桥，如违，罚抬轿之人五分。汪公神像夜游时，圣轿要抬至源口，元帅轿必要抬至八公桥，不遵者公议罚银一钱入会，并“用乐人请神出游、夜游”。在正月十五之前，还要演戏一台，若遇雨雪天气，即在神前搬演，晴日则搭台外做。十五元宵夜游后，送神登殿，会首鸣锣三次，通知众会户齐集算账。接会之家备酒，用小菜四碟，加油煎豆腐一品，随量饮啖，名曰“豆腐角酒”。

---

①《崇祯十年至康熙祝圣会簿·抄存起始出游合议以便后考》，南京大学历史系资料室藏。

在祝圣会日常运行中，众会户根据会内资产的盈余情况和社会形势变化，随时调整每年的供仪、演戏、宴饮等环节。如康熙十一年（1672）正月十五日，众会户公议，迩因会内钱粮不敷，难于取办，将敬神戏文暂停一轮，至次轮首会仍旧复兴，会户无得异说。康熙十三年（1674）正月十五日，众会户集议，演戏原是敬神旧例，不减供仪而免神戏，是满足口腹之欲而亵慢神圣，遂决定十四日素仪照旧。十五日，每户熟肉半斤、熟鱼半斤、豆腐一斤，演戏一台，拨谷 70 砠给做会之家，余谷照旧例算价入会，下轮会首领去生息，若会内钱粮充足，另议增加。康熙十七年（1678）正月十五日，众会户复议，迩年因钱粮加派浩繁，以致会内银数不敷支用，旧岁已将会谷当银，今复欠缺。是以公议将十四日、十五日供仪一概免去，会首只备花烛 3 对，常仪敬神；会谷除去 40 砠与做会之家演戏一台，余谷仍照前例算价入会；十五日做会之家备腌鸡一斤、干鱼一斤、腌肉 2 斤、豆腐 3 斤，敬神算账后众用；众会户各带银三分还做会之家，候会内赢余之日再议加增。康熙二十七年（1688）正月十五日，因之前会内空乏，以致减费，如今生聚稍丰，是以众会户公议定规，自首会汪启元为始，定于十三日早出游，十四日用乐人请神出游，夜游仍照旧规敬神。十三日早游、十四日早游，用乐人待神，酒三桌、五馔，用鸡 3 只、重 3 斤，东坡肉 4 斤 3 两，腌鱼 3 尾、重 3 斤，肉员肉 3 斤，炒骨肉 3 斤，三馔碗用，系粉 3 碗、蛋皮 3 碗、包 3 碗，酒 12 壶，增谷 30 砠与做会之家，永为定例。众议以上敬神肴馔俱用熟者，见秤，酒用 16 壶，两日众会户同享。又恐天气阴雨难定，复议初十后逢晴，鼓乐待神出游，一日为规。

现存徽州文书中亦留存七相公、八相公等神灵崇拜的记载，虽然因资料所限，无法复原迎神赛会的仪式场景，但是从只言片语中还是能体会到这些神灵对人们日常生活的影响。如嘉庆元年（1796）九月，匠人方万安揽到为歙县阳产新雕刻的八相公、九相公神像和圣牌油漆彩面的活计，主雇双方订立了揽约如下：①

立揽约人方万安，今包到阳产宅上新雕神像一事，计光八相一尊、九公一尊、圣牌一个，面行议定金本、颜料、饭工、神光肺腑、请猖行头一并在内，计神

①《嘉庆元年九月方万安立包阳产宅上新雕神像装彩面揽约》，此份文书材料承中共歙县党史和地方志办公室邵宝振主任惠赐，特致谢忱。

一尺八寸高有零。今身揽来装彩面，言定工资一并在内，其钱退神之日付本度用，余钱伏草之时交足清讫。点光上座雕神，包好竖翅盔头，俱要巧装如式，不得省工潦草，剳副请猖点光，亦要包式，不致有误。其资面议五千八百文正，其神不光不式，听凭叩算。欲后有凭，立此包约存照。

嘉庆元年九月　日　立揽约人：方万安（押）

亲书　一宁（押）

另一份文书为《嘉庆二十五年富升大社呼猖合同》，是许村六管人等因富升大社供奉的七相公神像损坏，决定筹费重新开光出相演戏而订立的，其文如下：①

立公议合同，六管众社人等，向古富升大社七相公尊神，六管素叨庇佑，乃众姓福神香火。自嘉庆十五年出相之后，至今十载。今春元宵游神，见其神体损坏，六管公议重复开光出相，神前祭戏，一切误用各项之事，仍照旧规。公议人丁冠幼一体，每丁出钱一百二十文，各管毋得隐瞒。倘后查出，公议罚银五两。公同办事，毋得私开账目，侵蚀公项，查出罚银五两。倘公用不敷，按人丁加批，不许推委。自议之后，六管人等务望一气同声，尽心协力，不得徇私口角。所谓人喜神欢，众姓共叨福庇矣。爰立合同七纸，一纸交存公匣，每管各执一纸为据。

嘉庆二十五年正月　日，立合同 六管人等。

得胜管，言定出足钱二十千文（押）。

合义管（押）

上上管（押）

上和管（押）

寺上管（押）

新义管（押）

因迎神赛会持续时间长，花费巨大，神灵出会又容易引发社会问题，官府和宗

---

① 许村志编纂委员会：《许村志》，黄山书社，2015年，彩图第6页。

族对赛会多持禁止的态度。明万历徽州知府古之贤曾发布禁约，要求规范赛会。他认为，“徽俗华靡相尚，而歙休二县尤甚”，各地兴立太子、副帅、五显等会，出游多以珠玉、金银、玩器妆扮棚台故事，盛张旗帜，鼓乐致集，男女老幼填塞街衢，不仅浪费民财，且男女混杂。故而，古之贤提出，每年春夏之交，各坊村设瘟火醮坛之举是乡俗，不予禁止，但只能在本地寺观祈禳烧化，不许迎赛争打。此外，如有光棍扛抬神像沿街逐户强加募化者，该地总甲即刻拿送官司枷责不贷。[①] 万历歙县知县傅岩亦曾颁令禁止赛会，其理由是徽俗竞赛神会，人们聚集游手打行、凶强恶棍，不以无事为福，唯以有事为荣。或者彼此夸奢，或东西争道，拳足不已，挺刃相仇，伤小则斗殴兴词，伤大则人命致讼。为此晓谕各乡，四月八日不许赛会扮戏，免生事端。如城乡有犯者，访知后定将恶棍剪除，会首究罪，坊里保甲人等一体连坐。[②] 清康熙年间，黟县人尚祥卿曾作《箴俗论》，表达了对迎神赛会的看法，“俗喜淫祀，所趋事而尊崇者，不在祭法之列。其赛会迎送，互相较胜，不惜多金以彰其费。旌旗布列，伞盖遮扬，鼓乐喧阗，优童侈丽，一亭一台，务极华美，金冠璎珞，珠佩宝饰，灿夺人目。妇女拥挤于道，肩背挨随，每令观者有盈止之叹。一岁之中，一盛于季春之二十八日，再盛于仲秋之十五日。昼列市肆，贸易如堵，夜陈歌唱，达旦不歇，汲汲如狂，盖又他邑之所未睹者。愚而邀福，甘罄囊而不辞也。”[③] 时任徽州知府幕友吴宏的《纸上经纶》也收录了一份禁令，“乃尔徽民囿于习俗，一方各奉一神，每岁敛财赛会，甚至彼此争雄，两不相下，往往殴毙人命，下手加功，皆罹法网。在尔民迎神赛会，原以祈福，乃福未至而祸不旋踵。可见赛会者，非能敬神，实以亵神，故神亦不佑，而使尔民不能得福，反以酿祸也”。为此出示刊榜严禁，凡奉朝廷定有祀典，编有春秋致祭之神，仍照常祭祀外，其余民间私奉诸神，无论城市乡村，永行禁止，不许敛钱赛会。如有愚民仍行迎神进香，击鼓鸣锣聚众，张打旗帜执事等项者，该图保甲约地即时禀县申究，定依新例治罪。[④] 虽然官府屡次严禁民间迎神赛会，但始终未见效果，赛会之风仍炽。民国年间，有识之士仍在疾呼禁止赛会，民国《歙县志》特意收录了黄生的《一木堂诗 · 神船八章》，该诗描叙了迎神赛会的壮观场面，《歙县志》的编纂者认为观此

---

① 万历《新安蠹状》下卷《告示 · 禁约》。

② 万历《歙纪》卷九《禁赛会》。

③ 康熙《黟县志》卷四《艺文》。

④ 吴宏：《纸上经纶》卷五，郭成伟、田涛：《明清公牍秘本五种》，中国政法大学出版社，1999年。

诗可知此俗当革，其诗云：[1]

刻木为舟，束草为人。首尾象龙，彩绘如真。
彼何神斯，曰唐张许。以身殉国，庙食千古。
二公有言，死为厉鬼。誓歼群丑，以报天子。
末俗传讹，谓神司瘟。于以像之，虎眉生瞋。
于以舟之，陆海扬尘。伐鼓鸣金，扬徽树帜。
有其举之，无或敢废。废则召灾，疫疠斯至。
惟神正直，妖孽易兴。就人求食，邪祟或凭。
神道悠悠，愚俗蚩蚩。举国若狂，谁与正之。
我时往观，迥然齿粲。是用作歌，以谂妖诞。

综观历朝徽州官府严禁迎神赛会的理由，既是赛会，必生争竞之心，各姓各村为在迎神活动中胜出，不惜花费巨资，极尽奢华，靡费甚多，甚至有人借机敛财。为彼此争雄，有大打出手者，殴毙人命，触犯法令，于地方治安殊为不利。神灵出会，搭台演戏，观者如堵，男女混杂，有伤风化。地方痞棍借赛会聚赌抽头，特别是到近代，开设烟馆，赌博之风愈演愈炽，败坏了社会风气，如绩溪县"剧场会期，赌棚林立，或数十人，或数百人，宝摊、骰牌，色色俱全。秋成后，无论大村、小村，不啻以赌场为其俱乐部，通宵达旦，习以为常"。[2]婺源县"而敛费酬神，若同年会、戏会、土地会、社会、灶会、胡帅会、李帅会等，则不一而足。其尤著者，如城乡之四月八会、东乡汪口之三宝仙会、北乡清华之端阳会、南乡中云之重阳会，演戏至十余日，靡费至数百金。皆可惜之脂膏，以媚无知之土木，已属大愚。尤可恶者，会场一开，赌局林立，奸人倚未利薮，荡子因而破家，邑尹悬禁赌之示，而书役巧借以抽头，营佐借弹压为名，而堵棍例有所馈献，伤风败俗，为害不可殚述。此俗不革，

① 民国《歙县志》卷一《舆地志·风土》。
② 刘汝骥：《陶甓公牍》卷十二《法制科·绩溪民情之习惯·犯罪以何项人为最多》，安徽师范大学出版社，2018年，第613页。

婺邑名誉减损多矣”。[①] 为此，官府对迎神赛会屡加禁止，也就在情理之中。只是积习甚深，迎神赛会已成为徽州民众日常生活习俗的一部分，骤然加以禁革，民众很难理解，不愿配合，往往不了了之。

第三节　小　结

迎神赛会是明清新安岁时民俗的重要内容之一，与农事节律密切相关，也是新安民众在繁重的田间劳作之余休闲放松的一种方式。赛会一年多举，规模庞大，耗费甚多，春祈秋报，禳灾驱疫，祈雨求福，期盼人寿年丰。赛会的举办有其现实因素，天花、痢疾、霍乱等瘟疫时常肆虐新安各县，不仅危害人类，家畜也受到威胁，“瘟临疫至，畜类伤残”。瘟疫蔓延时，民间普遍筑坛诵经，设斋打醮，时间久之，临时而举的驱瘟善会便演化成为日常民俗活动的一部分，每年定期举办，以保一方平安。歙县、绩溪等地的保安善会便蕴含了普通民众祈求平安的朴素愿望，其重要内容是造龙舟押送瘟神出海，寓意驱攘除灾，保佑居民安宁。保安善会的会期一般为7～10天，每天都有特定的程式，赛会由社首统揽全责，筹措经费，安排司职人员。歙县的保安善会规模较大，已不再局限于宗族成员，而是跨越村落，血缘纽带以外，更多地以地缘关系进行结合，以五隅的方式组织迎神赛会，“会期初十是槐塘，四姓迎神共一方。乐春笙歌分次第，许多伞旗叫行香。”[②]

明清新安民众迎神赛会供奉的神祇有汪华、程灵洗、张巡、许远、关帝等人物神灵，玉皇大帝、观音、如来等宗教神灵，城隍、土地、月神、水火神自然神灵等，根据每次赛会的目的祭拜一位主神，陪祭神灵多位。信众人数最广、影响力最广的神祇则是保障乡民有功的乡土神汪华及其诸子，汪公会及太子会、相公会遍布新安村落，现存新安文书中有大量的相关记载，如南京大学历史系资料室所藏5册《祝圣会簿》，即是前后持续300余年的休宁十三都三图汪、吴、王三姓共同举办的祝

① 刘汝骥：《陶甓公牍》卷十二《法制科·婺源民情之习惯·丁、从团体上观察民情·子、集会结社之目的》，安徽师范大学出版社，2018年，第594页。

② 《歙西竹枝词》，转引自汪庆元：《徽学研究要籍叙录》，《徽学》第2卷，安徽大学出版社，2002年。

圣会的生动记录。祝圣会主要尊奉汪公、九相公及胡元帅，每年在元宵节前后进行酬神、游神、演戏等活动，盛况空前。

明清新安乡村社会的迎神赛会活动，更多的是一种民众的狂欢活动，借酬神娱神以娱人，各类赛会成为演戏、聚赌的重要场合，扰乱了正常的社会秩序，导致不良风气的蔓延。新安地方官府对迎神赛会多持禁止的态度，屡屡出手治理所谓的淫祀。新安宗族也在族规家法中禁止族内子弟借赛会游戏聚赌，“今之游荡戏侮者异于是，职业不修，放僻邪侈，迎神赛会，游灯索钱，生事地方，诈骗酒食，使人不敢言而敢怒。至有为梨园子弟，男作女装，务以悦人，大伤体面。构徒聚党，登场赌博，坏人子弟，而亦有坏其心术，破毁家产，荡析门户。若此之流，沉溺既久，迷而弗悟，宜痛戒治，使其改行从善，不亦可乎”？[①]但在实际社会生活中取得的效果并不明显，民间赛会之风始终无法遏制。休宁范氏宗族意识到，一味严禁，无法革除民间日益盛行的迎神赛会习俗，只有以礼导之才有可能见成效，既有所禁，又有所开化，庶几实现俗归礼的正途，“吾郡邑多迎神赛会，有司屡知禁之不得。盖土俗民情喜逞，终岁无一游，豫事则气塞，或宜以此礼导之，令届期各聚里民张鼓乐索祭，祭毕散饮食，同里者轮主之，则一有所禁，一有所开化，俗归礼只在一转移间耳”。[②]休宁范氏的认识可谓深刻，在官府强制手段之外，发挥礼的作用，实现守正礼的目的。

① 乾隆《重修古歙东门许氏宗谱》卷八《家规》。
② 万历《休宁范氏族谱》卷四《谱祠·宗规》。

第五章　新安村落的祭祀演戏习俗与民众娱乐生活

看戏是传统新安民众日常休闲娱乐的一种重要方式，“徽俗最喜搭台观戏”。[①]明清以来，新安各县的演戏活动非常兴盛，祭祀祖先、开光敬神、诞子祝寿、祈雨驱疫、建祠修谱、禁山护林等场合都会请班演戏，频繁而持久的演戏已成为新安民间习俗的重要组成部分。徽州不但孕育保留了戏曲声腔，还出现了戏曲作家与理论家，产生于明中叶的“徽州腔”与形成于池州的青阳腔并称为“徽池雅调”，郑之珍改编的《目连救母劝善戏文》推动了目连戏在民间舞台上久演不衰，汪道昆、汪廷讷也创造出具有一定影响力的作品，潘之恒、凌廷堪等人则在戏曲理论方面做出可贵探索。目连戏、傩戏是徽州比较有代表性的两类剧种，而搬演傩戏的戏班有相当一部分是地方大族豢养的家班，由庄仆组成，在清代不断发生戏班烧毁戏服罢演的情况，双方由此对簿公堂。演戏活动是徽州社会结构网络中勾连多方的一个结点，为我们考察明清以来徽州民众日常生活与地方社会变动提供了独特视角。

学界对徽州戏曲关注较多，取得了丰硕的成果。日本学者田仲一成。他考察了明代新安商人与目连戏的关系，他另将休宁茗洲吴氏演剧种类分为奉献给村落外神（社神）的演剧和奉献给宗族内神（祖先）的演剧。[②]陈长文探讨了徽州目连戏的产生背景、思想内容及其与徽州风土人情、民俗的关系，指出目连戏是徽州民俗的载体和传播媒介。[③]赵华富对赵吉士曾祖父《赵氏日记》中记载的台戏作出解释，认为此处的台戏不是搭台演戏，而是指“抬阁”，是徽州地区迎神赛会时丰富多彩的民间游艺活动中的一种造型艺术。[④]王振忠利用《祈神奏格》《应酬便览》等稀见

---

① 傅岩：《歙纪》卷九《禁夜戏》。

② [日]田仲一成：《关于明代江南的宗族演剧统制——新安商人与目连戏》，《山根幸夫教授退休纪念明代史论丛》(下)，汲古书院，1990年；云贵彬、王文勋译：《明清的戏曲——江南宗族社会的表象》，北京广播学院出版社，2004年，第39～40页。

③ 陈长文：《目连戏与徽州俗文化》，《江淮论坛》1994年第3期。

④ 赵华富：《释“台戏”》，《江西社会科学》1995年第6期。

文献考察明清徽州的乡土习俗及民间文化时，对迎神赛会演剧、种豆演剧等做了详细描摹。[①] 陈琪对祁门县环砂村民国二十二年（1933）最后一次目连戏演出的起因、筹备过程、民间戏联、祭祀活动和演出场次安排进行了描述。陈琪还调查了徽州民间现存的清代戏曲碑刻文献，撰文探讨了徽州的“罚戏护林”习俗、罚戏碑刻与乡村社会自治等问题。[②] 朱万曙的专著《徽州戏曲》从区域文化与戏曲互动的角度考察了戏曲在徽州的流传和发展、徽州的戏曲及其创作、徽州的戏曲理论家及其贡献、徽班与徽商、徽戏与徽州、徽州目连戏等问题，认为徽州对于戏曲艺术的发展起着重要的推动作用，在中国戏曲史上作出了不可忽视的贡献。[③] 陶明选以演戏为视角讨论了徽州的民间信仰活动与习俗，并以目连戏为中心考察了徽州的演戏娱神与信仰活动及相关习俗，指出演戏既是一种信仰需求，又是一种娱乐活动，具有一定的功利色彩。[④] 王玉瑜通过考察明清徽州宗族的各种演剧活动，分析了其搬演的剧目，总结了徽州戏曲与宗族的关系。[⑤] 袁环以宗族戏班“马山班”为例，将徽州目连戏的唱腔分为民间音乐和宗教音乐两大类，认为此分类法既对徽州目连戏唱腔的不同音乐成分进行了归类，也展示出目连戏“驱鬼、娱人”的双重功能。[⑥] 刘明彬对徽州傩文化的传承与发展策略问题做出考察。[⑦] 赵懿梅利用新发现的文书，揭示了手工业行会为确立和保护行规订立示禁演戏合约，提出稀见徽州戏关真实再现了民国的演戏活动，折射了徽州演戏风俗的社会效应。[⑧]

从现有成果可以看出，学界对徽州戏曲已做出较深入的研究，但是对徽州示禁罚戏关注较多，对目连戏和傩戏的探讨以其在当代社会的传承发展状况为主，部分成果把徽州民间祭祀、迎神赛会等活动视为演戏，这都多少影响了我们对徽州演戏习俗的深入认识。有关徽州演戏的资料零散分布在族谱、方志、文书等史料系统中，

① 王振忠：《徽州社会文化史探微——新发现的16～20世纪民间档案文书研究》，上海社会科学院出版社，2002年。

② 陈琪：《祁门县环砂村最后一次目连戏演出过程概述》，《徽学》2000年卷，安徽大学出版社，2001年；《古徽州民间“罚戏护林”习俗》，《安徽林业》2006年第4期；《藏在宗祠里的徽州古戏台》，《中华文化遗产》2013年第5期；《徽州清代民间田野中戏曲碑刻文献调查与研究》，《徽学》第9辑，合肥工业大学出版社，2015年。

③ 朱万曙：《徽州戏曲》，安徽人民出版社，2005年。

④ 陶明选：《明清以来徽州信仰与民众日常生活研究》，光明日报出版社，2014年。

⑤ 王玉瑜：《明清时期徽州宗族演剧》，中国艺术研究院硕士学位论文，2006年。

⑥ 袁环：《徽州目连戏研究——以宗族戏班“马山班”为例》，《中国音乐》2012年第2期。

⑦ 刘明彬：《徽州傩文化传承与发展策略》，《绵阳师范学院学报》2014年第6期。

⑧ 赵懿梅：《基于新发现文书的徽州演戏风俗研究》，《中国戏曲学院学报》2018年第2期。

缺乏完整性和系统性，若想收集齐全殊为不易。近年来又陆续发现了部分新安演戏的资料，本章即利用新发现的新安演戏文书，在对清至民国时期新安的演戏习俗进行分类的基础上，探讨傩戏戏班中存在的大小姓问题，以此考察新安地方社会的发展变迁。

第一节　新安村落演戏活动的分类考察

新安演戏习俗根据其性质和功能而又不同的划分，如田仲一成认为中国的戏剧与祭祀礼仪是结合在一起的，从而提出了“祭祀戏剧”的概念，分别考察了社祭、迎神赛会、喜庆戏剧、镇魂戏剧的产生、构成、转化等问题。[①] 田仲一成提出的“祭祀戏剧”这一概念，对本文颇有启发意义。具体到新安的演戏习俗，大部分都与祭祀活动有关，而祭祀又可分为祖先祭祀和神灵祭祀两大类。祭祀演戏之外，多是新安民众为解决日常生活中遇到的问题而演戏。

一、明清新安村落的祭祖演戏活动

祭祀祖先是强化宗族认同，推动宗族组织化建设的重要手段，“祭典之设，由来甚久。盖追远报本之思，春露秋霜之感，皆人之所不能忘情者也。然祭祀之本意，取其诚，物惟其备，岂徒循修故事已耶？昔程伊川先生曰：‘某尝修六礼大略，家必有庙，庙必有主，月朔必荐新，时祭用仲月，冬至祭始祖，立春祭先祖，秋季祭祢，忌日迁主，祭于正寝，其仪节如此。’今人虽不能悉遵伊川先生之制，而春冬之祭，寒食之节，忌日之辰，祀典断不可废，尤必备物以致其洁，躬亲以致其诚，则实意相孚，祖考于焉来格而仁孝所感，子孙自应受福无量矣。”[②] 歙县呈坎罗氏宗族规定：“元宵、清明、端午、重阳、冬至祭祖并外神，皆如告庙仪，亦古四时祭祖祭土地之义。”[③] 黟县鹤山李氏则是，“我族旧例，凡正月初四、七月十五以及冬至，族人咸集宗祠

① [日]田仲一成著，布和译：《中国祭祀戏剧研究》，北京大学出版社，2008年。
② 民国《坦川洪氏纂修宗谱》卷十一《家训·祭典》。
③《罗氏重刊家政》，国家图书馆藏。

祭祖”。[①]

请班演戏是新安宗族祭祖活动的重要内容之一，为不少宗族沿用。歙西金山宋氏自上丰迁出后，在很长一段时间内，每年都赴上丰谒祠展墓。后因明清鼎革，人事废弛，伏腊烝尝，徒祀家庙，“至若宗祠罔谒，祖墓弗亲，由来久矣。道远会疏，振兴不易，虽有仁孝，徒切怀思”。康熙五十三年（1714），上丰宋氏族人与金山宋氏族人利用到府城参加院试之机，同拜白莲原祖墓，还订立了金山宋氏族人谒祠祔主合约。其后双方书信往还，商讨金山宋氏神主放入上丰宗祠事宜，并决定演戏一台。上丰宋氏诸宗长回信称戏班已经订好，要求金山宋氏要事先准备好祭台、戏台、匾额、楹联、祝文二通，“十八日先着人降舍措办事宜，莫若祈早二三日更佳。廿四日午后神主迎到，乃一定不移。廿五日祠前设祭致奠，廿六日吉时迎入宗祠，一同始祖普祭。虽属族中众议不奢不俭之谈，伏为垫及，但祭台、戏台、匾额、联对及祝文二通，俱不可少，祈备就带来，庶免临时不及。其戏已经代为写定，日期不误。但设祭事宜，族众亦曾会议，所需器物另单陈览”。[②] 咸丰年间，婺源县豸峰村潘英滋父亲在遗嘱中要求公建祠宇，置田 60 亩，一半做团拜或做冬至，一半入清明会内，将清明 12 户分作 24 户，每年演戏三台，定于三月初十到十一日办席面，上堂祭公，下堂演戏。[③]

绩溪城西周氏宗族规定，族人科考中举后，要祭祀祖宗，由宗祠从公产内出资送戏一台，阖族具贺，各出分资。为防止宗祠久无人气，受潮生霉，周氏还规定每年阖族禳火，在祠堂内演戏二台，“丛集多人，可辟霉气”，此举行之有年，宗祠于公匣内出钱二两贴补戏金，不足部分由各户均摊。[④] 绩溪县南关许余氏惇叙堂资产丰厚，名下田地店屋及派下捐助都甲于他姓，有合祀之产、分祭之产、祀令威公之产。咸丰以前，每逢令威公生日，即于祠内演戏祭祀。[⑤] 祁门县七月中元节祀祖，设盂兰会，闰岁则于是月演剧，名目连戏。[⑥]

---

① 民国《鹤山李氏宗谱》卷末《家典》。

② 康熙《歙西金山宋村宋氏族谱》卷末《附纪 · 上丰司祠承燦、之邦、节庠、元顺、世功、振鹭、在仕、其森诸宗长致裔孙抚椽惠远国学公纯书》。

③ 王振忠：《徽州民间珍稀文献集成》第30册，《清道光、咸丰婺源县豸峰村潘钟杰、潘英滋写录〈传家至宝〉》，复旦大学出版社，2018年，第87页。

④ 光绪《梁安城西周氏宗谱》卷首《祭礼》。

⑤《绩溪县南关许余氏惇叙堂宗谱》卷十《惇叙堂祠产引》。

⑥ 同治《祁门县志》卷五《舆地志 · 风俗》。

婺源双杉王氏高度重视祭祖，在族谱中专列《祀典》一节，详细记载了各位先祖的祭仪及演戏台数。每年正月二十日，举行刺史雷公诞辰大祭，分中、东、西三席，列祭五世祖江公、六世祖璋公、七世祖元正公、八世祖可尊公、可贵公，以国昇公配享。先期习仪，羊一、豕一，大宗主祭，合族绅衿与祭，执事给胙，本房老人给胙，俱如五月初四例，不与祭者不给，演戏五台，绅衿与祭者另加胙一斤，折席。三月初十日，节度使震公大祭，分中、东、西三席，五大房各以小宗配享，乾隆四十八年（1783），又以宗礼公、庆脉公、仕麟公、国仁公、唐铨公、廷瑛公同配享。乾隆五十六年（1791），又以时彭公、茂怡公同配享。先期习仪，羊一、豕一，本房宗子主祭，阖族绅衿与祭，执事给胙，本房老人给胙，俱如五月初四例，绅衿与祭者另加一斤，折席，不与祭者均不给，演戏三台。因公诞辰在十月二十八日，因唤戏不便，遂改在季春公诞日，亦设祭，礼略从简。五月初四日，始祖诞辰，大祭，分中、东、西三席列祭，二世祖、三世祖及四世祖四位，以一洸公、焕公、德俊公、廷鑑公配享。先期习仪，羊一、豕一，主祭大宗，陪祭序爵，爵同序行，行同序齿。阖族绅衿生童与祭，执事者以次给胙，生监以上俱二斤，儒童一斤。到，习仪者加给半斤，老人年六十者一斤，七十者二斤，八十者三斤，以次递加。不与祭者不给，惟八十以上者准其子孙代领，其在外仕宦及赴试者不与祭，亦给。演戏五台，晚下概不接酒。[①]

二、明清新安村落的祭神演戏活动

新安民间信仰种类丰富，神祇祭祀活动频繁。新安民众围绕土地神、汪华、关帝、文昌等各类神灵祭祀成立了名目繁多的会社组织，举行迎神赛会活动，演戏则是必不可少的重要环节。如绩溪县，“上元日，各处土坛神庙张灯演剧或扮童戏，持大马，舞青衣，游烛龙，遍巡衢巷，名曰闹元宵”。[②] 绩溪登源为汪华故乡，每年二月十五日，登源十二社挨年轮祀越国公，张灯演剧，陈设毕备，罗四方珍馐，聚集祭筵，谓之“赛花朝”。徽州各地为祭祀汪华而举行迎神赛会的场景在竹枝词中也有体现：“台戏精奇夺化工，彩人绘马斗玲珑。年年赛会游灯日，香火争酬越国公。”[③] 相传汪华有九子，

① 光绪《婺源双杉王氏宗谱》卷十七《祀典》。

② 嘉庆《绩溪县志》卷一《风俗》。

③ 王振忠：《徽州民间珍稀文献集成》第23册，《清中后期婺源〈红树山庄、馨香书屋课草·新安江竹枝词〉》，复旦大学出版社，2018年，第37页。

徽州各地民众也分别进行祭祀，设有太子会、九相公会等组织。绩溪县七都立有太子神会，木雕的太子神像平时置于张家村后三王庙，石家、汪村前、大坎上及寺后十余村，均属同一个太子会，分为数棚轮流值年。每年轮值之棚迎太子出会，而出会必演剧以为乐。邻近十余里内各村若同日出会演剧，必互相冲突而不能遍观，因此五都提前于二十日出会，六都六棚又提前于十八日出会，而汪村前、坦头则逢闰月之年于六月出会，必以闰年六月者，其始必闰月在六月，以前六月亦七月后，乃不论闰在何月，均出会耳。太平天国战后，太子会废不能举，寺后各村仅在每年秋收后鸣锣、燃爆、焚香、点烛迎之而已。[①] 绩溪大谷川柯氏和程氏二姓为轮朋举办本都太子会赛会，于康熙五年（1666）订立议据，言明程姓人多，挨办两次，柯姓人少，挨办一次，周而复始，敬演神戏，经费照二姓丁户科敛。光绪末年，两姓复议定各自单独当朋祭赛，程姓轮当两次，柯姓轮当一次，程姓轮当时，演戏及赛会支销均与柯姓无涉，柯姓轮当时亦然。[②]

歙县北乡九都六图的徐村好赛神会，每逢闰月之年辄以祈祷为名兴会，五六十班妆神像游街，旌旗导从，搭花台演戏，最奢侈者莫如康熙三十六年（1697），神像出游时踵事增华，无出其右，劳民伤财，男女混杂，人们苦不堪言。至康熙三十八年（1699），又逢闰年，徐谷符于是年入庠生，力请诸父老罢之，只祈祷演戏，而神会花台不复作。[③] 歙县举办保安善会时多演戏助兴，“年例有保安会，数年开光一次，游神演戏，科敛丁口，其所供奉者不一，大约五瘟、大王、小王及汪公、八、九相公居多”。[④] 歙县民众对演戏非常感兴趣，如芳坑江氏茶商文书中观戏信笺《姜崛其为请观看渔梁保安会致江耀华函》称：“耀华姻长大人：渔梁保安会择于菊月初五日起首演戏，老庆昇水陆灯火，颇为热闹。郡城保安会班选元春和，初七起首，盐店所设献彩亦颇有趣。是以恭请长者至期驾临。八月廿二日。”[⑤] 歙县西溪南在端午节举行迎神赛会，于仁义寺前演戏酬神，场面非常隆重。人们制作南霁云、雷万春二位将军神像，又造龙舟一艘，内置姓名不详的神像十余尊和一位穿戴明代庶人衣

① 民国《绩溪庙子山王氏谱》卷九《宅里略二 · 风俗 · 迎神》。

② 民国《新安柯氏宗谱》卷二十六《杂记》。

③ 乾隆《皇呈徐氏族谱》卷十二《皇呈族遗事编》。

④ [清]刘汝骥：《陶甓公牍》卷十二《法制科 · 歙县风俗之习惯 · 神道》，安徽师范大学出版社，2018年。官箴书集成纂委员会：《官箴书集成》第10册，黄山书社，1997年，第582～583页。

⑤《姜崛其为请观看渔梁保安会致江耀华函》，Q309－005－00033－019，歙县档案馆藏。

冠者，肩负伞一柄，伞端悬药膏数张，相传为向杲人吴用。又有韩世忠将军及韩夫人梁氏神像。另有五位老人，不知何神。还制绸缎大旗一面，以巨竹为杆，上有旗顶，顶有神二尊、黄烟一筒。该会于四月底起戏，五月二日诸神巡街，端午收圣回辕，时会中燃大披高昇边炮，声音震耳欲聋，对面声息、人影不闻不见。村中少年手举诸神在戏台边奔跑数十转后散会。是日午前，延请僧人登台祭旗，屠猪宰鸡，以其血衅旗顶，并将黄烟燃发，由力气大者举旗台前，绕场三匝，嗣后沿吴氏二世祖坟前，由中街直下村东龙王亭下，树旗于丰乐水之旁，当晚五鼓送圣，一并焚烧。戏亦演至端午晚间停止。五月十三日为关帝圣诞，吴氏宗族致祭演戏。[①] 歙县江村在每年正月十三、十五及游烛夜，“朝献首事家张灯演剧，以寿社稷之神，例必达旦，亦金吾驰禁意也。虽值风雨，罔或移易，否则众口集焉（近以夜戏滋事，公议正剧外，以二十杂出为规，亦酌中之道也）”。[②] 五月设坛延僧道斋醮，行保安善会，里、外村、

歙县白杨村古戏台

① 吴晓春点校，张艳红校注，许振东审定：民国《丰南志》卷一《舆地志 · 风土》，黄山书社，2017年，第15页。
② 乾隆《橙阳散志》卷七《风俗志 · 灯事》。

介塘各于六月擎旗旛伞，齐至潜口紫霞岩迎观音大士神，演剧设醮，以保禾稼。旗用白楮，绘以朱绿，长宽丈余；旛用杂纸或纱绢，堆花不一，长者二丈，短亦盈丈；伞用色纸作简，穿制人物山水、花卉，亦有用柏枝花朵织成的，工巧绝伦。中秋夜，农民在社坛演傀儡戏，用报秋成。[①] 乾嘉时期歙县诗人汪灼用生动的笔触描写了民众观看迎神演剧的习俗："鳞鳞夕云合，一角犹放青。昌风自西来，攸灿千点星。因傩举国狂，燃藜逐火行。奇传八美人，共订一夫盟。男英女亦武，龙舟起怒争。万境同一戏，戏尤生幻情。村愚少知古，孝义将劝惩。惜哉好淫剧，弁以钗娉婷。管弦音欲断，铙鼓耳续鸣。雅调谁为弹，吾思放郑声。"[②]

休宁县孚潭，正月十八日是汪公圣诞，首家备酒筵致祭。当日晚，请族尊2人、上下首4人享胙，谓之贺生。先一日，盍会致祭，亦如之。二月，选期演戏，古例昆腔三台、弋阳腔四台。到了清雍正年间，则随轮值会首家资的丰俭以为增减，亦有迟至三月才开演者，但最迟不得超过清明，否则罚金。[③] 祁门县，每年立春日，"听民扮台戏，从公迎于东郊，合邑傩班例随之。新岁，家各行傩以驱邪"。[④] 正月十八日，"祀越国汪公，有演剧者"。[⑤] 黟县的迎神赛会风气更为兴盛，康熙年间，"俗喜淫祀，所趋事而尊崇者，不在祭法之列。其赛会迎送，互相较胜，不惜多金以彰其费。旌旗布列，伞盖遮扬，鼓乐喧阗，优童侈丽，一亭一台，务极华美，金冠璎络，珠佩宝饰，灿夺人目。妇女拥挤于道，肩背挜随，每令观者有盈止之叹。一岁之中，一盛于季春之二十八日，再盛于仲秋之十五日。昼列市肆，贸易如堵，夜陈歌唱，达旦不歇，汲汲如狂，盖又他邑之所未睹者。愚而邀福，甘罄囊而不辞也。"[⑥] 乾隆年间，黟县迎神赛会之风益炽，"黟俗好巫，妇女益喜斋薰祈祷，远陟齐云、九华之巅，设伊蒲之馔。季春之月，舆张巡、许远及唐太子之神像而游，云为其诞日上寿，为俳优假面之戏，旗旄前导，仪卫后随。每逾一年辄更一族轮管，皆不惜巨费，以矜奇斗胜、震于乡井为事"。[⑦] 嘉庆年间，黟县风俗多联会赛神，奉祀的神祇为汪公、张

---

① 乾隆《橙阳散志》卷七《风俗志·保安》。
② 汪灼：《渔村诗集》卷上十九《观剧吟》。
③ 雍正《休宁孚潭志》卷三《岁时》。
④ 康熙《祁门县志》卷一《风俗》。
⑤ 同治《祁门县志》卷五《舆地志·风俗》。
⑥ 康熙《黟县志》卷四《艺文·箴俗论》。
⑦ 乾隆《黟县志》卷一《风俗》。

巡、许远、关帝、周宣灵王、康深等，“凡黟之联关赛会者，或六关，或十关，岁时迎送于祠厅，与会者岁合息所出，盛饰仪卫，演剧娱神，饮福受胙，举茕相劳，或用不敷，至派丁钱以从事，即借质亦不悔也。”① 黟县联关赛会还在官方允许的范围内，但其境内举行的城隍会则滑向左道恶俗，“祈禳者，先期聚人伐金鼓，吹哨作怪诞声，舞械器，驱索于市，名曰请猖。乾隆丙戌时曾严禁止，近于祈赛，常节稍示节制。而新起城隍会，以人貌鬼教群小儿跳跃前导，在俗为敝，法所必禁”。② 黟县此前并无城隍会，嘉庆八年（1803），知县陈之揆从省城见有此会，便令衙役和乡民好事者，沿街敛钱，定于每年十月初一，迎城隍神像出游，衙役及无赖之徒，装扮神鬼，甚有装扮女鬼，各色恶状，舞义流星。知县吴甸华接任后，认为城隍会不但亵渎神明，甚至伤风败俗，于嘉庆十六年（1811）颁布命令，严禁会期扮演鬼卒。吴甸华离任后，继任知县不以为然，致使“恶俗犹行”。同治年间，每年十月初一日还举行城隍会，“此古大傩礼也”。由方相氏扮演神鬼。③

对于迎神赛会，地方官府多持禁止态度，有的宗族也反对举办赛会演戏。祁门文堂原有九日神会，人们赛棚斗戏，陈氏宗族在本族制定的乡约家法中予以禁止，“本里岁有九日神会，以报功德。西峰清净之神，安肯受人非礼之享，赛棚斗戏，启衅招祸，覆辙相循，昭然可鉴。况值公私交迫，何堪浪费钱帛；风景萧条，有何可乐。自今宜痛革陋习，毋仍迷惑。管年之家，须以礼祭奠，庶不致渎神耗财，渐臻富厚矣”。④

新安民间祀神演戏也比较普遍，这在徽州文书中有零散记载。如雍正九年（1731），徽州某县金、汪等四姓为筹集祭祀演戏银两合立议墨：“立议合墨金、汪、陈、宋四姓，缘于先年立有卞王古会，置有田山银两，以为祀神演戏之需。迨后人心不古，所欠之租银及利弱者难以取讨，以致各户有苦乐不均也。今于雍正九年十户齐集，着议将从前所置之山田及欠会本逐一开列，立一合墨，各户收执一纸，以为久远之计。其有租银利息轮流接管，以为迎神费用，不得倚强欺弱，以恶凌善。如有不遵议者，十户齐集公举，毋得畏缩不前。今欲有凭，立此议墨一样十张，各执一纸，永远存

① 嘉庆《黟县志》卷三《地理·风俗》。
② 嘉庆《黟县志》卷三《地理·风俗》。
③ 民国《黟县四志》卷三《地理志·风俗》。
④《文堂陈氏乡约家法》。

照。”[①] 光绪十年（1884）二月，徽州某县李陈茂户丁李宝、汪福庆等人在立里保应役合同时，对李姓三宝神会迎神演戏等项费用做出规定，“议汪福庆自置有田壹号，土名岩后裴，计田租佃九秤，情愿输入李姓三宝神会名下，按年任凭李姓收谷，以作三年一轮迎神演戏等项费用。日后李姓不得生枝，科派汪姓钱文。当日议定按轮演戏，接箱搭台，一切不涉汪姓之事。其所输租之税粮，即推入李富保户内收藉办纳。”[②] 歙县芳坑江氏茶商文书中有几通讨论日常观戏的信笺，如《江耀华为寄鞋收到楠瑞回家新长春班演戏致孙寿发函》称：“八月十六日楠瑞叔祖游余杭，清吉抵里，恰十八日呼猖，神意正合，换新长春班于初三日开演，至初六日止，共演八本戏。”[③]《江耀华为修祠开光演戏办物事致江泽之函》提及因时势维艰，游神演戏经费难筹，“村内开光，此项乐业演班二个，计唱八本。其事各账上墙，为祠堂修理，亦好游神挂灯，照旧一样，刻下筹款收丁钱开销。看此时势，银钱艰难，难以收齐，经手者万难办理。”[④]《江耀华为来信收到家内家外都安好我病请洪医生治疗效果好村内开光演戏事致江寿发函》称：“甲子四月十六日……村内开光，十月十八之期，新阳春戏已写五本，价洋一百元。”[⑤]《江元浈为汇聚洋本村开光热闹做戏人丁锅灶批钱事致江耀华函》提到：“村内开光之事，恰值天时甚好，今轮颇为闹热。配有罗汉包十余名，兼之邻村地戏助胜三朝，开戏老阳春班，共做十本。所批人丁锅灶支销之外，稍有所余，男丁四百，女口二百四十，锅灶八百。”[⑥]

三、明清新安乡村社会的日常演戏活动

除了祭祀祖先和神灵请班演戏，在新安人的日常生活中也时常有演戏的需求，婚庆祝寿、诞子求神、祈雨禳灾等场合多开台演戏，或助兴，或还愿，或作为一种惩罚手段。与前述两类以家族或会社等以团体组织名义出面请班不同，这类多是个体家庭出资演戏，体现了其日常生活性。旅外徽州人寄给家人的信笺中在通报平安、商量家事外，也时有提及演戏情节，可见其影响力。

---

①《清雍正九年金、汪等四姓为祭祀演戏银两立议墨》，《中国徽州文化博物馆馆藏文物集·徽州文书卷》，西泠印社出版社，2013年，第149页。

②《光绪十年二月徽州某县李陈茂户丁李宝、汪福庆等立里保应役合同》，南京大学历史系资料室藏。

③《江耀华为寄鞋收到楠瑞回家新长春班演戏致孙寿发函》，Q309-005-00046-013，歙县档案馆藏。

④《江耀华为修祠开光演戏办物事致江泽之函》，Q309-005-00044-032，歙县档案馆藏。

⑤《江耀华为来信收到家内家外都安好我病请洪医生治疗效果好村内开光演戏事致江寿发函》，Q309-005-00046-020，歙县档案馆藏。

⑥《江元浈为汇聚洋本村开光热闹做戏人丁锅灶批钱事致江耀华函》，Q309-005-00049-002，歙县档案馆藏。

洪氏贤内妆启：

十一、十五、二十一，三次寄上邮函，所云予病一节情形全愈等云，定早投到矣。予日上饮食照前一体，而身体亦复原，请可以放心！但先父阴寿锡箔，望至城里买洋把，望尔酌行可也。予定不能抽身，一切望尔酌之可也。小姑丈想亦在即动身来外，汇洋定该可划，定不致误本村做戏。昨听程佐翁里中八月十八动身，昨日到金，云及我村于十七日做戏，下首承狮做赌戏十本，在范家关帝庙前做。再前寄塘工彩券，昨日开奖，大奖无有中，再看后日对号，单到有无着也。余再达。

顺询

近好！

夫润叩具，八月二十六夜发[①]

康熙年间，詹元相《畏斋日记》记载了婺源县十二都庆源村演戏的几种场合。如康熙三十九年（1700）二月十六日，合村于祠内整酒演戏，贺以献伯八旬寿，每人敷银一钱二分。康熙四十二年（1703）正月十八日，本门春醮，村中敷家头保甲银演戏。康熙四十五年（1706）三月十五，支银四分一厘，代周估解演戏求嗣。三月廿七日，支银三分三厘，代懋蛟弟演戏求嗣。四月初一日，支九色银一钱三分三厘充祠中演戏，立杉木禁戏一台，计费一两二钱，三门平充，每门各四钱，本门身充一钱三分三厘。可见，詹元相记载的演戏主要分为贺寿、求嗣、春醮以及立杉木禁戏等，具有一定的代表性。[②]

罚戏是新安民间为保护山林而采取的一种惩戒措施，罚戏禁碑至今在祁门县境内还时有发现。明万历年间，休宁县茗洲吴氏在家典中明确提出戒靡费，“我族喜搬演戏文，不免时屈举赢，诚为靡费。自今惟禁园笋并保禾苗及酬愿等戏，则听演，余自寿诞戏尽革去，只照新例出银以备常储，实为不赀。其视艳一晚之观，而无济于日用者，孰损孰益，必有能辨之”。[③] 可见，茗洲吴氏虽将演戏看作靡费之举。但在禁园笋、保禾苗及酬愿等事关族人切身利益时仍需演戏，而将寿诞演戏革去，不

① 此通信笺由中共歙县县委党史和地方志研究室邵宝振主任惠赐，谨致谢忱。

②《畏斋日记》：抄本，原件藏黄山市档案馆，复印件由黄山学院马克思主义学院刘芳正副教授惠赐，谨致谢忱。

③ 万历《休宁茗洲吴氏家记》卷七《家典记》。

难看出两者孰轻孰重。乾隆五年（1740），祁门十三都石溪康大梁同侄淑晃、士俊等人立严禁盗斫合同文约，对本都三保之山及石迹源合源之山进行保护，禁止盗砍盗种、故意放火挖掘，或将山业变卖外都、庄仆等。凡盗斫杉松一株罚银一钱，十根以上者罚银一两，或五十株百根以上者罚戏一台，强拔盗种山一号者罚银一两，如大号山罚银二两，纵火烧山者罚戏一台。[①] 祁门十三都康氏与凌氏二姓共有金竹税洲，为蓄养树木，庇荫水口，在明代就申饬文约演戏示禁，但在乾隆年间屡被偷窃，锄种无休，是以二姓合议公禁，自后家外人等毋许入洲窃取，洲地毋许锄种，如违，罚戏一台。[②] 乾隆四十五年（1780），婺源县岭溪合村演戏鸣锣加禁，上至大堨底、下至堆堨上的溪河严禁药毒河虾，私地窃取，倘有犯者，定行闻官理治，决不徇情。[③] 乾隆二十九年，祁门三四都一图小洲王氏考祥堂秩下三大房王文贵、王文斌、王振詹等人立议齐心禁养合文，言定各号山场松杉竹木苗笋芦柴概行演戏禁伐，余山众存秩下，不在禁内，作为家族供火之山。自立禁约之后，秩下内外人等不得私自入山盗砍。如违，查出罚戏赔木，而且执文鸣公理治，以不孝不义而论。倘有知情不举者，更加严罚。[④] 乾隆年间，歙县大呈村程氏也规定："盗砍来龙水口树木，并挖松明，罚戏一本。如恃强违拗，公呈究治。"[⑤]

由上可以看出，禁山之前演戏是一种宣传手段。在村中演戏时，当众说明禁止砍伐、蓄养山林的目的和要求，能起到广而告之的作用。如果违反规定，执意盗砍盗伐，就要受到惩处，视情节轻重，或罚金，或罚戏。此种情况下演戏是惩戒手段，起到让大众监督约束的作用。在熟人社会里，此种手段比直接将肇事者扭送官府会起到更理想的惩治效果，也是地方社会治理的一种方式。因而，罚戏也被新安宗族作为管理族人的办法写进族规家法中。如道光年间，绩溪仁里程氏在祠规中要求，已故族人的神主入祠，在每年正月十三、九月十五分两次集中举行进主仪式，祭前

---

①《祁门十三都康氏宗族文书·清乾隆五年七月石溪康大梁同侄淑晃、士俊等立复申饬严禁盗斫合同文约》，刘伯山：《徽州文书》第2辑第1册，广西师范大学出版社，2006年，第363页。

②《祁门十三都康氏宗族文书·清乾隆四十八年六月凌务本、康协和堂二姓公白》，刘伯山：《徽州文书》第2辑第1册，广西师范大学出版社，2006年，第568页。

③《秋口镇岭溪村17·乾隆四十五年·村规》，黄志繁、邵鸿、彭志军：《清至民国婺源县村落契约文书辑录》四"秋口镇（三）"，商务印书馆，2014年，第1748页。

④《祁门三四都一图小洲王氏文书·清乾隆二十九年五月考祥堂秩下三大房王文贵等立议齐心禁养合文（一式两份）》，刘伯山：《徽州文书》第2辑第1册，广西师范大学出版社，2006年，第56页。

⑤ 乾隆《新安大呈村程氏支谱》卷下《文献附录》。

三日为期。若期外有择日进主者，必须演戏祭告祖先。[①] 清中后期歙县《德卿公匣规条》规定，每年从宗祠司匣处支银 30 两，议定唱戏三本，如果重阳日无戏，责在戏头，照祠例罚戏一本。其银皆轮值戏头之家房长率同支下，至司匣处领取。[②] 光绪年间，绩溪城西周氏规定，祠内寸木、寸石，派下子孙不得私自盗取，亦毋许出借。如有此情，较所取之物议罚，轻则罚大青金壹把，重则罚戏一台，断不徇情。宗祠大门的锁钥由值年头首同监察人员执管，除会文及族中公事外，不得擅开私借、堆放物件及私晒谷麦、搭班唱戏。如违，罚戏一台，并罚大青金一把，对祖焚烧。[③] 民国时期，绩溪明经胡氏龙井派在祠规中严禁族人有偷盗行为，"如盗瓜菜、稻草、麦秆之属，罚银五钱；盗五谷、薪木、塘鱼之属，罚银三两，入公堂演戏示禁。其穿窬夜窃者，捉获有据，即行黜革"。[④]

修谱是新安宗族生活中的一件大事，宗谱编成颁放之日多演戏以助兴。乾隆年间，婺源云川王氏在颁谱时，"祠首卜吉，叫戏祭祖，然后优觞以劳，任事诸人、合族绅衿咸与。其演戏费用约派谱内，给谱一副，酌出银若干"。[⑤] 乾隆四十八年（1783），婺源双杉王氏奉上宪饬改讳字，重修族谱，计百副，每副 14 本，照例出支公产，前轮 80 副以旧换新，不取纸价，新加 20 副亦只取纸价七四钱一千六百文，仍存祠内，霆公房良继癸字三号谱一副未领，计领 19 副，共收七四钱三十两四钱，共计修谱连做戏请酒以及焚谱赈孤各项共用钱六百廿五两六钱一分，内扣收谱价三十两四钱，计实用钱五百九十五两二钱一分。[⑥] 咸丰年间，婺源阳村叶姓修谱演剧，村中王姓不慎触发火灾，延烧数十家。因经商致富的国学生叶承恩目睹灾后现场，甚为不安，遂开仓抚恤灾户，乡里咸称为长者。[⑦]

传统新安社会时常发生瘟疫、水旱灾害，演戏禳灾就成为新安民众应对大自然的重要手段。如道光十三年（1833）十月，祁门西乡十七都环砂程氏因人口不平安，时疫四起，壮丁死去，故告许三间大夫疏，设醮保安演剧并安龙镇宅。收录在《本

① 道光《仁里程敬爱堂世系谱》卷二《祠规》。
② 清中后期《德卿公匣规条》，安徽大学徽学研究中心资料室藏复印件。
③ 光绪《梁安城西周氏宗谱》卷首《祭礼》。
④ 民国《明经胡氏龙井派宗谱》卷首《明经胡氏龙井派祠规》。
⑤ 乾隆《婺源云川王氏世谱》卷一《修谱事宜》。
⑥ 光绪《婺源双杉王氏宗谱》卷十七《理祠总册》。
⑦ 光绪《婺源县志》卷三十五《人物十·义行八》。

村目连对联》中的《荒年演戏联》也蕴含了人们对演戏驱灾的态度，其联云："时势最维艰说什么节不虚过要把秋先分一半；人心犹报赛念及那神施仁悯更歌风雨合三千。"另一联为："月殿敞梨园看那些法妙神通重翻起五千年事业；戏场装战局看这般文经武维共摩平九万里狂风。"[①] 休宁二十都八图江氏在嘉庆皇帝在位25年的时间里共求雨6次，如嘉庆十一年（1806）六月初六日，在村心殿议事，叶正发、陈道所云天时意赐，今日有雨下地，接班做戏三台。本日申时大雨下地，河内有三尺水头。[②]

第二节　新安村落演戏活动的展开与地方社会

演戏是新安民众日常生活中的一件大事，从请戏班、定戏本，到接戏班、布置戏台等一系列环节都需要专人负责，演戏的全部花销也需登记在册。明清时期的新安戏班数量众多，奔走各地日夜演戏，有一类为特定宗族或特定地域人群提供行傩驱疫服务的戏班，这是新安比较普遍的佃仆制的生动体现。

一、明清新安演戏活动的展开

请戏班之初，双方要订立一份戏关，讲明演戏的时间、演唱剧目与日期安排、戏金及相应开销、接箱地点等事项。现存徽州文书中有一定数目的戏关文书，如光绪二十六年（1900）十月，歙县芳坑敦叙堂与富春戏班立演戏关书，"江敦睦堂与富春班立戏关，讲定开光敬神戏四本，戏金二两，廿七日开演，其箱接柔岭下下首，大小中台、油纸水粉一应在内"。[③] 民间日用类书中也保存了戏关的书写格式，如《民国歙县大洲源日用类书》收录的《立戏关》[④]：

---

①《祁门十七都环砂程氏文书·〈本村目连对联〉》，刘伯山：《徽州文书》第1辑第9册，广西师范大学出版社，2006年，第241、248页。

②《休宁二十都八图江氏文书·清嘉庆七年至道光十五年祈雨簿》，刘伯山：《徽州文书》第3辑第6册，广西师范大学出版社，2009年，第285页。

③《歙县芳坑敦叙堂与富春戏班为演戏所立戏关》，Q306-002-00091-001，歙县档案馆藏。

④ 王振忠：《徽州民间珍稀文献集成》第19册，《民国歙县大洲源日用类书·立戏关》，复旦大学出版社，2018年，第359～360页。

立议戏关人，△处△△社首事△△△△△△等，今因有开光神戏一台，议与△△贵班前来演唱，言定五本三做，共计戏一钱△△文正，并牵头焰火、彩钱、揩脸油纸，以及一切等项目一应在内，其中台神福照依旧例。其戏须要努力，不可潦草。约于△月△日至△处接箱，不得延误，如有过期，听凭重罚无异。立此戏关为照。

民国休宁南乡和化里璜川每隔三年举办一次“三宝神尊”迎神赛会，当年农历十月中旬搭台请班唱戏，连演五昼夜。其间，民众举行集会酬祭、迎神出游，祈求“三宝神尊”消灾赐福，护佑民康物阜。现存《三宝会戏清账》登录了民国十三年（1924）、民国十六年（1927）三宝会举办赛会演戏的各条事项，包括赛会司首人员及办事规则、与戏班签订的戏关、戏台与神台的匾额对联、各项收支细目、演戏剧目等，为考察民国时期新安演戏习俗的开展过程提供了宝贵资料。

民国十三年（1924），璜川陈氏宗族定于十月十五日迎接三宝慈尊，四房司首拈阄办事，议定戏班承关，所付定洋由四房收会谷者照数配出；到屯溪购办硝焰联纸等货，亦由四房收会谷者照配；演戏临期三日前，四房司首将收到的会谷银全部算清存在司账人名下，以备开销；临期前一日管戏，须至上手催发戏箱，以免误事。同时，规定迎神开演之日，诸事忙碌，四房司首皆要同心一齐办事，不得推诿。四房司首人员阄定后，便按议定的规则行事。民国十三年（1924）十月初三，陈汝兴与云春新舞台班签立戏关如下：

立议戏关人陈汝兴众司首等，今议到云春新舞台贵班名下十月十五日期三宝神会戏计八本，十五日开演，共做四日四夜，逐夜均选大开台，一切新戏照关听点，以及内外官牙使费等项尽行一并在内。承关之日，凭官牙三面议定计戏金洋一百八十元正。临期风雨无阻，订定十四日至龙湾接箱，是日人箱齐到，以备期日开演无误。倘遇官差等费，河干水浅，兵队过境，一切外用等项均该贵班自理，不涉本东之事。此系两愿，各无异说。恐口无凭，立议戏关存照。

该戏关还附了六条款目，对演戏注意事项做了补充，请台用鼓乐吹奏，神尊出游的当夜选一夜旗马走台，加开箱礼、拜东礼、开脸油、揩脸纸、胭脂花粉、内台油火、下台蜡烛、大锣茶、放焰火钱等一并在内；盔袍、夹靴、小衣等件，桌围椅帔均由请戏主家提选鲜艳以副壮观。一切新戏照关听点，戏登粉牌，不准私自改换，如违，罚戏两本。接箱至龙湾，但演戏结束不送。迎神之日，出游取旗，盔甲、青衣、条巾等听从主家取用。包点汽油灯四夜，每夜两盏，计洋 8 元。

戏金讲定日夜正戏 8 本，计正价洋 180 元。签订戏关时付洋 20 元，由五林带班当面交付；十月十六日，付洋 40 元；十八日，付洋 10 元，付米一石七斗，付洋 40 元，加戏两本，计 7 元；十月二十日，付 66 元，钱六百四十千文。[①]

从光绪十一年到民国二十二年（1885 ~ 1933），璜川三宝会戏共演 17 次，每次请的戏班名单如下表所示：

光绪十一年至民国二十二年休宁南乡和化里璜川三宝会戏所请戏班一览

年份	戏班名称	年份	戏班名称
光绪十一年(1885)	老阳春	民国元年(1912)	程春和
光绪十四年(1888)	老阳春	民国四年(1915)	新阳春
光绪十七年(1891)	老阳春	民国七年(1918)	洪福
光绪廿年(1894)	大昇	民国十年(1921)	新阳春
光绪廿三年(1897)	老阳春	民国十三年(1924)	新舞台
光绪廿六年(1900)	柯长春	民国十六年(1927)	新阳春
光绪廿九年(1903)	老阳春	民国十九年(1930)	新舞台
光绪卅二年(1906)	柯长春	民国廿二年(1933)	同乐社
宣统元年(1909)	福世堂		

《三宝会戏清账》记载了民国十三年和民国十六年璜川三宝会戏的点戏剧目，可以了解当时的戏曲演出情况。

① 王振忠：《徽州民间珍稀文献集成》第4册，《民国休宁南乡和化里璜川〈三宝会戏清账〉》，复旦大学出版社，2018年。

民国十三年和民国十六年休宁南乡和化里璜川三宝会戏剧目一览

年份	戏班名称	演戏日期	演戏剧目
民国十三年（1924）	云春新舞台	十月十五日	《渭水河》《白水滩》《天水关》《教子》
		十月十五夜	《长春》《解宝》《九龙杯》《取成都》《九龙山》《汴梁图》《三休别》《过三关》
		十月十六日	《献西川》《盗御马》《青石岭》《独木关》《五家坡》《义取报》
		十月十六夜	《群英会》《涌金门》《斩黄袍》《大闹四川城》《佛门点元》《保安寺》《九件衣》《祭塔》
		十月十七日	《黄鹤楼》《落马湖》《奇双会》《鸡毛山》《枸杞滩》
		十月十七夜	《二进宫》《金沙滩》《阴阳界》《伐子都》《重台走台》、《失钗》《小放牛》
		十月十八日	《追信》《八蜡庙》《取荥阳》《越虎城》《翠屏山》
		十月十八夜	《九锡宫》《快活林》《四盘山》《九更天》《滚钉板》《蝴蝶梦》《新十金》《闹花灯》《长生乐》
		十月十九日	《百寿图》《恶虎村》《海朝珠》《长坂坡》《黑风帐》
		十月十九夜	《凤凰山》《反西凉》《松梅阁》《定军山》《斩经堂》《骂阎罗》《得贵子》《三进士》
民国十六年（1927）	新阳春班	十月十六夜	《齐天乐》《采莲》《四杰村》《新西川》《哪吒闹海》《马前泼水》《花田错》
		十月十七日	《惊变》《盗御马》《四盘山》《阳平关》《李陵碑》《三司会》
		十月十七夜	《富贵长春》《别姬》《铁公鸡》《金殿门》《八阵图》《八义图》《桑园会》《小放牛》
		十月十八日	《凤凰山》《英雄义》《樊城下书》《八达岭》《海朝珠》《祭塔》
		十月十八夜	《四海升平》《回营》《大飘海》《昭君走台》《白马坡》《九件衣》《双别窑》《小放牛》
		十月十九日	《单刀会》《兴隆会》《白虎堂》《小海关》《水门连》
		十月十九夜	《万花献瑞》《群英会》《双猩斗》《九更天连》《八件衣连》《打棍出箱》《闹花灯》《三进士》

延请戏班，讲定戏本，是演戏的重要环节，休宁璜川三宝会戏的剧本比较完整。清康熙年间，婺源县十都上溪源接佛下山演戏也记载了完整的演戏日期和剧目。康熙二十六年（1687）十月初一日，接佛下山，万成班到，起戏，演《玉鱼记》;初二日，演《铁弓缘》；初三日，演《未央天》，即《五更天》；初四日，行香，出香亭三座，月池公支共一座，迈公支共一座，祖生公支、宜一公支、仁愿公支共一座，演《飞龙凤》；初五日，送佛，演《春秋笔》，即《檀道济》;初六日，演《双和戏》完，廷桂、兆箕、兆章乐助油画水口亭，其费用伊存庆公房戏丁银，剩出八钱七分，仍兆箕充银七钱三分，供饭九工亦作乐助。

此次演戏为了定戏班，上溪源村还和下溪源起了一场波折。八月二十六日，上溪源村八甲头首与万成班订立戏关，日期定于十月初一日，但下溪源村亦写了万成班，日期定于十月十二日。临近佛期，下溪源村纷纷传说他家佛戏必要先做，如果上溪源村不让，临期将上来抢走行头角口，即使上溪源村留得行头，他们亦要来炒棚。上溪源程氏族人群情激愤，皆不肯让，但族中老成、天榜等人认为报赛大典，敬佛为主，不欲多事，愿亲往下溪源村让出，与之调换。族人大悦，兆晖等不服，通村出帖，认为请佛六年一度，乃本村报赛大典，关系匪浅，祖例八甲头首春间亲往休宁、歙县观戏，拣选名班，然后写定日期。向来上溪源演戏，四方亲友观者莫不啧啧称善。徽郡名戏不独万成班，如五子班、老海班、丰乐班、堂月班、江一班等，指不胜屈，八甲头首若另选名班或不误日期，皆可听从。如果要接他乡之残戏，不但违误佛期，有乖大典，而且还浪费丁银。老成、天榜等人看过帖文，皆认为有道理。九月初二日，八甲头首因日前通村出帖，恐有执拗，即向万成班说知原委，欲退关另写他戏班。因上溪源程氏向来口碑较好，下溪头人此前至万成班试图改换日期，已被万成班严词拒绝，无趣而去。上溪源人得以如期接佛下山演戏。

从此例也可以看出，在地域社会结构中，演戏已成为展示宗族实力，增强宗族凝聚力的重要手段。①

民国二十二年（1933），祁门十七都环砂举办本村目连戏，做目连五夜。江西同乐班平台，演目连班八仙，初七日起戏，日间平台，下午迎神台下八仙；初八

---

① 王振忠：《徽州民间珍稀文献集成》第19册，《清康熙婺源〈上溪源志〉》，复旦大学出版社，2018年，第128～129页。

日，半夜，日间平台；初九日，通宵，日间平台；初十日，半夜，日间平台；十一日，半夜，日间送水府等神，日间平台；十二日，送戏；十三日，度大孤。[①]

二、徽戏班社与新安地方社会

奔走在新安各地演戏的班社，既有三庆班、庆升班、彩庆班这样名头很响的正规班社，更有数量众多的不出名的业余班社，其中有一类由庄仆充当的专为主家服役的傩戏班值得注意。嘉庆二年（1797）六月，祁门二十一都田坑新月班叶旺生等人，与陈氏大本堂订立领银字据抄白如下：[②]

立领字，廿一都田坑新月班叶旺生等，今领到本都并廿二都大本堂众东主向置衣箱等件，付身收领，每岁新年按日至各祠演戏应傩。今箱日久缺坏，是以接至闪里，众面议定，照各祠应傩戏本出银，再权宜多寡。有不出银之祠，只有用旧箱应傩，新置者不得擅用，违者将班内处罚。身等凛遵，当日实共领银九十一两正，在手足讫，共置服色等件，买后誓神交账，列单封存。迭年除应傩之外，其余身等即领此箱往外生理。今岁为始，每岁交银十八两整付各祠，眼同封贮，以为日后加增服色之用，不得逾期短少。违者听众东向班坐取，以清为率，俱不得借端推诿，更不得以戏之有无多寡翻论。候六年共交银两之后，再行另议交银之日。将新置服色等件一并取出付众，列单点名封贮，不得当卖遗失。如遗，愿自赔偿。迭年先交银两后领箱出门。今恐无凭，立此存照。

内批，以满六年之外，此领字不在行用，再行另议，只此面批。

嘉庆二年六月二十四日，立领字叶旺生等。正发。春茂。

计开各祠输银列后：

正月初三日可继堂银六两，初四日崇正堂银六两，初五日明德堂银六两，初六日云村银六两，初七、八日聚庆堂银九两，初九日会源堂银六两，初十日嘉会堂银六两，十一日敦典堂银六两，十三、四、五日大本堂银十二两，廿四

① 《祁门十七都环砂程氏文书·〈本村目连对联〉》，刘伯山：《徽州文书》第1辑第9册，广西师范大学出版社，2006年，第219、220页。

② 《祁门县二十一都二图磻溪陈氏文书·清嘉庆二年六月二十一都田坑新月班叶旺生等立领银字抄白》，刘伯山：《徽州文书》第1辑第9册，广西师范大学出版社，2015年，第192页。

日严初堂银六两，廿五日协顺堂银四两，二月初二日保极堂银六两，闪上银六两，魁春堂银六两。

从这份领银字据可知，新月班衣箱等物品由祁门二十一都、二十二都陈氏大本堂各支置办；每岁新年，新月班按日到各祠演戏应傩。旧衣箱用坏后，陈氏各支照应傩戏本出银数集资91两置办衣箱服饰交付新月班。新月班外出演戏，每年交银18两，以六年为期，每年要交清银两后才可领箱出门。

明代，田坑新月班就开始充当陈氏宗祠傩役，每岁新正按日至各祠演戏酬神，索室驱疫，祈保人口生灵。进入清代，虽然每年应役无异，但也时常出现新正不愿赴祠演戏应傩的情况。如顺治十七年正月，叶全因没有到陈氏敦典堂演戏应役，被迫与汪惟峰、王正辉等新月班内人等立文约，保证以后正常应役，如有一名不到，即听中公罚，呈官理论。[①]道光四年（1824），新月班因服饰衣箱朽坏已极，邀集各祠输银另置服饰，仍旧行役，为此陈一飞、陈一鄂等与梅、张、李、黄、叶众姓人等立合同文约，公议每戏一本，出纹银25两。并规定：各祠习学梨园者不准上台找戏，亦不得出租；新置服饰有余者，倘有酬愿及封禁酒戏、售戏，公议夜演出租钱四百文，日演出租钱二百文，归值年首人收付众；班内庆贺有坌之家八仙不用租钱，递年贴班内钱一千文以做打霉之资。[②]

同治年间，新月班的反抗更为激烈。同治七年（1868），叶盛、汪林天等人将陈氏宗族所置神像服饰衣箱等件烧毁。次年，新正抗傩不行，声言如有唤他们应傩者将以命拒之。面对新月班的反抗，桃源约陈应湘等17人、竹溪约陈惟岳等18人、分流约陈昭芬等4人，以及廿二都大本堂陈渭清、陈德庄二人聚议鸣官具控，并当场议定筹集讼费章程，各祠傩役戏每本出钱五千文，各祠跳戏者出钱两千五百文；每丁出钱二百文；每排年出钱，后议不出；族人捐助讼费，后议；公举出身之人每日各给饭食钱二百文，平时轮值二三位在县邑照理，余候临审再到，以节讼费；讼事，以聚费为先，每月以初一、十五齐交闪里稳妥之家收贮，以便临时应用，如有抗延

①《祁门县二十一都二图磻溪陈氏文书·清顺治十七年正月二十一都汪、叶、王立文约抄白》，刘伯山：《徽州文书》第1辑第8册，广西师范大学出版社，2015年，第281页。

② 王振忠：《徽州民间珍稀文献集成》第26册，《清末民初祁门李邦福〈开检可观〉》，复旦大学出版社，2018年，第214～216页。

不付者，公同议罚。①

新月班的反抗不是孤例。祁门十六都汪万顺班自明代起，就分期为伊川、石潭、滩下、渚口、许村、清溪等村二十排年各行傩演戏逐疫、敬神服役。每岁腊月二十四日迎接傩神下座，新正行至各村供奉以除疠疫，以保人口平安，并祈五谷丰登。万顺班所有演戏行头脂色，均系清溪、石潭等村轮置；所有演戏行傩，各村均皆置有饭食等资金。万顺班汪姓则居清溪郑氏之屋，种郑氏之田，祖藏郑氏之山，实为郑氏庄仆。道光二十一年（1841），万顺班汪国神等人借在吴姓祖祠演戏，突将吴姓祠宇焚烧，千百金之行头衣箱化为乌有，拒绝行傩服役。为此，郑氏所在二十排年公议，无论众庄、己庄房屋，凡属汪姓居住者悉行逐出，田地山场也不再给耕种，并诉至公堂，掀起了长达数年的诉讼官司。②

第三节 小 结

中国戏曲是一种高度综合的民间艺术，在民众日常生活中处于独特地位，看戏、听戏成为民众最为放松的休闲娱乐方式，戏曲以其喜闻乐见的艺术形式满足了人们的感官需求，具有长久的生命力。

明清以来，新安社会的演戏活动兴盛，在人从生到死的生命历程中，有求嗣、诞子、科举中第、结婚、祝寿、神主进祠、祭祀等各种演戏需要，并日渐成为地方习俗的组成部分。新安民间信仰种类繁多，围绕祖先和神灵祭祀，衍生出结社赛会之风，戏曲则是扩大迎神赛会活动影响力和辐射力的助推器。同时，演戏也被新安宗族作为惩戒族人，维持地方社会秩序的一种手段，各种罚戏碑散落于新安民间。迎神赛会中的演戏活动往往成为无赖地痞聚赌抽头的重要场合，“假以唱戏为名，群

---

①《祁门县二十一都二图磻溪陈氏文书·清同治八年二月二十一都桃源约陈应湘等、竹溪约陈惟岳等、分流约陈昭芬等立合同文约抄白》，刘伯山：《徽州文书》第1辑第9册，广西师范大学出版社，2015年，第336页。

②《道光年间祁门十六都万顺班与二十排年诉讼文书》，此份文书电子版由休宁县方志办汪顺生主任惠赐，谨致谢忱。

集匪人，惑诱饮博，以致游闲征逐，驰骛若狂”。[1] 此风对地方社会治安造成了冲击，成为官府和宗族整治的对象，明代万历徽州知府古之贤、歙县知县傅岩，清末徽州知府刘汝骥等，都颁布了禁演淫戏的告示，地方宗族也屡次呈官请禁，但都收效不彰。这从一个侧面说明演戏以及围绕演戏生发的各种习俗的强大影响力。为此，将演戏作为教化手段也就成为官府、宗族治理社会的一种方式。

明清新安乡村社会存在阶层分明的大、小姓问题，外来迁入者为在新安落脚，不得不投靠当地的世家大族，他们种主田、住主屋、葬主山，但要为主家提供劳役服务，看守祖坟，打扫祠堂。大姓资助小姓组成戏班，在主家遇有婚丧事件时，上门执役吹打。清雍正年间，颁布开豁为良谕旨后，小姓与大姓之间的冲突不断，众多戏班也试图摆脱主家的控制而自谋发展，这为考察明清新安地方社会的发展变迁提供了独特视角。

---

① 万历《歙纪》卷八《纪详议》。

第六章　明清以来绩溪县竹里信仰空间的建构与民众祭祀生活

明清以来的新安是一个宗族社会，民众的岁时节庆、婚丧嫁娶等日常生活无不打上深刻的宗族烙印，所谓“徽俗，士夫巨室多处于乡，每一村落，聚族而居，不杂他姓。其间，社则有屋，宗则有祠，支派有谱，源流难以混淆。”[①] 正是其直观的表达，而聚族而居也便成了新安村落最基本的特征，围绕宗族所开展的活动对村落的空间建构产生了非常重要的影响，“相逢哪用通名姓，但问高居何处村”。[②] 王振忠先生曾指出，村落与家族是明清时代新安最基层的两种组织，前者是地缘的自然存在，后者则是血缘的结合。但在不少村落，由于血缘和地缘相重合，村落实际上也就表现为同姓血缘的结合。[③] 本章所要考察的绩溪县家朋乡竹里便是一个典型的同姓血缘结合的村落，自南唐周团迁居此地后，竹里周氏世代繁衍，虽然没有走出显赫的达官显贵、富商巨贾，但是在千余年的漫长历程中，却始终保持着家风不坠的发展态势，枝蔓一直未曾隔断。周氏长期的稳固发展，对竹里村落空间的建构影响深远，在村西水口槐花墩，分布着观音阁（大士阁）、关帝庙（红庙）、汪公庙、土地庙、五猖庙、社屋等庙宇；在村东，以云路庵为中心，则有奉先祠、准提阁、大佛堂，香火很盛。本章即根据田野调查所收集到的民间文献与口述史资料，对竹里这个偏僻山区村落的信仰空间结构及蕴含于其中的民众日常生活进行考察，并着力探讨宗

① 程庭：《春帆纪程》，《小方壶斋舆地丛钞》，杭州古籍书店，1985年影印本。

② 方西畴：《新安竹枝词》，欧阳发、洪刚编著《安徽竹枝词》，黄山书社，1993年，第50页。

③ 王振忠：《徽州村落文书的形成——以抄本〈新安上溪源程氏乡局记〉二种为中心》，氏著：《明清以来徽州村落社会史研究》，上海人民出版社，2011年，第20页。

族在村落信仰空间的建构中所起的作用。①

需要交代的是，自 20 世纪 80 年代以来，新安宗族引起了海内外学者的广泛关注，业已取得丰硕的研究成果。常建华的《二十世纪的中国宗族研究》（《历史研究》1999 年第 5 期）一文主要介绍了 1998 年以前的宗族研究成果，文章用相当多的篇幅梳理了徽州宗族的研究情况。唐力行的《徽州宗族研究概述》（《安徽史学》2003 年第 2 期）、任志强的《徽州宗族研究综述》（《徽学》第 2 卷），这两篇综述主要是对 2000 年以前的徽州宗族成果进行了回顾。常建华在《近十年明清宗族研究综述》（《安徽史学》2010 年第 1 期）一文中，对 1998 年以来的徽州宗族研究进展情况作了简要介绍。邹怡在其博士学位论文《明清以来徽州茶业及相关问题研究》中，对于海外徽州宗族研究成果做了比较详细的学术史梳理。笔者在《新世纪头十年徽州宗族研究的新进展》中，对进入新世纪以来的徽州宗族研究进行了回顾。

通过学术史梳理可以看出，走进田野，利用民间文献和口碑进行以姓氏或县域为单位的个案性的考察，是推动新安宗族走向深入的重要步骤。新安固不乏强宗大族，但构成新安社会这个庞大共同体的仍然是众多的普通宗族。当我们去刻意地寻找具有典型意义的宗族的同时，也更应该去关注一下由于种种原因而无法进入我们视野的普通宗族，或许通过解剖这些看起来没有多少代表性的宗族，更能触及新安社会的原初形态。

① 笔者关注竹里，缘于2009年5月17与劳格文先生一行到绩溪县家朋乡竹里、梅干、松木岭做田野调查。当时，在梅干一农户家中发现了一批文书。随后，参与劳格文主持的“徽州传统经济、宗族与民俗调查与研究”项目时，便决定选择竹里作为考察点。这批文书共有90余件各类单据，如上下限完粮执照、便民易知由单、丁漕上下忙串票、验契附捐收据存照、印花税票、买契执照、尾契等；8份结婚礼单，记录了聘礼、盒礼、节礼、期礼、笄礼、舆礼等婚俗礼节中各类项目的开支；5份族谱类资料，包括康熙、民国时期的两部《周氏重修族谱正宗》和《嫡派一脉世系》《周氏支谱》草谱，以及《周宗祠租谱》；10份进行堪舆、占卜用的“福书”；180余份契约，这也是该批文书的主体部分，共有议墨、典约、卖契、买契、便契、合同、批据、阄书等各式契约。笔者与安徽大学社会系刘目斌博士曾先后四次到竹里做田野调查，分别是2009年8月13～15日，2010年5月16日～19日，2010年8月11日～15日，2011年10月4日～8日。分别对十余位老人做了比较深入的口述史访谈，受访者分别是：竹里，周光熙（86岁，已于2011年8月去世）、周国发（73岁）、周来宝（76岁）、周春（74岁）、周海福（74岁，解放前在云路庵过做和尚）、周来义（77岁）、周光模（63岁，原村支部书记）、周光模母亲（86岁）；梅干周冬权（86岁）、周永水（74岁）、周明金（90岁）。另有1949年前在云路庵做过和尚的周全寿，74岁，失聪失明，无法再做访谈，殊为憾事。此处罗列的各位受访者的年龄，均为2011年时统计。

第一节　竹里村的地理环境

竹里，以其地水竹丛生而得名，今名仍存，属绩溪县家朋乡。家朋位于绩溪东北部，距离绩溪县治所在地华阳镇40余公里。东与荆州相邻，为山区地形，东南高，西北低，东南与荆州交界的九龙戏珠、荆礳岭等山峰，海拔均在1200米以上，大小溪水皆由东南流向西北，戈溪河是农田灌溉的主要河流，境内山多田少，土地贫瘠。[①]竹里所处山脉属天目山西段大赣山麓的门前岩脚，村子坐落在群山交汇处的山间谷地，村前有黄龙山、旗山、飞凤山、门前山、鼓山，村东南有莲花峰，村后有铁巾山、牛栏坞山、大、小钟形山、来龙山、云路山，村人称村后之山呈五马奔槽之势，周氏始迁祖困公之墓即位于槽嘴处，向东南望去，视野开阔，能俯瞰全村。村落周围的山势棱嶒峭拔，险峻万状，“其村之形胜，九龙鄣其东，天马环其西南，望山云则甑峰玉屏，回峦而耸秀，北枕大阜，则貔貅狮子倚伏尔”“间尝一至其地，遥

竹里村村貌

①《绩溪县村都》，绩溪县图书馆藏；绩溪县地名办公室：《绩溪县地名录》，1988年，第95～97页。

见莲峰耸秀，天字嶙峋，云踞探奇，楼台相望”。[①] 村落外围有海拔 1349 米的饭甑尖、海拔 1278 米的黄茅尖、海拔 1109 米的门前岩，以及山云尖、台炮尖等山峰。竹里赖以为生的水源来自村东南方向约 4 公里处的麻果堨，蜿蜒曲折的水流进入竹里后沿着山势穿过整个村子。[②] 据周光熙等人介绍，1949 年前竹里村内外散落着 36 眼井、72 口塘，既满足了村民的生活用水需求，也能够进行农业灌溉。周氏依山筑舍，就势建房，房屋分布在水流两边，村落布局南北扁平、东西狭长。村东为入口处，近看村落山岭环伺，松杉茂美，绿竹浓荫，但离开稍远，村子便掩映在满目青翠之中，与周围山体融在一起。村西的地势比较平坦开阔，与霞水村咫尺相望。如今，通往霞水的乡间公路开在半山腰中，坐车穿过竹里时，整个村子尽收眼底。

由于竹里处在群山之中，过去对外交通非常不便，东南方向，翻越山岭经和阳、荆州，过昌化，到杭州。西北方向，可从戈溪河（水阳江正源，属长江水系）到今三十八号桥，与金沙河汇合入西津河，至宁国入水阳江，再顺清弋江到长江，转向上游的汉口和下游的南京、苏州等江南地区。到县城华阳镇，要经霞水，翻过伏岭，过胡家、龙川，步行 40 余公里才能到达。山限壤隔的地理环境，虽然阻碍了竹里人的外出，但也给了竹里天然的屏障，使得竹里能够依山阻险以自安，保持着相对平静的发展局面。

唐末周团初到此地，“以山水清幽，翠竹蓊郁，徙居其地，以为避乱桃源也”。

① 民国《周氏重修族谱正宗·序》。

② 村民一再提及麻果堨是竹里和松木岭共用的水源，即使到现在，村里所用自来水亦从麻果堨引来，是竹里人的主要饮用水源。竹里与松木岭还因水源问题产生了争水传说，相传竹里周氏最先迁居，原本多引此水源灌溉田地，松木岭其后迁至距离水源不远处，双方便产生了用水纠纷。一时相持不下，上讼至官府。县太爷无奈出一招，烧红一双铁制的靴子，看谁敢穿。竹里中门太公穿上靴子，牺牲了性命，水遂判于竹里。竹里周姓便建堨引水灌田，但因松木岭人偷水，后有周姓太娘每天在此看水（2010年8月13日，在绩溪县家朋乡竹里村周国发家中的访谈）。麻果堨由周氏第23世祖寰宇公周应爵修浚，陈宏谟曾作《麻果堨记》，详细记录了麻果堨的地理形势及周应爵修浚的情况，收录在康熙《周氏重修族谱正宗》中。抄录如下：丙申孟冬，余尝偕周君懋公游山云寺，眺莲花峰、一线天诸胜。自竹川东行，由横山路经云路馆前，度大岭，有山涧焉，从高而下，白练二泓，逶迤曲折，俨如瀑布，大可运碓。余始异之，及度岭而南，沿山蓦磡，或横山腰，或逾冈阜，约五六里许，将近莲花峰麓，则巨石嶙峋，犬牙相错，或出石罅，或伏石底，通沥不常，要无渗漏。又进数里，则垒石无数，如鳞次栉比，此水大都皆由暗度，天巧不足，则以人工济之，有一堨焉。路旁石壁，有大书石刻数行，岁久石泐，字多漫灭，不可尽识。询之懋公，则曰：“此予先太祖寰宇公所筑，田亩资其灌溉，子孙世食其利，曾载志书，今壁间所志者即其事也。”予作而叹曰：“甚哉！水之为利也，昔禹平水土，先尽力于沟洫。秦人作郑谷渠，关中遂成沃野无凶年。视此堨之筑，虽利之大小不同，要其为利，于民一也”。盖此水之源出自莲花峰前界石山顶，余至山云寺处半山中殿前，天井水皆平满澈底，澄泓游鳞可数，流注山麓，积而成涧，若非此堨则顺流而西，注于他乡，竹川之涸可立而待。于此见公之浚此堨，为力甚劳，为虑甚长，为利甚溥，而不以不记。

时至清末社会变革之际，竹里依然“俗尚朴僿而淳古，多业农林务耕作，不事游惰，有宗祠有会社，室庐栉比，道路修整，田尽辟而山不童，是一自治雏形也”。[①]竹里周氏就在这相对封闭的环境里世代相沿，香火不绝。

第二节 竹里周氏宗族的发展脉络

新安周氏的始迁祖是周垚，唐僖宗中和元年（881）任歙州刺史，其自署府门云：“三十六莲峰，此邦大好山水；五千石俸米，吾民多少脂膏。”时人称为妙对。周垚上任时，正值黄巢之乱，下车即开仓赈济穷民，操练州兵，使民守望相助，州境以安。周垚因喜爱绩溪山水幽阻，便从庐江迁居绩溪周坑，徜徉于泉石之间，终老其生。门生故旧感戴其盛德，立祠以祀之。[②]周垚生固、国、困三子，长子周固后徙居歙县小路口，次子周国留守周坑，三子周困在南唐年间徙居绩溪遵化乡的竹里。

收录在族谱中的传记称，周困性情澹泊，不慕荣利，以诗书自娱，最爱竹，尤好山水游。“偶至遵化乡，以其地山水清幽，爱悦之。遂由周坑迁其地，种竹赋诗，以为乐，名其地曰竹里”。[③]周困先后娶程氏、饶氏，生子德正，死后与程氏合葬竹里玉壬山丙向，周困便成为竹里周氏的始祖。从此，周姓子孙繁衍不绝，支分派别，以数十世计。周困后代也屡次外迁，第四世周寿迁居宁国周湾、周建茂迁居宁国北岸，第五世周必发、周必达迁居宁国蔷薇坑，第七世周彦才迁居绩溪大石门，第十三世周荣一迁居绩溪下水村，第十九世周琏迁居绩溪梅干，第二十世周伏宁迁居昌化县北坞，第二十一世迁周远嵩迁居绩溪勘头。在所有外迁的族人中，与竹里保持着最为密切关系的当数迁居梅干的周琏一支。村人提及，梅干地界原为竹里周姓人的山地、田地，竹里人为了做农活之便，便渐渐地在此地定居下来，繁衍

① 周懋和：《竹里图记》，民国《周氏重修族谱正宗》卷十二。
② 汪鋐：《始祖唐歙州刺史孝惠公传》，民国《周氏重修族谱正宗》卷十二。
③ 周赟：《竹里始祖季爽公传》，民国《周氏重修族谱正宗》卷十二。

成新的聚落。在周氏宗祠遭到破坏之前，[①]梅干人过世之后均要到竹里周氏祠堂内“进牌”，即俗称的“梅干死人，竹里进牌”。梅干人在山上下葬的当晚，家人便点着火把引路，孝子怀抱一只公鸡，至竹里总祠，总祠内存放着书写周氏全族男丁名的布簿。届时，将公鸡冠子上掐出一滴血，在亡人名字下方按一血迹，表示此人已亡故。此外，在竹里周氏宗祠被破坏前，梅干人每年春节、清明均要到竹里祭祀祖先。时至今日，凡祖坟在竹里的梅干人依旧要到竹里上祖坟。由此可见，从竹里迁出的梅干人与竹里之间深厚的渊源关系。[②]

梅干村全景

在竹里周氏宗族的发展史上，有两个时期非常重要，对宗族制度的建设乃至竹里村落信仰空间的建构影响深远，一是明末清初，二是清朝咸同年间。从康熙《周氏族谱正宗》的世系表中能够清楚地看到，在第十八世道兴之前，记录都非常简略，仅有名字、娶氏、墓葬及生子情况，但是到道兴时，对其之下的记录明显详细起来，多数人名下有用简要的语言概括其生前所做的事迹。也正是这寥寥几笔，给我们提供了丰富的历史信息。

---

① 即周氏总祠，竹里另有上、中、下、南四个支祠，即老屋，上门祖是积公、荣公，中门祖是琏公，下门祖是文公，南门祖是鑑公。查阅谱系，得知他们都是第十九世人。据2010年8月12日，在绩溪县家朋乡竹里村周光熙家中对周光熙的访谈。

② 据2010年8月13日，在绩溪县家朋乡竹里村周国发家中对周国发的访谈。

明末清初竹里周氏主要人物及其主要事迹一览

世系	名号	排行	生卒年	生子情况	主要事迹
18世	道兴，字国器		生于宣德八年(1433) 卒于弘治二年(1489)	生子六：积、荣、鉴、琏、瑄、文	任湖广辰州府崇赢仓太使，再任象山县主簿
19世	琏，号龙泉	道兴四子	享年89岁	生子四：永才、永英、永富、永福	风度雍容，处事应变；恩例寿官；娶坑口御史廷召公胞妹章氏。
20世	永贤，号金溪	荣公之子	生于成化十七年(1481) 卒于嘉靖十六年(1537)	生子一：万	公正明达，乐善好礼
20世	永隆，号菊园	鑑公长子	不详	生子四：邦、郡、郊、祁	雅好宾客，善饮能歌，谨慎谦让；嘉靖时，尝修谱牒
20世	永昌，号兵山	鑑公次子	不详	生子四：严嵩、祥嵩、寿嵩、兴嵩	国学生，好礼尚义，爱众亲仁；修造阳司岭内外石路，乡间称善
20世	永芳	鑑公四子	不详	生子三：淳嵩、汉嵩、汴嵩	习《诗经》，邑庠生
21世	万，一名万嵩	永贤之子	生于弘治十二年(1499) 殁于万历十五年(1587)	生子三：仲仁、仲伦、仲俊	习书经，邑庠生；持己以诚，接人以礼
22世	仲伦，字仁叙	万公次子	不详	生子三：应辉、应碧、应列	刚毅正直，立身忠信；督造宗祠，三年不懈

续表

世系	名号	排行	生卒年	生子情况	主要事迹
22世	仲俊，号竹庵	万公三子	生于嘉靖十六年(1537)卒于崇祯二年(1629)	生子三：应禄、应爵、应贡	割股疗亲，捐资赈济；恩诏寿官；公之齿德俱尊，巍然一乡之望，邑令屡请大宾。丁卯年(1567年)，阖族宗祠虽建，尚未落成，有大喜庆，则捐助益之门前石鼓，实公所助称觞之日
22世	仲甫，字遐宁	严嵩长子	生于嘉靖十年(1531)卒于万历二十一年(1593)	生子四，应乾、应祚、应朝、应参	由国学以修书入监，授湖广岳州府澧州通判，署临湘县事。粮道王委解粮至华阳顺义，王念其多能，奖之曰"彭泽高风"，复奏闻神宗皇帝。万历六年(1578)予以诰敕，称其为政谨法，勤慎弗懈
22世	仲立，字建宁	严嵩次子	生于嘉靖十五年(1536)卒于万历二十年(1592)	生子一：应试	爱莲花峰高插云汉，秀绝华阳，筑东风书屋，以为子孙肄业之所。凡仲甫公勤劳王事，无内顾忧者，以公为之左右也。嘉靖十年间，创建宗祠，即慨捐百金，为众率先，以妥先灵。(笔者注：此处所指嘉靖十年间应当不是指具体年份，否则便是有误。因嘉靖十年，仲立尚未出世。上文提及丁卯年宗祠虽建，尚未落成，推测宗祠建立当在1567年。若考虑到宗祠建设需要时日，则难以确定其具体开建与最终建成的时间，惜乎无其他史料可以佐证)
22世	仲吉，字廸宁	严嵩三子	生于嘉靖十八年(1539)卒于万历元年(1573)	生子三：应凤、应林、应凰	(仲立公捐建宗祠)，仲吉亦如之，复修阳司岭路履如平坦，至今利人往来。公绝羡丰姿，望如芝兰玉树，裘马翩翩，里中一切，人争羡之，不减潘岳当年。性复巧慧，凡人物鸟兽虫鱼花卉，摹画如生。祠中梁桷斗拱皆其手画，手工雕镂，栩栩犹有生气

续表

世系	名号	排行	生卒年	生子情况	主要事迹
23世	应爵，字寰宇	仲俊次子	享年71岁	生子五：嘉宾、嘉谏、嘉臣、廷献、廷标	岁饥赈米，浚果堨，开石岭路；有不能婚葬者，捐资助之；恩例寿官
24世	嘉宾，号云都	应爵长子	生于万历二十四年(1596) 卒于康熙十年(1671)	生子四：文冕、文景、文煜、文暹。	习书、经，国学生；居家孝友，捐米济荒，慷慨伟略，都人德焉。尝建云路禅院，置产延僧；设建支祠，春秋享祀。生女一，适大坑口少保胡宗宪之曾孙，习书、经，郡庠生胡赓先
24世	嘉谏	应爵次子	生于万历二十六年(1598) 卒于康熙十五年(1676)	生子二：文歧、文显	聪明俊雅，才略过人
24世	嘉臣	应爵三子	生于万历三十五年(1607) 卒于康熙二十二年(1683)	生子四：文雅、文友、文素、文世	资性颖悟，工于操琴
25世	文冕，字元甫	嘉宾长子	生于天启三年(1623) 卒于康熙十六年(1677)	生子三：思兼、思昭、思式	年嗜学博览，几无遗书，作文自出心裁。应戊子试，文宗得其卷，大为鉴赏，入邑庠生。筑云路山房以适其(父嘉宾)志，而温清定省无废仪。嗣是百务缠身无虚日，公懼箕裘失坠，乃督诸季四人共理家政，举前业而恢张之，是以守而兼创者也。至其居躬谦退恂恂，不以贤知先人，以故乡党人多称之
25世	文景，字景文	嘉宾次子	生于崇祯二年(1629) 卒于康熙四十七年(1708)	生子二：思熊、思喜	习诗、经，郡庠生；躬行孝友，敦尚信义，周恤乡邻，人皆推重。好娴静，嗜书籍；管别业于横山路，以课诸子

续表

世系	名号	排行	生卒年	生子情况	主要事迹
25世	文暹，字无疆，号介石	嘉宾四子	生于崇祯六年（1633） 卒于康熙四十八年（1709）	生子五：捷、拔、揆、擢、挺	郡庠生；秉心忠直，乐善好施，乡里间有贫不能自给者，恒倾囊以济之；至借贷之家，人有负者，亦不计其偿，仍焚券示之。且多行隐德，凡里中有桥梁修造诸善事，辄资助之
25世	文歧，字圣生	嘉谏长子	生于天启二年（1622） 卒于三十五年（1696）	生子一：思睿	精地理，善诗词，正直厚道，笃实君子也

资料来源：康熙《周氏族谱正宗》卷九《团公下世系》，卷十三《传·竹里》；民国《周氏族谱正宗》卷三《团公下竹里世系图》，卷十二《传记》

从上表可以看出，周氏宗族至第十八世周道兴时，开始出现转机。虽然我们无法确知周道兴任湖广辰州府崇赢仓太使，再任象山县主簿时，家庭经济如何，但从族谱记载来看，其子孙已非普通民众，四子周琏开始在梅干定居。如果其六个儿子尚无较为突出的表现，那么，到了其孙子这一代则明显强于父辈，如永贤“公正明达，乐善好礼”，永昌“好礼尚义，爱众亲仁，修造阳司岭内外石路，乡间称善”，周道兴家族俨然是地方上颇具声望的乡绅。此后，其家声渐扬，代有可圈可点的人物出现。如其曾孙，第二十一世周严嵩，家财已相当可观，人称“公家甚饶裕，财产甲一乡”。[①]随着家道中兴，周氏开始在地方社会公共事务与宗族建设上有所作为。如二十二世周仲立筑东风书屋，以为子孙肄业之所；周仲吉捐资重新修造司阳岭内外的石板路；周仲甫“岁饥赈米，浚果堨，开石岭路”。二十五世周文暹资助里中修造桥梁诸善事。这些都是周氏族人投身地方社会公益事业的例证。由于周氏是聚族而居，这也在一定程度上团结了族人，推动了周氏宗族的发展壮大。

更为重要的是，在这些族人的努力下，周氏宗族的制度建设得到了发展。首先是修纂族谱。嘉靖二十年（1541）正月，“我周父老子弟以宗会，谓宗法久废，谱牒宜纂”，推举仲弘担纲修纂宗谱。当年七月完成，共7卷，用费100缗有奇。[②]康熙五十四年（1715）十月，意在统合新安周氏始迁祖垚公之子固、国、囦三公支下，具有统宗谱性质的周氏族谱开始编修。次年腊月，告成付梓。此次修谱共计板1100块，印成84部。除科丁银外，族人好义者捐输鸠工庀材，囦公派下共捐银133两，其中竹里捐输60两。此次修谱，首倡者为竹里的周思式和湖里的周善达，总理为竹里的周思老、周思宣和昌溪的周齐贤。另外，竹里担任司事者35人。至此，周氏族谱已编修四次。修谱难，守谱更不易。周氏宗族鉴于宋元以来谱牒虽有修辑，但距时不远即零落散弃，难寻宗族脉络的现状，专门对领谱做出了详细规定，严禁族人冒领、盗卖族谱，对各派领谱的数目登记在册。《领谱小引》称：“谱之作，将垂诸奕禅以昭示来兹也。然时异势殊，保无有饱于蠹鱼，污于鼠雀者乎，有侵于风雨化于灰烬者乎。是故修谱诚难，守谱亦不易，而有感焉。子孙而贤，什袭藏之以毋忘今日也。苟其不贤，保无有贪婪贿赂粥之，非种献之豪右者乎。盖后之视今，犹今视昔。宋守座公尝谱族矣，其谱今已失传；元

① 祜《仲立公仲吉公合传》，康熙《周氏族谱正宗》卷十三《传 · 竹里》。
② 康熙《周氏族谱正宗》卷一《旧序 · 仲弘公叙》。

约山公又谱族矣，惟世系一编仅存竹里；明景晟公、文化公、永隆公又谱族矣，领归者几满百，今惟昌溪、竹里、湖里者存焉。而市西周坑者则已售之旌阳，而旌阳之人且改固公为朗，乱我宗祧矣。噫，今幸有昌溪、竹里、湖里之谱存也。如皆狼藉，不几巢夺于鸠，径流于渭乎？愿与诸同谱约，自领归后，宜珍之如珙球也，宜敬之如祖考也。毋饱于蠹鱼，毋污于鼠雀，毋侵于风雨，毋化于灰烬，而更毋粥之非种，毋献之豪右。计领谱共一十六处，取诗词一十六字每处各编一字，每字各编数目。如无所编字号，即系伪谱。察出，邀同统族公议究治。凡我同谱，宜共念之。其诗曰：昭兹来许，绳其祖武。亿万斯年，受天之祐。”

其次是建造祠堂。隆庆元年前后，周氏宗祠开始建造，二十二世周仲俊在隆庆元年因宗祠虽建，但尚未落成，便捐助宗祠门前的石鼓。22世周仲甫慨捐百金，以妥先灵，其弟周仲立“亦如之”，并亲手画出宗祠中的梁楣斗拱，交由工匠雕镂，“栩栩犹有生气”。由此可知，周氏宗祠的建造主要是由明代嘉万时期的二十二世族人负责。

这一时期，对竹里村落空间结构产生重要影响的人物是二十四世的周嘉宾。嘉宾，号云都，自幼颖异，器量过人，奉亲至孝。崇祯年间，因“才略迈众，兼善陶白术”“邑宰知其能，辟为委吏，谨盖藏，慎出入，而仓库丰盈，克称职”。后坚辞不就，专习举子业，于崇祯十六年（1643）被补为国子监生，洵为群贤领袖。江山易代之际，退居乡里，“延名师集益友，严立课程，以训诸子，而诸子皆联翩而起”。嘉宾田园丰裕，遇乡里穷者周之，乏者恤之，救荒赈饥，“歌声几遍道路”。其后，“有积蠹计欲侵其余润，公以理拒之，遂怀忿，会巡按公驾临徽郡，蠹胁乡棍之无知者罗织其词，以诬害之”。[①] 嘉宾长子周文冕“奋不顾身，百计求释，凡辩诬呈词，皆出其手，黑白既分。巡按公深知其枉，立洗其冤”。[②] 此次事件之后，嘉宾厌世道崎岖，人情险巇，便与方外者游去，出家为僧。周冕见无法阻止，便建造云路山房以适其志。[③] 不过，据族谱中嘉宾传记的记载，称嘉宾“居里许营魏殿于云路山，殿后建准提阁，阁西造奉先祠。祠之前曰云路馆，馆之右曰望月楼，而居其中焉。谢宾客

① 胡枝芳《云都公传》，康熙《周氏族谱正宗》卷十三《传·竹里》。

② 胡枝芳《元甫公传》，康熙《周氏族谱正宗》卷十三《传·竹里》。

③ 据周光熙、周国发、周海福等人的口述，嘉宾是因与霞水村的胡寿亭打官司失败，无颜回家，便到尚村出家做了和尚。嘉宾之子就在竹里建了云路庵，买了几个和尚，请嘉宾回来住持。上门子孙并捐了18亩山、18亩田、18地，作为寺里的财产，即竹里人世代相传的“三个十八”。

绝往来，日以饭僧奉佛为务，终其天年，享寿七十有七”。云路庵、准提阁、奉先祠、云路馆、望月楼，构成了竹里村东一个颇为壮观的建筑群，人称此处“梵宇庄严，楼台相望，名花异卉，并埘其间”。[①] 云路馆可以视为周氏的家塾，是周姓子孙的肄业之所。奉先祠主要供奉周氏上门分祠的祖先。此后，云路庵香火渐盛，和尚不断增多，周氏族内也有数位出家为僧者，如二十六世思三、思寿，二十九世社五皆出家做了和尚。民国年间，云路庵和尚因内部不合，分为东西两边。不过，两边还是合资在庵后面建造了大佛堂，置有大鼓、大钟，规模宏敞，前来烧香的信士络绎不绝。据周海福回忆，云路庵为三间，中间是庙，供奉佛像，两边是和尚住处，有四五个和尚，香火比较旺盛。

清道光、咸丰年间，在周氏宗族发展史上出现了几位比较有影响力的人物。道光三年（1823)，四世淳、渊、涛三公后裔联合起来重修囦公墓。[②] 道光四年，经商起家的三十世周顺春捐资倡建云都公祠，并亲领其事，始终不怠。其后祠内重要的器物被盗，窝藏在势豪之家。族人不敢索要，周顺春挺身讼于县宰，最终追回了失物。云都公下又有山业被许姓占去，周顺春捐资执据告到邑宰，退回原业。[③] 另有三十世周顺异因家贫而从贾，他利用竹里山脉绵延，杉木产量丰富之利，往来贩卖木材，并研究种植之法以开辟利源，乡人渐次仿效，森林业日渐发达。[④] 三十世周顺定少年失怙，常以未读书为憾事，便改习贾业，奔走他乡。在宁国港口镇经营商业，家资渐裕，遇族中贫患求告者，无不资助。[⑤] 其他如周启煌“乐善好施，岁饥捐米赈济贫民”。[⑥] 三十世周顺岐“热心公益，邑尊委任经董，奖赠八字‘老成稳重，办事

---

① 雷恒《周介石公传》，康熙《周氏族谱正宗》卷十三《传·竹里》。

②《重修囦公墓志》抄录于此：

常人之情，□不同里则相遇比疏，生不同时则相思不切，此自然之势也。虽然古之忠臣孝子处君父之变，云山万里，不惮其劳，上下千秋不忘其本，又何况乡党宗族一脉之亲哉。我周氏二世祖囦公始迁竹里，卒葬竹里，迄今三十余世矣。公之裔由竹里而分迁者且数十余族，乃旧岁既合修三世祖德正公墓，今遂上及囦公之墓而续修焉。力役者无所逡巡，输金者不待怂恿，此仁孝诚敬之至，追远报本之情，所不容自己者。公讳爽，官歙州太守垚公之季子也。孺人程氏、饶氏，程氏与公合墓，饶氏别迁葬于周村。子德正公，官江夏教谕，今居新安及宁之西浙之东，凡属淳渊寿三公派下者，皆其裔也。皇清道光三年壬午科岁进士三十四世侄孙启盈顿首敬撰

淳渊涛三公后裔仝立。

此墓志在竹里囦公墓前，至今保存完好。

③《顺定公顺春公合传》，民国《周氏族谱正宗》卷十二《传记》。

④《雨亭翁生传》，民国《周氏族谱正宗》卷十二《传记》。

⑤《顺定公顺春公合传》，民国《周氏族谱正宗》卷十二《传记》。

⑥ 民国《周氏族谱正宗》卷五《囦公下竹里世系图》。

实心’”。[①] 他们因从商而起家，而又无一例外地对宗族事务保持着高度的热情，积极捐资支持宗族建设，帮助贫困族人，推动宗族的发展壮大。

咸丰九年（1859），太平军攻进徽州境内，绩溪县因地处徽州府与宁国府之间的通道上。僻处山区的竹里也没能逃脱战火的蹂躏，咸丰十年，太平军逼近竹里，周氏族人仓皇躲入山间，其后又有一股太平军由昌化、荆州翻山越岭而至。竹里受到的破坏非常严重，许多房屋被焚毁，太子庙、周氏宗祠也因之荡然无存。战争结束后，周氏宗族开始进行村落的重建工作。梅干的二十九世周启岐约其宗人倡议复建周氏宗祠，族人都认为工费巨大，面有难色，周启岐便与族人周顺昇力任其难，激劝备至，最终和族人鸠工庀材，先修复了宗祠的两庑与寝室，进栗主，修祀事，清厘祠产。虽然一切都很简陋，但终归使得“兵燹后竹里祠之得以妥先灵，举祭事”。[②] 周启岐之子周兴维担任修祠工程的出纳，谨慎从事，受到族人的称赞。宗祠初步修复后，对原先毁坏的祖先牌位重新进主，并邀请分迁各处的囦公支下子孙捐牌费，四世可二公自竹里迁居石歙，其子孙接到邀请后，考虑到自身也要修复祠堂，用钱甚多，只得捐钱50两，为“二十二世祖社顺公及孺人徐氏、俞氏、程氏于老祠进一神主，配享血食，其余群昭群穆皆无从安置”。[③]

由于周兴维在宁国港口镇经商，家资富饶，他对竹里造桥梁、饰亭舍、修道路等公共事业也莫不慷慨解囊。[④] 周氏族人还用小石子铺了三条人字巷，规范了河道塘井。竹里现存的太子庙也是在当年得以重建的。为维系祖先记忆，民国元年（1912），周顺昇以宗谱年久失修，发起续修，与宗人启海总其事，订立规程，慎重行事。前四次修谱都是周氏始迁祖垚公支下三派统修，此次所续由竹里一方单独发起，他们称“凡由竹里分迁各派愿来合修者，皆统系之，示统宗也”。此次续修，大石门、鱼龙川两处族人反应较为积极，参与进来的其他各处多是支单势薄者，这从散谱统计的数目可以略一二，竹里、梅干领27部，北岸1部，墈头1部，霞水村2部，北坞1部，富岭2部，大石门12部，鱼龙川3部。上文提到的石歙则单独进行了修谱，他们称竹里修谱首事启海、凤岐曾相劝合纂，他们考虑到“石歙村名与岨

① 民国《周氏族谱正宗》卷五《囦公下竹里世系图》。
② 《旅西先生家传》，民国《周氏族谱正宗》卷十二《传记》。
③ 宣统《绩溪仙石周氏宗谱》卷二《祠堂记》。
④ 《兴维公传》，民国《周氏族谱正宗》卷十二《传记》。

夷堂名，实属鄙俗不雅，欲独修，为之改易”。石歇与竹里在同一年完成了修谱工作，并改“石歇”为“仙石”，“岨夷堂”为“善述堂”。这次修谱的具体情况，不得而知，或许其真实的历史场景远非简单的记载所能涵纳。

第三节　竹里信仰空间的建构与会社活动的开展

在周氏族人的世俗生活中，除了日出而作、日落而息的农业劳作外，烧香祈神，祭祖祀墓等也是重要的活动事项，太子会、大年会、施孤会等名目繁多的会社活动，成为他们日常生活须臾不可分割的一部分。通过梳理周氏宗族的脉络，可以看出竹里村落的开发与其发展同步进行，竹里逐渐形成了一个比较独特的信仰空间格局，村东以云路庵为中心，有奉先祠、准提阁、大佛堂，村西水口处则有关帝庙、汪公庙、社庙、五猖庙、观音阁、土地庙环伺在槐花墩附近。周氏宗祠坐落在距离水口约 200 米处，自宗祠向东约 100 米处为南门支祠，太子庙位于支祠后面。

虽然没有可以确定上述庙宇建立时间的直接的文字记载，但是在康熙《周氏族谱正宗》卷十四中，收录了“大宋故处士囦公同孺人程氏之墓附晓公同孺人胡氏壬山丙向”墓图，图中绘有村落周围的山水、道路与村内的宗祠庙宇，该图实际上也可以视为竹里的村落图。图上明确标示着现今的水口处有关帝庙和大士阁，关帝庙左后首也画着几处建筑。据我们实地调研时周国发等人的实地指点，并结合当今竹里人在槐花墩修复起来的关帝庙、观音阁、土地庙等庙宇，基本上可以确定，在水口处，自东向西依次是土地庙、五猖庙、社屋、关帝庙，大士阁（观音阁）、汪公庙在关帝庙背后约 20 米的山腰处。其中，汪公庙在左，大士阁在右稍居上，该处地势平坦，汪公庙规模较为宏大。① 竹里人一般在二月十九、六月十九、九月十九拜观音，新婚者或求子者前来烧香的比较多。到关帝庙烧香的时间是在七月半、八

① 民国时期，汪公庙被改为竹里小学堂，庙宇改作大会堂，观音阁辟为教室，菩萨像没有毁掉，而是用竹帘遮住，庙前空地成为操场。霞水、尚村、坎头等附近村落的适龄儿童皆来就学，胡家、和阳等稍远处的学生全部住校，因教育质量高，学生由四五十人增加到90余人。1944年，被改为戈溪乡第二中心小学，名誉校长是周德之，教师有周明尘、周光熙、唐和鸣、唐加华、汪则纲等。

月半，过年时也要过来烧香。

汪公庙，又被称为大帝庙。汪公庙建于何时，因史料所限，无法得知。但目前留存的两份汪公会文书，一份是乾隆五十四年（1789）琏、齐公派下为保护会产而立的合同议约，另一份是乾隆五十八年（1793）因抢收会产而起的禀状。从中可知在乾隆年间，汪公会是周氏族人中比较重要的一种会。不过，上文提到的墓图中并没有标出汪公庙，而关帝庙、大士阁、云路庵却明显标出。汪公庙作为竹里影响比较大的一座庙，如果在乾隆年之前已经修建，墓图中应当会有所显示。所以，结合现存文书记载，可以推测汪公庙大约是在乾隆年间建造。

竹里村水口槐花墩

竹里水口关帝庙

土地庙除了槐花墩一处外，墓图中还明确标示出在玉屏山和大钟形向里延伸的地方有一座土地庙，其具体位置大致在现今从竹里团公墓后的山岭翻越过去可以抄近路到坎头的山顶处，还有一处土地庙在现今周国发家的门前，供奉着木头形的老爷。村东也有一座土地庙。

竹里水口观音阁

社之起源甚早，中国作为农耕文明古国，“封土立社，示有土也”的信仰也由来甚古。到了明代，民间立社有“始于洪武，成于嘉靖”之说。[①] 洪武三年（1370）朱元璋“诏天下乡民立社”。[②] 所谓“洪武礼制，每里建立里社坛场一所，就查本

①《橙阳散志》卷十《艺文志上·重建慈化西社记碑》。

②《橙阳散志》卷六《礼仪志·祭祀》。

处淫祠寺观毁改为之，不必劳民伤财，仍行令各乡图遵行”。嘉靖五年（1526），明朝政府重新申令地方立社，要求将各处立社处所等情况“备造文册，各另径自申报，以凭查核”，并以此作为衡量“有司之贤否”的依据。① 在官方的鼓励下，新安之社的兴立，在明中期以后更加普遍。郑力民曾指出，新安的社屋，自建之初即奉有神，但也奉祖。至明朝中期，随祠堂的出现，它在被独立建造后，亦即成了神的专属之地。②可见，竹里的社屋至晚在明嘉靖以后出现。嘉庆《绩溪县志》载："二月戊日，祀社，春祈秋报，岁凡二举，里自为域，献联醉酒，尚遗古风。社神为男女二像，庞眉皓首，呼为社公社母。社前有雨，谓之社公雨，言社神不食宿水。”竹里村的老人至今仍称社屋为社公、社母。由此也可以得知，竹里社庙的烧香时间。

综合以上分析，可以推知，竹里村西水口处的信仰空间的形成应该早于云路庵。

据周光熙等人介绍，1949 年之前，槐花墩除了槐树之外，还有一棵非常大的枫树，后来遭到破坏，现仅存槐树和银杏树。竹里还流传着有关槐花的传说，杭州发生瘟疫，汪公老爷前去卖槐花，治好了瘟疫。因为汪公老爷卖槐花不要钱，杭州人知道绩溪县十五都竹川有座汪公老爷庙，为感念他的恩惠，很多人前来烧香。③ 在今天观音阁的修造处，保留着用石头垒起的簸箕形的台阶，竹里人称为垫阒口（译音），其主要用处是把从上面流下的泥土砂石聚集起来，意为留住财富不外流。关帝庙建在槐花墩上，向南正前方对着两座山的豁口处，抬眼望去，满山绿色，水口之下流水潺潺，田畴横列，蝴蝶纷飞，景观殊为宜人。许多路人及卖药材、水果的商贩经过这里，都会在此处歇歇脚。

庙宇之外，竹里还有名目繁多的祭祀祖先和神灵的会，如大年会、太子会、汪公会、清明会等，作为适应一定社会群体的祭祀、互助、娱乐等需要而结成的组织，会既在一定程度上满足了村落、宗族与部分群体的祭祀需要，又能满足他们的经济需求，乃至文化需求。

大年会，又称保安会、龙舟会，定于有闰月的年份举行，一般三年一次。因俗称闰年为大年，所以称之为大年会，是为了纪念因保护百姓、守卫睢阳城而殉难的

---

①《橙阳散志》卷十《艺文志上·建立社坛示碑》。

② 郑力民：《徽州社屋的诸侧面——以歙南孝女会田野个案为例》,《首届国际徽学学术讨论会论文集》，黄山书社，1996年。

③ 据2010年5月19日，在绩溪县家朋乡竹里村周光熙家中对周光熙的访谈。

唐代忠臣张巡和许远，还有雷万春、南霁云两员大将而举办的。该会从正月中旬到十月在绩溪县乡村轮流举办，各村之间或明或暗地进行比赛，具有一定的赛会性质。闰年时，竹里和周边的坎头、尚村、霞水等村在农历二月依次举办大年会，等霞水开始办会时已经到了三月。每次会期不固定，一般为5～7天。具体负责大年会的主事者，称为“斋官”。是从家境较好、德高望重的富裕人家中拈阄确定的。在确定本届斋官的同时，也确定再下一届的斋官人选，称为斋尾。斋官确定后，由斋官选取若干名合适的人做会首，协助办会，斋官、会首饲养会猪，以备会上宰杀。办会的经费主要由斋官筹集，周氏宗祠给予少量补贴，有时亲戚也会资助一点钱与粮食。因办此会耗资大，有些斋官负担不起，[①] 为缓解经济压力，斋官多开设赌场抽头，在大年会开始之前就有人陆续前来赌博。到清末，大年会上赌博、吸鸦片的风气愈

---

① 嘉庆年间，因做会费用难支，无人肯做斋官，为维持大年会的正常运转，周氏宗族应望公派下决定将祠中助祭执事和做总头首搭配起来，规定如要做执事，必须兼做头首。

立议约，应望公派下裔孙思栢等，今因善会总头首支用实繁，陪费甚多，是以无人肯顶，为此特议将助祭执事控头首合做，做头首者兼做执事。自议之后，倘有不做头首强做执事者，众议罚银六两，抵还做头首者陪做总头之费。恐口无凭，立此议约三纸，各执一纸，永远存照。

嘉庆四年十二月　日。　立议约人：长房 绍铨(押)

二房 绍兆(押) 绍玥(押)

四房 思栢(押) 绍富(押)

中见 金久(押) 绍洪(押)

代笔 尚文(押)

同治年间，迁居梅干的周琏之子永财、永富二公派下对做斋官者贴补扇谷1200斤。

立议据人荃太、启交等，缘我祖龙泉公所生四子永财、永富、永福、永英四公，福、英二公流后无传，逐年祭祀均归祠内支当，至道光二十九年分到祠内抽出田租二十钓零以作二公清明，财、富二公派下各领，一公各领租十钓零。今为合社善会头名斋官九次轮，我派应当二次，每次约费钱百余两，均系苦丁，难以支持。因此，阖派相议，仍将抽出之租及二公祭祀照古归祠，以图聚少成多，轮遇我财、富二公派下做此斋官者，议定贴公秤扇谷一千二百斤，并议派丁。会场内点有执事者，准入总房吃饭。如无执事者，不准。毋得希图口腹，争长论短，以坏祖制。今欲有凭，立此议据四纸，各执一纸，永远存照。

同治九年三月　日。　立议据：荃太(押)

启交(押)

有富(押)

启明(押)

金沛(押)

启富(押)

大礼(押)

社太(押)

水法(押)

大和(押)

演愈烈，斋官的收入很大一部分来自开赌场的抽头。[①]也正因为大年会规模大，需费多，竹里在民国时很早就停办了。据1925年出生的周光熙称，他出世后就没有见过竹里办大年会，只是在坎头看过。据新修《绩溪县志》记载，大年会从定坛起会，相继有登舟、安圣、安五方、唱船、抢载、禳星、设粥（祝）、收圣、禳火、收火、祭旗、待宴、送圣等程序。因口述访谈所获有限，此处仅能复原竹里所办大年会的梗概，简述如下：

1. 会前请纸扎匠制龙舟和制旗

龙舟用纸扎制，染成黄色，画水浪、鱼虾，分24仓和36仓两种。大旗由斋官负责制作，四面小旗由周氏四门各制一面，制好后用五颜六色的纸包裹起来。同时要定下办会的具体日期，请和尚。会前由斋官组织打扫村落，清理河塘。会期第一天起土，安土，小和尚到村里每一户人家伙房去拜，把写有字的纸条用面糊贴在灶爷头上。登舟是大年会的主要活动之一，各神像在前一日装饰完毕，放在板台上，任人观瞻品评；夜间把神像移入宗祠。第二天清晨，由扎纸师傅点光成神，受人祭拜。和尚做法事，名为“出先锋接主帅”，主帅登坛，开始跳大王、小王，在村中游行三圈后登上龙舟。龙舟用竹编纸糊绘图彩精制而成，首尾昂翘，长约二丈许，宽约七尺，装在木架上。雷万春、南霁云两员大将脱下战袍露出铠甲，花团锦簇，威风凛凛。雷万春俗称大王，手执荷叶兵刃，立于舟首，南霁云俗称小王，手执令旗指挥，立于舟尾；舟中设两个官座，张巡、许远相对而坐。舟舷有水兵10余名，各执船桨。还有众多小神像，或吹号角或击鼓催舟，或鸣锣督促进退。游行完毕，放置龙舟上，按座次固定下来。抬舟移动神像，换地停下，村民撒花钱，放爆竹设祝祭拜。

斋五帝，是设五帝神像，即东方青帝、南方赤帝、西方白帝、北方黑帝、中方皇帝，按东南中西北顺序，安置于周氏宗祠中进，神像前铺陈琼碗。禳火，夜间民众举一火把，斋官以大红公鸡为前导，抬着神像绕村游行三圈。祭旗，是竹里大年会最为热闹隆重的一项活动。村外水口与宗祠之间的空地设祭旗坛，主帅登坛，号

---

① 清末绩溪县民情习惯即称：“绩多迎神赛会，风俗表详言之矣。若论多数人之目的，其愚者不外祈冥福祓不祥，其黠者藉此敛钱肥己，聚赌抽头而已”“剧场会期，赌棚林立，棚或数十人或数百人，宝摊、骰牌，色色俱全。秋成后，无论大村、小村，不啻以赌场为其俱乐部，通宵达旦，习以为常。然开赌之先又必于佐贰、衙门说费，纳则略无顾忌，成年子弟因此倾家破产者有之。”刘汝骥《陶甓公牍》卷十二《法制科·绩溪民情之习惯·丁·从团体上观察民情·子·集会结社之目的》，卷十二《绩溪民情之习惯·己·从道德上观察民情：犯罪以何项人为最多》。

令开旗，旗杆长约三丈，外面包裹的纸去掉，旗子瞬间打开，一时间彩旗飞舞，猎猎作响。总旗最后放开，由身高力强者做旗手。此时，杀猪宰羊，取血祭旗。至此，全村终止素食，开始吃荤。待宴环节，是大、小王去掉铠甲穿上服袍，和尚做过法事，祭拜后，龙舟抬出绕村游行九圈，其间由斋尾收圣。九圈完毕，龙舟封口装袋，也就是把纸钱、锡箔收来，连同圣像、大小王甲胄等物件一起装入船舱。随后，举行待宴，神前摆满山珍海味、鲜果佳肴，二十四副杯筷斟满米酒，上三轮香，敬三次酒。待宴完毕，把龙舟抬至水口外的田地里烧掉，即送圣。祭旗、送圣、出水口，皆由斋尾负责。

2. **太子会**

竹里的太子庙现址仍存，只是庙内已无神像，仅保留着一张道光十二年（1832）的石制长方形香案。据周国发等人回忆，原先的太子庙为一大间房屋，坐北朝南，签簿挂在西边墙上，原有两块牌匾，分别书写“太子堂”和“善恶分明”。太子菩萨由木头雕成，大太子坐中间，二太子在左边，三太子在右边。太子会会期定为每年农历八月二十三至二十五日三天，由太子头主持操办。八月二十三日上午开始，第一天上供品、烧香。第二天是供奉献祭之日，和尚说祝，祭拜太子菩萨，云路庵一

竹里村太子会旧址

般派出 4 ～ 8 名和尚参加。村人将各家做好的米馃整齐地排列于蒸笼中，敬奉于神像前，米馃要做得越小越好。同时燃放鞭炮、上香、烧纸钱，各家依次进行。第三天是太子会正日，太子老爷出会，就是太子老爷坐着轿子出会。出会时，将太子老爷先从柜子里抱下来，穿上新衣服，戴上新头盔。大太子（即老太子）后面还有张虎皮，披在椅子上一同扛过去，放在轿子里。太子老爷的新衣服提前做好存放在周氏宗祠里，轿子也放在祠里，八月二十五这一天才拿出来。三位太子乘坐的珠辇轿是木制的，为圆顶，镂空，雕刻龙、凤图案，制作非常精美。出会时，太子老爷领十八般武器，有山门铳、旗鼓、响器，燃放鞭炮，放铳三声，抬着太子老爷绕着竹里村转三周，巡游三圈。转的路线都是固定的，就是从太子庙里抬出来，抬到村东头入口处的大路上，然后往下走，走到村西头再从大路上下来，转到村前面的小路，呈顺时针来回转三圈，再回到太子庙里。太子会出游不到水口，至周氏宗祠即返回。竹里的太子会是民国时期办的时间最长的一种会，解放初还办过两次，现年 75 岁的周光模小时候在办太子会时还抱过太子像。

3. 施孤会[①]

又称三元会，即盂兰会，源于儒、佛、道三教。后衍为地狱、天堂之说，斋请天佛。为会众禳星求寿，奠基宗亲孤魂之举。会期有 3 ～ 7 天之别。1921 年十三都水村南坛社《三元会谱》载：由江南新安府僧纲司绩溪县会司出榜晓谕信士，于社坛设水陆道场，置亡人堂，供众神牌。竹里的施孤会举办时期不定，村里出现问题，人不平安或死人太多的时候才办一次。村里组织富家出钱出物，由斋官、会首主其事，有时从族田收入中进行资助，多在天气较冷，又是农闲时的下元节举办，一次 2 ～ 3 夜。主要活动是施粥、请和尚做法事、挂亡人榜，演目连戏，放焰口。其会之日，先树幡竿，施粥济贫，乞讨者可坐桌而食。然后挂亡人榜，血亲上溯五代，姻亲上溯三代的亡人一律列名上榜，历代元勋及榜止无名的孤魂野鬼均在超度之列。书榜张挂后，各户以及在外村的亲戚皆来看榜，有遗漏者补书更正。在香坛请和尚诵《金刚经》，做完法事后，派出三路施食队伍，外到闻钟岭（西坑上去 5 华里）、戈溪界牌石，里到云光岭。施食是沿途烧香、撒饭，给孤魂野鬼吃。晚上，从昌化请来的

① 嘉庆《绩溪县志》卷一《风俗》对施孤会有所描述："十月后，各乡井立施孤会，召僧设斋祀无主后之鬼，谓之放蒙山，又曰放瓩口，因即以所设食分给孤贫者。"

目连戏开始演出。

因资料所限，目前笔者对施孤会所包含的佛道内容还没有完全理解，现转抄一份坎头许氏举办施孤会的一份祭文如下：

太乙救苦天尊：今据徽州府绩溪县十五都信士许△△通家眷等，兹以中元令节，济度之期，谨设斯筵，先伸召请值日奏士功曹谨虔忱百拜，奉请南无大慈悲救苦难观世音菩萨、三元三品三官大帝、北极真武仁威玄天上帝、本家安奉长生香火土地门丞、本社社令大神，同赴香筵。盖因下元赦罪之期，谨遵道力荐拔九幽鬼子，一切无祀孤魂，或因觅利而亡其躯，或遇天时遭其疫，或遇刀兵之变而亡身，或以旨寇迫倖而遭厄，或因分娩而殴伤，或服食而遇毒，又有自缢，又有自刎，又有不能自忍而赴河塘之变、蛇虎之难、痛恨之故，种种多伤，不能细述甚矣。天意难知，人心恻悯。今具香灯、冥衣、经券神荐，有酒在樽，满斟三献，祈愿诸幽趁此超拔之期，速离苦海之地，早登极乐之天，永处逍遥之景，无负太乙救苦天尊拔度之至愿也。火化冥仪，欢喜受纳。①

4. 汪公会

竹里人为纪念越国公汪华而举办的一种会社活动，据周光熙访谈，称每天中秋是越国公忌日，同时为庆丰收，将汪公大帝抬着游行，打着送葬时用的长钱。有关汪公会举办的具体场景，因其停办较早，竹里的绝大部分老人都已经不知道了。目前，有关汪公会的记载仅是上文提到的两份文书，现抄录于后，以待进一步的田野调查做补充。

文书一，录文如下：

立合同议约，琏、齐公派下思延、绍韬、有谟等，今有汪公会内所置有炉瓶一副，铜锣二面，大爁一对，桌帏四个，和议置办公匣盛贮一处，粘阄经管，通仝封锁，无许检出，有公事检出公用。再者，二分之内倘有喜事，向经管人告借，无许失落损坏。倘有损坏，必系借人重修重换赔偿，公议不恕。并

① 资料来源：《勘头志》(中卷)，《风土人情》，内部刊物，2000年印行，第365页。

仝经管人须要耽心收检面验勿怠，倘若遗失损伤不知，必致经管人赔偿亦不轻恕。再者，所有借项有典处银本一两，绍富处银本四钱，永才公分下谷本三秤半，永富公分下谷本三秤半，绍来处银本一两五钱，比即交出入众生放，一同经管，公匣人上首交下首。倘若置买田产、家伙、物件，公议公置，不得肥私入己，卦欠不清。倘有此情，公议公罚。恐后无凭，立此合同议约一样三纸，各执一纸，永远存照。

乾隆五十四年九月初五日，立合同议约琏齐公派下。

裔孙：思延　绍来　绍韬　绍富　绍玥　绍基　本海　启年　有谟

汪公会大议立合同一样三纸，琏齐公派下各执一纸。

文书二，录文如下：

具禀状人周绍龄

禀为抢收不遂，挺身插讼事。身缘有汪公神会，身于乾隆五十八年十二月向会内领借七数千十二两，众议定递年包谷五秤，五十九、六十年，身交会谷，会收无异。至元年有会外族棍周荃前、绍保恃族长之子侄向身突收会谷，伊系会外之人，焉得收会内之谷？身坚不肯，伸明会友，会内相议，伊可抢收，会将不保，权搁不称，暂存身处。今会友周绍玥、金久等到身家，称当入会。伊复扬言向身兴讼，不思身会止有九股，合同载明，与伊毫无名目。前欲抢收，今复插讼，恃棍行强，罔顾理法。不得不叩宪大老爷恩赏讯究，以杜讼端，以保神会。戴德上禀。

5. 清明会

与上述祭祀神灵各会有所不同的是，清明会是祭祀祖先的一种会，这也是新安常见的会，立祀会，修坟茔，“清明标掛，祭祀祖先”。[①] 康熙年间，十九世周琏公派下子孙各出纹银一钱，赎取水田一亩半，其田租归入琏公清明标掛，由值年头首收取买办标掛，照丁散胙。相关文书录文如下：

①《咸丰八年至同治四年清明会簿》，南京大学历史系资料室藏。

立合同人周琏公派下三分子孙周大全、梅老、文嘉等，今因琏公土名周家墓，于三十六年与胡姓改路霸占，官司缺少使用，将土名枧头水田一亩半变卖，琏公清明失祭，□□□照丁领过粮者各出纹银一钱凑价，托中取赎入琏公□□□□标掛。其有未领粮者，上墓众议出银一钱，其田租并火食山租，当年头首收取买办标掛，照丁散胙，日后三份子孙毋许生□□卖。倘有此举，甘罚纹银五两。为不破此合约，恐后无凭，立此合约一样三纸，各存一纸，永远存照。再批，以上有名者各领钱粮八厘，又出银一钱赎田，领者日后子侄准顶散胙。内有大全年老未领粮出银，日后毋许子侄承顶。再，内有火食山租，照田收取。

合同一样三纸，各执一纸。

康熙四十一年（1702）六月初四。

立合同人：周大全　梅老　文嘉　文俊　大节　尚老　大爱　朝志
京老　社德　文庆　文德　文略　思生　思孝　道举　文伦　文谏
文班　文讲　文宣　文顺　观弟　文长　文常　文谓　文谈　文炤
文勺　文湛　文迢　观长　道享　文注　文滋　文社　思隆　思俊
思远　兴伯　思泰　思高　社伦　兴侣　兴伴　满伦　思炤　丫头
思训

清明会设立后，会产不断扩大，有族内子孙因家庭急用无措，而将田或典与，或卖与会内。清明会将田产或地产出租给族众耕种，每年收取租息，以做清明祭祖标掛散胙。无论清明会是买田、租田，还是典田，这只是族内产权的一种流转，而没有涉及外族。

文书一，录文如下：

立便契，派下周唐氏同男和尚，因夫早故，子年幼，祖遗合九甲周君甫户正条三钱七分三厘节欠数年，奉差催追，无处所出。托凭亲族将合身山场地坦屋基尽行归祖仕宁公清明执管，身得受清明内计大钱八两二钱正，其钱当日收足代纳完粮。其合身股法尽是清明执管，其钱粮嗣后清明内递年完正三钱五分仍正二分三厘，本家填出守户完纳。自后子孙倘兴隆之日，归清明钱八两二钱正，其产业钱粮退身执管完纳。两无异言，今恐无凭，立此便契为用。

道光二十一年六月初二日，立便契人：派下周唐氏（押）

同男　和尚（押）

凭 亲侄 三宝（押）

寿佔（押）

寿正（押）

凭 族叔 天贵（押）

华玉（押）

代笔 章惟坚（押）

文书二，录文如下：

立增找契。裔孙有镜原卖到仕宁公清明，今将土名野岱脚水田一亩半，计租九勺七升半，计税一钱二分正，凭中出卖与仕宁公清明，面议计钱二十四两正，其前几日收足。其田听清明管业收租，其税与本甲周瑚户内过割无阻。先前并无重复交易，日后无人等阻当。如有此情，俱身支当，不干受人之事。倘有字号差讹，税额多寡，听凭查明改政。恐口无凭，立此增找契为用。

道光十年二月廿五日，立增找契人有镜（押）

父 绍瑚（押）

亲笔

契证 今日领到契内价银一并收乞，再不另立推单，又照。

文书三，录文如下：

立当约人周启郊，今将土名长垢田小顶麦田一亩，计包大买租六钧，计包麦分一大斗，自愿凭中立约将小顶出当与周永福公清明名下为业，三面议定时值，当价计大钱四两五钱正，其钱当日收足，其钱利每年秋收交付。另屠秤三十斤以作钱利，不得短少。如有短少，听凭管业耕种无阻。先前并无重复交易，亦无亲房内外人等阻当。如有此情，俱身支当，不干受人之事。今欲有凭，立此当约为用。

咸丰九年三月十七日，立当约人周启邠（押）

代笔：中弟启根（押）

文书四，录文如下：

立租批人周思应，今租到望公清明内土名际墈上下路长降脚、双溪口二处共田三角，计实租二秤，又小顶租半秤，本身租来耕种，面议递年秋收交还，只不短少，立此租批为用。

乾隆四十三年三月廿日，立租批：裔孙思应（押）

执笔：思宪（押）

至咸丰年间，族人进一步明确了进行宗族祭祀时拜节标掛给胙的各项规定：

立合议绍铃公、有凤公、有景公派下，启镐、启城、启安、三德等缘绍铃公所生二子有凤、有景二公，先是有景公承祧绍丙公，而有凤公之次子启棠、三子启城大复呈祧有景，所以镐等兄弟四人承有凤、有景二公，此三公清明所由立也。自有凤公谢世，至今二十余年，咸丰二年以前清明租账均算清，三年以后账皆未结。兼之启棠之子三德癫狂数年，而镐等兄弟年皆老迈，诚恐标掛发胙挨首收租，一切规条未曾酌定，日后清明散败，祖宗血食莫保，则镐等兄弟生员不孝之罪，死无以对祖宗于地下。为此凂凭亲戚酌定规条，□各处租息田亩，以及租制灯油租项尽行开列于左，嗣后各房子孙照例遵行，毋得违抗。如有故违，即以败祖不孝罪论，革出清明。惟愿后嗣子孙各存保祖之心，毋挟肥己之念，则是祖宗之厚望，亦派下之大幸也。

合议一样四纸，每房各执一纸，永远存照。

拜节标掛给胙各定例列后，录文如下：

一、拜坟年。坞并塝，大节公、绍铃公暨孺人，纸箔各六百，双响三个；下水村，有凤公，纸箔各二百，双响三个；对面山，有凤孺人，纸箔各二百，双响三个；对面山上穴老坟了，纸箔一千，双响三个；竹里支祠，纸箔各四百，双响三个，下秧田祖坟，纸箔各二百，双响三个。以上祖墓六穴，每处拜坟年给胙钱二钱，共计胙钱一两二钱，照到坟人丁分派，斯文、老人加给颁发，其下秧田胙钱归对面山老坟挖发。

一、标掛。坞并垮，大节公、绍铃公暨孺人，纸箔各一千二百，双响三个；下水村，有凤公，纸箔各四百，双响三个；对面山，有凤孺人，纸箔各四百，双响三个；对面山上穴老坟，纸币各一千六百，双响三个；竹里支祠，纸箔各八百，双响三个；

一、磡头祖坟，纸箔各六百，双响三个；下秧田祖坟，纸箔各四百，双响三个；黄甲塘祖坟，纸箔各四百，双响三个。以上祖坟九处，除磡头、下秧田、黄甲塘三处不发胙，仍五处，每处发钱六钱，对面山老坟发胙钱一两八钱，均照到坟人丁分派，斯文、老人加倍颁给。

一、启城、三德两房俱承有景公，后继母许氏在堂百年后拜节标掛发胙纸箔，俱照有凤孺人墓前办理，其膳产均归清明头收租。

一、祖遗灯油租产坐上头碓之租九勺，今折硬租六勺半，麦分四斗，面议将租三勺贴童生考费，照童生人数分派，仍租归生员收执。目下未有生员，贵清明头收租。

一、挨年清明头首先办祭发胙后，收租纳粮不得违误，钱粮务要年清年款，不得滞欠。

一、山神烧年分岁迎喜神炮竹香灯纸箔三牲，以及都图年例，均系值年清明头承管支当，不得推诿。

咸丰七年九月 日，立合议三公清明派下：启镐、启城、启安、三德

凭 亲友 方珍齐、唐广妹、兄 启郃、方杏邨

上述文书中所涉及的永富、仕宁、应望、有凤、有景等人，俱是十九世琏公支下子孙。

最后要提及的是，在这些会社活动中，有一股力量无法回避，就是云路庵的和尚。自云路庵建造后，庵里的和尚人数一直保持在十余名。民国时，云路庵因内部不和，分为东西两边，但还是同住在云路庵内，只是分开吃饭，出去做法事也合是在一起。

东边的和尚有修成、德善、暗藏、来德、信和、海元，住持为德善；西边的和尚有永辉、云和、全寿，住持为永辉。1949 年之前，云路庵全面衰落，暗藏迁到观音阁，未几还俗。随后，来德去当兵，永辉、云和还俗。剩下的和尚开始卖田卖地，无人愿做法事。中华人民共和国成立后，全寿也去当了兵。

云路庵做法事的范围是在尚村以东的村落。绩溪县的风俗是亡人出殡前夕要“做大夜”，亲人敬香，鼓手伴奏，富户请和尚吟经或做佛事，男丧“安树灯”，女丧“破血湖”。据 1949 年之前曾做过小和尚的周海福介绍，“安树灯”的具体做法是中间立一根柱子，四周布满灯盏，和尚围绕柱子走动，念经伴唱。仪式比较简单，结束得也早。女丧“破血湖”则复杂一些，费时较多。具体做法是把面盆放在凳子上，用红纸染成血水，用纸做成船，置于盆中，四周用纸扎成高约一米的城墙。和尚唱十月怀胎，诉苦情，每个月都要唱到约需一个小时。其间，纸船在不停转动。唱毕，用禅杖将城墙捅破，子孙将血水喝掉。和尚出去做法事，要带上袈裟、龙袍、锣鼓、喇叭、木鱼，做什么法事穿什么行头，一次至少要四个人，不然就会忙不过来。他们半天算一个工，晚上一个工，费用视主家家境而定。有时和尚也给村中刚出生的小孩开咽喉，意味着以后不会哑巴。

因是周氏上门支派捐出田、地、山维持云路庵的运转，所以云路庵和上门保持着一种类似主仆的关系。云路庵在以下三方面对竹里周氏特别是周氏上门支派进行反馈：

第一，大拜年。每年正月初三早上，东西两边各派一名僧人向全村家家户户去拜年，村人赠送点糖之类的点心。

第二，撒腊八饭。每年腊月初八早上，云路庵煮好腊八饭，送给周氏上门子孙。男丁 60 岁以上每人两碗，60 岁以下每人一碗。如家中有考取功名的，发给两碗以示奖励。而且男丁还可以另外到庵内吃一餐素饭。

第三，撒乌饭。每年四月初八，云路庵用一种乌树叶的汁水蒸成糯米饭，同撒腊八饭一样，男丁 60 岁以上每人两碗，60 岁以下每人一碗，如家中有考取功名的发给两碗。相传人们吃了乌饭可以避瘟疫。

与新安其他地方屡屡发生的守视僧侵盗祠产不同的是，竹里云路庵与周氏宗族之间始终保持着一种良性互动，或许因资料不足，我们还不能这么轻率地下结论。不过，云路庵的运作及其所反映的僧俗关系却值得进一步思考，其背后所隐藏的丰富内容需要深入挖掘。

第四节 小 结

绩溪县竹里是一个地处山区的偏僻村落，从南唐囦公迁入此地后，竹里便一直保持着稳定发展的势头，周氏宗族的脉络也一直没有中断。竹里周氏仅是新安上千个村落中极为普通的一个宗族，与汪氏、程氏、胡氏等新安其他故家大族相比，无论是经济实力还是政治地位，都无法相提并论。但即便如此，周氏却仍能保持千年基业。检视竹里周氏宗族的发展过程，不难看出，周氏曾出现了对宗族制度建设作出一定贡献的成员，他们对竹里村落空间的建构出力尤多。这样一个并不具有代表性的村落，或许代表了新安湮没在历史深处众多村落的发展轨迹。历史并不是全部由宏大叙事构成，真实的历史往往涵含在琐碎的平凡之中。

在明清新安宗族社会中，宗族会社扮演着无处不在的角色，它广泛而深入地介入其地方各种物质的、制度的、精神的社会活动之中，并代代赓续，相沿成俗。竹里数量繁多的庙宇和会社活动，与周氏宗族的日常生活息息相关。可以看到，随着社会的发展，社会秩序趋向多元，社会关系趋于流动，宗族血缘关系不足以维系宗族组织的现实基础。在这种情势下，在宗族内部通过互相合作而结成新安社会。

透过徽州文书，不难看出，频繁的会社活动实际上已经成为周氏沉重的经济负担，但他们却通过种种变通方法维持会社活动的正常开展，在现实而琐碎的日常生活中，会社活动往往也就成了彰显宗族实力与巩固宗族在地方社会位置的一种体现。另一方面，周氏宗族在处理对外关系时是作为一个整体出现的，而在其内部却明显地存在房派观念，周氏清明会实际上是中门祭祀本派祖先的会。可以说，宗族发展到一定阶段，族内支分派别，各支子孙在贫富程度上、身份地位上难以一致。有能力的支下子孙，墓祭自己的支族，实际上是对祭祀始祖、始迁祖的祭祀礼仪的一种突破。这往往也是宗族分析的前兆，亦是宗族普及化和平民化的一个必然过程。

第七章 潭渡村空间结构与社会结构

就明清以降的方志及各类资料来看，村落可分为行政村和自然村两类。行政村主要是政府为了方便管理，将某几个相邻的自然村合而为一。而自然村则是人们自然地生活聚居到一定区域，并共同生活着的村落。[①] 本章的研究对象潭渡村，即为自然村。

第一节 潭渡村地理环境

古新安，又称新安，位于皖浙赣三省交界处。明清时期，徽州府下辖歙县、黟县、绩溪、休宁、婺源、祁门六县。据弘治《徽州府志》记载，新安"东抵浙江杭州府昌化县界，西抵江西饶州府浮梁县界，广三百九十里；南抵浙江衢州府开化县界，北抵宁国府太平县界，袤二百四十里"。[②] 自宋宣和三年（1121）徽州定名，徽州一府六县的名称和基本格局便基本稳定下来。新安地域上的稳定性，对于其政治、经济、文化的相对独立的发展具有很大影响。明清时期，歙县为徽州府的府治所在地，位于徽州东部。潭渡村的大部分现隶属于安徽省黄山市歙县郑村镇[③]，位于歙西约 9 里的地方。原潭渡村一分为二，潭渡桥下村头归徽城镇管辖，潭渡桥上则属郑村镇范围。

关于潭渡村名的来源，有两种说法。一种说法载自《重订潭滨杂志》："潭滨者，黄氏所居村名，亦谓之潭渡。言先世自黄潭渡溪居此也。"清雍正《潭渡孝里黄氏族谱》载，黄芮"因旧居边驿路冲要，时巢寇且至，遂徙墓侧溪北居之，名曰潭渡"。[④] 潭

① 歙县地名委员会办公室：《安徽省歙县地名录》，内部资料，约编于1982年10月，1987年3月印刷，第61～62页。
② 弘治《徽州府志》卷一《地理志 · 疆域》。
③ 郑村镇，在清之前属中鹄乡。1956年，改置郑村乡。1993年，郑村乡改郑村镇。
④ 雍正《潭渡孝里黄氏族谱》卷一《黄氏迁徙地里辩》。

渡黄氏三十八世黄映泉认同此种说法，称“潭渡之意，即黄潭北渡也”。另一种为地形说，据潭渡黄氏四十一世黄亚光介绍，潭渡村地形如一只渡船，大宗祠前有棵高大的樟树（现潭渡中学内），恰如一根船篙。潭渡桥处是上渡船的跳板，水流至此形成深潭，遂命村名为“潭渡”。①

据清代《歙县都图总谱》载，歙县分为歙东、歙西、歙北、歙南四大区域。其中，歙西包括孝悌乡（十五都、二十都）、中鹄乡（十六至十九都）、衮绣乡（二十一至二十三都）。潭渡村所在歙县二十三都“衮绣乡”，原名“平辽乡”，南宋丞相程元凤（槐塘人）为之改名②。清乾隆皇帝曾御笔题赐“慈孝天下无双里，衮秀江南第一乡”联，高悬于歙西棠樾盐商鲍氏宗祠内。

歙县都图文书所示二十三都各图村落情形一览表

图别	歙县 都图全载	歙县 都图总谱	歙县 四乡地名总录	新安歙县 各都图字号乡村地名	字号
一图	浩村、鲍泽、里江山、牌边	浩村、鲍潭、碑边、里江山	浩村、打吊村、牌边、鲍屯山坑	鲍屯、大趾村、牌边、后村	常
二图	向杲	向果	向果	向杲、后村	恭
三图	向杲、山坑、查坑	向果、山坑、查坑	向果	向杲、童坑	惟
四图	大树下、张村店、张潭、吴村、山坑、查坑、童坑	张潭、吴村、查坑、山坑、童坑、大树下、张村店	郑村、吴村、张屯、古溪、岩下、童坑查坑、山坑口、鲍屯	郑村、吴村、章潭、古溪、查坑、岩下、相坑、山坑	鞠
五图	古溪、黄潭、余塘、旸村、林村、上方	古溪、黄潭、余塘、旸村、林村、上方	杨村、黄潭、西林村、古溪、凌村、汪村	狮山、黄塘、古溪、西灵村、杨村、汪村、凌头、黄塘源	养
六图	七里湾、张家山、仇村、陈家塝	七里湾、张家山、陈家塝、仇村、湾里	里湾、仇村、路口、黄潭、百花台、勋充	七里湾、仇村、路口、黄潭	岂
七图	西溪	西溪	郑村、潭渡	郑村、潭渡、下路口、百花台	敢

① 该内容为2015年10月笔者作田野考察时，与黄亚光先生访谈时获得。另参见歙县交通局、史志办：《新安望族——潭渡黄氏》，该电子版资料幸得邵宝振先生惠赠，特此致谢！

② [清]张佩芳、刘大櫆：《乾隆〈歙县志〉》卷一《舆地志 · 都鄙》，“中国方志丛书”华中地方第232号，第1册，第112页。

续表

图别	歙县 都图全载	歙县 都图总谱	歙县 四乡地名总录	新安歙县 各都图字号乡村地名	字号
八图	郑村	郑村	郑村	郑村、潭渡	毁
九图	潭渡	潭渡	潭渡、九甲后村	潭渡	伤
十图	郑村	郑村	郑村、二甲郑村	潭渡、郑村	女
十一图	潭渡	潭渡	潭渡、四甲郑村	潭渡、郑村	慕
十二图	下市、冷水铺、狮山下	下市、冷水铺、狮山下	下市、上市、狮山下、查坑	上杨村、狮山下、张村店、柏枝树、下市、中市、汪村巷	贞
十三图	潭渡、方村	潭渡、方村	潭渡	潭渡	洁
十四图	方村、石坦上、舒塘	方村、石坦上、舒塘	勋充、舒塘、上希、旧屋岭、七里湾、黄土岭	勋村、黄土岭、舒塘、上杨村、旧屋岭、黄界、沙园、山坑、七里湾、天冲岭	男

新安地区村落的命名特征较为复杂，其中有相当一部分是以地形地势来命名的。地名中“塝”，意为田沟边之地；“坦”是平地的意思，“坑”是水溪之意[①]。而地名中带有“坞”字的，该地原为中原士族迁入新安时，选择便于防御之地，屯聚堡壁，[②]这些地方多是一些四周高中间低的凹地。明清时期，潭渡村隶属于歙县二十三都。由上表可见，该区域以“塝”字命名的村落有陈家塝，以“坦”命名的村落有石坦上，以“坑”命名的有山坑、查坑、童坑等，以山命名的有狮山下。

1987年郑村乡行政区域概况

行政村	所辖自然村
黎明村	桐子树、梅山坞、十亩山、蜈蚣形、下芳村、里安塘、前山
西村	仇家塘、西王、西村、甸川、灵坦、小灵山、上坦、下坦

①《方言地名注音、含义集注》，歙县地名委员会办公室：《安徽省歙县地名录》，内部资料，约编于1982年10月，1987年3月印刷，第187～188页。

② 叶显恩：《明清徽州农村社会与佃仆制》，安徽人民出版社，1983年，第12页。

续表

行政村	所辖自然村
潭渡	后坞、竹山铺、潭渡
郑村	郑村、西溪、经魁、西沙溪
梅村	梅村、下路口、上路口
向杲	浩村、冷水铺、下市、向杲、牌边、红门里
堨田	方坞、王充、王口、堨田
上朱村	上朱、朱郑
山坑村	山坑、里童坑、西山边、外童坑、查坑
瑶村	瑶村、里光山、芭蕉坦、山墙坑、山上洪
祥里	祥里、尖山窑、田西、环山、坦头、尖山下、富亭山

注：表格依据《安徽省歙县地名录》中《郑村乡概况》制作而成

从此表可以看出，以“坦”命名的有灵坦、上坦、下坦、芭蕉坦；以“坑”命名的村落有山坑、里童坑、外童坑、查坑、山墙坑、坑头，以“坞”命名的有梅山坞、方坞等，以山命名的有十亩山、前山、小灵山、尖山下、富亭山等。正如地名所反映的一样，该区域以丘陵和平原为主。潭渡与附近的郑村、向杲、梅村、堨田、上朱各村及西村一部分，属于郑村乡的中部地带，为平原地带；该乡包括黎明、西村一部分的北部地带，为丘陵区域；而包括祥里、山坑、瑶村的一部分的南部地带，为半山区。①

清雍正《潭渡孝里黄氏族谱》卷一《潭渡村落闾里全图》署有“凤六吕绘”字样。黄吕，即《重订潭滨杂志》中下编的作者，雍正时人。民国《歙县志》载：“黄吕，字次黄，号凤六山人，琯人，工诗文，精绘事。尝游楚、越，凡山水人物、花鸟虫鱼，纵笔所至，皆臻妙境。一书法晋人，晚年益朴茂，兼工篆刻，遒劲苍秀，有秦汉遗风。每作画成，自题诗，钤自镌印，人谓其四美。”②

《潭渡村落闾里全图》是雍正时期的潭渡村微观的具象描绘。潭渡村位于歙县西七八里的歙西平原之上，可谓是山环水绕，村落西北方向绵延着一些“高厘及仞”

① 歙县地名委员会办公室：《安徽省歙县地名录》，内部资料，约编于1982年10月，1987年3月印刷，第61～62页。
② 许承尧撰，李明回、彭超、张爱琴校点：《歙县志》，“中国方志丛书”华中地方第246号，第5册，第1713页。

的山丘，“陵阜蜿蟺，低近若接”[①]。其自西向北依次为太守山、斜山、黄眉岭[②]和井塘山，在斜山和黄眉岭之间连有方村和后坞村。丰乐河则自西向东将潭渡村环绕起来。潭渡村居民生活及村落的发展演变与这些山阜和江流密切相关。文人雅士建有亭台，以供嬉戏畅游；居民取薪柴于山间，满足生活生产所需；背山面水的环境，也被视为风水宝地。

潭渡村落闾里全图

登上潭渡村周围山丘，或村中较高的楼台，“巡眺群峰，龙首列其南，飞布、高嵋峙其东，灵山、金竺、黄罗、天马亘其西。嵯峨巀嶪，若隐若现，遥望而无际者，其北则天都、莲花出没于云表也”。[③] 而这些较远处的山峰多只出现于文人的诗词中，与村民的生产生活的关系却不甚紧密。

新安为群山环绕，环境封闭，除通过几条古道山路外，新安人多是通过水路与外界沟通，包括人员的往来、货物的交易等。新安地区最大的水系是新安江。其全长数百公里，是联结皖南与浙西乃至长江中下游的重要水路通道。其上游支流的练江、渐江、丰乐水，可通舟楫。位于丰乐河畔的潭渡村，对外的水路交通主要依赖于新安江水路。以清代憺漪子所编的《天下路程图引》所载交通路线来看，若要到长江三角洲、苏杭一带，走的路线是出潭渡东行，走不到十里的路程，在渔梁坝处乘船，即可由新安江水路通往江浙各地。沿此路出徽州府，至开化、常山、玉山，亦可到达建宁府，即福建等地。若要去苏北等地，出潭渡村，东北行经过绩溪、

① 黄宾虹：《叙村居》，《黄宾虹文集·杂著篇》，上海书画出版社，1999年，第7页。

② 黄宾虹《叙村居》载：“过函泉，上黄蘪塘岭，为井塘山。”《黄宾虹文集·杂著篇》，上海书画出版社，1999年，第7页。按，现潭渡村仍有称为“黄蘪岭”的山丘。

③ 黄宾虹：《叙村居》，《黄宾虹文集·杂著篇》，上海书画出版社，1999年，第7页。

宁国等地，方可达到。处在歙西平原的潭渡村，不单水路交通便利，陆路也很便利。如潭渡人若想到达江西、湖广等地，可出村南行至冷水铺、七里头一带，再向西南行，经过休宁县，方可到达目的地。[①]

第二节　潭渡黄氏发展与村落景观变迁

地理环境对村落的发展演变有着重要影响，但村落的兴衰不是由地理这一单一因素所决定的。新安村落的发展演变，是文化、社会风俗、宗族、科举、商业等多维度因素综合作用的结果。从现有资料看，明清时期，潭渡村是以黄氏为主的宗族型村落。潭渡村发展演变历史，与潭渡黄氏宗族的兴衰息息相关。

“新安旧无黄氏，始祖太守公讳元集，事晋元帝，官新安，殁在任，子孙就居本郡。郡之有黄，盖自公始。”[②]新安黄氏奉东晋年间江夏人黄积为新安始迁祖[③]或一世祖[④]，黄积于东晋大兴三年（320）任新安太守，葬于姚家墩。[⑤]其子黄寻“庐墓于此”。黄氏宗族便举家从江夏安陆源口迁居新安黄墩，在此繁衍子孙。随着人口增殖，篁墩的土地已无法承载更多的人口，黄氏等宗族遂开始外迁。《潭渡孝里黄氏族谱》载“由黄墩外迁者四派”，分别是黄璋一支迁至郡西黄屯，黄仪一支迁至祁门左田，黄琳一支迁至郡西芝黄，黄达、黄迪一支迁至郡西石岭。“由黄屯迁者二派”，分别为黄明一支迁居溪东古城关，黄芮一支迁居潭渡。“由潭渡而迁者二派”，分别为黄庆祥一支迁居下路口，黄藻一支迁居下市。“由下市而迁者一派”，黄裕迁居潭东狮山下。据该谱可知，唐朝人黄璋为黄屯、潭渡、古城关、小路口、下市、潭东诸派黄氏之祖。[⑥]

事实上，潭渡黄氏对本派早期宗族史的叙述是模糊的。潭渡黄氏对于本派自黄

---

① 杨正泰：《天下水陆路程天下水路程图引客商一览》，山西人民出版社，1992年，第407～437页。

② 雍正《潭渡孝里黄氏族谱》卷一《图表·新安黄墩黄氏总谱图表题辞》。

③ 黄云苏：《新安黄氏会通谱》，弘治十四年刻本，国家图书馆藏。

④ 黄积瑜：《新安左田黄氏正宗谱·凡例》。

⑤ 按，姚家墩，即今之篁墩。“墩之易姚而为黄者，从其盛也”。而明朝人程敏政曰：“谓其墩产竹，故名为篁。后以黄巢之乱，程氏改黄为篁，以靳免祸。”参见雍正《潭渡孝里黄氏族谱》卷一《图表·黄墩各派迁支指掌图注》。

⑥ 雍正《潭渡孝里黄氏族谱》卷一《图表·黄墩各派迁支指掌图注》。

屯迁居潭渡一段历史，认为是“确然无疑”的。“其有疑而未决者，惟黄屯以上迁徙之由耳”。[①] 在雍正年间，潭渡黄氏进行修谱时，族内存有“左田说”和“黄墩说”两种意见。“左田说”认为，潭渡黄氏“自祁之左田徙黄屯，屯以黄氏故得名，再徙溪北，即今处”。[②] 即指潭渡黄氏自祁门左田迁居黄屯，再迁徙至潭渡。“黄墩说”则认为黄璋“自黄墩徙居歙西九里黄屯，孙光生芮，以孝称，唐德宗贞元十九年（803）诏旌表门间，事载郡志。后因黄巢过，族众避兵，从黄屯渡溪北墓侧居焉。巢因见门闾旌表，嘉其孝行，遂询第所慰谕之，下令无犯。其村因名潭渡。”[③] 即指潭渡黄氏自黄墩迁居黄屯，再迁徙至潭渡。

在《新安名族志》的不同版本中，对于潭渡黄氏的迁徙状况亦有不同的叙述。关于新安黄氏，在国家图书馆8册本和上海图书馆8册本的《新安名族志》中，在“潭渡”一目下的记载：“新安之黄，自晋太守元积公始，后各迁居。潭渡黄氏，唐中宗时讳璋者居郡西九里黄潭，今有黄潭桥。四世孙芮，继母疾，割股以愈；父光，卒葬溪北今潭渡，庐墓终身。”[④] “黄屯”条目云：“在邑西九里。其先江夏安陆人，出汉孝子香之后。九世曰积，仕晋新安守，未期，坐事卒。子曰寻，庐于父墓，遂家新安。十三世曰达道，居姚家敦。十九世曰碧璇，居黄墩中市。孙曰章，由黄墩迁此，是为一世祖也。”[⑤] 在国图二册本载道：“在邑西九里。唐曰卓者，自黄墩迁此。”这些记述属于“黄墩说”的内容。而在北师大二册本“潭渡”条目下则记载：“郡西九里，其先有曰光者，自祁门左田迁于黄潭，今有黄潭桥。子曰芮，唐建中时继母疾，割股以愈。父卒葬于溪北，庐墓终身。”[⑥] “黄屯”条目在国图四册本、东洋文库本均作：“在邑西九里。出祁门左田派，唐县尉曰仪，字元和。第四子曰益光，迁黄屯。”[⑦] 上述记载则属于“左田说”。

新安名族大姓随着势力增长，人口增殖与迁徙流动而分为诸多支派。为了加强各派联系，以明人伦而厚风俗，同时增强族姓势力，巩固族姓地位，以共同祖先

---

① 雍正《潭渡孝里黄氏族谱》卷一《黄氏迁徙地里辩》。
② 程敏政：《篁墩文集》卷四十《潭渡处士黄君行状》，《钦定四库全书·集部》。
③ 雍正《潭渡孝里黄氏族谱》卷九《文献录上·黄德庵公行状》。
④ 戴廷明、程尚宽等撰，朱万曙等点校：《新安名族志》，黄山书社，2007年，第152页。
⑤ 戴廷明，程尚宽等撰，朱万曙等点校：《新安名族志》，黄山书社，2007年，第158页。
⑥ 戴廷明，程尚宽等撰，朱万曙等点校：《新安名族志》，黄山书社，2007年，第155页。
⑦ 戴廷明，程尚宽等撰，朱万曙等点校：《新安名族志》，黄山书社，2007年，第158页。

为中心的统宗行为得到广泛推行。在实际操作过程中，统宗行为亦有区别族姓各支派地位的意味。新安黄氏为新安最早的大姓之一，可追溯至唐朝。为巩固宗族势力，达到敬宗睦族的效果，新安黄氏一直都对家谱的纂修活动予以相当的重视。宋元时期的黄氏家谱，没有发现存世本，但据明代黄氏家谱可以看出当时的支谱纂修活动已很多，据不完全统计共计 21 种。① 入明以后，新安黄氏的家谱纂修活动愈加频繁。在此基础上，新安黄氏的统宗活动开始出现。明朝以降，新安黄氏的大型统宗活动出现了两次，休宁五城派主持纂修的《新安黄氏会通谱》和祁门左田派主持纂修的《新安左田黄氏正宗谱》。会通谱和正宗谱在主干世系、迁派等诸多问题上分歧较大，新安黄氏各派或因依原有家谱记载，或因利弊权衡，分别加入了两个不同的阵营，或取用了其中一方的观点，来对本支宗族史进行重构。

黄玄豹等人在考辨潭渡黄氏早期宗族史时，权衡利弊，摒弃了相沿已久的“左田”旧说，采取了“黄墩说”，即认为本派自黄墩迁至黄屯，而后迁至潭渡。即《潭渡孝里黄氏族谱》所载：“黄氏居江夏者，香以重望著于汉史；始黄墩者元集，以善政显于新安；始黄屯者璋，始潭渡者芮，俱名行昭然，三迁而黄氏之族益蕃以衍。”② 不仅是潭渡黄氏的迁徙状况存在疑问，谱载世系亦存疑。在对潭渡黄氏家谱早期宗族史叙事冲突的研究过程中，冯剑辉考证发现“潭渡谱中芮之祖亮、父光，其实是同一个人，即‘四溢三叔’中的益光。至于潭渡始迁祖璋，则实无其人，这是潭渡派自己弄错了”。③ 此观点当可信。因笔者未找到其他可资参考的文本资料，故潭渡黄氏自黄璋至黄芮的宗族迁徙情况，姑且存而不述。虽然黄芮之前的潭渡黄氏世系存疑，但黄璋、黄亮、黄光等人的坟墓是否为真，就本文的观照角度来看，并不重要。黄璋、黄亮、黄光等人的坟墓，以及潭渡黄氏后人在潭渡村中为祭祀璋、亮、光等人而建造的祠堂和牌坊等实体物却是真实存在的，对于潭渡黄氏以及潭渡村的发展，实体物的象征意义远大于其本身存在的真实性。

一、唐末至明初潭渡黄氏拓荒时期

潭渡黄氏发展至繁盛经历了一个漫长的过程。黄芮（760 ~ 831），唐朝黄屯人，

---

① 关于宋元时期徽州黄氏家谱纂修情况，参考冯剑辉：《徽州家谱宗族史叙事冲突研究》，合肥工业大学出版社，2014年，第88页。

② 雍正《潭渡孝里黄氏族谱》卷首《旧序》。

③ 冯剑辉：《徽州家谱宗族史叙事冲突研究》，合肥工业大学出版社，2014年，第122页。

为潭渡黄氏始迁祖。关于黄芮最早的记载是在《新唐书·孝友传》中。唐代陈藏器著《本草拾遗》,“谓人肉治羸疾,自是民间以父母疾,多刲股肉而进”。[①] 黄芮即在此列。[②]《潭渡孝里黄氏族谱》载,黄芮的继母“洪(氏)病殊,(黄芮)刲股以羹献尝而勿药,病遂平”。[③] 黄芮这么做,一是受当时风气所影响,二是因家境穷困所致。《新唐书》载,“唐受命二百八十八年,以孝悌名通朝廷者,多闾巷刺草之民,皆得书于史官”。[④]

黄光,即黄芮的父亲,于唐贞元十年(794)去世。黄芮“哀毁过当,北渡潭阴,卜兆奉父母丧,合葬后林,倚庐而居以永终”。[⑤] 据说,当时“芝出墓下者十四本,木连理者四株”。刺史卢肇认为此为祥异之事,遂于贞元十九年(803)上报朝廷,得以旌表门闾。[⑥] 此事最早载于宋代淳熙年间的《新安志》中。[⑦] 而关于诏制具体内容的记载,则见于明代程敏政所撰的《新安文献志》中。[⑧] 时代越后,关于潭渡黄氏始迁祖黄芮的记载反而越详细。这可能是由于某人的德行为世所推崇,随着时代的推移,逐渐固化为一种符号、象征,用以宣扬某种价值观。

潭渡旌孝坊

在传统社会,“孝”作为一种核心价值观,一直为国家所倡导,世人所推崇。从周代开始便明确提出了孝的观念。“以德对天”“以孝对祖”是周代伦理的特征。[⑨] 春秋战国时期,以孔孟为代表的儒家对孝道的大力倡导,开始建立起以孝道为核心的宗法伦理。自汉武帝实行“罢黜百家,独尊儒术”的政策之后,儒家的孝道观便得到了空前的重视。“以孝治天下”

① 《新唐书》卷一百九十五《列传·孝友传》,清乾隆武英殿刻本。

② 按,《新唐书》关于黄芮的记载甚为简略,只述“歙县黄芮”等人,“或给帛,或旌表门闾,皆名在国史”。见《新唐书》卷一百九十五《列传·孝友传》,清乾隆武英殿刻本。

③ 雍正《潭渡孝里黄氏族谱》卷五《唐黄孝子庐墓墓域碑铭》。

④ 《新唐书》卷一百九十五《列传·孝友传》,清乾隆武英殿刻本。

⑤ 雍正《潭渡孝里黄氏族谱》卷五《唐黄孝子庐墓墓域碑铭》。

⑥ 淳熙《新安志》卷八《义民》,“自黄芮以孝书唐史,其后笃行之民因事偶见者仅数人,类而录之,毋使其无传焉”。其下记述黄芮的简短小传。

⑦ 《明一统志》卷十六《徽州府·人物》,《新安文献志》卷六十四《行实·唐黄孝子芮传》等相关资料,皆沿用《新安志》的记载。

⑧ 雍正《潭渡孝里黄氏族谱》卷九《文献录上·诰敕》中“唐旌歙州孝子黄芮诏”,与《新安文献志》中的记载一致。

⑨ 侯外庐:《中国思想通史》,人民出版社,1957年,第92页。

成为历代统治者核心的统治思想。[①] 所谓“求忠臣必于孝子之门”,[②] 正体现了传统社会统治者将孝道与忠义相结合，以达到巩固其统治的目的。

在宗族社会中，孝道观念亦具有十分重要的地位。尊祖、敬宗、睦族是宗族社会集体活动的首要原则。“孝为百行之首，忠由此出，仁由此生，今欲更化善俗，树之风声,使民有所观感兴起,莫先于孝”。[③] 而“人之行莫大于孝,孝莫大于尊祖敬宗”。[④] 虽然孝道的提倡，具有收族的作用。但宗族的兴衰演变，并不由族人孝行多寡，孝子数量的多少来决定。在新安地区，影响家族兴衰的因素中，科举与商业是关键因素，起到重要作用。

黄芮“因旧居边驿路冲要，时巢寇且至”，于是在其父黄光墓侧建造庐墓所，居住守坟。贞元十九年（803），对于黄芮孝行的嘉奖，朝廷除了旌表其门闾外，还规定“复故居地，勿征”。就是说，潭渡黄氏获得了一块免除赋税的土地。在康熙五十三年（1714），黄希应等人所立的“免征地碑式”中显示，该地“计地一分五厘六毫，土名黄屯，东至凌子环地，西至王地，南至凌子环地，北至吕仪地”。黄芮即依靠耕种免征地过活。而黄芮家人此时尚在丰乐河的对岸——黄屯。黄芮之子黄文瓒（792 ~ 880）“每旦必越溪宁亲”。[⑤] 程氏因“闵其子徒涉，始造舟以通往来”。据说，潭渡村名即来源于此。在唐乾符年间（874 ~ 879），黄文瓒为了躲避黄巢的迫害，举家迁居潭渡村，潭渡黄氏“环墓而居”，繁衍生息。

自唐至明初，潭渡黄氏的势力并没有得到显著的发展。潭渡黄氏子孙多“肆力于学”，但这一时期或“举业不成”，或仅为小官吏。如元至顺间，黄儒寿“举紫阳书院直学，历官乌程县教谕、镇江路学录、诸暨州学正”，其对于潭渡黄氏的贡献也仅为“吾族文学，实自府君萌芽”“然其遗文湮没，无所考见”。[⑥] 政府或下令求才，或因其德行功绩，举荐潭渡黄氏族人为官，但多“辞不受”。元朝至元二十七年（1290），“歙之潜口、松源等处盗贼并起杀掠，居民奔走骇散”，黄孝则（字诚夫，号德庵）“抚谕一乡，悉力防扼，恃之独安，避寇者多往依焉”。至二十日，监郡马思忽总兵奉命

① 张践：《儒家孝道观的形成与演变》,《中国哲学史》2000年第3期。

② 雍正《潭渡孝里黄氏族谱》序。

③ 雍正《潭渡孝里黄氏族谱》卷六《祠祀·歙县专祀孝子祠碑记》。

④ 雍正《潭渡孝里黄氏族谱》卷首《旧序·商辂序》。

⑤ 黄宾虹：《歙潭渡黄氏先德录》,《黄宾虹文集·杂著篇》,上海书画出版社，1999年，第422页。

⑥ 雍正《潭渡孝里黄氏族谱》卷七《家传·文翰》。

讨伐土匪，黄孝则担心两败俱伤，遂参军，“擒渠魁凌六一而返”。但余党复炽，马思忽打算再进兵屠之，黄孝则自荐前去劝降，对敌人动之以情，晓之以理，陈述利弊，终于劝降成功。土匪“率其党三千二百人，各携妻子来降。及收其器械数千，纳之官库，各乡之避寇而他者皆复归，田里赖以安全”。监郡以其劝降有功，遂举荐其作为巡检，安抚降民，但黄孝则并没有接受。后来，“省檄宪司体实申覆招安功绩，省府移咨都省定夺功赏”，可惜任命还未下来，黄孝则已去世，最终仍旧没有从仕。元末明初人黄英寿，曾就学于乡先哲吴仲龄，“能悉通儒书，尤精星易之学”。明洪武初，“承乱国，用重典，且庶事草创，求人才甚急”，有司遂举荐黄英寿。但黄英寿以“母老弟弱”为由，不出仕，并“托星易避地于宣城”。后因受吴姓者牵连，入狱自尽。[①]

间有外出经商，但或生意失败，或生意经营规模较小，尚不足以推动宗族发展。如宋黄孝善即“商游不归”，只有其弟黄孝则在家独自侍奉母亲。黄甫（字惟慎，号木庵）“幼岐嶷，诵《小学》诸书，即能记忆”“及长，学举业不成。去学贾，贾不成。遂肆志汉魏李唐宗派为诗歌，飘洒出尘”。[②]

这一时期，虽然潭渡黄氏及第者和大商人数量极少，势力及影响未能得到显著增强，但在经过六七百年的发展后，潭渡黄氏的人口大量增殖，改造村落的活动也较为频繁。随着人口的增加，人地矛盾逐渐凸显，这一阶段人口开始大量外迁。黄庆祥（1104 ~ 1160）一支于南宋初年外迁至小路口。黄庆祥“营除村黄成干之业，即小路口，其孙起宗居之，而昆弟子姓则尚有居潭渡者。迨孙从义又迁居此，至从义之孙亨寿则尽迁于小路口矣”。[③]黄庆祥，即小路口留耕堂黄氏始祖。黄藻（1165 ~ 1208）一支于南宋中叶外迁至下市。黄藻，即下市古栢堂黄氏始祖。

随着人口增加，堂室不能容纳足够多的子孙，此时潭渡黄氏逐渐产生分支。“族聚而支分，其聚为一，则曰孝行里。其分有八，则曰八门。门以堂署，曰思养，曰永思，曰敦睦，曰贻安，曰存诚，曰春晖，曰思诚，曰蓼莪”“支之所从分有广有狭，有疏有戚，人各别其门，无胥混也。族之所从聚，喜必庆，忧必吊，大事必合谋，大举必同力，共一其心无胥远也。故分之曰诸堂，门有八，合之曰孝行里，惟一也”。[④]

---

① 雍正《潭渡孝里黄氏族谱》卷九《文献录上·善五府君行状》。
② 雍正《潭渡孝里黄氏族谱》卷九《文献录上·木庵先生传》。
③ 雍正《潭渡孝里黄氏族谱》卷一《黄墩各派迁支指掌图注》。
④ 雍正《潭渡孝里黄氏族谱》卷十《文献录下·贻安堂记》。

潭渡黄氏八门九堂

堂号	世次	始祖	生卒年	职业身份	茔墓	共祖	生卒年	职业身份	茔墓	备注
思养堂	十一世	黄从吉	北宋（983～1029）	别驾通判	阳门坑（即杨门坑）	黄从宪（七门共祖）	北宋（987～1050）		向杲寺西	又名侧门厅
永思堂	十五世	黄湘	南宋（1162～1218）		向杲寺西	黄渊（六门共祖）	南宋（1135～1192）		乌茶	
敦睦堂	十七世	黄孝善	南宋～元（1227～1283）	商人（独游不归）	宁国县黄村本里	黄孝则（五门共祖）	南宋～元元贞（1235～1295）	乡贤（曾成功实现劝降3000余人）。“监郡上功于行省，议授官巡检”，辞不受	叶干	原名友爱堂
贻安堂	十九世	黄官寿	元（1299～1334）		黄土岭	黄儒寿（四门共祖）	元（1292～1344）	元初举紫阳书院直学，寻授乌程县学校教谕，再任镇江路学录，三任诸暨州学正	洪坑	
存诚堂	二十世	黄塾	元（1313～1360）		凌原充	黄墅（三门共祖）	元～明（1334～1393）	郡守曾举孝廉，黄墅“以亲老辞不出”	上市牌边	
春晖堂	二十二世	黄兴寿	明（1374～1423）		江村湾（土名到坑）	中门厅			三祠堂并列而建，谓“三门厅”	

续表

堂号	世次	始祖	生卒年	职业身份	茔墓	共祖	生卒年	职业身份	茔墓	备注
思诚堂	二十二世	黄新寿	明（1387～1438）		观武坦	下门厅				
蓼莪堂	二十二世	黄添童	明（1381～1437）		太守山	上门厅				
燕翼堂	二十四世	黄文晟	不详						属“永思堂”一支，堂室位于原永思堂东	

注：此表格主要依据《潭渡孝里黄氏族谱》卷一《潭渡各祖生殁表》和黄宾虹《歙潭渡黄氏先德录》制作而成。

各堂室大都选择在山丘与丰乐河相对适中的位置，择空地渐次建成。这样既方便村民到山丘拾取薪柴，到山脚田地耕种，同时也便于在丰乐河汲水饮用或灌溉。八门堂室基本呈一线分布，思养堂、永思堂、贻安堂与其他五堂相隔较远。各堂分支相对独立发展，随着人口的进一步增加，子孙围绕各堂室朝山丘及河流方向两侧发展，潭渡黄氏宗族的规模不断扩大。

不过，这一时期潭渡黄氏的宗族意识并不强，盗卖赡茔产地的事情时有发生。唐代黄超时，“始议抽拨田土，立黄赡茔户”。宋代，黄细六（字元吉）葬洪坑，又拨田土立黄元吉户，使子孙永远轮流收租，以备各处先茔拜扫之费。六堂共祖黄渊葬于张五角，其妻程氏葬于乌茶，直下子孙各存两处田地以充赡茔。元朝时，黄伯祖、黄伯庠等商议将张五角和乌茶两处坟茔及余地田土分装，轮流收租标掛。张五角坟茔及余地田土系仁一、仁二、仁三，乌茶坟地系伯庠、仲刚、季华等分装，但当时并未订立契约。当黄彦成、黄彦和将张五角坟地一半卖与族人黄士龄、黄士禛，“因而不行会扫墓募，是时族众要行举罚，缘无文凭可征其先”。宋时，黄孝则购买凌原充、七里湾两处风水，葬其父黄大受、母程氏，输粮纳役，一以自任。“其后伯祖、伯庠、仲刚、季华因见赡茔不充，又议将未分田土立作黄时思户，收租标掛乌茶、凌原充、七里湾、叶干四处坟茔”。其后，黄士厚不思水木之本源，竟将黄时思户产土一半出卖给了本族他人，又将乌茶坟地卖与郑迪简，七里湾卖与叶成保等，“以致每年标掛失所，盖是先年不立惩罚规约，遂使子孙得以辗转将赡茔田土出卖他人，致伤坟茔，以贻深患”。①

七里湾祖墓有祠屋，有佃仆，在明中叶时，尚有领银文契、服辩文书，皆历历可据。但后来“佃仆星散，祠与庄不知毁于何时，竟无有一人知其事之始末者。良由吾族多服贾四方，无人觉察耳”。②

二、明代中叶至清乾隆末年潭渡黄氏强盛期

这一时期，随着“甲第连云”的从政者、“货宝山积”的大商人的出现，潭渡黄氏宗族发展进入强盛期。万历《歙志·货殖》指出：“邑之以盐策祭酒而甲于天下者，初则有黄氏，后则汪氏、吴氏相递而起，皆由数十万以汰百万者”。③“祭酒”本为

① 雍正《潭渡孝里黄氏族谱》卷五《德庵府君赡茔标挂约序》。
② 雍正《潭渡孝里黄氏族谱》卷五《七里湾大塚火佃领银造屋文书》。
③ 张海鹏、王廷元：《明清徽商资料选编》，黄山书社，1985年，第45页。

祭祀风俗，因需长者立主位，面南酹酒祭神开席，后亦引申为首席、翘楚、尊者之意，此处当指盐商巨擘。

民国《歙县志》记载："邑中商业以盐、典、茶、木为最著，在昔盐业尤兴盛焉。两淮八总商，邑人恒占其四，各姓代兴。如江村之江，丰溪塘之吴，潭渡之黄，岑山之程，稠墅、潜口之汪，付溪之徐，郑村之郑，唐模之许，雄村之曹，上丰之宋，棠樾之鲍，蓝田之叶，皆是也。"所谓"总商"，是"推择淮商之干敏者，以承有司之事者"[①]"凡盐事之消长赢缩，以逮公私百役，巨细无不当问"。[②]他们是与盐政衙门打交道的代表，也是盐业界的管事者，在明代称之为盐策祭酒、贾人祭酒等。

明代中叶以降，在潭渡黄氏迅速崛起的过程，族人在仕途及商业上的大发展具有关键性作用。

这一时期，潭渡黄氏营商人数之多，活动范围之广，资本之雄厚，达到空前的程度。自十世纪以降，长三角地区经济便长盛不衰，明清时期更是稳居全国之首。当时条件下，水运是最为便利的交通方式。当时南方主要行销淮盐，产地是今苏北沿海，都离京杭大运河不远。所以这些商人活动区域多以长三角地区和京杭古运河沿岸城镇为主，偶有涉及其他地区。如黄道智"尝商闽中"，[③]明中叶黄东园"商游闽越齐鲁者三十余年，十一取赢，赀大丰裕，"[④]黄瑄"商于临清而娶之挈归"，[⑤]黄铉"商泰州"，[⑥]黄天爵"商锡山，志不得。后商闽鲁，乃得志"，黄道善"常行贾山东""后徙业维扬"，[⑦]黄时登"服贾维扬"[⑧]等。

潭渡黄氏商人所经营的行业多以盐业为主，其他行业，如典当、茶业、木业等兼有涉足，这与明朝年间的盐业制度密切相关。

明朝初年，政府实行"开中制"，即明朝政府利用食盐的专卖权，令商人运粮到需要的地方（多为边区），商人以此而获得贩卖食盐的专门执照——盐引。然后凭盐

① 民国《歙县志》卷一《舆地志·风土》，民国二十六年铅印本，"中国方志丛书"华中地方第246号，第5册。

② 嘉庆《棠樾鲍氏宣忠堂支谱》卷二一《传志·中宪大夫肯园鲍公行状》。

③ 雍正《潭渡孝里黄氏族谱》卷七《家传·孝友》。

④ 雍正《潭渡孝里黄氏族谱》卷九《文献录上·松涧处士传》。

⑤ 雍正《潭渡孝里黄氏族谱》卷八《闺范·节妇》。按，明清时期，临清是大运河沿岸的名镇。

⑥ 雍正《潭渡孝里黄氏族谱》卷九《文献录上·贞烈妇传》。按，泰州为苏中门户，自古有"水陆要津，咽喉据郡"之称。

⑦ 雍正《潭渡孝里黄氏族谱》卷七《家传·孝友》。

⑧ 雍正《潭渡孝里黄氏族谱》卷七《家传·孝友》。

引到指定的盐场支盐，并在政府指定的范围内销售。[①] 后因势豪占中，对奏买余盐进行垄断，形成“内商坐致富饶，而边商益困”的局面。作为输粮边地、商屯开垦主体的边商在此过程中遭受了致命的打击，边商无利可图，于是商屯尽废，“开中制”之崩溃已不可挽救。

万历四十五年（1617），明政府开始实行“纲运制”。所谓“纲运制”就是把零销分运的内商编入十字纲册进行运销，不入商纲者没有售盐的资格，而一旦取得了这一资格即可世袭化。盐商遂由代销商转变为了官商一体的包销商。潭渡黄氏商人凭借其敏锐商业嗅觉，利用与政治势力结合紧密的优势，从而获得了大发展。如黄镛（字时振，别号松涧）“以货殖授诸子，引身高蹈丘园，诸子竞爽，恢大先业，治盐维扬，以善富名为大贾人”。[②] 黄谊（字宜之，号东泉）曾“贾于闽、鲁，基之以勤俭，参之以筹画，将之以果敢，颇以奇胜，未足自协”。后“转毂于温、于杭及汴、扬都会之区，盐与子钱并举，择人而任，时间出，廉贾能度，息更倍入，厚积而速成，同侪莫之或及。内外之亲，见委任者皆赖焉”。[③] 黄长寿（字延址，别号望云）“以儒术饬贾事，远近慕悦，不数年赀大起。驻维扬理盐策，积贮益浩博”。[④]

虽然自秦汉以降，“以士为首、以商为末”成为社会的普遍共识，商人的社会地位远不如儒。但这一时期，由于成功商人的示范作用以及家贫所迫，潭渡黄氏中有许多人弃儒从商。黄廷诏“少习举子业，后以急家计易贾服”，[⑤] 黄诺“生而颖悟，过目成诵，十岁能属文”。后被其叔叔带至吴中，“日习群儒”，但“后遵母命去儒为贾”。其子黄允新“敏而好学，会数奇，亦辍业贾于东浙”。[⑥] 黄长寿“少业儒，以独子当户。父老，去之贾，以儒术饬贾事，远近慕悦，不数年赀大起”。[⑦]

在当时市场经济不发达，以人治为主的社会中，商人只有充分利用政治权力，寻求政治庇护和合作，才能获得稳定的行销权和充足的配额，以谋求自身经济的发展。潭渡黄氏为使其商业活动顺利开展，免受政治欺压，故而十分重视政治人才的

① 《明史》卷八〇《食货·盐法》：“召商输粮而与之盐，谓之开中。”
② 雍正《潭渡孝里黄氏族谱》卷九《文献录上·明故处士松涧黄公行状》。
③ 雍正《潭渡孝里黄氏族谱》卷九《文献录上·黄东泉处士行状》。
④ 雍正《潭渡孝里黄氏族谱》卷九《文献录上·望云翁传》。
⑤ 雍正《潭渡孝里黄氏族谱》卷七《家传·质行》。
⑥ 雍正《潭渡孝里黄氏族谱》卷七《家传·文翰》。
⑦ 雍正《潭渡孝里黄氏族谱》卷九《文献录上·望云翁传》。

培养。潭渡黄氏商人向政治投资主要采取了以下三种方法：

第一，资助宗族乡党子弟，读书考取功名，进入仕途。

潭渡商人的崛起，与潭渡黄氏宗族重视教育，注重培养并输送政治人才有莫大的关系。潭渡黄氏家训中规定："子姓十五以上，资质颖敏苦志读书者，众加奖劝，量佐其笔札言之膏火之费，另设义学以教宗党贫乏子弟。"[①] 在祠规中关于"鼓励教育子弟"的规定："俟本祠（逸民祠）钱粮充足之时，生童赴试应酌给卷赀，孝廉会试应酌给路费，登科登甲入庠入监及援例授职者应给发花红，照例输赀。倘再有余，应于中开支修脯，敦请明师开设蒙学，教育各堂无力读书子弟。"[②] 在大宗祠的"公议规条"中规定："守祠钱粮丰裕之日，酌助本族贫生赴试卷资。"而在朔望之日，诸生也须在本族塾师的带领下入祠拜谒先祖。不仅是以宗族集体的形式资助族人子弟读书以入仕，而且族内个人也以不同形式提供便利。明末清初人黄其采曾在非园内建造斐阁和染汁轩等处，以供子弟读书。[③] 明中叶，黄华（字实夫，号少参，守愚,东山）建造黄山楼和后乐轩作为"归休之地"。轩和楼后归文会所有，在康熙年间，黄员次进行了修缮。"楼多藏书以惠宗族，卷首收藏之印，其文曰：'孝里经书，子孙是教。鬻及遗毁，是为不孝。'共十六字""群彦肄业其中"。[④] 此外，潭渡族人黄资仁还建造"义塾以教里中贫寒子弟"。[⑤]

通过一系列措施，这一时期，潭渡黄氏入朝为官的人数骤增。黄景琯曾指出："吾族起甲科者二人，登贤书者七人，由胄监入仕者比比。"[⑥] 弘治年间人黄迪（字惟吉，号凤山）曾担任瑞安丞一职，潭渡"衣冠显者"自黄迪开始。[⑦] 黄华于成化辛丑（1481）成为进士，初授江西金溪县知县，经逐级升迁，最后官至福建布政使司右参议。黄湛（字子静，号高峰）嘉靖年间任宛平县丞，宛平称畿邑，村中建有畿辅令尹祠。黄絅（字锦中，号习轩）"以《诗经》中正德癸酉乡榜，宰靖安，多善政"。黄约（字会中，号果斋）"嘉靖丙午（1546）中乡榜，铨部得广信府推官。廉慎自矢，循声腾达，

---

① 雍正《潭渡孝里黄氏族谱》卷四《家训·亲睦》。

② 雍正《潭渡孝里黄氏族谱》卷六《祠祀·康熙己亥(1719)公立德庵府君祠规》。

③《重订潭滨杂志》上编"非园"条。

④ 黄宾虹：《叙村居》,《黄宾虹文集·杂著篇》,上海书画出版社,1999年,第10页。

⑤ 雍正《潭渡孝里黄氏族谱》卷七《家传·孝友》。

⑥《重订潭滨杂志》上编"居官清白"条。

⑦ 雍正《潭渡孝里黄氏族谱》卷十《文献录下·凤山册序》。

都宪胡公疏荐之。历署铅山县、黄州府通判，俱有善政”。黄正秋（字总章，号乾宇）“少入国学，官山东、陕西经历，署蓝田县慈惠抚民”。① 黄天伟（字一魁，号东溪）曾“商于维扬”，其子黄记于嘉靖乙未（1535）“试补府学生遇例入北雍。祭酒马公器之，送户部历事”。曾多次“请假亟往代”。② 在乾隆末年之前，潭渡黄氏得科名者大多是通过借籍甚至是冒籍的方式参加考试获取功名的。③ 浙江学政李培因在一份奏折中言：“臣以浙江人文最盛之区，无如杭、嘉、湖、宁、绍五府”，而“杭州商籍向来徽杭之人，无论作何生业，均可冒入，是以考者盈千”。④ 明清两代，在原则上，不承认在本籍以外的地方参加考试。从明朝万历年间开始，才允许以盐商为主的客商子弟，可在其附籍的寄居地参加考试。《歙风俗礼教考》云：“浙盐更有商籍，岁科两试，每试徽商额取生员五十名，拔杭州府学二十名，仁钱两学各十五名。淮商近亦请商籍。”⑤ 黄晖（字报三，号晨村）“乾隆庚子（1780）领乡荐，族人以本籍得科名者自公始”。⑥

基于业缘关系，旅外新安商人在旅居地建立会馆以互通有无，北京歙县会馆即为其中著名一所。北京歙县会馆兴建于嘉靖三十九年（1560），有明一代，该会馆的运营方式为基于地缘的社会自发互助、合力集资，为同乡商民服务。明清之际，北京歙县会馆毁于战火，于乾隆六年（1741）重修。此后，会馆的功能发生转变，重点服务应试举子，即潜在的官员。⑦ 会馆规约“专为公车以及应试京兆而设。其贸易客商自有行寓，不得与会馆居住，以及停顿货物，有失义举本意”。会馆成为商人沟通官员与潜在官员的场所和渠道。⑧

---

① 按，黄华、黄湛、黄綗、黄约、黄正秋等人仕途情况，参考黄宾虹：《歙潭渡黄氏先德录》，《黄宾虹文集·杂著篇》，上海书画出版社，1999年，第432～433页。

② 黄宾虹：《歙潭渡黄氏先德录》，《黄宾虹文集·杂著篇》，上海书画出版社，1999年，第430页。

③ 关于商籍问题，参考藤井宏：《新安商人的研究》（续完），《安徽史学通讯》，1959年，第58～65页。曹永宪：《明代徽州盐商的移居与商籍》，《中国社会经济史研究》2002年第1期。

④ 王澈：《浙江学政李培因为陈整肃怀挟冒籍事奏折》（乾隆二十五年1760），中国历史第一档案馆，《历史档案》2000年第4期。

⑤ 许承尧撰，李明回、彭超、张爱琴校点：《歙事闲谭》卷十八《歙风俗礼教考》，黄山书社，2001年，第603页。

⑥ 黄宾虹：《歙潭渡黄氏先德录》，《黄宾虹文集·杂著篇》，上海书画出版社，1999年，第455页。

⑦ 邹怡：《善欲何为：明清时期北京歙县会馆研究（1560～1834）》，《史林》2015年第5期。

⑧ 徐上镛：《重续歙县会馆录》上册，《乾隆六年会馆公议条规》，道光十四年刻本，国家图书馆藏。

《重续歙县会馆录》载歙县潭渡人捐赠情况一览表

年份	捐赠人	官阶	捐款数目
乾隆六年（1741）	黄履昊（字昆华）	部郎历任武汉道	一千八百两
	黄芑山		三十两
	黄兆熊	江西余干县知县	十两
乾隆二十二年至二十四年（1757～1759）	黄元	户部郎中	二十两
	黄粹然	四川新津县知县	八两
	黄修忠	甘肃平庆道	四两

注：此表格依据徐上镛《重续歙县会馆录》上册《乾隆六年会馆公议条规》及乾隆六年（1741）、乾隆二十二（1757）、乾隆二十四年（1759）会馆公捐录编制而成。

第二，通过捐纳或科举考试得官，使自己成为官商。

《歙风俗礼教考》云：“商居四民之末，徽殊不然。歙之业盐于淮南北者，多缙绅巨族。其以急公议叙入仕者固多，而读书登第，入词垣跻膴仕者，更未易仆数，且名贤才士往往出于其间，则固商而兼士矣。”①盐业的经营是在政府的庇护下进行的，能“业盐于淮南北”，说明他们已和官僚阶层相勾结，或自身已取得一定的官职，成为官商。明成化年人黄文盛“虽服贾，喜与缙绅先生游，以资所闻”。②

到了清代，捐纳制盛行。黄春谷“中嘉庆戊午（1798）解元，乙丑成进士，令广西兴安、岑溪诸县。充戊辰试考官，拔名宿汪能肃。公所议事，率以才能屈其坐人，缘是渐为同僚所诋，竟以文书失落劾罢。道光初，捐复道员”。③黄昌辅（字相宜，号虎卿）“理举业，中咸丰辛亥（1851）乡榜，壬子（1852）赀捐知县”。④

乾隆年间，潭渡黄氏有四兄弟寓居扬州，“以盐策起家，俗有‘四元宝’之称”。潭渡黄氏兄弟是18世纪扬州名声最大的新安盐商。排行老四的黄履昊，字昆华，居扬州阙口门，有容园。⑤乾隆年间，在歙县东乡梅渡及西乡莘墟等处，捐资设置义田，

① 许承尧撰，李明回、彭超、张爱琴校点：《歙事闲谭》卷十八《歙风俗礼教考》，黄山书社，2001年，第603页。
② 黄宾虹：《歙潭渡黄氏先德录》，《黄宾虹文集·杂著篇》，上海书画出版社，1999年，第431页。
③ 黄宾虹：《歙潭渡黄氏先德录》，《黄宾虹文集·杂著篇》，上海书画出版社，1999年，第457页。
④ 黄宾虹：《歙潭渡黄氏先德录》，《黄宾虹文集·杂著篇》，上海书画出版社，1999年，第460页。
⑤ 李斗：《扬州画舫录》卷十二《桥东录》，清乾隆六十年自然盦刻本。

扶助族人。黄履昊还曾“独捐邸第一区为之，使得会馆得以重建”。[①]黄履昊曾捐得五品刑部郎中一职，这是乾隆年间捐纳所能得到的在京文职最高品级。后来，黄履昊又以好义获加恩从三品，补刑部江西司。[②]官商身份的统一，进一步推动了旅外潭渡商人商业的发展。

第三，通过联姻的方式，与官僚结交，以便利用其权势。

万历丙申（1596），光禄大夫、少傅兼太子太保、吏部尚书、建极殿大学士颍阳许国在潭渡黄氏重修德庵公祠时，曾为之撰写《宋逸民德庵先生祠堂碑铭》，其中写道：“余既得谢政，亦越五年，每过先生里门，必为端式。而黄与许世有姻连之好，诸文学属余为铭以勒石焉。”[③]官商联姻，可使潭渡黄氏得到当道者的庇护，享受经济特权。

为了增强族人联系，提高潭渡黄氏的社会地位，潭渡黄氏商人和官僚随着自身势力的增强，开始将巨额资金投入宗族社会的建设中，开始大规模地建祠堂，修坟茔，建义庄、会馆，置祠产、族田，编修族谱、订立族规家法等。

1. 修祖墓

《礼记·坊记》：“修宗庙、敬祀事，使民追孝也。”“墓者，先魄之所藏。”[④]故而祖先茔墓的营建和维护于新安宗族是件尤为重视的大事。“中古崇堂斧，后世又加之以碑识，揭揭然欲人之见之者，意令子孙毋忘其祖宗遗体之所在，则孝思可自兴焉”。[⑤]堂斧，即指坟墓。由于对风水之说的推崇和信仰，以及对于作为“祖宗体魄之所藏”的祖茔之于凝聚族人的作用的认识，潭渡黄氏历来“重祖墓，虽历世已远，而展扫之典未之敢阙然”。[⑥]这一时期，潭渡黄氏开始大规模修缮祖坟。

---

① 道光《歙县志》卷九之三《艺文志·增置京都歙县会馆南院舍记》，清道光八年刻本。

② 乾隆《江都县志》卷十三《仕籍》，“中国方志丛书”，华中地方393号，第659页。

③ 雍正《潭渡孝里黄氏族谱》卷六《祠祀·宋逸民德庵先生祠堂碑铭》。

④ 雍正《潭渡孝里黄氏族谱》卷四《家训·跋家业遗训一》。

⑤ 雍正《潭渡孝里黄氏族谱》卷五《祖墓目次》。

⑥ 雍正《潭渡孝里黄氏族谱》卷五《祖墓·大膳茔簿载向杲寺西祖墓》。

潭渡黄氏祖墓概况一览表

类别	位置	重(修)建时间、重(修)建者	埋葬黄氏先人
向杲寺西祖墓	向杲寺西	明弘治丙辰(1496),黄华补立黄璋及黄芮墓碑; 明万历辛巳(1581),黄民安等补立各祖墓碑; 清康熙戊寅(1698),黄以祚重立各祖墓碑; 清雍正辛亥(1731),黄文炜建坊修墓	始祖黄璋及鲍氏,二世黄亮及吴氏,四世黄芮及程氏,五世黄文瓒及方氏,六世黄超及郑氏,七世黄任霸及鲍氏,八世黄德及鲍氏,十一世黄从宪及洪氏,十四世黄庆长妻子吕氏;永思堂始祖黄湘;下市祖黄藻
后林祖墓	潭渡后林	清康熙辛卯(1711),黄以祚修庐墓所、孝子坊	三世黄光及其妻程氏
黄屯八十段小祖墓	黄屯八十段	清康熙戊寅(1698),黄以祚复业修墓; 清雍正辛亥(1731年),黄宗武等建碑	三世黄光妻子洪氏,十三世黄邦俊;古关祖黄明及方氏;敦睦堂二世祖黄金声妻子程氏
黄屯八十段大源祖		清康熙辛丑(1721),黄泰重立墓碑	
下市枧头祖墓	下市枧头	明万历辛巳(1581),黄民安补立墓碑; 清康熙戊寅(1698),黄以祚补立墓碑	十二世黄瑜及程氏;下市祖黄藻妻子洪氏
上市牌边祖墓	上市牌边	明万历辛巳(1581),黄民安等补立墓碑; 清康熙戊寅(1698),黄以祚补立墓碑; 清康熙辛丑(1721),黄履旦修墓并围墙护坟	十四世黄庆长,十九世妻子许氏,二十世黄塈;敦睦堂始祖黄孝善及程氏
洪坑黄家林祖墓	洪坑	明嘉靖己酉(1549),黄琳等修墓立碑; 清康熙丁未(1667),黄应先、复祖、家珮、尔卓修墓砌坟门石; 清康熙壬申(1692),黄应先修葺庄屋; 清康熙辛巳(1701),黄以正、以裕、以祚、以祉修墓砌坟门石; 清康熙戊子(1708),黄以远等修葺庄屋; 清雍正辛亥(1731),黄以正修葺屋	十世黄元吉及鲍氏,十九世黄儒寿
张五角六堂祖墓	潭渡芜田	清康熙戊寅(1698),黄以祚重立墓碑	十五世黄渊
六堂祖妣墓	乌茶	明崇祯戊辰(1628),黄允电等修墓立碑	十五世黄渊妻子徐氏
六堂祖妣墓	上村竹林里	清康熙戊寅(1698),黄以祚修墓建碑砌墙	十六世黄大受妻子鲍氏

续表

类别	位置	重(修)建时间、重(修)建者	埋葬黄氏先人
六堂祖妣墓	七里湾	清康熙戊寅(1698),黄以祚立碑; 清雍正甲辰(1724),黄履昊修墓	十六世黄大受妻子程氏
五堂祖墓	叶干	清康熙戊寅(1698),黄以祚立碑; 清康熙戊戌(1718),"四门黄公筑拜墓"; 清雍正甲辰(1724),黄昭昉克轮修墓; 清雍正乙巳(1725),黄以祚修祖墓至太守山前石路	十七世黄孝则及陈氏,二十世黄塈记程氏,二十一世黄孝毅妻子汪氏;存诚堂始祖黄塾妻子许氏
四堂祖妣墓	塔山	清康熙戊寅(1698),黄以祚立碑	十九世黄儒寿妻子吴氏
贻安堂祖妣墓图	观武坦	清康熙戊戌(1718),黄昭等修墓砌筑拜台	黄兴寿妻子谢氏
春晖堂存诚堂祖墓	倒坑	清康熙后壬寅(1722),存诚、春晖两堂黄挑塘(挑塘,即将水塘抽干,清除塘泥,这样做是为了增容和积肥); 清雍正戊申(1728),黄梦旭修墓	春晖堂祖黄兴寿与存诚堂祖黄祯寿
蓼莪堂祖墓	太守山	清雍正乙巳(1725),黄以祚重修墓前石路至道人庵祖墓前	黄添童
春晖堂蓼莪堂祖妣墓	时家塘	清康熙戊寅(1698),黄以祚立碑; 清雍正乙巳(1725),黄以祚重修	春晖堂祖妣程氏与蓼莪堂祖妣胡氏

注：此表格依据《潭渡孝里黄氏族谱》卷五《祖墓目次》《潭渡各祖茔墓图》制作而成。

2. 建祠堂

兴建祠堂，是为了尊祖敬宗，申述报本返始之心，尽子孙的孝情。朱熹在《家礼》中规定："君子将营室，先立祠堂于正寝之东，为四龛，以奉先世神主。"[①] 即指祠堂位于居室东侧，且二者相连，祠堂内供奉高、曾、祖、考四代神主之位。

祠堂的修建及定期修缮都需要耗费大量的资金，非一人一时之功可以办到。黄谊（字宜之，号东泉）曾"贾于闽鲁，旋于杭、于温，及汴扬都会之区""厚积而速成"。嘉靖年间，在一次宴请解官归乡的黄珦（字邦石，号磨庵）聚会上，黄谊慨然叹道："宗祠狭陋久矣，时当新而大之，庶足以报本而合族。"并表示愿意出百金，且请黄珦起

① 朱熹：《文公家礼》卷一《通礼·祠堂》。

草号召，望纠合族众共同办理此事。“稿具，一时富者莫之应，同声于席者，因亦不坚”。黄谊见无人响应，感叹道：“役巨，非一人所能。”修缮宗祠一事遂告流产。

康熙五十七年（1718），潭渡村遭遇洪灾，“洪水冲刷（大宗祠）祠基，以致寝室欹陷，檐染朽蠹”，大宗祠随时都有倾塌的危险。但直到康熙后壬寅（1722），潭渡黄氏仍在为先修缮宗祠还是先制作祀产簿而争论。某人对诸父兄言，应尽快维修宗祠，他认为“置产所以赡祠，赡祠所以妥祖，今寝室之危在旦夕，万一震惊宗祏，厥系匪轻。今诸父兄释祠而问产，得无缓急失宜矣乎？”而其父兄则辞色严厉地对该人进行了教诲。他们说，事情虽有缓急之分，但也有难易之别。“彼寝室之将圮，事虽急也。然修之则艰而巨，非予辈之力所能胜任也。今续颁产簿，事固缓也。然刊之则微而易，岂亦不能胜任而因循苟且，听其遗漏舛错，不一为之整顿乎？”结果以此人“谢不敏，唯唯而退”告终。[①]

这一时期，随着潭渡黄氏商人资本的发展，祠堂的兴建与修缮逐渐普遍起来。族内有统宗祠，分房还有分祠堂。正如民国《歙县志》所言：“邑俗旧重宗法，姓各有祠，支分派别，复有支祠。”[②]

三、清代中叶至民国初年潭渡黄氏衰落期

黄吕在《重订潭滨杂志》中写道：“三十年前，虽园林荒废，楼犹无恙。屏门大书深刻太函翁所为《四望楼记》，而草《观灯》《纳凉》《翫月》《对雪》四诗于四壁，皆刘然子衿所书。今则屋宇化为薪木，园林变为麦垄，百余年间，盛衰顿异，惟记与诗以太函故传。亦可悟人事之无常，而太平之景不易再见也。”[③]黄吕这里所说的“三十年前”当是指康熙前期，潭渡村自乾隆末年开始便日渐式微了。

（一）潭渡商人的衰落

经过200多年的辉煌后，潭渡商人在乾隆末年开始走向衰落。所谓“乾隆以后，故家巨室亦稍稍替矣”。[④]扬州原为潭渡盐商兴盛之地，族人多有投奔。黄其林（号仰岑）[⑤]“幼承先世饶裕”，但在其40岁后，家道中落，遂举家由汉口迁到了扬州，“馆

① 雍正《潭渡孝里黄氏族谱》卷六《祠祀·黄氏大宗祠二刻祀产簿序》。

② 民国《歙县志》卷一《风俗》，民国二十六年铅印本，“中国方志丛书”华中地方第246号，第5册。

③《重订潭滨杂志》上编“四望楼记”条。

④《重订潭滨杂志》序文。

⑤ 按，黄其林父亲黄修溥（字伊在，号寄亭），为雍正九年（1731）谱局一员，黄修溥为潭渡第三十三世孙，推断其活动时间主要在乾隆前期至中叶。

于族舍”以寄居。欠债累万，常有族人前来索债。当时，扬州有潭渡一巨商，其子系纨绔子弟，经常对黄其林欺侮嘲弄。黄其林只能一再避让，但此子“语貌益侵”，迫使其再次搬迁离开。但不承想，此巨商“家日削，越三十年竟成终窭”。[①]

道光二十三年（1843）上海开埠后，上海的工商业经济得到迅速发展，使上海成为新兴的经济中心。上海的新兴产业将大量的劳动力、资金和市场都吸了过去，周围的传统工商业城市开始衰落。海运的发展，津浦铁路的开通，运河的淤塞，使得依靠运河航运兴起的城镇进一步衰落。[②]如黄懋谊（号佩章）少年时，跟随经商的父亲黄崧喜寓居“衢之灵山”“家境小康，无所抑郁”。其刚成年时，父亲去世，家道中落，不得已回到了潭渡村。后又外出经商，到了江苏胥门，但仍未成功。再次“悒悒以归。既归，境益困，飧飧莫继”，最终“至歙、休交界处，馁卧不能起，遂服画箧中所有藤黄而卒”。[③]

徽商的衰落，除上述原因外，还由国家的盐业政策和徽商自身弱点两个层面因素导致。

1. 潭渡盐商未能适应国家政策的改变

明中叶，国家实行“纲运制”，潭渡黄氏盐商抓住这一机遇，发掘商机，壮大了自己势力。所谓成于斯，败于斯。当国家政策再次发生转变时，潭渡商人并没有适时地做出改变来适应，其衰落也便成为必然。

乾隆末年以后，随着课税与捐输的日益加重，再加上各种额外的盘剥，徽商的处境每况愈下。并且由于政府机构的腐败，无法阻止私盐的贩卖，盐商逐渐走向衰落。清道光年间，政府将“纲运制”改为了“票盐法”。所谓票盐法，即凭盐票运销食盐之法。其原则是，不问新商、旧商，只要交足盐课，即可领票运盐。票商既无限制，亦不固定，方可废除“根窝”专商之弊。这样一来，靠盐业贩运专利发迹的徽商会厄运难逃了。如黄沂曾在扬州经商，道光己丑（1829），“两江改盐法，裁根窝[④]，家渐落，仅在宝应有食岸，因迁之，境益屯”。[⑤]

---

① 黄宾虹：《歙潭渡黄氏先德录》，《黄宾虹文集·杂著篇》，上海书画出版社，1999年，第455～457页。

② 葛剑雄：《从历史地理看徽商的兴衰》，《安徽史学》2004年第5期。

③ 黄宾虹：《歙潭渡黄氏先德录》，《黄宾虹文集·杂著篇》，上海书画出版社，1999年，第459～460页。

④ 清代盐商专卖凭证。起源于明万历时纲法的窝本，清沿明制，两淮课盐，招商人认窝缴纳银两，发给专卖凭证，谓之“根窝”。

⑤ 黄宾虹：《歙潭渡黄氏先德录》，《黄宾虹文集·杂著篇》，上海书画出版社，1999年，第460页。

2. 潭渡商人奢靡无度

潭渡商人大量的财富耗费于穷奢极欲的生活。潭渡村“当日，以居民之家，风气太开，过于逸乐，所以兴盛长久，不及他处”。据说，歙县的赛会一事，便是由潭渡开风气之先的。赛会是一种民间用来祈求风调雨顺、五谷丰登的习俗。赛会时，“五方器皿，分为五色，故老相传，四方来观，称为初见。此画胜而惟恐思索不到，以炫耀多钱也”。赛会历来被认为是“耗资废业”之事。

潭渡商人的奢靡情形在《重订潭滨杂志》中编“米粉”条中有真实地反映：

> 酒食是议，固为君子所鄙，然祭祀燕宾，亦安可不事精洁也。吾里筵席，以巨室家厨为最，酒馆所办虽少逊，然较之官厨犹远胜。官厨水陆群品，皆一鼎所烹，味如糟粕，惟满席及诸色点心，是其所长耳。乡间喜庆之事，例用米粉为馔，然但备员而已。吾里独以此品为最，所用物料，以豨膏、鸡汁为主，他村不能为也。[①]

官厨所制作食物“味如糟粕”，故潭渡黄氏在“祭祀燕宾”时采用家厨来制作食物。“备员”是指聊以充数的意思。米粉原是通过面粉或豆粉类材料制作，放在桌子上摆样子的。潭渡黄氏却用豨膏、鸡汁作为原材料来制作，可能因成本高昂，故“他村不能为也”。[②]

在当时，徽商的奢靡是一个普遍的现象。民国《歙县志》载扬州的徽商“其上焉者，在扬则盛馆舍，招宾客，修饰文采；在歙则扩充祠宇，置义田，敬宗睦族，收恤贫乏。下焉者则但侈服御居处，声色玩好之奉，穷奢极靡以相矜炫已耳。奢靡之风创于盐商，而操他业以致富者群慕效之。今其所遗，仅有残敝之建筑，可想见昔年闳丽。而骄惰之习，不幸乃中于人心，养尊处优，饱食安坐，而不事事，虽中更咸丰之乱，百业衰替，人口凋减，生计迫蹙，而其遗风，犹若未能尽革，俗所谓‘盐商派’，

---

① 《重订潭滨杂志》中编“米粉”条。

② 王振忠：《清代一个徽州村落的文化与社会变迁——以〈重订潭滨杂志〉为中心》，朱国宏等：《中国社会变迁：反观与前瞻》，复旦大学出版社，2001年，第239页。

诚为弊俗”。[1] 奢靡的生活耗费徽商大量的财富，这是导致其衰微的一个重要原因。

（二）战争对潭渡村的破坏

新安地区为群山环绕，地理环境较为封闭。历史上少有战争发生。但仅有的几次，即对新安地区产生了严重的影响。就潭渡村及潭渡黄氏而言，对其影响较大战争主要有两次，均产生了灾难性的后果。

顺治十六年（1659），潭渡村遭遇一场“百年未有之变故”。当时，海盗沿长江航道侵入内地抢劫，“江南大警，调诸郡兵赴援，败绩”。新安地区以唐士奇为首的溃兵，纠集当地的无赖流氓，聚众数千人乘机作乱。府县官员原想在平定海盗的叛乱之后，将唐士奇的军队归营管理。遂放任其发展，“以故贼益横”。待“江上事平”“府县谕士奇归营受约束”，但唐士奇不受命，并暗中派人告知府县官员：“我不复归东山旧营，必得大乡落以驻。”府县竟然答应了其要求。当时，唐士奇的军队已“由休之洋湖、歙之南溪南环山而来”，而“乡落之近郭者，莫如潭渡”。当时，潭渡黄氏族人已有所察觉，妇女老少皆已转移，惟辎重未动。不日，唐士奇的军队便到了潭渡村。于是，“素封之所保，良贾之所藏，米谷、盐絺、酒酢、麻缕、丝枲之所价买，衣服、器用、金玉玩好之所蓄聚，尽为贼有焉。诸乡犹凶惧，小者馈牛酒，大者输金帛，请令箭、请告示者，踵相接。贼则陈货里门，斥卖所掳获，取直什一二，贪利者争市之，得息常什倍。”[2] 唐士奇的军队在潭渡村抢夺滞留了十五天，官府才派兵对其镇压。唐士奇通过贿赂官府，提前知道了消息，带着妻儿逃跑了。[3] 这场兵祸严重地破坏了潭渡村的社会经济生活，村中景观亦破坏严重，一些建造计划也因此而中断。

明朝末年，潭渡黄氏已逐渐发展成为乡中巨族，“冠盖甲第相望”。但“支分派异，皆以别子为祖，共建一祠以祀孝子芮，芮以上皆阙焉”。于是，在明崇祯年间，黄孝先等人倡建统宗祠，并且计划在统宗祠两侧另建两祠，以祭祀黄氏的两位祖妣。“因谋于族之贤者，有其采、本耀二人，相与度地相原，市材伐石，为建统宗之祠”。但“兵

① 民国《歙县志》卷一《舆地志·风土》，民国二十六年铅印本，“中国方志丛书”华中地方第246号，第1册，第158页。

② 雍正《潭渡孝里黄氏族谱》卷十《文献录下·附己亥年事》。

③ 雍正《潭渡孝里黄氏族谱》卷十《文献录下·附己亥年事》。

燹兴而人事废，统祠竟未就，二祠遂成画饼”。[①] 随着旅外潭渡商人的发迹，康熙年间，潭渡黄氏对村中景观进行大规模的修缮，村中景观有过一段时间的复苏。大宗祠于康熙年间建成。康熙年间，黄孝先之子崇庆、牧尔、类克等人“倡捐巨资，重兴大役。时则又有族之贤者家佩、家珣、应先诸人告成之，前后凡阅数年而工始竣”[②]“统宗祠宇聿建有年，族彦又欲创建母祠”。[③] 潭渡大商人黄以正于康熙五十六年（1717）之春，召集族人共商其事，族人纷纷响应。“庀材鸠工，为堂五楹，前有三门，后有寝室，兴祠门而四堂之崇三丈五尺，其深二十七丈，其广六丈四尺，前后称是，坚致完好，凡祠之所应有者亦无不备，阅载而后成，计白金之费三万两”。[④]

对潭渡村的破坏更严重的一次是咸同兵燹[⑤]。民国人胡在渭在《徽难哀音》中记载，新安处于深山之中，自唐而后，历代寇乱中“被祸最惨酷者，殆莫逊清咸同间粤寇洪杨之难苦矣。盖自咸丰三年（1853）失安庆以后，至同治三年（1864）复江宁以前十二年间，徽之人民几无日无时不在风声鹤唳、憔悴忧伤之中，其历经兵难及大雪大疫，而前后死亡者，虽未至于靡有孑遗，其得庆生者，盖亦仅矣”。[⑥] 晚清人黄崇惺在《重订潭滨杂志》的序文写道，其小时候潭渡旧德犹在，闾井晏然，“犹然一乡之望族”。但“自咸丰庚申（1860），粤寇陷郡，潭渡距城近，被兵尤酷。寇退，而里人之丧于疾疫者，与槁饿者白骨相望，而不得棺槥以葬。丁男之存者十无二三，又多客游，不能遽归。里门八角亭既毁于火，而祠庙之仅存者，率穿漏朽蠹而莫能葺治；亭馆林木，皆摧之以为薪；而万金之宅，毁而鬻之，仅以易数石之粟。荆榛塞于衢巷，颓垣断壁，过者为之惴栗。盖于今十有余年，族姓之孳息者，可屈指数。而他族之侨居吾里者，日至而不可诘。岁时伏腊之礼，至今缺然而未备。盖不惟乾隆以前之盛渺然不可复覩，即求如崇惺儿时之所见者，亦岂可得哉！”[⑦]

---

① 雍正《潭渡孝里黄氏族谱》卷六《祠祀·附画中二祠记》。

② 雍正《潭渡孝里黄氏族谱》卷六《祠祀·潭渡孝行里黄氏大宗祠碑记》。

③ 雍正《潭渡孝里黄氏族谱》卷六《祠祀·附输壶德祠中堂地基税亩》。

④ 雍正《潭渡孝里黄氏族谱》卷六《祠祀·新建享妣专祠记略》。

⑤ 咸同兵燹与徽商衰落的关系研究，参考叶显恩：《徽商的衰落及其历史作用》，《江淮论坛》1982年第3期；张海鹏，王廷元：《徽商研究》，安徽人民出版社，1997年；冯剑辉：《曾国藩“纵兵大掠”徽州考辨——兼论徽州咸同兵燹》，《安徽大学学报》（哲学社会科学版）2007年第2期；郑小春：《从繁盛走向衰落：咸同兵燹破坏下的徽州社会》，《中国农史》2010年第4期。

⑥ 胡在渭：《徽难哀音》序，安徽省图书馆藏，1924年。

⑦《重订潭滨杂志》序。

咸同兵燹不仅对新安本土造成巨大的破坏，而且对整个长江中下游流域地区的经济环境也造成严重的破坏。这对于徽商的经营活动产生了较大影响。包括鄂、皖、苏等地在内的长江中下游地区，是这一时期中国社会战乱最严重的地区，也是徽商经营的主要区域。这就使得徽商传统的“吴楚贸易”几近中断，徽商在江南市镇的商业活动陷于瘫痪状态，对徽商及其商业资本造成了直接的打击。咸、同年间人潭渡黄肇敏（号秋宜），19 岁时客居淮南。“其中表江穆斋茂才荐诣乡先达宋卣亭水部家，佐理盐务，历有年所”。其自言：“遭乱家破，孑然一身，窜于穷谷。”死后，灵柩归于乡里，但“厝而弗克成葬者垂十余年，遂草草掩埋之”。[①] 这当然不是个例，当时旅外徽商皆受到了兵祸的严重影响，徽商就此一蹶不振。

潭渡商人的衰落和战争的摧残，使得潭渡黄氏宗族逐渐式微，“昔潘山史（景升）叙潭滨形胜，比于歙之中原，以其山水之辉媚，上地之沃衍，栋宇之壮丽，而又有人文之蔚斐，风俗之粹美也。故夫硕德瑰行、奇杰异能之士，多而族以昌。安偷婧，习狷薄，猥琐疲苶，而族以微”。[②] 潭渡村的人文景观亦遭到极大的破坏，民国三十七年（1948），潭渡建私立紫阳中学，黄氏宗祠仪门以外被拆，改为教室。1952 年，时任小学校长的黄氏三十九世孙高华迫于无力修漏，报县批拆三门厅，改建新校。“文革”开始后，百岁坊、旌节坊等石坊被拆，仅留旌孝坊一座。屋舍中，下祠、八卦亭、礼堂社、孝子祠、承德堂、庐墓所等改为民居。村中古屋除少数（如宾虹故居）外，几乎荡然无存。

第三节　潭渡经济结构研究

一、水利建设

在靠天吃饭的传统社会中，水资源在村民生产生活中的重要地位不言而喻。村落水景观，包括自然水体景观和人工水体景观。自然水体景观，指的是天然形成的

① 黄宾虹：《歙潭渡黄氏先德录》，《黄宾虹文集·杂著篇》，上海书画出版社，1999年，第461页。
② 黄宾虹：《叙村居》，《黄宾虹文集·杂著篇》，上海书画出版社，1999年，第7页。

溪流、湖泊、河流等；而人工水体景观，则包括池塘、人工渠道，以及相关的水利设施。水体景观的变迁对村落的兴衰、规模的大小，以及村落人文景观的嬗变，起着显著的影响。

(一)潭渡溪湖与村落景观

元代之前，潭渡“村之水，丰溪澄其前，潭湖环其后，山涧堨渠之流，又各因其高下而杂出焉”。[①]可能是由于人口稠密，过度的开发，元代以后，潭渡一些河流溪湖渐趋消失。譬如，潭湖水一支来自槐塘、棠樾，一支来自舒塘、杝山，“绕斜出山”，合于潭渡之北，即为潭湖。“潭湖之上，为桥者四”，依次为高阳桥、潭湖桥、花桥和仙人桥[②]。潭湖水自东向北折出，“绕潭渡，过仇村通济、世济二桥”，再经社稷坛、黄氏祠、七里湾至百花台入丰乐河，之后会于浙江。故老相传，在元代，这些河道尚可“通舟筏”，后来逐渐淤积湮废了。[③]

早在公元前3世纪时，中国就出现了水激轮转的水碓。明清时期，水碓已在新安地区广泛应用。清道光年间人俞鸿渐出游新安时，曾对新安江上的水碓有过描述：“一滩才过一滩来，遥听轮声抵怒雷。知有人家安水碓，浪花如雪卷成堆。”其子俞樾亦有诗曰：“每逢湍急处，水碓置中央。佛法金轮大，仙人玉杵长。势惊环转急，声讶磨旋忙。不是汉阴叟，机心未易忘。”潘钟瑞于光绪七年（1881）回乡展墓，他在其《歙行日记》中写道：“（三月十七日）酉初，上滚滩，真有飞花滚雪之观。其左峭崖直逼岚翠森林，下有水碓声，若沸羹，近日所见水碓不一，威坪堡下排列十数具，尤为聒耳。”[④]可见，水碓工作时的声音是很大的。所以水碓一般都选在离村较近的村外河边，这样一来便于村民就近加工原材料，二来又可以使乡村免受水碓运作时所发轰鸣声的干扰，保持村落的宁静环境。开始时，水碓旁多是佃户居住。如在《潭渡孝里黄氏族谱》载有一例租佃契，佃租人郑寿毛即居住在丰乐河对岸的水碓旁。[⑤]

在歙人王梦铨所辑《新安景物略》中附有“水碓”条云：“就深涧急流处作之，

---

① 黄宾虹：《叙村居》，《黄宾虹文集·杂著篇》，上海书画出版社，1999年，第7页。

② 按，黄宾虹《叙村居》载：“有石梁以达黄龘岭者，曰仙人桥。桥石上有巨迹，长余尺，因名之。”《黄宾虹文集·杂著篇》，上海书画出版社，1999年，第7页。

③《重订潭滨杂志》上编“潭湖”条。

④ 潘钟瑞：《歙行日记》，李德龙、俞冰：《历代日记丛抄》，学苑出版社，2006年。

⑤ 雍正《潭渡孝里黄氏族谱》卷六《祠祀·附归并本村天门上桥基地入祠文契》。

转轮激水，用以舂揄。”在新安地区，水碓多用来舂米、磨面，也有用作榨油坊、纸坊等，是加工原材料用的。水碓在新安经济生活中具有相当重要的作用，新安沿河分布的村落一般都有二三处水碓。在潭渡村的东边，曾在沙墩（竹林）与下河滩之间设有水碓。据《重订潭滨杂志》载，里门外小河边有一个名为“中洲”的池塘，在其中曾设有一座水碓，“遏水以入，可通舟筏”。① 因有人认为水碓会导致河水不畅，或灌溉减少，“于潭渡不利”，于是被拆去。但小河却因此而渐渐淤塞了。② 可见，水碓不仅具有经济价值，对生态的调节功能也不可忽视。

（二）塘堨与村落生态环境

新安地区处于山岭川谷崎岖之中，山区（山地及丘陵）面积占十分之九，潭渡村所在的歙西平原却是新安地区少有的几处较平坦开阔的地带。新安江的支流渐江、布射水、富资水和丰乐水，经过长期冲击沉积作用，渐渐形成了以冲积土为主的歙西平原。此处适宜耕作业的发展，但随着人口压力不断增大，土地开垦面积不断扩大，加之耕作方式的粗放，使得该区域水土流失日益加重，地形也逐渐呈破碎状发展，引水难度增大。为了更好地发展农业、林业，当地人因地制宜地创设了多种水利设施，如陂、塘、堨、坝、渠、圳等，或引水，或自流灌溉，或蓄水，类型多样。据道光《新安府志》记载，明代，歙县地区共有塘 72 所，堨 35 所。清代，有塘 149 所，堨 63 所。可见，塘堨几乎遍布于歙县各都图内。

在新安的引水灌溉的设施中，以“堨”最为常见。因“堨水取之于大溪，溪低而田高”。③ 为了达到引水的目的，人们审地度势，用至少两排木桩在河流、溪流中建造一座堤坝（即“木苍”），木桩之间较小的“罅漏”，以使水流可以通过。再在两排木桩之间塞以石块，外边覆盖上沙草。堵塞水流，抬高水位，“必至一二日蓄水后而入圳，入圳而灌田矣”。④ 由此可见，堨的功能主要为截流蓄水，“引流入渠，取溉有资，以时蓄泻”。⑤ 而堨田，即指引堨水浇灌的田地。

下文主要以光绪二十六年（1900），黄宾虹和郑播书主持修复丰堨一事，开垦

① 按，在黄凤六所绘的《潭渡村落闾里全图》中，该处水中有舟筏，上载有货物，有三人在岸上做拉纤工作。
② 《重订潭滨杂志》中编“中洲”条。
③ 乾隆《沙溪集略》卷二《水利 · 堨论》。
④ 乾隆《沙溪集略》卷二《水利 · 堨论》。
⑤ 黄宾虹：《任耕感言》，《黄宾虹文集 · 杂著篇》，上海书画出版社，1999年，第476页。

荒地，最终实现“成熟田千亩”一事，来阐述“堨”等水利设施对于当地村落的影响。

丰堨现位于桂林镇牌头村附近的扬之河（即练江）上，其始建于洪武初年。①乾隆中歙县知县学官张佩芳、乾隆后期太守峻良均对丰堨进行了修筑维护，使得当时丰堨灌田曾达1871亩。②

为了满足盛夏时节堨田的取水需要，当地政府规定，“堨闸之设，每年当处暑之后，立秋以前，农田亟于取水，常闭堨闸，不令船只经过”。③但稍有不察，堨甲便会乘机牟取私利。光绪年间，一陈姓县令在一则禁令中曾略言常有人偷偷自渔梁划船进入丰堨，通过时因船大闸小，“不时拔枧而行，两旁坝石随波而靡”。④当时运载石灰售卖可获得高额利润，故当地人争相争占。而汪本焘担任堨董后，竟公然命令夏令时开闸以使载灰船通过，所获得的利益与堨首均分。自光绪二十一至二十五年（1895～1899），汪本焘欠仓谷价银共1563元，仅缴还26元。丰堨堨田原有2000余亩，而由于汪本焘的因私废公，致使当时仅有170亩在耕种。歙东绅衿洪明经在论及汪本焘董理丰堨一事时，感叹道：“本焘与我情属戚谊，论其废公，早当摈退。”这种局面在黄宾虹担任堨首时，方得到改观。

清朝末年，清政府面对内忧外患的现状，为增强军事力量，转而大力发展地方武装。清军在歙县“办团练，募乡兵”，黄宾虹与其好友郑擢书亦加入团练局。光绪二十六年（1900），歙县团练驻扎在潭渡村对岸的圣僧庵中，进行军事训练。按规定，团练局的经费开支归在县积谷项下。⑤因为武装人员人数较多，开支较大。而当时又值芜湖大通兵变，黟县、祁门告急。政府军费紧张，但“地方积谷补偿，逋负者无以偿，日暮急需，计无所出”。⑥这种情况在歙东丰堨一带尤为严重。郑擢书向邑丞进言说，“丰堨田亩，潭渡黄氏居多数”。⑦因黄宾虹为潭渡乡贤，在乡中有较高威望。知县许崇贵遂请潭渡人黄宾虹自行组织水利组织来管理堨务。次年，地方政

① 嘉靖《徽州府志》卷十、道光《歙县志》二之六记为“丰堨”，民国《歙县志》卷二和民国《安徽通志稿》卷一百五十七则记为“庆丰堨”，其所载条目下均讲到堨是在明洪武年间由洪庆仁开筑。综上，“丰堨”和“庆丰堨”应为同一堨坝。

② 道光《歙县志》卷二《舆地志下》，《中国地方志集成》，江苏古籍出版社，1998年。

③ 黄宾虹：《任耕感言·丰堨垦复仁德庄义田始末》，《黄宾虹文集·杂著篇》，上海书画出版社，1999年，第483页。

④ 黄宾虹：《任耕感言·丰堨垦复仁德庄义田始末》，《黄宾虹文集·杂著篇》，上海书画出版社，1999年，第483页。

⑤ 黄警吾：《黄宾虹在徽州》，《江淮文史》2003年第1期。

⑥ 黄宾虹：《任耕感言·丰堨垦复仁德庄义田始末》，《黄宾虹文集·杂著篇》，上海书画出版社，1999年，第476页。

⑦ 黄宾虹：《任耕感言·丰堨垦复仁德庄义田始末》，《黄宾虹文集·杂著篇》，上海书画出版社，1999年，第477页。

黄宾虹故居

府以政令形式，发布公告。黄宾虹等人修复丰堨一事遂得到法理上的支持。

> 县批：查汪本焘前借仓穀价洋，至今未缴。迭奉抚藩严饬，提案追促，未便任延久抗。应饬差提追该堨董延欠公款，有误，未便任听再理堨务。即准该生等就近管理该款事宜，筹款自行修理堨务。每年所收水利，除还公费，即如该生等所禀各情，准予试办。一面先行示谕，并详府宪给谕饬办。云云。[1]

后来堨坝经修复后，即使有“川泽之润”，堨田的灌溉水源亦是“不逮畎亩”。当时，更有传言说是“鳗鲡凭依作祟”，人们信以为真，更不愿意去维护修缮堨坝了。[2] 究其原因，其实是因为丰乐河沿岸村落水权分配和用水额度不均。丰乐河经丰堨达到丰堨义田之前，须经过桂林、道川和宋村三个村庄。丰堨水截流后，须进入总

① 黄宾虹：《任耕感言·丰堨垦复仁德庄义田始末》，《黄宾虹文集·杂著篇》，上海书画出版社，1999年，第477页。
② 黄宾虹：《任耕感言·丰堨垦复仁德庄义田始末》，《黄宾虹文集·杂著篇》，上海书画出版社，1999年，第479页。

圳，而后引水入大圳。在大圳的两旁，三村村民或通过水车，或依靠吊灌来引水灌田。在干旱年份，宋村上游居民甚至会因为水资源的分配问题引发纠纷，“大则殴斗，小则谇詈”。三个村庄的居民大量“取流以供汲饮，资浣涤”，使得“五圳[①]正流，得水尤难”。故而，才会出现堨田水源枯竭的现象。

修缮堨坝，经管堨田是一项系统工程，须协调好各方利益。而水利组织在经理堨务时，会遇到种种困难。如若能够得到政府的支持，则所遇问题会比较容易得到解决。因堨水通过桂林村时，“因近庐舍，尘秽积污，窒碍泉流”。[②]面对这种状况，旧章约曾提出了一种办法，即“拽绳挽石，石有圆孔为记，常俾工作，透露光隙，事半功倍”。[③]黄宾虹等人打算执行这一决议。但桂林村民听闻后，“乃开祠议事，指谓拆动街道转蓬，泥沙积田，似有挟嫌生事等词禀县”。为此，政府又发了一道公示：

> 县批：据禀兴修工竣，并呈各项支用账目，本县亦经履勘估验，具见实心经理，方能费省工坚。从此积淤疏通，水之滞者畅流，田者荒者渐辟，农民乐利，生等与有功也。云云。[④]

在得到政府支持后，“浚疏诸事”进展顺利。黄宾虹和郑摺书在佃农中选择既勤劳又有才能的人作为堨甲，协助办理堨务。经日夜劳作，终于在光绪二十八年（1902），使得木石各坝竣工，堨田圳渠得到疏通。当年，雨水充沛，水道畅通，堨田大获丰收。秋收所获，即为水利所得。自光绪二十六年（1900）黄宾虹等人立案办堨务，到宣统元年（1909），其代前董汪本焘共还银703.64元。黄宾虹与众堨甲每年都会“按亩计其腴瘠，度其税则，稽考业佃”。[⑤]查实仁德庄义田共270余亩。后有许多潭渡黄氏族人得知黄宾虹治理堨田有成后，前来征租耕种，“原荒芜之田尽辟”。[⑥]

---

① 按，堨水过宋村的无梯桥后，分流入五圳——项家圳、中圳、何干圳、上圳、湘子圳。而五圳“其间又分支流者，在中圳中曰横圳，湘子圳中曰低洪圳”。

② 黄宾虹：《任耕感言·丰堨垦复仁德庄义田始末》，《黄宾虹文集·杂著篇》，上海书画出版社，1999年，第480页。

③ 黄宾虹：《任耕感言·丰堨垦复仁德庄义田始末》，《黄宾虹文集·杂著篇》，上海书画出版社，1999年，第480页。

④ 黄宾虹：《任耕感言·丰堨垦复仁德庄义田始末》，《黄宾虹文集·杂著篇》，上海书画出版社，1999年，第480页。

⑤ 按，此举被称为“踏田”。

⑥ 民国《歙县志》卷二《营建志》，民国二十六年铅印本，“中国方志丛书”华中地方第246号，第5册。

新安地区多“依山为治，山溪湍环，泄多潴鲜”。① 再加上夏秋时节的梅雨影响，容易导致山洪暴发，冲坏堤坝。水利设施的修复与维护并不是一劳永逸的，它是一项长期而耗资巨大的工程。

歙西平原另有一处名为“莘墟堨”的古堨，截流筑堰，引水溉田1000余亩，“其创立不知几百年矣”。经梅雨洪水的长期冲荡，堨坝损坏严重，每年春天都需要请农人进行修复，工程动辄需要一个多月。而“水益深，渠益高，木石之费益繁”“工冗力疲，农人屡困”。黄子庸“视而忧之，遂相率醵钱”。于是勘察地势，认为在上游5里多的地方“溪高而田下”，可以作为堨所之地。② 于是率有田的人家去买溪水沿岸的土地，如遇到不愿意出售的，黄子庸就以自己肥沃的田地与之交换。终得以“菖蒲滩”“鲍汪溪口”作为堨基地开凿渠道。于元至正二十年（1360）之冬开始，“在两界之间筑截大溪”“东北流会于故堨，至七里湾东南流入于溪”。而后用石坝连接两岸，中间填以沙土，使“渠浚绝深”，于至正二十一年（1361）顺利完工。自是“水道通利”“夏无亢旱之忧，秋有丰穰之喜”。乡人颇为感激，遂将“莘墟堨”改名为“黄潭堨”。③ 水利设施的建设和维护是一项长期的工程，尤其在小农社会中，更不可能达到“毕其功于一役”的功效。约百年之后的成化年间，因“岁久渠圳湮塞，民忧如故”。汪氏、郑氏及黄氏族众合力，“市石筑堤”，再次对莘墟堨进行了维护，以使其继续发挥防洪蓄水的作用，此举“乡人至今德之”。④

堨坝的修筑，使得相应河段的水位上升，这对桥梁的建设和维护提出了新要求。嘉靖初年，歙县梅雨量较大，使得河水涨溢，“塝路浸崩”，河水与黄潭堨的水相汇合，在丰乐河岸边，潭渡以下的村落如百花台、仇村等地，洪水更加泛滥。原先的道路都被淹没，村中的通济桥也无法通行。人们只能依靠黄潭堨的小石桥往来。石桥低矮且狭窄，路人通过时，必须先用手杖试探，才敢通过。但即便如此，还是会有人失足落水的，且“一失足即莫救，溺死者非一”。嘉靖四十年（1561），洪水又大至，有人因救其父双双落水殒命。潭渡黄德润（字伯诚，号竹轩）“闻而叹之”，于是出资购买石料，在仇村前选择地势较高处修造了一座比原先“高广数倍”的石桥，“自

① 道光《歙县志》卷二《舆地志下》，《中国地方志集成》，江苏古籍出版社，1998年。
② 雍正《潭渡孝里黄氏族谱》卷十《文献录下·黄潭堨祠记》。
③ 雍正《潭渡孝里黄氏族谱》卷十《文献录下·黄潭堨碑记》。
④ 雍正《潭渡孝里黄氏族谱》卷十《文献录下·书黄潭堨碑记后》。

是过者免胥溺之患”。[①]

“高滩峻濑，非障导疏引则利无由兴，且时有泛溢之害。”[②]受新安的气候、地形条件决定，该区域本就容易产生洪涝灾害，再加上塘堨河道的废弃，更加使得当地水患频仍，且灾难性的破坏越来越大。如黄吕曾听闻故老相传，在明万历三十六年（1608）时，“村中水深七八尺”，而在其破旧的墙垣尚标记有水位的痕迹；在清康熙八年（1669），黄吕所居房屋水深达到四尺；到康熙五十七年（1718）六月某日下午，雨量逐渐增大，“一夜无少止”，第二天清晨，雨水已侵入居民屋内，“有楼者提挈不及半，无楼者奔骑屋脊，物不暇计矣”。[③]黄吕的屋内水位仅仅距他家房屋楼上“三版”而已。到了中午，“四堂皆如湖渎，各寝门室主皆泛滥”。歙西一带的其他村落，有的地当洪水之冲，“室为淤池，人为鱼鳖，棺为蓬梗，不啻千百计”。[④]房屋内蛙声不断。而在乾隆九年（1744）七月初五日，大雨骤至，傍晚才停。初六日早晨，水深已达七八尺。此时溪水暴涨，居民躲避不及，伤人无数。据称，新安江下游的浙江杭州府之仁和、钱塘二县，在这次水灾中捞取新安棺木竟达3000余具。此中原因，黄吕分析道，潭渡地处山区，本来应当没有水患。但由于“万壑奔趋一溪”，而以渔梁为其关口，河水不能骤泄“溯流上涌，而成巨浸耳”，遂成此非常之灾。[⑤]而对于潭渡村而言，村内有上、下二塘，与外界的水道相沟通，但后来因湖田淤塞，圳水不通，即村中缺少蓄水池和有效的排水通道，故而每逢暴雨，上下两塘随即泛溢。[⑥]村落水灾的破坏性因此变得更加厉害。

二、土地利用

（一）土地权的流转

自春秋时期，鲁国实行“初税亩”，管仲“相地而衰征”，战国时期，魏国李悝变法，秦代商鞅实行“废井田，开阡陌”之后的中国传统社会中，土地私有化逐渐成为主流，土地买卖成为一种常态，购买土地成为获取土地资源的重要手段。

新安作为一个典型的宗族社会，通过订立家规、定期举行祭祀仪式、修建祠堂

① 雍正《潭渡孝里黄氏族谱》卷七《家传·高义》。
② 道光《歙县志》卷二《舆地志下》,《中国地方志集成》,江苏古籍出版社,1998年。
③《重订潭滨杂志》下编“水灾”条。
④《重订潭滨杂志》下编“水灾”条。
⑤《重订潭滨杂志》下编“水灾”条。
⑥《重订潭滨杂志》中编“水圳”条。

黄宾虹故居

和祖墓等方式控制族众。在新安地区，土地买卖亦始终受着宗法制的约束。在土地买卖、地权转移中，亲族具有优先购买权。土地只有在亲族不进行认购的前提下，其他人如地邻、原卖人等才可以购买。刘伯山主编的《徽州文书》第三辑中有《歙县潭渡二十三都文书》68份，其中涉及明清时期土地转移关系的共48份。现将这48份契约文书的土地买卖情况制成表格，以便考察地权转移时买卖双方的关系。从下文列表中可以看出，在这48起土地买卖关系中，同宗17起，占35.41%；地邻2起，占4.17%；关系不明30起，占62.5%，当然，其中可能还包括一些亲故之类。

新安的土地买卖有大买和小买，杜卖（即断卖）和活卖（契约中多以“退”字表述）之分。大买，即指买田骨，相当于购买土地的占有权。小买，即指买田皮，相当于购买土地的使用权。下文列表中涉及大买的有2处，占4.17%；小买有23处，占47.92%；活卖24处，占50%。可见，许多时候土地并不能一次性被买断，经过的手续也更复杂，这在一定程度上限制了土地的流转，同时也意味着新安地区土地制度富有弹性。

潭渡村地权转移中买卖关系概要一览表

序号	年代(清)	契约性质	土地类别及亩数	土地价格(两)	出卖人	买入人	买卖人之间的关系	备注
1	乾隆二十二年(1757)	典卖		2	黄阿洪同男惟叙	黄氏	地邻	22棵茶树一并卖出
2	嘉庆五年(1800)	售卖	地一亩	5	王门许氏	黄氏		退小买地
3	嘉庆十四年(1809)	典卖	地税八分	14	黄惠昌	程氏		女地塝所有树木,听凭程姓砍伐。地塝之外,系黄姓管业
4	嘉庆十六年(1811)	典卖	田五分,共大小五块	3	黄福宝			当大小买田
5	嘉庆十八年(1813)	典卖	地税三亩	2.3	黄肇梁	黄氏	同宗	
6	嘉庆十九年(1814)	售卖	地二亩,共五块	3.5	黄福宝	方尔职		退小买地
7	道光三年(1823)	杜卖	田税一分九厘七毫八丝;田税一亩一分	16	黄友文	黄氏	同宗	
8	道光四年(1824)	售卖	田七坵,计税七亩	9	刘金辅	刘氏	叔侄	退小买板田
9	道光十年(1830)	售卖	田一坵	36	吴席之	黄氏		退小买田

续表

序号	年代(清)	契约性质	土地类别及亩数	土地价格(两)	出卖人	买入人	买卖人之间的关系	备注
10	道光十四年(1834)	售卖	田三坵,计税四亩九分	66	章德源	黄氏		退青苗小买田
11	道光二十二年(1842)	售卖	田税一亩八分	22	李松发	刘氏		退顶头小买田
12	道光二十二年(1842)	典卖	地税六分	23.5	黄詹、汪氏同子来顺	黄氏		当大小买地。同年,汪来顺又加价3000文
13	道光二十四年(1844)	售卖	田一亩三分	18.7	黄汪氏同男六喜	圣竺庵		退小买田
14	道光二十七年(1847)	典卖	田十亩一分五厘六毫,共九块田	140	黄新岩同胞弟咏琴	黄禹功	同宗	
15	道光二十七年(1847)	售卖	田一坵二亩八分	33.6	黄玉山	黄氏	叔侄	退青苗顶头小买田
16	道光二十七年(1847)	售卖	田,三坵四亩九分	58.8	黄玉山	黄氏	叔侄	退青苗顶头小买田
17	道光二十七年(1847)	售卖	田一坵一亩八分	21.6	刘友于	黄氏		退青苗顶头小买田
18	道光二十七年(1847)	售卖	田七坵	84	刘振扶	黄氏		退青苗顶头小买田

续表

序号	年代(清)	契约性质	土地类别及亩数	土地价格(两)	出卖人	买入人	买卖人之间的关系	备注
19	道光二十七年(1847)	售卖	地一亩二分,共三块	5	汪宝江	石氏		退青苗顶头小买田
20	道光二十九年(1849)	典卖	地税三分	2	汪柏贵	黄氏		
21	道光二十九年(1849)	典卖	田税一亩三分	24	黄阿徐	黄氏	同宗	当大小买田成地
22	道光二十九年(1849)	典卖	田税五分,计大小五块	4	刘吴氏同男刘艾	黄氏		当大小买田
23	道光三十年(1850)	售卖	田一坵	45	郑济堂	郑廷根		退小买顶首青苗
24	咸丰二年(1852)	售卖	地一块,计税八分	15	黄汝元	周氏		退光板小买地
25	咸丰四年(1854)	售卖	地四分	8	黄农光	黄氏	同宗	退顶头小买空地
26	咸丰五年(1855)	售卖	地一亩	7	黄百遂	黄氏	同宗	退立退光板小买地
27	咸丰五年(1855)	典卖	地	2.5	黄汝元	周氏		加地
28	咸丰五年(1855)	典卖	地七分六厘二毫	8	汪百贵	黄氏		当大小买光板地

续表

序号	年代(清)	契约性质	土地类别及亩数	土地价格(两)	出卖人	买入人	买卖人之间的关系	备注
29	咸丰六年(1856)	典卖	地一片,计税七分	7.5	黄为智	黄氏	同宗	当大小买地并青苗
30	咸丰六年(1856)	售卖	地二片,计税五分	4.5	吴汪氏同男连生	黄氏		退青苗小买地
31	咸丰六年(1856)	售卖	地八分	5	黄王氏同男黄小狗	黄氏	同宗	退小买并麦苗地,地内有五棵茶树
32	咸丰七年(1857)	典卖	地税五分	5.2	黄为智	黄氏	同宗	当大小买地光板
33	咸丰七年(1857)	售卖	地二片,计税五分	4	黄辉有	黄氏	同宗	退青苗小买地
34	咸丰八年(1858)	售卖	塘樾鲍宅田一业,计税一亩四分	23	黄灶喜	黄氏	同宗	其田并青苗一并过割
35	咸丰九年(1859)	售卖	地税八分	19.2	黄汝元	黄氏	同宗	退青苗小买地
36	咸丰十年(1860)	售卖	山地一亩	9	圣竺庵	郑氏		退光板小买地
37	同治元年(1862)	典卖	地五分	1.8	陈庆祥	饶氏		当大小买空地
38	同治元年(1862)	典卖	地五分	1.8	饶炳南	黄氏		当大小买空地

续表

序号	年代(清)	契约性质	土地类别及亩数	土地价格(两)	出卖人	买入人	买卖人之间的关系	备注
39	同治四年(1865)	售卖	田一亩一分七厘	2	阮程氏同男阮富龄	黄氏		退小买光板荒田
40	同治四年(1865)	售卖	田六亩一分,共四块	42	毕有富	黄氏		退小买田
41	同治六年(1867)	售卖	田七亩九分七厘	26	黄美	凌氏		
42	同治十年(1871)	售卖	田二亩九分	20	黄奂斋	黄氏	同宗	杜退小买田
43	同治十三年(1874)	售卖	地一亩六分	21	黄本金	程氏		其地并青苗交割
44	光绪元年(1875)	售卖	地一亩六分	22.9	程德源	黄氏		其田并青苗交割
45	光绪三年(1877)	售卖	地七分	4	黄方氏	黄氏	同宗	地内有新养小茶叶树八株,亦听凭受业人采茶。
46	光绪九年(1883)	典卖	地一亩整	10	方大生	黄承衍		当大小买地,言明转租作种,每一周年,除完粮硬包租金典钱一千二百文整。其租金上下两季交付
47	光绪十一年(1885)	杜卖	田税八分五厘,塘税二厘	2	黄树森	张氏	地邻	张氏为二十三都六图二甲人,杜卖大买田
48	宣统三年(1911)	杜卖	田一亩零四厘	2	黄楚芳	程长渍		杜卖大买田

潭渡黄氏订有“墓约”，规定“各处祖墓最严侵葬盗卖，律有明条。如有干犯，必会众呈公，务使侵葬者起柩，盗卖者勒限赎归，仍于谱系削其名，尽法重处”。[①] 凡义田、族田、坟墓地等田地一律严禁出卖。《潭渡孝里黄氏族谱》在记载“洪坑田地字号数目”时，载有以下一例：

> 山塘田地柴山屋基俱与守坟仆人江宣贵子孙，世守坟茔，生居死葬，共计税六亩四分三厘（一作七亩九分八厘七毫，臣槐补注）。除坟山外，每年大约该租五石。先人恩养江宣贵，上至祖宗，下及子孙，数百余年，与伊自种自食，粮差俱系吾宗各房办纳，并不经由仆人分毫，无非为祖宗坟茔在彼。乃此辈不念祖宗以来世受深恩，先年魆将斯字二号柴山并地卖与洪家。数年后查理方知被其盗卖，责令取回，每年额取柴薪六担，以供清明及孝子祠内春秋二祭公用，永为定例。
>
> 万历九年（1581）十一月，裔孙民安因清丈田地抄录至此，故记之。[②]

洪坑，为存诚堂、春晖堂、思诚堂、蓼莪堂四门共祖的坟墓所在地。潭渡黄氏的仆人江宣贵世代为黄氏守坟，但江宣贵子孙却私自将黄氏所属山地卖与洪家，使黄氏的土地资产流失。后来黄氏在清查本族产业时，方才得知，遂追缴取回。坟墓田地、族田等土地都只能买进，不能卖出。而这些土地的交易多是以宗族整体为单位出现的，这部分田产很少进入流通领域。

（二）潭渡的产业结构

潭渡位于歙西平原，虽不像新安其他地区那样山多地少，但随着人口的增殖，人多地少的矛盾也逐渐尖锐起来。潭渡村的农业发展，不足以养活当地众多的人口。因此，潭渡居民除一部分外出经商，其余居住在本地的民众，逐渐开发出了茶业及林业经济。

明清时期，茶叶已融入潭渡村居民生活的方方面面。在《潭渡孝里黄氏族谱》中就有不少关于茶叶在潭渡黄氏族人日常生活及祭祀等方面的记载。黄允周（字文

---

① 雍正《潭渡孝里黄氏族谱》卷五《祖墓·附墓约》。
② 雍正《潭渡孝里黄氏族谱》卷五《祖墓·洪坑田地字号数目》。

伯，号竹泉，明朝人）先年曾习举业，年老返乡。“比年悉谢世事，日偕知交，觞咏自适。暇则泛览群史，焚香一炉，煮茶一壶，洎然若将忘世者”。①

潭渡黄氏不仅是自己闲暇时饮茶，在待客时也要求上茶水以款待客人。在潭渡黄氏家训中“修齐”条目下，讲到如有远方客人来拜访，族人须以十足的诚意予以款待，“命子弟照应茶汤灯火，点视床帐被褥，务要合宜”。②明朝中期人黄天爵，字一贵，年少在外经商，后返乡。曾在黄土岭建造亭台，以供路人休憩。“过者暴风雨有避，三夏渴则饮以茶”。③《孝子祠春秋二祭买办祭仪》中有“茶食五碟，计小饼锭六十”④。另外，在“祠约”中规定潭渡黄氏子孙在每年的三月初七日，即“潭渡合族发祥之祖”黄芮的诞辰之日，须到孝子祠祭拜，“或燃香点烛，或焚帛奠茶，各致如在之忱”。⑤在刘伯山主编的《徽州文书》第3辑第10册中，有3份契约文书涉及茶业，分别为《清乾隆二十二年十月二十三都十三图黄阿洪同男惟叙立当地契》载，黄阿洪将自己洁字九百五十七号田地和田地上的22棵茶树，一并典当给了本都本图黄氏名下为业；⑥《清咸丰六年十二月黄王氏同男黄小狗立退小买并麦苗地批》载，黄王氏将自己的八分地和五棵茶树一并卖给了本族黄氏；⑦《清光绪三年十二月黄方氏立退小买光板空地批》载，黄方氏将自家七分土地出退到本族黄氏名下外，“地内有新养小茶叶树八株，亦听凭受业人采茶”。⑧以上三例可在一定程度显示，潭渡村居民已视茶业为一项重要的经济来源。

在《潭渡黄氏思养堂支系赡茔簿》中，每年都有一项固定收入——“坟塘园柴”，计三十文。坟塘园位于潭渡村中，园内有6座坟墓，系思养堂的先人坟墓所在地。⑨关于柴薪收入，在《潭渡黄氏思养堂支系赡茔簿》中有一件事值得注意，万历三十七年（1609），潭渡黄氏曾对黄顺春的仆人尤儿盗卖坟塘园柴草一事进行了处罚，罚银一百文。这相当于坟塘园柴银收入的三倍还多。罚银更具警示意义，这

① 雍正《潭渡孝里黄氏族谱》卷九《文献录上·黄竹泉公行状》。
② 雍正《潭渡孝里黄氏族谱》卷四《家训》。
③ 雍正《潭渡孝里黄氏族谱》卷九《文献录上·黄萝峰公行状》。
④ 雍正《潭渡孝里黄氏族谱》卷六《祠祀》。
⑤ 雍正《潭渡孝里黄氏族谱》卷六《祠祀》。
⑥ 刘伯山：《徽州文书》第3辑第10册，广西师范大学出版社，2009年，第289页。
⑦ 刘伯山：《徽州文书》第3辑第10册，广西师范大学出版社，2009年，第317页。
⑧ 刘伯山：《徽州文书》第3辑第10册，广西师范大学出版社，2009年，第330页。
⑨《重订潭滨杂志》中编“坟塘园”条。

说明潭渡黄氏对坟塘园柴银一项收入的重视。

(三)潭渡黄氏义田的变迁

乾隆年间，潭渡人黄履炅为“恤族姓之孤贫”，出资设立东西义庄。[①] 于乾隆十年（1745），在莘墟、石桥等处，收买十五都九图三甲吴遇卿、吴子敬、吴永顺、吴乔桂等户田地，是为西庄；在梅度滩、河村等处，收买二十二都六图唐姓之业，是为东庄。东西庄共置田 880 余亩，用银一万六百余两，其所置税册存放于潭渡大宗祠公匣内。但义田的经营管理并不顺利。乾隆十九年（1754），义田由潭渡人黄景梁管理。乾隆四十三年（1778），黄景梁去世，遂交与其子黄震苍董理。此后，黄震苍经营义田“垂四十年”之久。[②] 在此期间，发生了武庠黄载扬夺管义田和图正黄扶正盗卖祠产等事，显示当时潭渡黄姓族内的斗争激烈，义田、祠产管理混乱。黄载扬之后，又有黄繁祉、黄斯篆等人经管，但“皆因承管未善，上欠国课，下负穷民，批饬有案”。[③] 嘉庆十七年（1812），义田交由黄永宁接办，但其经营状况愈发糟糕。黄永宁任职七年，“一修丰堨，实只派费计足钱一百十千，一修庄屋，实止用钱十一钱千一百文。宁开虚账，共用去银二百余两”。[④] 黄宾虹对此感慨道：“其距捐置义田，为时未远，而同恶相济，贻羞斯极。”又言：“白山先生昔慨族中风俗之坏，已言为恶者不畏人，而反为人所畏，以为黄氏之粟世有秕。”[⑤]

自嘉庆十九年（1814）义田“准归文会经管”，至道光七年（1827）时，租簿亦交与文会由专人负责保管。据载当时“文会将账件查明，计三十六件”。[⑥] 义田管理渐趋正轨。但好景不长，很快由于咸同兵燹爆发，义田遭到严重破坏。

咸丰十年（1860），洪杨军队由绩溪攻至歙东一带，并与清军在此交战。太平军虽败走，但此地“已不胜其蹂躏”。是年八月，太平军得知清军主帅更换后，“乘间急进”。徽城失守，太平军在此盘踞达十个月之久，“邑中无处不被其扰”。战争使得该地区人口锐减，死于刀兵者，十之二三，而“以疾役亡者十之六七，家室流亡，百无一存”。直到光绪朝后期，歙东一带“通衢四十里”，仍然是“土著之尚存者，

① 黄宾虹：《仁德庄义田旧闻》，《黄宾虹文集·杂著篇》，上海书画出版社，1999年，第471页。
② 黄宾虹：《仁德庄义田旧闻》，《黄宾虹文集·杂著篇》，上海书画出版社，1999年，第471页。
③ 黄宾虹：《仁德庄义田旧闻》，《黄宾虹文集·杂著篇》，上海书画出版社，1999年，第472页。
④ 黄宾虹：《仁德庄义田旧闻》，《黄宾虹文集·杂著篇》，上海书画出版社，1999年，第472页。
⑤ 黄宾虹：《仁德庄义田旧闻》，《黄宾虹文集·杂著篇》，上海书画出版社，1999年，第474页。
⑥ 黄宾虹：《仁德庄义田旧闻》，《黄宾虹文集·杂著篇》，上海书画出版社，1999年，第473页。

百不一二”。战争严重破坏了当地的经济秩序，使得居民大量外逃。而在逃亡的过程中，册籍多有遗亡。咸丰十年（1860），负责保管租簿的专员黄蕊登携带租簿逃至灵山避乱。咸丰十一年（1861）五月，黟县的叶村去世，租簿“全行散失”。在光绪二十年（1894），黄宾虹返回歙县家乡，“读礼家居”“搜辑旧闻”时，已无原册可稽。而当时，司事只能通过居民口述土地字号和税亩等情况来作为征收田租的依据。

田地荒芜，吸引了大量外来人口前来耕种。民国时期，黄宾虹等人修复堨坝，恢复堨田时，当地“赣民之来耕作者，恒达七千余人。此外，尚有湘皖之民，杂处其间”。[①] 有田之家，“册籍遗亡”，即使逃亡归来，面对田产易主的情况也没有办法。又因该地田地产权不明，疆界不清，富豪奸猾之人，乘机“肆行侵夺”“连阡接陌，取之无制”。[②] 虽然有大量外来人口迁入，进行开垦耕种，但呈现的景象仍然是“堨上田亩，芜秽满目，沟洫不通，芦苇参差，交塍塞蹊，深没胫踝，人迹不至”。[③] 究其原因，当有三点：其一为经战争蹂躏，人口锐减，大量田地长期抛荒，丰堨木苍之间的罅漏“大或如斗，细者成筛”，久未修葺，终至溃决，致使堨田的灌溉水源断绝。生态环境遭到严重破坏，土地生产力低，人们的生产积极性不高。其二为田契册籍丢失，地权产权不清，土地兼并现象严重。其三，堨田管理者经营不善，导致堨田经费支出无度，影响堨田经营的良性运转。

第四节 潭渡社会结构研究

一、风水与家族

风水，又称为堪舆、形法、青乌、青囊等，[④] 熟习此术的人，被称为风水师、堪舆家、形家。当时社会，风水作为一种维护社会秩序的力量，对传统村落宗族社会有着至深的影响。

---

① 黄宾虹：《任耕感言·丰堨垦复仁德庄义田始末》，《黄宾虹文集·杂著篇》，上海书画出版社，1999年，第481页。
② 黄宾虹：《任耕感言·丰堨垦复仁德庄义田始末》，《黄宾虹文集·杂著篇》，上海书画出版社，1999年，第482页。
③ 黄宾虹：《任耕感言·丰堨垦复仁德庄义田始末》，《黄宾虹文集·杂著篇》，上海书画出版社，1999年，第481页。
④ 史箴：《风水典故考略》，王其亨：《风水理论研究》，天津大学出版社，1992年。

所谓“风水之说，徽人尤重之”。[①] 自唐宋以来，新安人就已产生了极为浓厚的堪舆风水观念。南宋罗愿在《新安志》中即已指出：新安人“好委人事，泥葬陇窆卜至择吉岁”。[②] 在新安人的心目中，坟墓风水的好坏，直接决定了子孙后代及家族的兴旺与否。朱熹曾说：“（风水）夺神功、回天命，致力于人力之所不及。”[③] 朱熹非常尊信堪舆之术。《文公家礼》云：“惟五患者不得不谨，须使他日不为道路，不为城市，不为沟池，不为势豪所夺，不为耕犁所及也。”[④] 在恪守文公家礼、唯以朱子礼为尊的新安社会，对朱熹所倡导的堪舆风水理念笃信程度，是同一时期其他地区所难以相比的。清人赵吉士在谈到新安地区的丧葬问题时，说“今俗过信堪舆，多停柩于土上，以砖石甃之，至数十年远，犹不瘗埋者，徽郡尤甚。”[⑤] 先人去世，新安时人为选择吉壤不得，竟然使尸体晾在地上数十年之久，当时新安人对风水的笃信程度可见一斑。

潭渡黄氏“好堪舆之术者，自德庵公始”。[⑥] 德庵公，即黄孝则，字诚夫，宋朝人。其“得凌源充，俗名蜈蚣形，以葬其考大受公。得七里湾，以迁葬妣程氏，又自营寿藏于叶干，俗名道人庵，又名荷花出水形。族凡八门，而茂人财盛科甲者独四门，则皆公之子孙也”。[⑦] 另有黄祯祺（字仲禧），人称“潭渡处士”。自己经营了多年“窆所”仍无所获，遂即屏弃百务，日夜对杨曾、廖赖的书加以研读，终于习得堪舆之术。一日“得地于县东乡，曰江村湾，即倒坑交椅形。虽专门师莫之过，后发甲科二、乡科二”。[⑧] 形家不仅会堪舆相地，也多熟习医学。谱载黄祯祺的父亲黄塾为元朝人，曾被称为“儒医黄氏”。而黄祯祺得父遗文，亦精于医，曾经“以药济人有效，来者日益众”。[⑨] 兼多重身份的黄祯祺“孝不愧于旌君，隐不愧于德庵，读书不愧于学正，惠人不愧于儒医”，备受乡人尊重，被称为“一乡之善士”。[⑩] 形家兼具多重身份，

---

① 赵吉士辑撰，周晓光，刘道胜点校：《寄园寄所寄》卷十一《泛叶寄·故老杂记》，黄山书社，2008年，第901页。
② 罗愿：《新安志》卷一《州郡·风俗》，光绪十三年刻本，安徽大学图书馆藏。
③ 赵吉士辑撰，周晓光，刘道胜点校：《寄园寄所寄》卷七《獭祭语·人事》，黄山书社，2008年，第512页。
④ 朱熹：《文公家礼》卷四《治葬》。
⑤ 赵吉士辑撰，周晓光，刘道胜点校：《寄园寄所寄》卷十一《泛叶寄·故老杂记》，黄山书社，2008年，第877页。
⑥ 雍正《潭渡孝里黄氏族谱》卷七《家传·艺事》。
⑦ 雍正《潭渡孝里黄氏族谱》卷七《家传·艺事》。
⑧ 雍正《潭渡孝里黄氏族谱》卷七《家传·艺事》。
⑨ 雍正《潭渡孝里黄氏族谱》卷九《文献录上·潭渡处士黄君行状》。
⑩ 雍正《潭渡孝里黄氏族谱》卷九《文献录上·潭渡处士黄君行状》。

在乡里具有一定的威望，对宗族社会生活亦具有一定的影响力。因此，潭渡朱氏宗族的兴衰发展与形家的活动有着密切的关系。

明清时期的潭渡村，以黄氏宗族为主，但并非严格意义上的单姓村，朱姓、许姓[①]等多个家族曾前后在该地聚居。潭渡村的发展演变与这些家族兴衰及其相互间的合作、竞争状况息息相关。昆陵[②]朱氏为潭渡朱氏的一支，谱奉朱万泰为始祖。在《古歙潭渡朱氏外迁支谱》对于朱万泰的生平事迹述及甚少，生卒年月亦不详。据该谱载，朱万泰的长子朱应凤，生于嘉靖四十五年（1566），卒于崇祯十二年(1639)，由此推断朱万泰应当为嘉靖初年人。谱载朱万泰“居新安府歙县城西十里潭渡村，二十三都十一图九甲滚秀乡荷池里礼堂大社，其地有社屋基地一块，朱氏古井一口”。[③]潭渡村有社屋两处，分别是朱氏社屋和黄氏社屋。其中，潭渡朱氏社屋的具体情况已不得考。而潭渡黄氏社屋，即礼堂社在《潭渡孝里黄氏族谱》《重订潭滨杂志》等文献中均有相关记载。据载，潭渡村原有社稷坛，但因年久失修，已“日渐湮没”“故老社簿载其上长养树木”。[④]由此可见，此时社稷坛已无法承担村民进行“春祈秋报”的功能了。同时，潭渡黄氏为实现“血食永久，以成子孙继述”[⑤]的目的，在明成化年间决定同时兴建礼堂社和孝子祠两座祠堂。经仲旭正视、仲昊有常、道原等人的精心占卜，从而选定田“空字七百号”做基址修建社屋。成化初年，潭渡黄氏合众人之力，建成祠堂社屋6间。[⑥]在村落中设立社坛，或是在社祭活动中有着大小不一的地位，是村落生活空间族姓势力兴盛程度的一种反映。可见，到明成化年间时，潭渡黄氏已有了较大的势力。其实，早在元朝时，潭渡黄氏的势力已在本村中占据了绝对优势。据黄臣槐在《潭渡孝里黄氏族谱》的补注云：“查元至正九年（1349）社户二十有四，吾黄氏计一十九股，已居五分之四。”而到了成化年间，

① 许璞等：《重修许氏族谱》不分卷，明嘉靖十五年刻本，国家图书馆、安徽省徽州地区博物馆藏。据国图介绍，该谱载许氏有潭渡支派，但谱牒破损情况较为严重，且惜未能看到该谱的全部内容，故潭渡许氏发展状况及与潭渡其他宗族之间的关系的具体情况不得而知。按，万历丙申(1596)，吏部尚书、建极殿大学士颍阳许国曾为潭渡黄氏撰写《宋逸民德庵先生祠堂碑铭》，其中载“黄与许世有姻连之好”。在明朝时，潭渡黄氏与许氏两宗族关系较好，交往密切。见雍正《潭渡孝里黄氏族谱》卷六《祠祀·宋逸民德庵先生祠堂碑铭》。黄姓和许姓亦有相互纷争的时候，以“乌茶”墓地诉讼案为例，参见本书第3章第2节“对外交往”。

② 按，昆陵，即今江苏常州市。

③ 光绪《古歙潭渡朱氏外迁支谱》卷一《谱序》。

④ 雍正《潭渡孝里黄氏族谱》卷六《祠祀·成化元年间新建社屋祠堂记略》。

⑤ 雍正《潭渡孝里黄氏族谱》卷六《祠祀·成化元年间新建社屋祠堂记略》。

⑥ 雍正《潭渡孝里黄氏族谱》卷六《祠祀·成化元年间新建社屋祠堂记略》。

《社屋簿》中所列社户之名，就只剩下黄氏一姓了。[①]

明嘉靖初年，潭渡朱氏的势力已开始强盛，占得“社屋基地一块”，亦有“朱氏古井”一口。该井“围圆约有丈许，水面离井圈五尺，其深莫测”。[②]潭渡朱氏建造此井时，曾以锡注底，时“井水清莹可爱，井中有金、红二色鲤鱼，时浮水面”，被认为是潭渡朱氏“兴发之奇征”。[③]《重订潭滨杂志》中称：“当时我族（黄氏）式微，朱氏强盛。”[④]在家族势力极盛时期，潭渡朱氏请来了江西风铜李德真来负责帮其选择墓田，而朱氏各房负责轮流负责为李德真提供膳食。但到了除夕时，不知朱氏“何房承值”，对李德真“礼意稍衰，供意淡薄”。致使李德真愤而转投潭渡黄氏，并得到了黄氏的礼遇。作为回报，李德真欲为潭渡黄氏兴建社坛[⑤]，以使黄氏兴盛，而朱氏衰败。当时，潭渡黄氏对此提议仍心存忧虑，担心朱姓之人反对，不容许其建造社坛。但李德真劝告黄氏不用担心，说：“我上梁时，彼则有回禄之灾，而将不暇阻己。”[⑥]随后，李德真有针对性地对潭渡朱氏实行厌胜之术[⑦]。“造石牌坊，名曰‘猪上称’；设石凳二条，名曰‘宰猪凳’；屋面造木栅，名曰‘猪栏’；种树一棵，名曰‘赶猪棒’。”[⑧]据当地民间传说称，黄姓夏官大夫的坟墓为“肖秤架”，三门前的池塘为“肖食槽”，柞树旁有块石头，被认为是“肖刀石”，以此来破坏潭渡朱氏的风水。[⑨]对压胜一事，潭渡黄氏和朱氏在各自的族谱文书中都给出了诠释。《重订潭滨杂志》中黄吕分析说：“夫回禄之说，纵不能阻我于一时，岂不可阻我于翌日？”黄吕又讲道，潭渡黄氏一族以孝德发祥于该地，世代以孝相传。如果做了像这种利己害人的事情，“其德凉矣”。潭渡黄氏先人怎么会冒着破坏祖德的风险做呢？黄吕认为上述说法，均为“鄙俚不经之说”“齐东野语”。[⑩]而黄臣槐在《潭渡孝里黄氏族谱》补注中亦称：“乌有所谓朱衰黄盛由于扦社基之说耶！”[⑪]至于黄姓夏官大夫的棹楔，它

① 雍正《潭渡孝里黄氏族谱》卷六《祠祀·成化元年间新建社屋祠堂记略》。
② 光绪《古歙潭渡朱氏外迁支谱》卷八《墓图·潭渡朱氏古井之图》。
③ 光绪《古歙潭渡朱氏外迁支谱》卷一《谱序》。
④《重订潭滨杂志》中编“礼堂社”条。
⑤ 光绪《古歙潭渡朱氏外迁支谱》卷一《谱序》则载：“投本村黄姓，为之建造八卦亭”。
⑥《重订潭滨杂志》中编“礼堂社”条。
⑦ 按，厌胜之术，即指用法术诅咒或祈祷以达到制胜所厌恶的人、物或魔怪的目的。
⑧ 光绪《古歙潭渡朱氏外迁支谱》卷一《谱序》。
⑨ 光绪《古歙潭渡朱氏外迁支谱》卷一《潭渡朱氏支谱录》。
⑩《重订潭滨杂志》中编“礼堂社”条。
⑪ 雍正《潭渡孝里黄氏族谱》卷六《祠祀·成化元年间新建社屋祠堂记略》。

的上半部分仍然藏在黄姓社屋之内，并不能将之称为“秤架牌坊”。黄臣槐已认为此种“不经之语”会使“累世忠厚传家之列祖有损人利己之名，且使后之子孙启残忍刻薄之矣”。[1]而朱凤池对潭渡朱氏衰落分析道：“实因我朱氏凉薄所致，而并非(李)德真之所能致此耳。”[2]

黄吕和黄臣槐均否认潭渡黄氏曾实行压胜之术。揆情度理，两人的说法是以士大夫精英意识对族姓纷争所做出的诠释。潭渡朱姓后人认为，潭渡朱氏在与黄姓的争斗过程中，李德真等人实施压胜一事确曾存在。只是，潭渡朱姓的衰败并非因此所致，而是其先人“凉薄”所导致的。可见，压胜之事应确有发生。实际上，朱姓的衰败应当有更深层次的原因，只是限于资料，我们暂无法获知。透过厌胜手段的使用，可以想象出当时族姓纷争与对立之手段的残酷程度。

为了进一步打击潭渡朱氏，削弱朱氏在村中的影响，潭渡黄氏数次对朱家井加以改造与破坏。潭渡黄氏将“朱氏古井”字样，改为“黄氏古井”。[3]不承想，之后竟然发生了许多奇异的事情。“井内声鸣三日，井水臭秽难闻”。黄姓遂又将字样改换回“朱氏古井”，井水恢复寂然无声的状态，水又变得澄清，可以饮用了。潭渡朱氏族谱记载，每当黄姓汲水时，如将鲤鱼汲出，便一定会遭遇不测。潭渡朱姓后人感叹道：“此非大道至公，不欲以朱氏之遗迹，移于黄氏者乎？”自此以后，潭渡朱氏确实出现了“死亡相继，避难他方”“于潭渡一村，几无存焉”的状况。[4]潭渡朱氏由此而式微。

在崇祯十五年（1642）编造的资生细册中，仅有朱镒铎人丁四口。当时，潭渡朱氏在村中仅保有社屋基地和一些零星的山地，虽然赋税犹存，“然朱氏益衰，黄氏益炽矣”。

---

① 光绪《古歙潭渡朱氏外迁支谱》卷一《潭渡朱氏支谱录》。

② 光绪《古歙潭渡朱氏外迁支谱》卷一《潭渡朱氏支谱录》。

③ 光绪《古歙潭渡朱氏外迁支谱》卷八《墓图》则载，“黄姓将井圈‘朱氏’故加点画改为‘宋民’两字，近视之‘宋民古井’，远望之‘朱氏古井’也”。

④ 光绪《古歙潭渡朱氏外迁支谱》卷一《谱序》。

崇祯十五年(1642)攒造黄册归户朱镒铎事产一览表

类目	土地字号	田地税	土名	备注
潭渡朱氏古井	慕字一千七百四十五号	七毫一丝	朱家巷	
潭渡朱氏社屋基地	伤字一千零三十三号	二分五厘八毫	高峰头	潭渡黄姓耕种完租
	伤字一千零三十四号	二分一厘四毫八丝	高峰头	
零星土地	慕字一千九百六十一号	一分八厘七毫五丝	拒巷口	有粮无地
	慕字二千零七十号	六厘八毫	八十亩段	
	岂字二千二百二十一号	八厘	长山	
	伤字二百四十号	一分八厘七毫四丝	前山	
	尽字一千零九十一号	六厘七毫一丝	墩上	
	资字三千三百零九号	一厘二毫五丝	后山	
零星土地	慕字一千八百十四号	七毫一丝	朱家巷	（朱永户事产）有粮无地
	养字一千九百六十一号	一分八厘七毫五丝	八十亩段	
	养字二千零七号	六厘八丝	八十亩段	
	养字二千零七号	一分八厘六毫八丝	八十亩段	
	父字一千六百三十九号	三厘	姚家坞	

注：表格依《古歙潭渡朱氏外迁支谱》卷八《崇祯壬午朱镒铎归户细号》制作而成。

清康熙初年，潭渡朱氏第四世朱仲贤时，迁出潭渡村，迁居于歙县城内上路街大塘冲玉屏街。康熙二十二年（1683），潭渡朱氏宗族决定“迎请社神”，将神位从潭渡移出，安设在了歙城的居住之地。雍正初年，潭渡朱氏宗族因受困于财力，使得第四世朱仲贤、第五世朱廷杰的遗体未能得到下葬，竟然一直安置在潭渡朱氏社屋之内。年深月久，棺木都损坏了。直到第六世朱永成的妻子方氏通过典卖其发簪耳环等饰品及衣物，才购得陈钩岭山地，使朱氏两位先人得以安葬。由此可看出，潭渡朱氏在厌胜之术事件的打击之后，其势力衰微之严重程度。这种情形到了第七世朱明远时，才有所改善。

朱明远，字子达，生于雍正二年（1724）九月十五日，其“年未冠，即弃儒为端木氏谋贸易于常”，但其母亲方氏仍在新安居住，朱明远并不因道路遥远而免去侍奉母亲的责任。虽然朱明远敬孝至诚，遗憾的是其母不久过世了。朱明远的妻子江氏原先同婆婆方氏居住在歙县,在生完两个女儿后也不幸去世了。随着徽郡家人（母亲和妻子）的过世，牵挂减少，又因“贸易往来，殊非久计”。于是在乾隆二十三年(1758)，朱明远遂迁居江苏常州府府城内阳湖县，时属大井头周线巷东口，并迎娶常郡当地女子沈氏为妻，且生有三个儿子，五个女儿。其子朱凤池在其族谱序言中写道：“自万泰公以来，迄今二百八十余年之久，六代单传，不绝如缕。及府君迁常，子孙渐为繁衍。”① 潭渡朱氏一支更名为昆陵朱氏。

潭渡万泰公支世系表

世系	成员			
第一世	万泰			
第二世	长子应凤	次子应麟		
第三世	尚文			
第四世	长子仲贤	次子正彩	三子正位	四子正启
第五世	长子廷杰　次子廷俊　三子良甫　四子若臣			

① 光绪《古歙潭渡朱氏外迁支谱》卷一《潭渡朱氏支谱录》。

昆陵明远公派凤池公大房致字世系表

世系	成员																				
第六世	永成																				
第七世	长子明远（迁常祖）							次子明光													
第八世	长子凤池							次子凤羽（二房另系）					三子凤仪（三房另系）								
第九世	长子孔阳								次子孔传					三子孔修		四子孔源					
第十世	长子得康	次子受康	三子联康	四子霈康	五子迪康	六子绍康	七子奕康	八子盛康	长子晋康	次子顺康	三子道康	四子瑞康	五子宝康	长子禄康	次子兆康	长子浩康	次子继康	三子润康			

注：表格依照《古歙潭渡朱氏外迁支谱》卷五《潭渡万泰公支世系图》和《昆陵明远公派凤池公支大房致字世系图》编制而成。

虽然，潭渡朱氏已从潭渡村迁出已近百年，但潭渡黄姓和朱姓之间的争斗仍未停止。乾隆二十五年（1760）时，潭渡黄氏曾打算重修“猪上称”牌坊，只是最终未建成。此时，在潭渡村中朱姓房屋已折卖无数，朱氏牌坊亦倒，在潭渡村朱姓势力已很难再恢复其昔日的盛况了。虽然如此，但潭渡朱姓后人仍在为恢复主业而做着努力。朱明远“念徽祖居坟墓,不忍抛离”,认为“以远离祖居,殊失水源木本之意”。于是命令其子朱凤池到新安娶了荷池里的程氏为妻，希望可以守住先人留下的基业。但没过了三年，朱凤池便返回了常州。嘉庆七年（1802），朱凤池令其长子朱孔阳到新安参加科举考试，并与上北门饶氏女子成婚。但这次科举并未如愿，朱孔阳落第了，但朱孔阳并未放弃。嘉庆十五年（1810），朱孔阳与妻子饶氏一同寄居北京，以求得功名。朱孔阳“寄居北京奉光禄寺，考取繁缺不科，保送吏部即用佐职”。随着潭渡朱氏子孙全部迁出潭渡，其新安的祖业因无人打理而渐趋衰败。朱凤池原打算将新安祖业拨给其子朱孔阳居住，祖先坟茔也由朱孔阳负责拜扫。朱凤池认为这样“上可以继先人之志，下可以复并社之业也”。但这仅仅是朱凤池个人的美好愿望而已。朱凤池在谱序中感叹道：“噫，何前后三代之欲守祖邑，而竟皆不如所愿也。”[①]至此，潭渡朱姓与潭渡黄姓的百年纷争以潭渡朱氏的迁出、朱氏祖业的衰败为结局而宣告结束。

二、对外交往

在当今，潭渡及附近地区仍然保留着大量明清时期的古建筑或遗迹，除了潭渡黄氏旌孝坊外，附近还有郑村郑氏贞白里坊、“江南第一祠”、郑氏宗祠坊、汪氏文会、汪氏忠烈祠坊和汪氏贞节坊等，这些显示了昔日望族林立的场景。潭渡黄氏通过联姻、文人诗文唱和、与他族竞争资源等形式，与外界发生着交往与联系。

潭渡黄氏各堂祖嫁娶情况一览表

世次	姓名	生年	卒年	娶配对象	备注
十七世	黄孝善	宋宝庆三年（1227）	元至元二十年（1283）	宁国福堂周氏	其曾游闽，游宛陵，皆坠娶生子，卜居立业
十八世	黄天麟	宋咸淳元年（1265）	元至大三年（1310）	莘墟吴氏	
十九世	黄官寿	元大德六年	元元统二年（1334）	黄山谢氏	
二十世	黄塈	元元统二年（1334）	明洪武二十六年（1393）	江村程氏	
二十一世	黄福祐	元至正二十年（1360）	明洪武二十三年（1390）	郑村汪氏	
二十二世	黄兴寿	明洪武七年（1374）	明永乐二十一年（1423）	孔林汪氏	

① 光绪《古歙潭渡朱氏外迁支谱》卷一《潭渡朱氏支谱录》。

续表

世次	姓名	生年	卒年	娶配对象	备注
二十二世	黄新寿	明洪武二十年（1387）	明永乐七年（1409）	芳村毕氏 孔林汪氏	
二十二世	黄添童	明洪武十四年（1381）	明正统二年（1437）	郑村郑氏 郑村汪氏	

注：因《潭渡孝里黄氏族谱》只列有始祖黄璋以下直至各堂各派分支祖的生殁世系，故而本表中嫁娶人原籍明确者只能列至潭渡黄氏各堂各派分支祖，另生殁只书年份。

黄镛四代人嫁娶情况一览表

世次	姓名	嫁娶对象	备注
二十六世	黄镛	向杲吴氏	
二十七世	黄德溥	陶山方氏	
	黄德润	牌充胡氏	
	黄德深	溪南吴氏	
	黄德淳	棠樾鲍氏	
	黄氏(女)	棠樾鲍志宁	
二十八世	黄民望	溪南吴氏	黄民望为府学生
	黄民安	潜川汪氏	
	黄民表	呈坎罗氏	
	黄民悦	富堨汪氏	黄民悦为府学生
	黄民敬	槐塘程氏	
	黄民怡	溪南吴氏	
	黄氏(女)	呈坎罗文焕	
	黄氏(女)	溪南吴坤	
	黄氏(女)	郑村汪绍舜	
二十九世	黄廷臣	溪南吴氏	
	黄廷试、廷相、廷诰、廷训、廷信		俱尚幼
	黄氏(女)五人		并示许聘

注：表格依据《潭渡孝里黄氏族谱》卷九《文献录上 · 明故处士松涧黄公行状》制成。

黄镛，字时振，别号松涧。生于明成化二十一年（1485），卒于明嘉靖四十四年（1565）。年少时曾跟随其父亲黄玺（字邦信，号东园）学习儒学，但其志并不在此。黄镛希望可以“明经用世”，认为儒业“不能治生”，故而选择放弃儒业，外出从商。凭借其高超的经商技巧，在闽越齐鲁间经商三十余年后，“十一取赢，赀大丰裕”，而后“以货殖授诸子，引身高蹈丘园，诸子竞爽，恢大先业，治盐维扬”，成为富甲一方的大商人。嘉靖己丑（1529），黄镛的父亲黄玺去世，两年后其母亲汪氏亦去世，黄镛“哀毁过情，治丧悉遵于礼”，并且将其所居住的房屋题匾“永思”“示不忘也”。之后，家居乡里，置办田宅，“暇则徜徉于黄潭之浒，盘旋于松涧之滨”，被人称为“松涧处士”，其德才为乡人所敬重。[①]

从上文两表中可见，宋元时期，潭渡黄氏婚配对象所属地为宁国县、莘墟、黄山、江村，明代分支祖及黄镛四代人的婚配对象所属地分别为郑村（4人次）、溪南（3人次）、棠樾（2人次）、孔林（2人次）、芳村、向杲、陶山、牌充、富堨、呈坎、潜川、槐塘。其中，宁国县隶属于宁国府，陶山属厦门市，此两地不在新安府管辖范围之内。查阅歙县都图及方志文献等相关文献，除牌充[②]、孔林[③]等地不知属于何地外，其余村落皆在歙县地区。芳村（似应为方村）、向杲、郑村属于二十三都，槐塘、棠樾位于二十二都，富堨属于十都，溪南位于二十五都或十六都，[④]呈坎位十四都，潜川（亦称“潜口”）、莘墟位于十五都[⑤]，江村位于九都或十三都。虽然上述数据文本较小，但也能够在一定程度上反映出潭渡黄氏的婚配交往圈。即潭渡黄氏在进行婚配选择时，就地域而言，仍以为本县为首选。

歙西平原各族姓之间互通有无，相互协作。与潭渡黄氏有着频繁交往的宗族有同属于郑村镇的郑、汪、吴、朱等姓聚居的村落的居民。[⑥]譬如，潭渡故老传闻道人庵是由众姓布施共同建造而成的，内供三元诸神像。后因寺院住持经营管理不善，毫无功绩，道人庵遂毁。结果，郑氏搬走了庵中的三元像，汪氏将木料砖瓦拿去，

① 雍正《潭渡孝里黄氏族谱》卷九《文献录上·明故处士松涧黄公行状》和《文献录上·松涧处士传》。

② 康熙《徽州府志》卷九《选举志上》载：“胡思周，字文起，歙牌充人，湖广籍。”不知是否为同一地。

③ 按，嘉靖《徽州府志》卷十《桥梁》载：“大通桥，在孔林，汪仲文建。”“溪西桥，在孔林，里人汪彦镇建，并去十里”，在绩溪县；卷二十一《封建》载有“孔林汪氏宗祠”，但在祁门县。

④《歙县都图总谱》载，溪南位于二十五四图、五图以及十六都一图、二图、五图，应为同名村。

⑤《歙县都图总谱》，安徽省图书馆藏。

⑥ 西溪，汪氏聚居；向杲，吴氏聚居；上朱，朱氏，聚居；朱郑，朱郑两姓聚居等，可以窥见其他各族居住的情形。参见《安徽省歙县地名录》，第61～63页。

而潭渡黄氏则得到了道人庵的基地，作为了葬祖之“吉壤”来使用。[①]

在歙西平原这一有限的空间内，各宗族间长期共享着有限的资源，随着聚落生活圈的不断重叠，各族势力的此消彼长，竞争与纠纷亦不可避免。宋元以后，当地人地矛盾渐趋尖锐，各族之间的争斗愈演愈烈。据《隐南翁本源录》记嘉靖二十年（1541）八月廿八日，因为“郑浩然诬害黄源任”一事，使得潭渡黄氏“族众为动公愤，因而合八门之力，捐助白银“不下四五十两”“助赀呈告”。[②] 又如，明万历间西溪汪氏宗族打算在丰乐河上建“石梁”，即石桥。潭渡黄氏以“形家以为不利”为由，与之争讼，在黄循位（字素赐）“挺身任事”，孺人胡氏以变卖“其华饰一盒”以资助争讼的情况下，“出与讼于公庭”西溪（汪氏）“竟以疲于讼而寝其事”。这些纠纷表面看仅仅是私人恩怨，实际上是歙西各宗族在资源争夺过程中所产生的矛盾。在潭渡村的西边，安置有六门祖母亲的墓地，[③] 其前有“许姓一坟”，而这一区域当为潭渡黄氏敦睦堂祖业，而今“既出若干葬祖，又出一穴与许”。后来“（潭渡黄氏）众人兴讼起舆”，许氏不满，遂掘黄氏祖坟，而“许见紫衣裹棺，连夜以土重掩，遁不归”。此事不了了之。潭渡黄氏后人每每“瞻礼祖墓”时，无不有怨恨恼怒之情。[④]

明中叶至清乾隆时期，是潭渡村落的全盛时期。由于潭渡黄氏重视教育，且出现大量的文人雅士，他们又多喜交往，相互唱和，潭渡村遂呈现出了浓厚的人文气息。

潭渡黄氏著作一览表

著作者	著作
黄训	《大学衍义肤见》1卷、《明名臣经济录》53卷、《读书一得》4卷、《黄潭文集》
黄原泰	《尚书讲义》《教赖园集》12卷
黄凤池	《唐诗画谱》
黄时曜	《知非录》2卷
黄奂	《玄龙小品》2卷、《玄龙诗集》8卷、《罗颖楼初稿》2卷、《领上续稿》1卷

① 雍正《潭渡孝里黄氏族谱》卷五《祖墓·叶干祖墓》。另参见《重订潭滨杂志》中编“道人庵”条。
② 《重订潭滨杂志》上编“族动公愤”条。
③ 按，乌茶为“十五世祖妣渊府君元配安人徐氏墓”，见雍正《潭渡孝里黄氏族谱》卷五《祖墓·各祖茔墓图》。
④ 《重订潭滨杂志》中编“乌茶”条。

续表

著作者	著作
黄伟成	《秋鸣集》
黄晟(校刊)	《诗经注》4卷、《三古图》42卷、《至圣编年世纪》24卷、《通志二十略》24卷
黄生	《字诂》1卷、《义府》2卷、《叶书》1卷、《文稿》18卷、《杜诗说》12卷、《一木堂诗集》12集、《一木堂内集外集》、《唐诗摘抄》4卷、《植芝堂近体诗评选》1卷
黄义	《经济要略》
黄梦麟	《三朝国史一统志》《匏庵诗文集》
黄承增	《广虞初新集》
黄朝美	《拳石诗集》1卷
黄承吉	《梦陔堂文集》《梦陔堂诗集》35卷
黄衡	《碧云秋露词》2卷
黄筏	《虚船诗文集》
黄在中	《岸园集》3卷
黄崇惺	《新安府志辨证》1卷、《滴水岩纪略》1卷、《凤山笔记》2卷、《劝学赘言》、《二心草堂诗》4卷、《草心楼题画诗》1卷
黄昌辅	《寸草轩诗文稿》
黄克巽	《绣余偶草》

注：表格依据民国《歙县志 · 艺文志》制作而成。

潭渡黄氏士人对外交往广泛，如黄吕的先祖黄俨（号陶长）“性耽幽洁，常蓄名香、佳茗以待客。酉戌之间，学士辍业，公率同志结社赋诗，或集枕流之亭，或酌后乐之轩，或登函成之台，或访青莲之刹，坐花邀月，嘲雪绘风，极陶写性情之乐”。① 清康熙年间，黄景琯② 晚年居住在潭渡村，与高阳、西溪、双桥、屏山、传溪等各地文人结成“素心社”，③ 其中近者如西溪，远者如高阳。

慕名前来的文人墨客，多由徽商加以款待。如明嘉靖三年（1524），黄彦修建成四望楼，对四方宾客诚加招待：

① 《重订潭滨杂志》中编“诗社”条。
② 按，黄景琯，即《潭渡孝里黄氏族谱》的参补者，《重订潭滨杂志》上编的作者。
③ 《重订潭滨杂志》中编“诗社”条。

……客至必馆于是。汪司马伯玉常所往还，四方之客造徙中者亦多过彦修公，故所致多名人，如戚少保继光、秦状元鸣雷诸公其最著者。于时车骑盈门，衣冠盈坐，花边立马，竹里行厨，太平人物之盛，风俗之美，迄今犹可想见！[①]

明中叶至清乾隆末年，随着潭渡黄氏商人的崛起，潭渡黄氏士人对外交往，潭渡村兴建了大量华宅、庭院，加之山丘、溪湖、古木等点缀，村落景观亦具有诗情画意。当时文人附会，言潭滨有八景，分别是“屏山列翠”“练水拖蓝”“北麓通樵”“中洲散牧”“土岭耕云”“潭湖钓月”“斜山踏雪”“后坞听泉”。[②]

第五节　祀产经营与村落管理

新安地区是一个宗法制度严密的社会，祭祀活动对于敬宗收族、提高宗族地位、扩大宗族影响具有重要作用。“家多故旧，自六朝、唐、宋以来，千百世年系，比比皆是。重族谊，修世好，村落家构祖祠，岁时合族以祭”。[③] 新安祀祖活动按场所不同，可分为墓祭、祠祭、家祭、社祭、寺祭、书院祭等。

潭渡黄氏始迁黄芮的祠堂位于“里第之东”，每年正月初一，黄芮子孙进谒拜祭，“礼成，长幼以次拜起，序饮而退”“二仲之望，族长率子孙之胜冠者举祀礼焉，饮福受脤，具有规约，而所费则出于先世赡茔之田”。[④] 建祠堂、修坟墓、置祀产是保证祭祀活动顺利开展的物质基础。祀产，即指宗族中用于祭祀祖先的公共财产，包括祀田、祠屋、坟屋、祭具等。祀产经营管理的好坏直接影响到宗族祭祀活动的顺利开展。

一、祀产来源

潭渡黄氏的祀产来源，主要有祀田（包括山田地等）收租、族产增殖、定例添置等。

---

①《重订潭滨杂志》上编“四望楼”条。

②《重订潭滨杂志》上编“潭滨八景”条。

③ 许承尧撰，李明回、彭超、张爱琴校点：《歙事闲谭》卷十八《歙风俗礼教考》，黄山书社，2001年，第605页。

④ 雍正《潭渡孝里黄氏族谱》卷六《祠祀·唐孝子黄府君祠堂碑铭》。

（一）祀田收租

宗族祀田由佃农租种，祀田租金按年收取，以保证祀事的正常开展，以及胙品的发放。从《赡茔簿》的统计可以看出，祀田收租一项收入基本恒定在1000文左右，只是在明朝中后期（万历至崇祯年间）其占比起伏较大，说明这一时期，该堂祀产各类项目收入并不稳定。

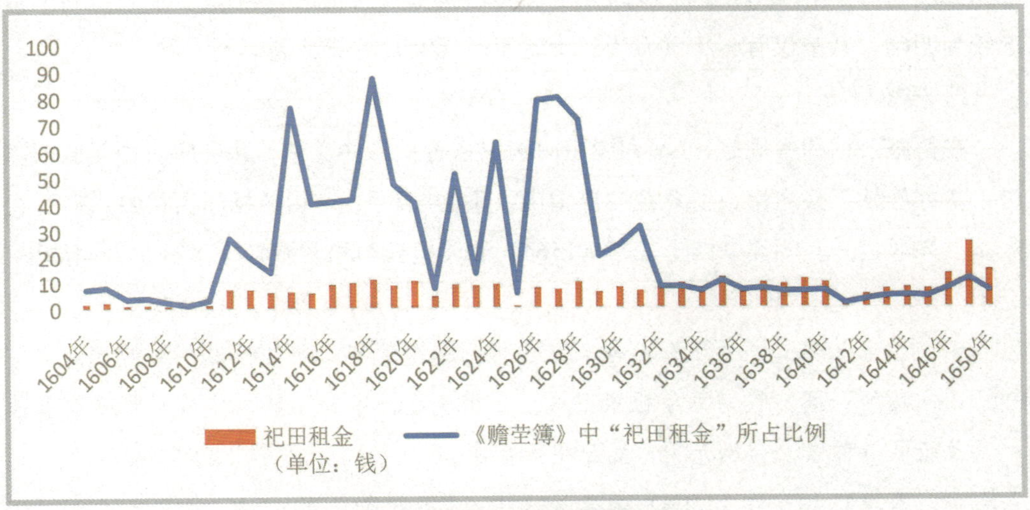

《赡茔簿》“祀田收租”情况图示

族人常有买田赠产之举。宋黄孝则因兄长黄孝善“商游不归，侄金声尚幼”，于是出钱购买了凌原充、七里湾两处风水之地，以葬其父黄大受、其母程氏，而所置祀田“输粮纳役，一以自任”。①

（二）族产增殖

1．民间借贷

潭渡黄氏在祀产运用中充分利用了民间的信贷关系，将族众活动剩余后的钱财投入民间借贷，依靠本息的积累作为办理祭祀活动的重要资金来源。从《〈潭渡黄氏思养堂支系赡茔簿〉收入情况一览表》统计来看，该族以15%或20%的年利率向族人放贷取息以作为祀产来源的一部分。明清两朝均规定：“凡私放钱债及典当财物，

① 雍正《潭渡孝里黄氏族谱》卷五《德庵府君赡茔标挂约序》。

每月取利并不得过三分（即年利率不超过 36%）。”[①] 潭渡黄氏宗族将祀产这种集体性资产以较低的利率放贷给族人，既可以达到保值增值的目的，同时，也可以救济和帮助族人，具有互助互利的性质。从中还可以看出，明清之际，潭渡黄氏的借贷全部为货币借贷关系，借贷周期以一年为主，且绝大多数情况下，不论贷款多少，同一年度内的贷款利率均保持一致。在《潭渡黄氏思养堂支系赡茔簿》中，记载有明万历三十二年到清顺治七年（1604 ~ 1650）赡茔收支情况，有二十四年的利率情况较为明确，其中仅有一年（万历三十四年，1606）的贷款利率不一致。[②]

2. 祠屋租赁

在德庵公祠约中规定，“本祠屋租向例俱系春秋二仲交纳，此项应听司年照旧收讨，备办春秋二祭之用，俱登载收支簿内，不必归匣”。[③] 租赁祠屋所得收入亦为祀产重要来源之一。明嘉靖四十三年（1564），潭渡黄氏与租赁者订立了一纸合同如下：

> 二十三都二图立租批，程节富今租到潭渡黄宅、向杲祖坟祠屋前堂内空房四间厕所一间，议定每年租银三钱。三季交还，不许生事，作践拆毁砖墙壁植及招匪类住歇。今恐无凭，立此租批存照。
>
> 嘉靖四十三年（1564）闰二月　日，立租批程节富　号。[④]

（三）定例添置

为了增加祀产收入，更有效地保证祭祀等宗族活动开展，潭渡黄氏制定了各式名目收取资金，并强制族众执行。主要包括丁钱、冠巾钱、祠仪钱、功名钱、罚银等。

以宗族的名义向族中的新生儿征收的款项，称丁钱，又称添丁钱、丁口钱等（在《潭渡黄氏思养堂支系赡茔簿》中，称为“初诞银”“再诞银”）。子孙行冠礼后，须缴纳冠巾银。除此之外，还规定族人婚丧嫁娶时，都要向宗族缴纳一定费用，这笔费用通常被称为“祠仪钱”（在《潭渡黄氏思养堂支系赡茔簿》中称之为“新娶银”“再

---

① 怀效锋点校：《大明律》卷九《户律 · 钱债》，法律出版社，1999年，第82页；《大清律例》卷一四四《户律 · 钱债 · 违禁取利》，文渊阁四库全书本。

② 该项统计结果与刘道胜研究结果不一致。刘道胜认为，“明清徽州民间资产生息的入存利率虽有高低之别，举凡入存本金越高，利息愈低”。刘道胜：《明清徽州的民间资产生息与经济互助》，《史学月刊》2013年第12期。

③ 雍正《潭渡孝里黄氏族谱》卷六《祠祀 · 附康熙己亥(1719)公立德庵府君祠规》。

④ 雍正《潭渡孝里黄氏族谱》卷五《本宗墓记 · 附墓祠厢房租批》。

娶银”）。从《赡茔簿》统计看，明万历三十二年到清顺治七年（1604～1650），这款项收入保持恒定，即“新娶者五分，初诞者五分，再诞者三分，冠巾者五分”。在康熙五十三年（1714）制订的大宗祠祠约中规定：“输赀入祠，定例新娶者四分，初诞者五分，再诞者三分，冠巾者三分。”①

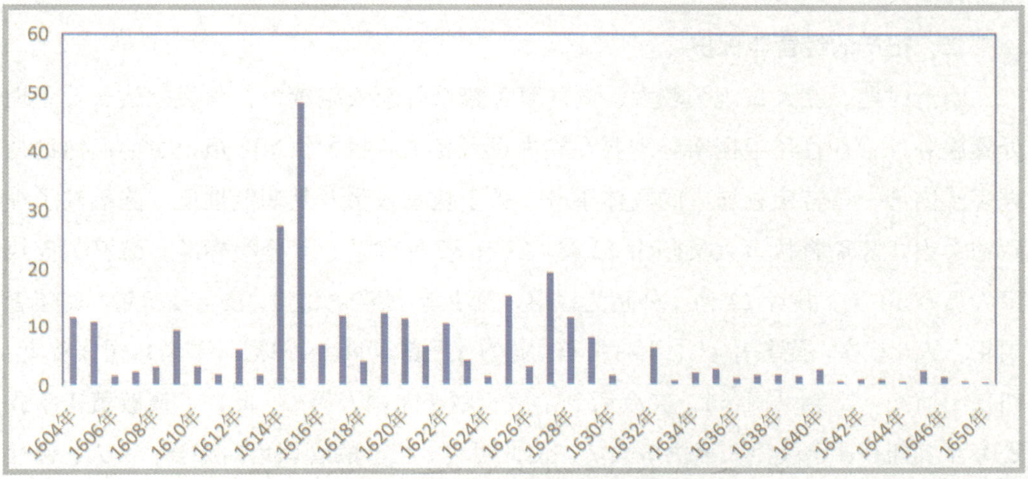

《赡茔簿》中“定例添置”占比情况图示

注：图表中“定例添置”包括丁钱、冠巾银、祠仪钱、功名银、水利银、罚银等。

由上图可看出，“定例添置”一项在收入中所占比例多在10%以下，占比较小，但其积少成多，对于赡茔收入还是很重要的。尤其遇到特殊年份时，显得更为重要。其中，有两年的占比情况较为例外，即可说明这一点。万历四十一年（1613），潭渡黄氏“赎长郎卖弓家山地”等额外花费导致该年赡茔钱透支了1434文，该堂没有余钱用于借贷。在万历四十二年（1614）和万历四十二年（1614）时，该堂收入来源都仅包括田产租银收入和“定例添置”，故“定例添置”的占比都相对较高，万历四十二年（1614）占比达到27.23%，万历四十三年（1615）占比达48.25%。

定例添置中有一项“功名钱”，指族中子孙出仕为官，当感念先祖恩沐之德“输资入祠，以增祀产”。② 但该项于《赡茔簿》中所见较少，只有万历四十三年有一例——

① 雍正《潭渡孝里黄氏族谱》卷六《祠祀·附公议规条》。

② 徐禋：《新安徐氏墓祠规》，乾隆九年本。

“尧俞男鼎入顺天府泮”，收得300文，该项占比20.56%。

此外，规定在违反宗族规约的情况下，须缴纳罚银。“曾立条约，各门收执，兹不再录。后开事宜，如不遵守，定行罚银五钱，入祠公用，决不徇情，以坏祖宗大事”。①有不到者，不如式者等，均须缴纳罚银，以示惩戒。这部分资金亦作为一项来源，纳入祀产之中。

二、祀产的经营与保护

明清时期，在人口规模较大、内部事务繁杂的新安宗族中，除设立族长等管理、处置族务外，往往还根据实际需要在族内设置各类名目的执事人员，由他们协助处理宗族内部一些特定领域中的具体事务。关于执事人员及其职能性质，陈瑞做了细致的考察。陈瑞将执事人员归为22类，共有82种称谓。其分类标准，潭渡黄氏执事人员有14类，共计22种。分别为执事，执事者；值年（者），支年；司年，司年者，司年之人；首事，首事者；(上下）头首，祭首；上首，下首；司祠（事者)；司钱谷者；纠仪；斯文；文会（门长），文会诸公；宗长副；守祠人等。②此外，潭渡黄氏宗族还有守坟佃仆、守坟仆人等执事人员。由此可见，祀产的管理包括族长、文人、会社、佃仆等多类人共同参与的。

祀产是宗族开展集体活动的物质基础。潭渡黄氏规定：“一应新收产业，凡买绝者，遇大造之年，务必收入本祠户内，有入无出，永以为例。”③，宗族希望祀产只进不出，通过祀产的不断扩大，以保证宗族活动的有序开展，保证宗族的长盛不衰。为此，潭渡黄氏规定：“各处祖墓最严侵葬盗卖，律有明条。如有干犯，必会众呈公。务使侵葬者起柩，盗卖者勒限赎归，仍于谱系削其名，尽法重处。”④

但事实上，盗卖坟墓、祀产的现象屡禁不止。宋黄孝则购买凌原充、七里湾两处作为祀产，“输粮纳役，一以自任”。但其后，黄士厚“不思水木之本源，竟将黄时思户产土一半出卖本族，又将乌茶坟地卖与郑迪简，七里湾卖与叶成保等，以致每年标掛失所”。明永乐甲辰（1424）春，“拜扫松楸，彦初等因见子孙蕃众，祭胙不充，议将各田土拨入赡茔，作四分，周而复始收租，以备递年标掛乌茶、凌原充、

① 雍正《潭渡孝里黄氏族谱》卷六《祠祀·附孝子祠大赡茔条款事宜》。
② 陈瑞：《明清时期徽州宗族中的执事人员》，《中国社会经济史研究》2014年第3期。
③ 雍正《潭渡孝里黄氏族谱》卷六《祠祀·附康熙己亥公立德庵府君祠规》。
④ 雍正《潭渡孝里黄氏族谱》卷五《祖墓·附墓约》。

七里湾、叶干、黄龙吐气等处坟茔”。再次订立规约 :“子孙不许将赡茔产地鬻卖他人。如违，听众经公，以不孝论，仍依此约为准。”[①]盗卖者包括佃仆、族人等。洪坑祖墓的“山塘田地柴山屋基俱与守坟仆人江宣贵子孙,世守坟茔,生居死葬”。数百年间，江宣贵子孙世代耕种。但在明前期时，竟将斯字二号柴山并地卖与洪家。数年之后，潭渡黄氏查理家业才知道江氏盗卖祠产的事情，方才“责令取回，每年额取柴薪六担，以供清明及孝子祠内春秋二祭公用，永为定例”。[②]

第六节 小 结

潭渡村位于歙西平原，沿河分布，水陆交通便利，这为村落居民的迁徙与交往提供了地缘及交通上的便利。因新安江、练江、横江、率水，多条水系贯穿新安，新安地区又与武汉、江浙等富庶地域相邻，新安人通过徽杭水道、徽饶水道等与大新安地区进行沟通。新安人抓住了“开盐引”的时代契机，同时利用自身宗族团结、重视科举、与政府有密切联系等优势，自明朝开始执商界牛耳达数百年。

潭渡黄氏自唐朝黄芮迁居于此，繁衍千年，但潭渡村并不是一个绝对意义上的单姓村。潭渡黄氏地位的确立，是与潭渡朱氏等宗族相互斗争的结果。为争夺村落内部资源，提高本族地位，潭渡黄氏和朱氏借风水问题，展开了长期的斗争，最终以潭渡朱氏外迁而宣告结束。潭渡黄氏通过与外界（包括相邻村落、新安其他地区黄氏宗族及大新安地区）的频繁交往，得以换取资源、扩大影响、提高影响力，从而增强本派势力，同时也推动着潭渡村的发展。潭渡黄氏随着势力的增强，村中的风俗活动渐次开展，这些活动对于村落文化及景观的形成有着重要影响。

---

① 雍正《潭渡孝里黄氏族谱》卷五《祖墓·德庵府君赡茔标挂约序》。

② 雍正《潭渡孝里黄氏族谱》卷五《祖墓·洪坑田地字号数目》。

结　语

传统社会时期，我国是以农业为主的国家，村落的发展演变直接影响着农业的兴衰。村落既是一个社会单元，也是一个空间单元。

村落是传统中国农业社会经济形态下人们聚居在一起生产生活的空间载体，村落的形成、演变与人类社会生产力水平的提升、社会分工的出现息息相关，体现了人类社会的发展进程。新安地区因其独特的地理环境、人文因素保留了传统中国社会诸多特点，具有相当意义的典型性。封闭的山，开放的水，独特的地理环境吸引了大量中原士人来到新安，他们或是因为避难，或是追求闲适山水，或是任官来此，迁居于此，而后繁衍生息。相对封闭的环境，使得新安地区很少遭受战争的荼毒，中原文化在此得到较好地保存，新安宗族、科举、商业等都得到较充分的发展。“七山一水一分田”的新安地区，随着时代的推移，人口的不断增殖，人地矛盾逐渐尖锐起来，新安的田地无法满足人口的生存需求。新安宗族进而外迁，形成新的村落。

新安村落的形成、发展具有特定的自然地理条件，新安村落的结构布局、空间形态则受当地的历史传统、人文因素等多重条件的影响。强大稳固的宗法制度，寄命于商的社会风气，守护相助的邻里交往，浓厚的读书科举之风等，都在某种程度上形塑着新安村落的空间格局和演变特征。

村落景观是时代习俗和观念的印记，新安村落的自然人文景观颇具特色，是新安民众生活方式和居住形态的真实写照和典型表现。村落中以宗族为单位的建筑、文化性建筑和园林池馆楼台别墅等建筑景观远超于其他地方，呈现出富贵之气和园林化情调。新安村落景观的特色，在于其独特的包容性，既有朴实的田园风光，也有奢侈富丽的楼阁宅院、池台亭榭，反映了新安村落山水之美的总基调。而文昌阁、魁星楼、文峰塔、文会、书院等公共性文化建筑与村落的青山秀水相衔接，突出了村落环境上文化气息和园林情调。很多村落以四景、八景等形式来总结和吟咏村落优美的自然人文景观，如诗如画般的村落整体环境意象则是其园林化的重要体现形式。

明清新安村落为民众提供了长袖善舞、出演日常生活画卷的舞台。新安先民在村落的孕育滋养下代代繁衍生息，上演着悲欢离合的人生剧目，而其日常生活本身也构成了历史图景的一部分。新安村落的社与社祭是对祖先祭祀的一种突破，属于外神祭祀，也是为国家所允许的祭祀活动。明清新安的村社与宗族之间的关系非常密切，既有单一宗族所建的族社，亦有多姓共同举办的村社，而由多姓共建的村社有一部分在运作过程中逐渐归于单姓控制。新安的村社兼具地缘和血缘色彩，成为乡村社会各类祭祀活动的单位。社祭与元宵灯会实现了有机结合，并沾染上迎神赛会的因子，成为彰显民众狂欢精神的媒介，实现了娱人娱神的功能。而元宵灯会的上灯、接灯、还灯习俗更是新安宗族重视男丁的直接反映，是扩充宗族组织规模，提升宗族社会影响力的一种手段。

明清新安乡村社会最为重要的民俗事项为迎神赛会活动，这是祖先祭祀与神灵崇拜有机结合的载体，突破了血缘关系的限制，镶嵌在民众岁时节日的序列中，与农事节律息息相关，是新安民众在繁重田间劳作之余的娱乐方式，也寄托了民众保人口平安、禾稼丰收、禳解火灾等美好的愿望。明清新安迎神赛会中规模最大的是驱瘟攘灾的保安善会，每次会期 7 ~ 10 天不等，仪式的核心环节是造龙舟押送瘟神出海。新安赛会迎奉祭拜的神灵种类繁多，如土地神、观音、关帝、周宣灵王、五显神、张巡、许远等与乡民日常生活直接相关联的神灵皆受到崇祀，但接受面最广、影响力最大的神祇则是新安乡土神汪华及其诸子，汪公会遍布新安。

搬演戏剧是祭祖迎神的重要活动之一，也是新安民众休闲娱乐的一种方式。明清新安各县的演戏活动非常兴盛，祭祀祖先、开光敬神、诞子祝寿、祈雨驱疫、建祠修谱、禁山护林等场合都会请班演戏，频繁而持久的演戏已成为新安民间习俗的重要组成部分。新安民间信仰种类繁多，围绕祖先和神灵祭祀，衍生出结社赛会之风，戏曲则是扩大迎神赛会活动影响力和辐射力的助推器。演戏也被新安宗族作为惩戒族人，维持地方社会秩序的一种手段。由小姓组成的傩戏班为大姓主家提供迎役服务，在清代开豁为良的社会背景下，为摆脱主家的控制而产生了一系列的冲突事件，是考察明清新安乡村社会特殊群体的重要切入点。

新安村落民众的日常生活呈现出复杂生动的图景，社祭、迎神赛会、扮演戏剧等活动都是新安民众日常生活重要组成部分，民间习俗具有旺盛的生命力和活力，如婚嫁论财、停棺不葬、延请僧道等为礼家所批评的习俗屡经禁止而无法根除，也正说明其存在、延续有现实合理性。新安官府和宗族也禁止迎神赛会和演戏，但都因效果不彰而作罢，这也是因为新安民众对其有着强烈的需求。

明清时期的竹里是绩溪县一个典型的山村社会。唐代末年，周姓囦公迁居此地，为竹里周氏始迁祖。与新安其他声名显赫的宗族相比，周氏宗族是个典型的以农业收入为主要经济来源的宗族，其族内既没有走出达官显宦，也没有产生富商巨贾，但是在其世代繁衍的漫长过程中，却始终保持着稳健的发展势头，枝蔓一直未曾隔断。周氏长期的稳固发展，对竹里村落空间的建构影响深远，逐渐形成了以水口槐花墩为中心的信仰空间，观音阁（大士阁）、关帝庙（红庙）、汪公庙、土地庙、五猖庙等庙宇环伺左右，周氏宗祠亦分布在槐花墩右侧约 200 米处。竹里的会社活动也比较丰富，主要有大年会、太子会、施孤会、汪公会等，他们各有特定的会期与仪式内容。名目繁多的会社活动，既可适应周氏宗族或部分群体的祭祀需要，又可满足他们的经济需求乃至文化需求。借助民俗学的研究方法，对乡民的节庆活动和大年会、太子会等会社的巡游路线与仪式场景进行深描，更能帮助我们理解传统社会一个新安普通乡村民众日常生活场域下的权力支配关系及族际关系。竹里云路庵的存废与周氏宗族的关系也非常密切，云路庵的和尚在各种会社活动中大显身手，他们通过大拜年、撒腊八饭、撒乌饭等仪式活动对周氏族人进行反馈。云路庵与周氏宗族之间的良性互动，是我们考察新安传统社会僧俗关系的一个较好的切入点。

新安地区相对封闭，但不是停滞的、静态的，新安村落的发展演变有其特有的轨迹。潭渡黄氏商人的兴衰深刻影响着宗族的兴衰，而这又直接导致了潭渡景观的嬗变，风水、理学等文化氛围对潭渡景观的变迁也有着深刻的影响。潭渡村是在地理环境、宗族、理学、商业、科举、风水等诸多因素的综合作用下，进行着不断的新陈代谢。

新安山水，清秀明媚；新安历史，源远流长；新安文化，独具特色。新安村落是新安文化的一个有机组成，生动地诠释了人与环境的共生共融，人与自然的和谐统一，也是新时代弘扬新安文化的重要资源。

附录:新安各方志所载村落

一、嘉靖《徽州府志》村都一览表

县名	隅都	图数	辖村
歙县	一都	六图	五王阁、何村、上里、车田、吴山、牌头、章村、狮塘、连树、金坑、佛岭、方村
	二都	三图	良干、新馆、黄村赭坑、江村湾
	三都	六图	方塘、竦口、堨头、程村、长庆、大程村
	四都	二图	汪村、项村、何坑、洪塘、西陂、叶祈、潘村
	五都	四图	坦头、中音村、溪西、长坞、河坑
	六都	五图	溪头、胡村、大姑用、西坑、蓝田、紫坑、石榴村
	七都	十图	桂林、檀墅晔、中和村、许村、源塘、林村、潭石头、和塘、山昆
	八都	八图	登第桥、黄金渡、尧苏、片上、慈姑、方家堨、杨公塘、章塘庙、新州、云雾塘、东山、毛家园、槐台、新屋下
	九都	十六图	岑山、介塘、江村、宋祈、小路口、黄村、梅山、徐村、沙溪、清流、范村、古溪、沉狮、汪村
	十都	十二图	丰瑞里、松源、荞山、富堨、章塘、吴后塘、麻榨山、凤凰、黄村、汪金岭、高山、小灵山
	十一都	五图	丰口、罗田、下垦、杨冲岭、东流桥、跳石、太尉甸
	十二都	八图	上丰、赵村、杨家坦、许村、茅舍
	十三都	五图	砂城、曹溪、开黄、东回、叶村、方村、江村、汤口
	十四都	七图	蒋村、洽舍、呈坎、朱村、王干、容溪
	十五都	十二图	班塘、古塘、澄塘、陈村、潜口、水界山、松明山、莘墟、唐贝、西山
	十六都	五图	溪南、芝黄、临河
	十七都	五图	临塘、竹坞、竦塘、石桥、琶塘、琶村
	十八都	六图	郑充、过塘坞、槐充、托山、长龄桥
	十九都	十一图	梅村、鲍屯、路口、芭蕉坦、黄村、岩镇、丛睦坊、下临河、茆田、江山头

续表

县名	隅都	图数	辖村
歙县	二十都	七图	路村、朱方、信行山、王充、联墅、余家山、信行、厚美
	二十一都	六图	山泉、叶村、塘模、坤砂、塘美、仇家塘、甸子上
	二十二都	十一图	灵山、东山、范坑、蜀源、稠墅大里、槐塘、棠樾
	二十三都	十四图	向杲、张潭、仇村、郑村、潭渡、后村、牌边、黄屯、七里湾、后坞、方村
	二十四都	九图	环山、石岭、石冈、罗下田、马岭、忠堂、洪良堨、杨村、烟村、堨头、石壁下
	二十五都	六图	旃田、石门、黄坑、篁墩、溪南
	二十六都	七图	坑口、苦竹、小溪、长垓、下濂、朱陈、叶西、接驼
	二十七都	六图	王村、吴村
	二十八都	九图	结林、叶干、谢村、洪坑、程村、潘村、雄村、岑山渡
	二十九都	六图	小沟、黄备、余岸、绍村
	三十都	九图	街口、美滩、径口、江村、武阳、白石岭、庙前
	三十一都	三图	昌溪、定潭、深渡、五渡、彭泽、九沙
	三十二都	二图	中村、叶村、王干司、老竹园、祀梓里
	三十三都	四图	蛇坑、崇程、苏村、石潭、磻溪
	三十四都	五图	洪鲸、方村、郑坑、七贤、白洋
	三十五都	六图	青竹凹、程村、蔡坞、北岸、章岐、大佛、刘村、上下高山
	三十六都	五图	绵潭、章坑、章潭、杨坑、雪坑、沦潭、沦川、自成汪村、洪村
	三十七都	十图	郎源、梅口、浦口、义成、后坞、将军山、白洋岭、丰隆岭、戴家尖
休宁县	东南隅	三图	东门、后街、保宁坊、玉堂巷、学基、普满寺、南街东、胡氏宫巷、后田、教宁坊
	西南隅	二图	南街西、文昌坊、宣仁巷、旌孝坊、美俗巷、南关社、古楼巷、名儒世里
	东北隅	三图	县前街、松萝门、北街、东街、淳化巷、石羊干、上河、陪郭、鹤山巷、野猪塘、苏家巷北
	西北隅	二图	苏家巷南、朱紫巷、北行西、西街、西关杜、高市巷、宣仁巷

续表

县名	隅都	图数	辖村
休宁县	一都	八图	柳塘街、凤凰街、南门西边、小南门、断石、郁山、晓角、白观、峡东、阳村、汶溪、柏墩
	二都	六图	鹤下山、干头山、张村、堨田、曹村、上峡东、建初寺、崇寿观、枫林园、下汶溪、富瑯
	三都	十图	水西街、万安街、旧墅、古城、水南、西山、鸟山、涨山
	四都	十二图	瓯山、石岭、百石冲、溪阳、吴田、占路、澄溪、汪村、高梯山、料头、霞槎塘
	五都	七图	龙源、北山、瑯蜥、富载、余村、洽舍、小坑、坯坑、七桥
	六都	三图	蓝田、西村、潘村、高桥、小溪、碧山、富寮、金龙山
	七都	三图	张村、岩脚、东亭、西居岭、藕坑口、白茅
	八都	五图	石人前、棠源、东阁、许村、查干、叶村、高家源、沈村、山秀、典村、大塘、岭下山
	九都	二图	蓝渡、西馆、山头、环珠、典口
	十都	二图	横街、上资、演口、渭桥、方塘、板桥、吴村、资村
	十一都	三图	石田、金塖、珰溪、洲洋干、霞汉
	十二都	二图	双溪口、渠口、珰坑街
	十三都	四图	溪口、河村、旌城、山背、石坑、詹下
	十四都	十一图	石砘、居安、约山、隐冲、默林、潜阜、竹林、北村、古楼、厚村、方山
	十五都	六图	新屯、资口
	十六都	八图	溪东、草市、屯溪、率口、富上、沙园、由坑、坑口、黄石
	十七都	七图	流塘、汪祈、林塘、合干、溪边村、易村、江村
	十八都	十二图	隆阜、博村、油潭、黎阳、叶祈、闵口、高枧、珠里
	十九都	五图	临溪、佩琅
	二十都	七图	汉口、潢源、大阜瀛、吴田岭
	二十一都	五图	太塘、藏溪、兖山、榆村、塘尾、占田
	二十二都	八图	雁塘、汪唐关、洋湖、瑶干、瑶溪
	二十三都	九图	商山、新渡、浯田、苏田

续表

县名	隅都	图数	辖村
休宁县	二十四都	七图	石佛、古塘、芳干、浮潭、霞阜、黄村、里坞充、高堨
	二十五都	七图	西干、钟泽、环谷、溪头、洪方、会里、朱村
	二十六都	六图	百村、巴庄、回溪口、梅田、水口、临溪
	二十七都	五图	陈村、汪溪桥、环田、霞瀛
	二十八都	九图	山斗、黄茅、溪西、三溪、岭南
	二十九都	十一图	五城、龙湾、溪口、干滩、渔滩、古林、清漪堨、李家亭、伦堂、月潭
	三十都	三图	长丰、江潭
	三十一都	三图	潢溪、鸟旻、小柄、水潭、大溪
	三十二都	四图	新城、汪村、殴山后、大连、后山、里广山、广源桥
	三十三都	七图	茗洲、鹏源、流口、冯村、泉坑、前源
婺源县	一都	二图	明堂里、雍家溪
	二都	一图	龙陂、下坑、东源
	三都	二图	东溪、香田、朱绯塘、武口
	四都	一图	长田、金盘
	五都	四图	慈坑、里坑、鹄溪、沙城
	六都	二图	汪口、钟吕坦、洪村、古坑
	七都	七图	江湾、中平、旃坑、浯村、湖山
	八都	八图	大畈、济溪、上鳙、篁岭、田坑
	九都	五图	张径、金竺、秋溪、大祀、港川、古汀、长阜岭
	十都	五图	龙尾、外庄、溪头
	十一都	四图	官坑、回岭、叶村
	十二都	四图	殴莘、庆源、清源
	十三都	四图	庐源、山坑、黑焦、沱口
	十四都	二图	荷花桥、凤亭、紫坞、岭脚、虹瑞关、插关
	十六都	四图	沱川、车田、水路、黄村、源口、岭下
	十七都	三图	施村、莒径

续表

县名	隅都	图数	辖村
婺源县	十八都	七图	清华、龙亭、大坞、长滩
	十九都	三图	思口、高岸、江村
	二十一都	五图	考水、章村、银峰、高仓、长尧
	二十三都	五图	坑头、孔村、寨下、龙头山、嵩山、新岭下
	二十四都	三图	汤村、官源
	二十五都	五图	石枧、默林、转坑
	二十七都	二图	玉坦、官坑锡林、罗田、石井
	二十八都	四图	高沙
	三十都	四图	丰田、王家墩、槎口、中云、嵩峡、下槎
	三十一都	三图	曹门、浮溪、五福镇
	三十三都	二图	董村、梅田
	三十四都	三图	太白、符竹
	三十五都	二图	临河、曹村、石田、杨村
	三十六都	六图	方村、横槎、汾水
	三十八都	二图	游汀、霍口
	三十九都	五图	许村、山头、董村、清源
	四十一都	四图	彰睦、朗湖、朱村、盘山
	四十二都	三图	项村、曹村、周溪
	四十三都	三图	严田、甲路、戴坞、福亭
	四十五都	二图	桂岩、长溪、冲田
	四十六都	二图	富春、排前、虎墠
	四十七都	二图	镇头
	四十九都	二图	黄沙
	五十都	二图	周坑、洪钟坦
祁门县	一都	三图	稠璜村、朴墅下、秀墩衔、郑坑、大洪山
	二都	二图	木村坞、石门、石墅、乌门、石谷里

续表

县名	隅都	图数	辖村
祁门县	三四都	二图	侯潭、桃墅、响堂湾、塔坊、九龙源、潘张村、竹溪
	五都	一图	榉墅、仰村、胥岭、于村
	六都	二图	善和、伟溪、秀溪、许家坦、枫林街、东坑、东园、竹山
	七都	二图	翕桥、大坦、溪头、栅树下、斜议、田里、石门、长培、山栢坞、湘源
	八都	二图	白塔、栢溪、蒋村、钟峰、程村、黄荆岭
	九都	二图	许村坞、五溪源、墩上、大园、蓝桥、霞坞
	十东都	二图	孚溪、石坑、浒溪、渓嘉潭、许村
	十西都	一图	阳源、大岭下、大山、安山、乔山、魁溪、严源
	十一都	二图	福洲、李坑口、赤桥、益村、金壁坳、福洲墩、外巷、将军岇、庄源
	十二都	三图	平里、贵溪、溶口、李村
	十三都	一图	板石、胡村
	十四都	二图	环溪、严塘、车田、千佛桥、泥坑
	十五都	三图	查湾、奇岭、白桃、泸溪、倒湖
	十六都	二图	渚口、伊坑、石潭
	十七都	二图	历溪、环沙、黄龙口
	十八都	二图	叶村、塘下、武陵
	十九都	三图	汪村
	二十都	二图	横头
	二十一都	二图	桃源、竹源
	二十二都	二图	高塘、金村
黟县	一都	六图	蔡村、江梧山、勒下、麻田
	二都	三图	弘村、蓬下、北庄、蜀里、枧溪、樟溪、何坑、蜀上、白干、容干、东山、山巍龙、沙田
	三都	五图	黄陂、府基、水湖、双溪、黄衣坦
	四都	五图	陈闾、古筑、黄村街、百尺段、鲍村、后闸、官路下、泉山岭
	五都	三图	村心、栢林、余村、旧庵、陶村、赤岭、中墩、月塘、汪村、程家庄、胡村

续表

县名	隅都	图数	辖村
黟县	六都	五图	横冈、西递、霭山、大坞、石山街、彭田、塘头、东山、沙田
	七都	三图	鱼亭街、传山、汪村、霞阜、李村、考川、斩岭、欧村、玛川、榔木岭、霭冈、许村、周村
	八都	二图	叶村、汪村、程村、吴村、王村、府均、王坞、朱川、潭口
	九都	五图	屏风山、瑞村、金钗、金村、朱村、古城、黄村
	十都	三图	谢村街、韩村、音墅、万村、里田、榧树下、岭下、梓川、夹溪、历舍
	十一都	二图	庐村、郭村
	十二都	二图	大星、景星、丰口、胡村、黄迎桥、张村、汪村、柱杖、黄连坑、杨林、湘口、洪径、黄连寨
绩溪县（未见十三都）	一都	一图	祝圣壇、挹清街、天王寺、忠爱祠、昭烈庙、东镇门、清河门、仁慈坊、中和坊、荷花忠心堂、城隍庙、东洲李公祠
	二都	一图	湖州岭、西坑、南坑、属水、燕科、下溪、方干、报脚坦、岩山上、冷水、上横头、协石
	三都	二图	上田村、长岭村、陈村、寨岭头、前山寺、梅山、吴山、华严庵、石仓、龙潭、蜀马村、吴村、隐塘、觉剩寺、下元村、浪舍、上里
	四都	一图	大谷村、小谷村、高村、阳村、祭头村、蒙坑、墓头岭、水洼村、土坑、丁坦庙、灵寿寺、仁寿庵
	五都	一图	冯村、七坎岭、豪寨
	六都	一图	坦川、镇头、栢坑、小坑、微阳庄、西村、东山
绩溪县（未见十三都）	七都	一图	中潭、南山下、暮暇、大坎上、汪村、前杨、桃坎、后宅头、柯婆村、江塘、冲岭下、上平田、叶村、中王村、鸭脚树下、寺后三王庙、马鞍山、庙草山、福岭庵
	八都	一图	上庄、板树坑、宅坦、上俞村
	九都	三图	孔灵山、斩山、中奇山、孔灵村、叶里、下三里、高村、大塘、溪西洪上塘、林下山、花干、曹渡、前坦、古塘、九里坑、河坑
	十都	二图	罗恭吴、家坑、石榴村、高车、岭验、汪坑下、周坑里、周坑、赵干、黄毛坦、□瑶、临溪、高塘、光头岭、毛塘、章家冲口、黄荆塝、到塘、雄路铺、富宁坑

续表

县名	隅都	图数	辖村
绩溪县（未见十三都）	十一都	四图	程里、堨川坑、扁榨坦、半茶梧村、双豸坊、鸣凤坊、周村、南观、若善庵、汪村、登源庙、庙头中周唐、金岩、闾坑、胡里、新田、石塘、七塔、胡坑、周坑、隐张、源中、王仁里、耿家潭
	十二都	三图	龙台岩、许里干、龙须村、中坦、苍坞、茶园头、瀛川市、世荣坊、绣衣里、瀛川亭、东龙峰、西凤山、南台屏、北瀛山、荷花墩、游坑村、汪里村、塘坑口、峨坑、横坟干、银饼山、砀峨山、金冠石、金杯山、龙峰、马鞍石、印墩石、香泉亭
	十四都	一图	石金、大石门、楼基、宅坦、酌村楼、下水坑、西坑塞、黄栢村、横塍头、荆舟、竹岭庵、广福寺、同坑源
	十五都	一图	清潭下、荷花屏、胡村、西山下、许家坑、上许村、下许村、竹里、坎头、梅干、何阳坞、党坑、轿岭脚、柯溪、石歇、福田寺、周村、万虎山

二、康熙《徽州府志》村都一览表

县名	隅都	图数	辖村
歙县	一都	六图	五王阁、何村、上里、车田、吴山、牌头、章村、狮塘、连树、金坑、佛岭、方村
	二都	三图	良干、新馆、黄村赭坑、江村湾
	三都	六图	方塘、竦口、堨头、程村、长庆、大程村
	四都	二图	汪村、项村、何坑、洪塘、西陂、叶祈、潘村
	五都	四图	坦头、中音村、溪西、长坞、河坑
	六都	五图	溪头、胡村、大姑用、西坑、蓝田、紫坑、石榴村
	七都	十图	桂林、檀墅畔、中和村、许村、源塘、林村、潭石头、和塘、山昆
	八都	八图	登第桥、黄金渡、尧苏、片上、慈姑、方家堨、杨公塘、章塘庙、新州、云雾塘、东山、毛家园、槐台、新屋下
	九都	十六图	岑山、介塘、江村、宋祈、小路口、黄村、梅山、徐村、沙溪、清流、范村、古溪、沉狮、汪村
	十都	十二图	丰瑞里、松源、荞山、富堨、章塘、吴后塘、麻榨山、凤凰、黄村、汪金岭、高山、小灵山
	十一都	五图	丰口、罗田、下垕、杨冲岭、东流桥、跳石、太尉甸

续表

县名	隅都	图数	辖村
歙县	十二都	八图	上丰、赵村、杨家坦、许村、茅舍
	十三都	五图	砂城、曹溪、开黄、东回、叶村、方村、江村、汤口
	十四都	七图	蒋村、洽舍、呈坎、朱村、王干、容溪
	十五都	十二图	班塘、古塘、澄塘、陈村、潜口、水界山、松明山、莘墟、唐贝、西山
	十六都	五图	溪南、芝黄、临河
	十七都	五图	临塘、竹坞、竦塘、石桥、琶塘、琶村
	十八都	六图	郑充、过塘坞、槐充、托山、长龄桥
	十九都	十一图	梅村、鲍屯、路口、芭蕉坦、黄村、岩镇、丛睦坊、下临河、茆田、江山头
	二十都	七图	路村、朱方、信行山、王充、联墅、余家山、信行、厚美
	二十一都	六图	山泉、叶村、塘模、坤砂、塘美、仇家塘、甸子上
	二十二都	十一图	灵山、东山、范坑、蜀源、稠墅大里、槐塘、棠樾
	二十三都	十四图	向杲、张潭、仇村、郑村、潭渡、后村、牌边、黄屯、七里湾、后坞、方村
	二十四都	九图	环山、石岭、石冈、罗下田、马岭、忠堂、洪良堨、杨村、烟村、堨头、石壁下
	二十五都	六图	旃田、石门、黄坑、篁墩、溪南
	二十六都	七图	坑口、苦竹、小溪、长垓、下濂、朱陈、叶西、接驼
	二十七都	六图	王村、吴村
	二十八都	九图	结林、叶干、谢村、洪坑、程村、潘村、雄村、岑山渡
	二十九都	六图	小沟、黄备、余岸、绍村
	三十都	九图	街口、美滩、径口、江村、武阳、白石岭、庙前
	三十一都	三图	昌溪、定潭、深渡、五渡、彭泽、九沙
	三十二都	二图	中村、叶村、王干司、老竹园、祀梓里
	三十三都	四图	蛇坑、崇程、苏村、石潭、磻溪
	三十四都	五图	洪鲸、方村、郑坑、七贤、白洋
	三十五都	六图	青竹凹、程村、蔡坞、北岸、章岐、大佛、刘村、上下高山

续表

县名	隅都	图数	辖村
歙县	三十六都	五图	绵潭、章坑、章潭、杨坑、雪坑、沦潭、沦川、自成汪村、洪村
	三十七都	十图	郎源、梅口、浦口、义成、后坞、将军山、白洋岭、丰隆岭、戴家尖
休宁县	东南隅	三图	东门、后街、保宁坊、玉堂巷、学基、普满寺、南街东、胡氏宫巷、后田、教宁坊
	西南隅	二图	南街西、文昌坊、宣仁巷、旌孝坊、美俗巷、南关社、古楼巷、名儒世里
	东北隅	三图	县前街、松萝门、北街、东街、淳化巷、石羊干、上河、陪郭、鹤山巷、野猪塘、苏家巷北
	西北隅	二图	苏家巷南、朱紫巷、北行西、西街、西关杜、高市巷、宣仁巷
	一都	八图	柳塘街、凤凰街、南门西边、小南门、断石、郁山、晓角、白观、峡东、阳村、汶溪、柏墩
	二都	六图	鹤下山、干头山、张村、堨田、曹村、上峡东、建初寺、崇寿观、枫林园、下汶溪、富琊
	三都	十图	水西街、万安街、旧墅、古城、水南、西山、乌山、涨山
	四都	十二图	瓯山、石岭、百石冲、溪阳、吴田、占路、澄溪、汪村、高梯山、料头、霞槎塘
	五都	七图	龙源、北山、琊澌、富载、余村、洽舍、小坑、坯坑、七桥
	六都	三图	蓝田、西村、潘村、高桥、小溪、碧山、富寮、金龙山
	七都	三图	张村、岩脚、东亭、西居岭、藕坑口、白茅
	八都	五图	石人前、棠源、东阁、许村、查干、叶村、高家源、沈村、山秀、典村、大塘、岭下山
	九都	二图	蓝渡、西馆、山头、环珠、典口
	十都	二图	横街、上资、演口、渭桥、方塘、板桥、吴村、资村
	十一都	三图	石田、金塂、珰溪、洲洋干、霞汉
	十二都	二图	双溪口、渠口、珰坑街
	十三都	四图	溪口、河村、旌城、山背、石坑、詹下
	十四都	十一图	石砶、居安、约山、隐冲、默林、潜阜、竹林、北村、古褛、厚村、方山
	十五都	六图	新屯、资口

续表

县名	隅都	图数	辖村
休宁县	十六都	八图	溪东、草市、屯溪、率口、富上、沙园、由坑、坑口、黄石
	十七都	七图	流塘、汪祈、林塘、合干、溪边村、易村、江村
	十八都	十二图	隆阜、博村、油潭、黎阳、叶祈、闵口、高枧、珠里
	十九都	五图	临溪、佩琅
	二十都	七图	汊口、潢源、大阜瀛、吴田岭
	二十一都	五图	太塘、藏溪、兖山、榆村、塘尾、占田
	二十二都	八图	雁塘、汪唐关、洋湖、瑶干、瑶溪
	二十三都	九图	商山、新渡、浯田、苏田
	二十四都	七图	石佛、古塘、芳干、浮潭、霞阜、黄村、里坞充、高堨
	二十五都	七图	西干、钟泽、环谷、溪头、洪方、会里、朱村
	二十六都	六图	百村、巴庄、回溪口、梅田、水口、临溪
	二十七都	五图	陈村、汪溪桥、环田、霞瀛
	二十八都	九图	山斗、黄茅、溪西、三溪、岭南
	二十九都	十一图	五城、龙湾、溪口、干滩、渔滩、古林、清漪堨、李家亭、伦堂、月潭
	三十都	三图	长丰、江潭
	三十一都	三图	潢溪、乌旻、小柄、水潭、大溪
	三十二都	四图	新城、汪村、殴山后、大连、后山、里广山、广源桥
	三十三都	七图	茗洲、鹏源、流口、冯村、泉坑、前源
婺源县	一都	二图	明堂里、雍家溪
	二都	一图	龙陂、下坑、东源
	三都	二图	东溪、香田、朱絖塘、武口
	四都	一图	长田、金盘
	五都	四图	慈坑、里坑、鹄溪、沙城
	六都	二图	汪口、钟吕坦、洪村、古坑
	七都	七图	江湾、中平、旃坑、浯村、湖山
	八都	八图	大畈、济溪、上鳙、篁岭、田坑

续表

县名	隅都	图数	辖村
婺源县	九都	五图	张径、金竺、秋溪、大衵、港川、古汀、长阜岭
	十都	五图	龙尾、外庄、溪头
	十一都	四图	官坑、回岭、叶村
	十二都	四图	段莘、庆源、清源
	十三都	四图	庐源、山坑、黑焦、沱口
	十四都	二图	荷花桥、凤亭、紫坞、岭脚、虹瑞关、插关
	十六都	四图[1]	沱川、车田、水路、黄村、源口、岭下
	十七都	三图	施村、莒径
	十八都	七图	清华、龙亭、大坞、长滩
	十九都	三图	思口、高岸、江村
	二十一都	五图	考水、章村、银峰、高仓、长尧
	二十三都	五图	坑头、孔村、寨下、龙头山、嵩山、新岭下
	二十四都	三图	汤村、官源
	二十五都	五图	石枧、默林、转坑
	二十七都	二图	玉坦、官坑锡林、罗田、石井
	二十八都	四图	高沙
	三十都	四图	丰田、王家墩、槎口、中云、嵩峡、下槎
	三十一都	三图	曹门、浮溪、五福镇
	三十三都	二图	董村、梅田
	三十四都	三图	太白、符竹
	三十五都	二图	临河、曹村、石田、杨村
	三十六都	六图	方村、横槎、汾水
	三十八都	二图	游汀、霍口
	三十九都	五图	许村、山头、董村、清源

① 康熙《徽州府志》原文为“四都”，这里笔者认为应作“四图”。

续表

县名	隅都	图数	辖村
婺源县	四十一都	四图	彰睦、朗湖、朱村、盘山
	四十二都	三图	项村、曹村、周溪
	四十三都	三图	严田、甲路、戴坞、福亭
	四十五都	二图	桂岩、长溪、冲田
	四十六都	二图	富春、排前、虎墠
	四十七都	二图	镇头
	四十九都	二图	黄沙
	五十都	二图	周坑、洪钟坦
祁门县	一都	三图	稠璜村、朴墅下、秀墩衕、郑坑、大洪山
	二都	二图	木村坞、石门、石墅、乌门、石谷里
	三四都	二图	侯潭、桃墅、响堂湾、塔坊、九龙源、潘张村、竹溪
	五都	一图	檡墅、仰村、胥岭、于村
	六都	二图	善和、伟溪、秀溪、许家坦、枫林街、东坑、东园、竹山
	七都	二图	翕桥、大坦、溪头、栅树下、斜议、田里、石门、长培、山栢坞、湘源
	八都	二图	白塔、栢溪、蒋村、钟峰、程村、黄荆岭
	九都	二图	许村坞、五溪源、墩上、大园、蓝桥、霞坞
	十东都	二图	孚溪、石坑、浒溪、渓嘉潭、许村
	十西都	一图	阳源、大岭下、大山、安山、乔山、魁溪、严源
	十一都	二图	福洲、李坑口、赤桥、益村、金壁�、福洲墩、外巷、将军岴、庄源
	十二都	三图	平里、贵溪、溶口、李村
	十三都	一图	板石、胡村
	十四都	二图	环溪、严塘、车田、千佛桥、泥坑
	十五都	三图	查湾、奇岭、白桃、泸溪、倒湖
	十六都	二图	渚口、伊坑、石潭
	十七都	二图	历溪、环沙、黄龙口
祁门县	十八都	二图	叶村、塘下、武陵

续表

县名	隅都	图数	辖村
祁门县	十九都	三图	汪村
	二十都	二图	横头
	二十一都	二图	桃源、竹源
	二十二都	二图	高塘、金村
黟县	一都	六图	蔡村、江梧山、勒下、麻田
	二都	三图	弘村、蓬下、北庄、蜀里、枧溪、樟溪、何坑、蜀上、白干、容干、东山、山巍龙、沙田
	三都	五图	黄陂、府基、水湖、双溪、黄衣坦
	四都	五图	陈闾、古筑、黄村街、百尺段、鲍村、后闸、官路下、泉山岭
	五都	三图	村心、栢林、余村、旧庵、陶村、赤岭、中墩、月塘、汪村、程家庄、胡村
	六都	五图	横冈、西递、霭山、大坞、石山街、彭田、塘头、东山、沙田
	七都	三图	鱼亭街、传山、汪村、霞阜、李村、考川、斩岭、欧村、玛川、榔木岭、霭冈、许村、周村
	八都	二图	叶村、汪村、程村、吴村、王村、府均、王坞、朱川、潭口
	九都	五图	屏风山、瑞村、金钗、金村、朱村、古城、黄村
	十都	三图	谢村街、韩村、音墅、万村、里田、榧树下、岭下、梓川、夹溪、历舍
	十一都	二图	庐村、郭村
	十二都	二图	大星、景星、丰口、胡村、黄迎桥、张村、汪村、柱杖、黄连坑、杨林、湘口、洪径、黄连寨
绩溪县（未见十三都）	一都	一图	祝圣壇、挹清街、天王寺、忠爱祠、昭烈庙、东镇门、清河门、仁慈坊、中和坊、荷花忠心堂、城隍庙、东洲李公祠
	二都	一图	湖州岭、西坑、南坑、属水、燕科、下溪、方干、报脚坦、岩山上、冷水、上横头、协石
	三都	二图	上田村、长岭村、陈村、寨岭头、前山寺、梅山、吴山、华严庵、石仓、龙潭、蜀马村、吴村、隐塘、觉剩寺、下元村、浪舍、上里
	四都	一图	大谷村、小谷村、高村、阳村、祭头村、蒙坑、墓头岭、水洼村、土坑、丁坦庙、灵寿寺、仁寿庵

续表

县名	隅都	图数	辖村
绩溪县（未见十三都）	五都	一图	冯村、七坎岭、豪寨
	六都	一图	坦川、镇头、栢坑、小坑、微阳庄、西村、东山
	七都	一图	中潭、南山下、暮暇、大坎上、汪村、前杨、桃坎、后宅头、柯婆村、江塘、冲岭下、上平田、叶村、中王村、鸭脚树下、寺后三王庙、马鞍山、庙草山、福岭庵
	八都	一图	上庄、板树坑、宅坦、上俞村
	九都	三图	孔灵山、斩山、中奇山、孔灵村、叶里、下三里、高村、大塘、溪西洪上塘、林下山、花干、曹渡、前坦、古塘、九里坑、河坑
	十都	二图	罗恭吴、家坑、石榴村、高车、岭验、汪坑下、周坑里、周坑、赵干、黄毛坦、□瑶、临溪、高塘、光头岭、毛塘、章家冲口、黄荆塝、到塘、雄路铺、富宁坑
绩溪县（未见十三都）	十一都	四图	程里、堨川坑、扁榨坦、半茶梧村、双豸坊、鸣凤坊、周村、南观、若善庵、汪村、登源庙、庙头中周唐、金岩、闾坑、胡里、新田、石塘、七塔、胡坑、周坑、隐张、源中、王仁里、耿家潭
	十二都	三图	龙台岩、许里干、龙须村、中坦、苍坞、茶园头、瀛川市、世荣坊、绣衣里、瀛川亭、东龙峰、西凤山、南台屏、北瀛山、荷花墩、游坑村、汪里村、塘坑口、峨坑、横坟干、银饼山、砀峨山、金冠石、金杯山、龙峰、马鞍石、印墩石、香泉亭
	十四都	一图	石金、大石门、楼基、宅坦、酌村楼、下水坑、西坑塞、黄栢村、横塍头、荆舟、竹岭庵、广福寺、同坑源
	十五都	一图	清潭下、荷花屏、胡村、西山下、许家坑、上许村、下许村、竹里、坎头、梅干、何阳坞、党坑、斩岭脚、柯溪、石歇、福田寺、周村、万虎山

资料来源：嘉靖《徽州府志》卷一《厢隅乡都》。

三、道光《徽州府志》村都一览表

县名	隅都	图数	辖村
歙县	一都	六图	石壁山、五王阁、车田、热山、东和村、项里、牌头、章坑、师唐、连墅底、杨村、方村、佛岭
	二都	三图	良干、新馆、黄村、江村湾、赭坑、杨家山下、庙头
	三都	六图	丰堨头、方塘、铁斧寤、大程村、大塘口、竦口、长庆、澄塘下

续表

县名	隅都	图数	辖村
歙县	四都	二图	洪塘、汪村、西坡、小河坑、叶圻、潘村、项村
	五都	四图	坦头、中圻村、大源、胡山头、祥堝、亨干、溪西、河坑、茅坞
	六都	五图	溪头、西塘、竦塘、潜鸠、西坑、杨桃岭、蓝田、胡村、大溪大谷用、小溪小谷用、上长、庆、石榴村、子坑
	七都	十图	洪村口、叶岔、横行路、吴岔、胡眉干、桂林、黄村、大坑、县前、光田、大团塘、牌头、山根、潭石头、宋村、中和村、梅渡滩、胡岔、路川、有灰坑
	八都	八图	黄荆渡、登第桥、毛家图、新屋下、愧台、片上村、王宅村、前山、慈姑、方家埸、上壤、边、云雾塘、新州、章塘庙、杨公塘、柬山头、上下和村
	九都	十六图	江村、介塘、岑山、前庄、运子山、茂坦、承狮、清流、玉村前、刘家落、杨宅上、小路口、铸锅黄村、仰村、徐村、沙溪、冲岭、田于、范村、方家头、朱家巷、索粉巷、汪村、梅山
	十都	十二图	枫树岭、清流、飞布山、潋湾、宋村、打獭村、东门岭、富埸、古充、律充田、亭子山、沙圈、冯塘、峤山、许家落、章塘、吴后塘、尹村、麻榨山、勋充、东西凤凤、石门、杂公尖、杨村、汝坑、郝家落、汪家落、黄荆岭、高山、潘村、叶村、北山下、崔山、大尉甸、西田、善屋裹、蒲田、项村、谢家坞、小灵山、松源
	十一都	五图	皤田、跳石、上丰、竹会寺、溪头、龚村、下豊、青山头、豊口、柬流桥、杨充岭、塔山、沙塍、罗坦、杨冢坦、樊村、王进坑、西岔、西坑、茅舍
	十二都	八图	祁家巷、屯田、许村、王进舍、赵村、罗坦、杨家坦、樊村、王进坑、西岔、西坑、茅舍
	十三都	五图	东环、庄边、江村、青岭下、曹溪、汪村、东坑口、鸟树坑、碣石、仰村坑、芳村、汤口、山岔、沙城、上碣口、宋村头、西里庄、东山、上垢、苔岭、乌石、叶村坞
	十四都	五图	梁上、王干、小客、容溪、水蒲田、呈坎、朱村、王村、斗角夏、王干寺、洽舍、杨村、桃源、石壁下、蒋村
	十五都	十二图	宋村、祊塘、里庄、盛塘、坤沙、古塘、澄塘、潜口、朱树林、陈村、葛山、水界山、塘背、太公山、胡椒村、唐椁、杨债、猴儿坦、松明山、塘边、莘墟、西山、余家村、江祈、田中、中山后、相墉、金家村、柿树下、山后
	十六都	五图	溪甫、上临河、芝黄、杨家桥

续表

县名	隅都	图数	辖村
歙县	十七都	五图	临塘、竹坞、石桥、鲍村、琶塘下、琶村、金山、田干、里村、衣坑、竦塘尾、坑口
	十八都	七图	横山、吴村、过塘坞、上下长林、余塘、鸟竹园、过塘山、上中坞、金家墩、黄连充、长塘、槐充、托山、楼塘下、高旬、石塘、长龄桥
	十九都	十一图	梅村、鲍屯、路口、桑林、芭蕉坦、官塘、黄村、山上洪、巖镇、长翰山、下山、丛睦坊、下临河、茆田、塘架、朱川坞、江山头、魁瑶、毛岭、櫸上
	二十都	七图	路村、堨田、朱方、小里、厚美、王充、西充、东充、吴村、富饶、朱郑、信行、张家落、王口、上渡桥、余家山、信行山、草坦上、巖镇申明亭、许家落、联墅
	二十一都	六图	山前、叶村、塘模、汪村边、西村、坦头、仇家塘、甸子上、西杨村、唐尾村
	二十二都	十一图	蜀源、东山、官庄、舍头、灵山、臼砂岭、産厦、范坑、稠墅、大里、吴溪、槐塘、棠樾、汪金岭、溪坎、大母揭、古关、涌塘、张蒙浑、罗田
	二十三都	十四图	后村、大趾村、向杲、郑村、西溪、裹江山、吴村、张潭、古溪、巖下、童坑、查坑、西山、黄屯、西凌村、七里湾、虬村、百槐台、旧屋岭、路口、潭渡、后坞、下市、狮山下、勋充、舒塘、上市、沙围、方村、上杨村、黄土岭
	二十四都	九图	环山、姚村、枈田、古巖寺、高段、龙塘、石冈、石岭、斡村、百丈、小巖、泉水塘、余家堨、尖山下、察塘、浩泽、释树、母蛇、竹林、棠坞、忠堂、马岭、石壁下、虹粱堨、烟村、王村
	二十五都	六图	石门、旃田、中溪、浙源、黄坑寺、上尖、横千、余村、朱坑、徐村、南溪南、黄口、岭后、相山、石门、坦上、汉洞、篁墩、刘村
	二十六都	七图	小溪、坑口、长陔、岭裹、蛇坑、□坑、盛中、塘岭、接驼、下濂、岭口、坠上、石耳、朱陈、朱祈、大坑、刘村
	二十七都	六图	王村、后塘、庄泉、上溪、叶酉、裹塘下、吴村、富登、浯村
	二十八都	九图	结林培、富岱、罕村、朱家村、叶玕、冯村、谢村、山根、桐树岭、冷水坑、洪坑、岑山渡、航埠头、结林、敬兴、程村、潘村
	二十九都	五图	小沟、黄备、左岔、学士源、岭裹、堨顶、汶口、高境、蛇坑、孙村、余岸、古源、绍村

续表

县名	隅都	图数	辖村
歙县	三十都	九图	黄田、黄□□、街源、街口、尾滩、横石、白石岭、汝滩、山港、天峻滩、荷花池、絮湖头、小沟口、金村、大川口、程家竭、木家坦、朱家竭、绣衣坊、径口、下沙、江村、庙前、吴村、倒坑、徐村、沙溪、太平源
	三一十都	三图	田干、墙里、昌溪、梨岭、深渡、吴村、定潭、五渡、了潭、向坑、蒙村、绵溪口、查坑源、九沙、杨林、盘寨、九里潭
	三十二都	二图	叶村、中村、山阳坑、老竹岭、新米坑、黄柏源、王干司、朱木坑
	三十三都	五图	水竹坑、杞梓里、苏村、路口、阳坑、阴坑、南村、庄潭、有溪、蛇坑、苏家、岸、崇程、后坑、塘裹
	三十四都	五图	洪鲸、洪飞、狮干、排坑、西坑坞、方村、白洋、大阜、郑坑、七贤、青竹凹、溪上、源头潭、洪坑口、金村
	三十五都	六图	北岸、高山、孝女村、程村、刘村、东村、后矼、瞻洪、蔡坞
	三十六都	五图	绵潭、漳潭、吴村、横街、洪村、自成、汪村、片岭下、朱家坞、方村、薛坑口、杨坑、沦潭、沦坑
	三十七都	十图	黄花岭、汪龙坑、梨下、熟田、潘岭、郎源口、黄金岭、黄荆渡、夏坑、义成村、朱家村、浦口、长源、宝坑、曹村、将军山头、山根、丰隆岭、龙王山、问政山、方家村、稠木岭、梅口、雄村、王家坝、后坞、章村、白洋岭、戴家尖、庄源、车龙湾、范坑
休宁县	一都	七图	柳堵巷、风皇街、南门西边、小南门、断石、汶溪、郁山、晓角、白观、峡东、鎏岐村、石叶村、阳村、柏墩、阳后、方庆围、上洲园、下大路、石人前、沙坡、内翰街、下城河、溪西、燕窠、长塘
	安乐乡二都	七图	鹤山下、干川、张村、横川、竭田、曹村、峡东、碧丛、建初寺、崇寿观、栏林围、下汶溪、富琅、查村、舟山、柳洲、新塘、关山、石亭、车田、视头、董干
	三都	十图	水西街、万安街、旧市(旧府志“市”作墅古城)、水南、西山、莺山、涨山、袜树山、唐由、唐村、后村、长汀、福寺、郭家洲、观村、余头村
	四都	十二图	瓯山、石岭、百石冲、溪阳、吴田、占路、澄溪、汪村、高梯山、料头、霞槎塘、唐芦山、杨源、东山、唐云、蕉充、方大基、田西、关上、藕塘、施村、琅源、望千、唐到、上山、徐村、霞塘、项仁义
	吉阳乡五都	七图	龙源、茶下、东山、北山、琅斯、富载、余村、洽舍、晓山、七桥、山脚、莘田、泠水厂、迪祥胡、南塘、黄岚、谢村

续表

县名	隅都	图数	辖村
休宁县	七都	三图	张村、巖脚、东亭、西居岭、藕坑口、白芽、珊坑、富琅坑、募边、南坑、叶岭下、黄土岭、塘坞、张村
	八都	五图	石人前、棠源、东阁、许村、查千、叶村、高家源、沈村、山秀、典村、大塘、岭下山、宋村、鬲山、京塘、霞村、霞池、查田、大石
	九都	二图	蓝渡、西馆、山头、典口、大斐、霞溪、环珠、箬笠山、石岭、土城、江村、溪北、新渠、半源、东塘
	履仁乡六都	三图	蓝田、西村、磻村（旧府志"磻"作潘高桥）、小溪、碧山、富察、金龙山、大源、项保、东圩
	十都	二图	横街、上资、演口、涓桥、方塘、板桥、吴村、资村、吴圩、遐圩、重塘、瓦窑坦、郑家坞、横圩、壶圩、查村、金村、横山、前村
	十二都	二图	双溪口、渠口、铛坑街、宋村、霓湖、巌坑、黄充、巨川
	十三都	四图	溪口、和村（旧府志和作河）、山背、石坑、檐下、章干、榄村、横坑、下金竺、中段
	里仁东乡十一都	三图	石田、金滕、珰溪、洲阳干、霞汉、东充、汤田、倪圩、石厌坑、黄泥塘
	二十六都	六图	首村、巴庄、何溪、同口、瀛山、梅旧、临溪、半路、大商、裹田、岭后、巌溪、毕村、韩村、吕村
	二十七都	五图	陈村、汪溪（旧府志作汪溪桥）、霞濂、炉下、祖地上、上呈、央屯、泥上围、环田
	黎阳西乡十四都	十一图	石砘、居安、约山、隐冲、梅林、潜阜、竹林、北村、古楼、厚村、方山、东湖、景川、余家坞
	十五都	六图	新屯、资口、东干、仙人林、洋坑、程子塘、石牌头、上坦
	黎阳东乡十六都	八图	溪东、草市、屯溪、率口、长干塝、富上、沙园、由坑、坑口、黄石、唐霞、钩桐滩、湖边、社屋前
	二十一都	五图	太塘、藏溪、充山渠、榆树、塘尾、詹田、富胙、白际、望岭山、小姑潭、腾紫器、桃梅
	山西乡十七都	七图	流塘、汪邢、林塘、合干、溪边村、易村、江村、上黄、余麻塘、郁源、南下店、西充、蜈公岭、前山、朱村、寺前金、泉水塘、檡林
	二十四都	七图	石佛、古塘、芳干、浮谭、霞阜、黄村、里坞充、高揭、星洲、燕塘、敛坑、洪家山、巴家坞、西岸、溪洲、大路、井巷、渔滩、里田、西坑、林田

续表

县名	隅都	图数	辖村
休宁县	二十五都	七图	西干、鍠泽、环縠、溪头、洪方、会里、朱村、杨村、瑶溪、长岭、巴塘、巴方、东邱、下庄、瑶干、屏峯山、山下翔、许村
	山东乡十八都	十二图	隆阜、博村、由潭、黎阳、叶祈、闵口、高枧、珠里、茅山、孙打鱼、汪百祥、霞山
	二十二都	八图	雁塘、□□霞、孝敬、闵口、坊口、合阳、洋湖、汪唐干、朱村、树头、牡丹花
	二十三都	九图	商山、新渡、浯田、荪田、几山头、裹村、沾源、水充、裹村、沾源、水充、张边、溪四、小贺、苦竹田、长圩、首源、邵家村、下坞
	和睦乡十九都	五图	临溪、珮琅
	二十都	七图	汉口、璜源(旧府志“璜”作潢)、吴田岭、大阜瀛、苦竹圩、桃林、陈村、古楼坦
	千秋南乡二十八都	九图	山斗、黄茅、溪西、三溪、岭南、东流溪、东里、石壁岭、青山、黄泥坦、塘尾
	二十九都	十一图	五城、龙湾、溪口、镒潭、鱼滩、古林、清漪场、李家亭、伦堂、月潭、下巖溪、裹外塔、珠兰坞、甘圩
	虞芮乡三十都	三图	长丰、江潭、穗圩、祖功、琳村、桐子岭、九亩坵
	三十一都	三图	璜溪(旧府志“璜”作潢)、乌茗、小硒、冰谭、大溪、鸠溪、礤口、八门
	三十二都	四图	新城、汪村、段山后、大连、后山、裹广山、珠帘、广源桥、豹甫、杨村、小坑、小连、横坑、裹庄、礤溪
	三十三都	七图	茗洲、鹤源、流口、冯村、泉坑、前源、大川、梅溪、彰源、汪村、右□□、施村、小柘、三村、王家田
婺源县	一都	二图	明堂里、雍家溪、水口、唐村、车田、段底、锡源
	二都	一图	龙陂、下坑、东源、菩蕾坞、张村、潮源、寺前、东山、洙源
	三都	二图	东溪、朱耕塘、香田、武口、王村、玉田、石门、乌坑、白石、渔潭、山下
	四都	一图	长田、金盘、西坑、上村、和村
	五都	四图	词坑(旧府志“词”作慈)、词坑口、李坑、沙城、上河、鹄溪、黄连潭、古箭、新村、蒋村

续表

县名	隅都	图数	辖村
婺源县	六都	二图	汪口、锺吕坦、洪村、鸿村、毕家坑、古坑、旃材、茶坑溪
	七都	八图	江湾、中平、旃坑、吾村、锁头、张村、湖山、阳田、溪边、高岸、龙源、汪路岭、砚山
	八都	九图	大畈、济溪、西坑、坑口、上□□、源口、栗木坑、篁岭、田坑、黄泥坦、马岭下、里圧、金田、方坑岭下
	九都	五图	长径、晓秋口、秋溪、官桥愿、港川、金竺、长皋、桃源、南坑、山后、朱村、古汀、上荷田、正荷田
	十都	五图	上下溪头、龙尾、外庄、晓起、芦头、上泓源、萃源泓坑、湖边、湖村、非坞、新屋、大碣、东岸、西岸、北山源、城口、桃源、方思山、洪源、桐源、清源、东溪、斗垣、□□木□□、龙池汰、朝阳汰
	十一都	四图	官坑、回岭、裔村、西岸、西源、洋边、茶源、爵坑、余岭、城口、源头、吴村段、石佛、冈岭、裹塘、外塘、养田
	十二都	四图	段华、庆源、洪源、仰田、清源、江村、中村、上山头、山下、晓庄、大睦段、腾坑、汪溪、捷坑□
	十三都	四图	庐源、山坑、湾头、裹焦、墩上、大杞、沱口、平坦、沱溪、下坞、千槎、新桥海、裹村、庐坑岭
	十四都	二图	荷花桥、凤亭、梓坞、石岭、管头、淅岭脚、庄前、十堡、察关、虹瑞关、涢村、沂源、司马墩、石潭、界首
	十六都	四图	沱川、黄村、江村、双桂、莒源、源口、苔溪、水路、甲村、车田、岭下、沙田、梧村段、桩源、塘汇、金溪
	十七都	三图	芳岩、福溪、李溪、石岭、竹源、方村、外施村、裹施村、莒径、南源、篁田、水畿、霖源、杨垓
	十八都	七图	云邱、湖亩段、漳村、玉墀、泓田、江源、北山头、长滩、清华、城村、甲椿、龙腾、槎坑、大坞、源溪、罗云、花园约内诸姓
	十九都	三图	前坦、银头郑村、江岸、槎潭、思口、戴村、延村、金竹、梘田、西源、理源、王村、江村、汤皋、坑口、小港、秀水上源、梅田
	二十一都	五图	孝水、思溪、章村、仁村、横路、上坑、江村、大田、曹源、汪村、源口、银峯、高仓、双领、长壳、桃源、牛港、上源
	二十三都	五图	龙山、新源、寨下、孔村、洪村、嵩山、何暮村、坑头、乱公、裹硖石、栈溪

续表

县名	隅都	图数	辖村
婺源县	二十四都	三图	汤村、井坞、太子桥、杨坞、罗村、香坑、汪家桥、江木坦、石头□□官源、黄潭
	二十五都	五图	环村、小港、寅坑铺、祝家庄、福阳、宋村、梅林、湖村、石枧、转坑、坑口、碧水
	二十七都	二图	官坑、玉坦、曹源、罗田、石井、锡林、符村
	二十八都	四图	许村、凤岭、高砂、下市、汪村、陷田
	三十都	四图	丰田、王家墩、嵩峡、龙居、中云、江村、下槎、江源
	三十一都	三图	清水港、程家湾、曹门、平乐、中山、五福镇、均头、浮溪、浮沙
	三十三都	二图	董村、梅田、司前
	二十四都	三图	太白、下岸、符竹、潘村、新村
	三十五都	二图	石田、阳村、绍溪、临河、曹村、礻方源、港口
	三十六都	六图	龙槎、中方村、朱村降、言坑、新屋、范坑、横槎、程家库、巖潭、方村、西坑、汾水、下港、毕墠、黄江、龙坡、万里、蒋源小路、蓉溪
	三十八都	二图	霍口、臧坑、游汀、楚溪中村
	三十九都	五图	仁洪、桂潭董村、碧潭、金墠、上仁、表坑、许村、箬岭、西山头、梅田、董村、清源、洪塘、双溪、溪头、朱墩、磻溪、朱村、枣源、双盘、杉木坞、隐东、呈家段、田内
	四十一都	四图	盘山、晓湖、汪村、朗溯、朱村、彰睦、滭阳、澄源、龙川
	四十二都	三图	曹村、项村、周溪、汪毕村、塘尾、芦溪
	四十三都	三图	对坞、水路、福亭、洪源、项源、严田、田路、湖山、亨溪、宝石、王村、梅源、桃源、延村、忠村
	四十五都	二图	港头、古坑、东岸、齐村、毕源、梅山、翀田、唐原、桂崴、沙古段、考坑、长溪、翁村
	四十六都	二图	富春、新田、吴村、排前、澄坑、虎墠
	四十七都	二图	藻睦、西坑、楚源、冷水亭、大源、张村、石硖、楚坑、镇头
	四十九都	二图	黄砂、凤亭、游山、石下、大源、戴充
	五十都	二图	龙溪汪村、福田、虹锺坦、秀山、吴源、官源、周坑、月窟、湾头

续表

县名	隅都	图数	辖村
祁门县	一都	三图	其地城东祁山下秀墩街郑坑华桥为一图 院岭脚南岸沈家坞及城西下柯汪村为二图 城内饶家坞 雕璜村朴墅柳树下秀水桥及城处十王寺大洪山张村为三图
	二都	二图	木村坞、石门桥、石墅、鸟门、石谷里
	三四都	二图	柯岭、侯潭、郭潭、塔坊、九龙源、桃墅、潘张村、竹溪、响堂湾
	五都	一图	胥岭、樗墅、仰村、于村
	六都	二图	上村、中村、林村、方村俱善和、沙湾、秀溪、东坑、许家坦、伟渓、漳渓林村、东围、竹山、枫林街
	七都	二图	宋溪、翕桥、山柏坞、小路上、大坦、栅树、斜议、长培、石门、田里、湘源、溪头
	八都	三图	白塔、项村、华虹、柏溪、程村、蒋村、锺峯、庸溪、邱村、西源里、庸头、黄荆岭、武亭岭下龙源、樨坑、芝溪、小岭下
	九都	二图	金字牌、许村坞、五溪源、新设铺、霞坞、大园、左田、洪田源、和村、墩上、蓝桥、黄土坑
	十东都	一图	石坑、凫溪、许村、许家辟、黄佘口、浒溪、吴家潭
	十西都	一图	魁溪、严源、大岭下、大山、安山、旸源、乔山
	十一都	三图	赤桥、将军□□、庄坑源、李坑口、福州、金壁拟、盆村、外巷、福洲墩
	十二都	三图	贵溪、山下胡村、洪村、平里、双凤、坑、郭口、溶口、李村
	十三都	二图	胡村、姚村、板石、中涧、汉口、榨里
	十四都	二图	仁村、小路口、泥坑、环溪、车田、千佛桥、严潭
	十五都	三图	奇岭、卢溪、查湾、白桃、罗源、礼星、曲坞、倒湖
	十六都	二图	伊坑、渚口、石潭、樵滩、石迹园、滩下、大北铺、许村、清幽
	十七都	二图	朱村、彭垄、历溪、黄龙口、环沙
	十八都	二图	武陵坑、历日、许村、大树下、江村、张闸、西塘、曹村、陈田、深都、下叶村、叶村
	十九都	三图	正冲、淑里、伦坑、栗里、王村、汪村、尙田、金山殿、马口、马山、大仓、曹家、下若坑、上若坑、□□根岭汛

续表

县名	隅都	图数	辖村
祁门县	二十都	二图	横头、营前、沿边、峡城里、小易、大坞里
	二十一都	二图	大桥头、西坑、石壁下、坑口、潘村、襄桃源、柏村外桃源、达万里外桃源、闪上、天源里、程村、车田、界牌
	二十二都	二图	金村口、金村、鸿村、查源、詹家坞、汪村、李源、许村、车谭、南门、新田、西村、新安洲、上汪、下注、叶源、良禾口、长滩
黟县	会昌乡一都	六图	蔡村(今作蒨村)、江柏山、勒下、麻田(以上嘉靖四十五年定),何家店、江千段、山头、田段、高祈、鱼鳞场、新屋下、石村、湖洋坑、塘背、松岭、石亭、黄泥片、鸡头山、瑜村、上元铺、裹村、双溪口、庙下社、石门下、邱家阪、寨下、山背(以上乾隆三十一年增),大宽段、潘村(以上嘉庆十六年增)
	二都	六图	江村、蓬下、北庄、蜀里、枧溪、章溪、何垅、蜀上、白干、容干、东山、山巍垄、沙田、秀里、龙盘桥、八社、野上、汤村、查村、敦头、查家倾、上盛、林村、水村、西峰、榨裹(以上乾隆三十一年增)
	三都	五图	黄陂、府基隋歙、水湖寨、双溪、黄衣坦(以上嘉靖四十五年定有),方家阪、汪村、沙园、何村、土地堂、后深坑、堨口、下麻榨、百戶有三际头、下长坑(以上乾隆三十一年增),墩田村、墩田村
	怀远乡四都	五图	陈间、古筑、黄村街、百石段、鲍村、后闻(今作厚善)、官路下、泉山岭(以上嘉靖四十五年定),新安田舍、黄牛坑(今作黄仁坑、西武岭脚、查村、上江村、下江村(今作光村)、湾裹(今作安里)、鲍家村、牛矢坦、大山、西岭培、□□背(以上乾隆三十一年增),山口、绛霞村、长岭、霞庄(以上嘉庆十六年增)
	五都	四图	田段、汪村、余村、程家庄、旧庵、胡村、陶村、赤岭、中墩、月塘、村心(以上嘉靖四十二年定),下五山、蜂上、新田、庙背、高桥村、阆堨、黄家岭下、檡树下、金家嘴、缸摇山(今作瑶山)、舒家林、新菴、金珠里、黄柏坞(以上乾隆三十一年增),锺山、闾山、胡村旧里、新溪、上鲍(以上嘉庆十六年增)
	新政乡六都	五图	横冈、西递、霞山、大坞、石山街、彭田、塘头、东山、沙田(以上嘉靖四十五年定),小坞、田段裹、叶家湾、长演岭、金家村、□□阁岭、桃源铺、插坑、青里山、山背、托坑、从坑、朱林下、何村、木鱼(今作慕虞)、徐村、源头、严头、谢坑、上坑、胡垅、前靠、苦竹林(以上乾隆三十一年增),坎下、巧桑、石头坦、林村(以上嘉庆十六年增)

续表

县名	隅都	图数	辖村
黟县	七都	四图	鱼亭街、傅山(今作复山)、汪村、霞阜村、李村、考川、轿岭、梛木岭下(今作楠木岭)、欧村、玛川、□□□□许村(今作水村、以上嘉靖四十五年定),周村(康熙二十二年定),英山、河东、艾坑、张坑(今作璋坑)、界首、裹外(今作里安)、上坦、下坦、小河、石板桥、方坑、下杭坑(今作下璜)、插坑、下凹、金岭(今作金凌)、殷溪口(今溪作坑)、牌岭、石门坦(以上乾隆三十一年增),下塘坑、盈川、颖川、溪滩、管山下、吴村头、拔村、风水拗、葛坑(以上嘉庆十六年增)
	八都	四图	叶村、汪村、程村、吴村、王村、府均、王坞、朱川(今作珠川)、潭口(以上嘉靖四十五年),社禾、襄村、石盂、杨林、乌头□□、竹林下、梅坑、虎岭下(以上乾隆三十一年增)、塘子坑
	顺仁乡九都	五图	屏风山、瑞村、金叙、金村、朱村、古城、黄村、史村(以上嘉靖四十五年定),舒村、朱家湾、塘裹、杆背、胡尚庄、鱼山溪、西坑、古溪、高山、菴裹、枫树林、桐坑、下湾坑(以上乾隆三十一年增),溪边(以上嘉庆十六年增)
	十都	三图	谢村街(嘉靖四十五年定,康熙二十二年改入十一都),韩村、奇墅、万村、里田、榧树下(嘉靖四十五年定,康熙二十二改入十一都),岭下(嘉靖四十五年定,康熙二十二年改入十一都),梓川、夹溪、万舍(以上康熙二十二年定),宏村、西头、藩锺山、横山、叶里、梓岭村、方境(以上乾隆三十一年增),殿山、鱼山岭下(以上嘉庆十六年增)
	十一都	三图	卢村、郭村(以上嘉靖四十五年定),谢村街(今名际村街)、榧树下、岭下(以上康熙二十二年定),岭头、叶村、羊栈岭、考溪、罗坑、韩家坑、石葮寺(以上乾隆三十一年增),邕溪、牛泉坑、官铺街(以上嘉庆十六年增)
	十二都	二图	大星、景星、丰口、胡村(今作梧村)、杨迎桥、黄连坑、张村、黄连寨、汪村、柱杖、杨林、湘口、洪径(以上嘉靖四十五年定),墩上、菴前、杨徐湾、塘湾、茅栗湾、洋澗墩、何村、塘坑口、叶村、龙雁、霍溪、西山下、高山、打石□□、案头山、十里坑(以上乾隆三十一年增,村名并从道光)
绩溪县	一都	一图	北门外、上三里、后岸村、水救、麻鸭、孔溪、七坑、王家村、大坑、朗家溪、搭掌坞、东村、新屋下、芦柴弯、塘塍、程坑、五里铺、黄富村、十里巖、高枧、王干、际坑口、仁和门、光摇岭、泉塘、扬溪、西山下、朗山上、朗山下、雪村、方村、柏枝山、石街头、丁家店、丛山关
	宜政乡二都	一图	村龙、王树岱、高山、牛岭、蜀水、燕窝、桑岭下、西川、东村、东坑、巖山、葛家湾、南坑、校头、龙根、天灯前、大公塘、东山背、大溪、下溪、考溪、协石、上源头、白石坑、龙门岭

续表

县名	隅都	图数	辖村
绩溪县	三都	二图	尚田、蜀马、吴村、下园、陈村、山背隐塘、上清干、章家岱、风窠、东山、浪舍、长岭、梅山
	四都	一图	大榖、小榖、高村、杨村、柳村、水洼、际下、蒙坑、庙山下、王楛、墓头岭、桐村、田干、三□□溪、蓬头上、马背、杨家岸、土坑、中央山、纪家、冲里
	杨山乡五都	一图	冯村、杨滩、濠寨、梧村桥、仙人□□、里厦屋、外厦屋、横塘、坟山下、三溪逗、古塘、叶村、新店、柑子村、石门、燕窝、高山降头、南培、分界山
	六都	一图	镇头、坦头、徽阳村、莲花塘、苦马岭、垌摇头、宋家、前山朱、柏坑、潭村、吴家坦、汪村、麻榨坦、朱家村、长降、钱家岭、龙后底、岭坦、黄泥塘、伏岭头、吕家碓、西村、王家基、鸭脚树下
	修文乡七都	一图	旺川、石家村、暮霞、曹村、黄会山、湖西冲、田干、李家、叶村、大墈上、鲍家、寺后、中屯、庙子山、潘家、胡家境、江塘冲、上田冲、后冲、上坦、杨桃坑、下舍、乾村
	八都	一图	宅坦、葫卢岭、上川、余村、产瑞川、檡树下、西村、杨林桥、上店、上金山、画楼、张家山、山脚底、舒家、王柏山、呈华塘
	九都	一图	孔灵、高迁、王庄、草坦、霞间、乳溪口、肇岭下、潭石头、明坑、洪上塘、古塘、溪塔、七里降、马家坞、外王桥、前坦、大塘、溪西、九里坑、黄毛坦、华阳鎮、何家田干、刘家门前、横坞、灵山下、杨围坦、十里牌、油村、脚山底、横路头、王里村
	新荣乡十都	二图	雄路、龙塘坊、黄茂坦、章家村口、临溪镇、上塘、上游、夹梗、吴家坑、高塘、巧干、高车、□□□□、汪坑、下備、阜陵坑、周坑、石榴村、汪村、罗昆
	十一都	四图	仁里、胡里、七塔、猫儿岱、耿家潭、刘富、上周坑、里周坑、驴坑、宗周、中王、新田、汪村、梧村、堨头、周村、登源庙、半茶、杨树坑
	新安乡十二都	三图	龙川、瀛川、岱上、小油坑、龙钻、喔鸟基、横塍、王里、鬲榨坦、东龙峯、孔雀坑、岭里、外坑、考坑、苦竹坑、浒里
	十三都	一图	北村、古塘、水村、苹林、芷白、新坊、石魃、杨林、德锦、六亩坵、麻坛石、吴家庄、石叙桥、纹川、上村、罗川、竹山、牛月塘、岱上、岱下、横溪桥、鱼龙川、安田山、岭前、涟迤、浙溪田、大郸、里西山、外西山、半隝、胡村、株山下、陈村、上际、下际、卓溪、半川
	遵化乡十四都	一图	大石门、楼基、酹村、七坑、西坑头、横滕头、西坑、石金、荆州、宅坦、鸭子庄、树林下、黄甲村、桐坑、凹里、蜈蚣形、汪庙后、朋田、楼下、丈尺山、王上、岭下、矮上、潘村、茄树屋、彬坑、东山、膳坑

续表

县名	隅都	图数	辖村
绩溪县	十五都	一图	水塘头、万富山、菴基坪、连坑、大岭脚、坪坑、和阳坞、水碓下、榧树坑、木科坪、石门口、党坑、坑上、周村、石歇、戈溪、子舍干、汪家店、纸盘、考坑、磡头、严下、冬青岭、梅间、竹裹、松树岭、上许村、鱼龙山、暮霞、霞水村、清谭下、胡村（以上坊隅村名竑从嘉庆《绩溪志》）

资料来源：道光《徽州府志》卷二《舆地志·乡都》。

四、万历《严州府志》遂安、淳安村落一览表

遂安县	移风乡		招贤、宣仁	
	温恭乡	县东	永和、泰凤	
	万年乡	县东南	贾义、班条、慈顺、永泰	
	凤林乡	县东南	崧溪、儒洪、金竹、醴乐、丰村	
	龙津乡	县西南	永昌、明霞、清化、古城、奉先	
	新安乡	县西	唐化、矗留、芹化、山口	
淳安县	梓桐乡	县西	西郭、仙壇、召石、慈口、云源、富皇、龙潭、普慈、养材、锦溪	
	永平乡	县西北	卿云、永平、富财、余叶、始新、湖头、德教、堨村、横塘、招贤	
	长乐乡	县北	官田、云潭、喻口、上韩、桐山、青源、龙村、合浦	
	常乐乡	县北	高明、高贵、上贵、林蘭、下诸、杨岸、龙源、山下、市山、富贤	
	安乐乡	县东北	安定、塔头、豊源、大有、文昌、郎洞	
	昌期乡	县东北	青善、遵孝、招仁、栅源、鹤鸣、富过、显后、三会、西阳、伊源、厌口、富息	
	进贤乡	县东北	宣化、进贤、东湖、小沙、富康、公山、兴贤、里湖、仁孝	
	太平乡	县东	安平、云烛、豊家、荡云、现凤、石村、汪村	
	清平乡	县东	寻凤、舞珠、临池、富硎、潩川、聚璧、口積、岭北、重硎	旧名槐岭

续表

淳安县	安福乡	县东	咸化、布政、完珠、大明、顺正、轩驻、马头、小溪	
	和义乡	县东南	归善、赋溪、清义、安顺、孤滕、羽化、富量	旧名观停
	龙山乡	县东	永辉、临津、永甯、合洋、皎镜、成山	
	仁寿乡	县东	云溕、义合、云程、新期、登云、雁塔、普首、凌佑、辽源、崇贵、桐桥	
	开化乡	县东	存凤、中节、慈书、龙亭、五龙、凤潭、富至、赉爵、凤凰	

资料来源：万历《严州府志》卷三《经略志》。

五、万历《续修严州府志》遂安、淳安村落一览表

一都经理：宇宙洪荒日月盈昃辰宿列张寒来暑往秋收冬藏	其村：北门外、上三里、后岸村、水救、麻鸭、乳溪、七坑、大坑、王家村、朗家溪、搭掌埸、东村、新屋下、芦柴湾、塘胜、里坑、五里铺、黄富村、十里岩、高枧、王干、璨坑口、仁和门、光瑶岭、泉塘、杨溪、西山下、朗山上、朗山下、雪村、方村、柏枝下、石街头、丁家店、丛山关
二都经理：关于成岁律吕调阳云腾致雨露结为霜金生丽水	其村：龙丛、王树岱、高山、丰岭、丰岭、蜀水、燕窝、桑岭下、西川、东村、东坑、岩下、葛家湾、南坑、校头、龙根、天灯前、大公塘、东山背、大溪、下溪、考溪、协石、上源头、白石坑、龙门岭
三都经理：王出昆山剑号巨关珠称夜光票珍李奈菜重芥□	其村：尚田、蜀马、吴村、下图、陈村、山背、隐塘、上清干、章家岱、兴巢、东山、浪舍、长岭、梅山
四都经理：海醎河淡鳞潜羽翔龙师大帝鸟官人皇始制文字	其村：大谷、小谷、高村、杨村、新村、水注、際下、濛坑、庙山下、王楉、墓头岭、桐村、田干、三杈溪、蓬头上、马背、杨家岸、土坑、中央山、纪家、冲里
五都经理：乃服衣裳推位让国有虞陶唐吊民伐罪周代汤	其村：冯村、杨滩、濠寨、梧村桥、仙人塝、里厦屋、外厦屋、横塘、坟山下、王溪坦、古塘、叶村、新店、柑子村、石门、高山、降头、南培、分界山
六都经理：坐朝问道垂拱平章爱肴黎首臣伏戒	其村：镇头、坦头、严阳村、莲花塘、苦马岭、捌瑶头、宋家、前山朱、栢坑、潭村、吴家坦、汪村、麻榨坦、朱家村、长降、钱家岭、龙俊底、岭坦、黄泥塘、伏岭头、吕家碓、西村、王家墓、鸭乡树下
七都经理：羌遐迩一休率宝县王鸣□在竹白驹食场北被草	其村：旺川、石家村、暮霞、曹村、黄会山、湖西冲、田干、李家、叶村、大磡上、箟家、寺后、中屯、庙子山、潘家、胡家坑、江塘冲、上田冲、后冲、上坦、杨桃坑、下舍、乾村

续表

八都经理：木赖及万方盖此身发四大五常恭惟鞠养丰敢发	其村：宅坦、葫芦岭、上川、余村、产瑞川、择树下、西村、杨林桥、上店、上金山、鳌楼、张家山、山脚底、舒家、王柏山、呈叶塘
九都经理：阳女恭项洁男放才良知过必改得能	其村：礼灵、高村、王庄、草坦、霞间、乳溪口、翠岭下、潭石头、朗坑、洪上塘、古塘、溪塔、七里降、马家坞、外王桥、前坦、大塘、溪面、九里坑、黄毛坦、华阳镇、何家田干、横坞、杨园坦、十里牌、灵山下、刘家门前、油村、脚山底、横路头、王里村
十都经理：莫愁罔谈彼短靡恃已长信使可覆器欲难量墨悲	其村：雄路、龙塘镇、黄荆塝、黄茂坦、章家村口、临溪镇、上塘、上游、夹埂、吴家坑、高塘、巧干、高车、犂头、汪坑、下构、阜陵坑、问坑、石榴村、汪村、罗昆
十一都经理：系染诗讚羔羊景行维贤克念作圣德建名立形端表正空谷传声虚堂暂听祸因恶积福缘善庆	其村：仁里、胡里、七塔、猫儿袋、肤家潭、刘富、上周坑、里周坑、驴坑、家周、中王、新田、汪村、梧村、竭村、周村、登源庙、丰茶、杨树坑
十二都经理：尺璧非宝寸阴是競资父事君曰严与敬	其村：陇川、瀛川、岱上、小油坑、龙岭、喔鸟墓、横腾、王里、扁榨坦、东龙峰、孔雀坑、岭里、外坑、考坑、苦竹坑、游里
十三都经理：孝富竭力忠则尽命临深履夙与温凊似兰斯馨如松之盛川汎不恩渊澄	其村：北村、古塘、水村、□林、芷白、新坊、石道、杨林、德锦、六亩垃、麻壇石、吴家庄、石纹桥、纹川、上村、罗川、竹山、半月塘、岱上、岱下、鱼龙川、安田山、岭前、遥遥、浙溪田、大鄣、里西山、外西山、丰坞、胡村、株山下、陈村、上際、下際、半川、阜溪
十四都经理：取映容止若思言辞安定萬初诚美愤终宜令荣叶	其村：大石门、楼基、酧村、七坑、西坑头、横睦头、西坑、石金、荆州、宅坦、鸭子庄、树林下、黄甲村、桐坑、凹里、蜈蚣形、王庙楼、朋田、楼下、丈尺山、王上、岭下、矮上、潘村、嘉树屋、彬坑、东山、膳坑
十五都经理：所基籍甚无竟学优登仕摄职从跷存以甘棠去而益詠乐珠贵贱礼别尊卑上和	其村：水塘头、万富山、庵基坪、连坑、大岭脚、坪坑、和阳竭、水碓下、栖树坑、大科坪、石门口、党坑、坑上、周村、石竭、戈溪、子舍干、汪家店、纸盘、考坑、磡头、岩下、冬青岭、梅间、竹里、松树岭、上许、鱼龙山、暮霞、霞水村、清潭下、胡村

资料来源：万历《绩溪严州府志》卷三《经略志》。

六、清代汪子清《绩溪地理图说》所录传统村落一览表

都图村名	村名	位置
一都(上下一都,凡九十一村)		
上一都	际坑口	扬之水右岸、际坑源水出口处
	仁和门	扬之水右岸
	冈窑岭	扬之水右岸
	泉塘	扬之水右岸
	岭脚下	扬之水右岸
	扬溪	扬之水右岸、东溪水出口处
	言午口	旱塘头水右岸
	西山下	旱塘头水右岸
	下泉水塘	旱塘头水右岸
	上泉水塘	旱塘头水右岸
	皮刀湾	旱塘头水之右
	戴坑口	旱塘头水之右、戴坑水出口处
	石街头	旱塘头水之右
	波头山	旱塘头水源
	舒家坞	旱塘头水右、舒家坞水之右
	清塘凹	旱塘头水左、舒家坞水之左
	歇村	歇岭水之右
	龙泉石	歇岭水之右
	踏石	歇岭水右、踏石水之左
	柏枝树下	歇岭水之右
	相公庙	歇岭水右边、榨树岭水之右
	方村	歇岭水左边、榨树岭水之右
	纸盘	歇水岭左边、宽岭水之右
	社屋	宽岭水之右(上首有山屋庵)
	宽岭	宽岭水源

续表

都图村名	村名	位置
上一都	里坑	里坑水之右
	乌石坑	乌石坑水之左
	竹窠	乌石坑水之左
	前山降	歇岭水左边、明月岭水之右
	大坑	明月岭水之右
	霍家园	东溪水左边、青山水之右
	塘岱上	青山水源
	板木坑	青山水之左
	朗山下	扬之水之左、朗山水之右
	朗山上	扬之水之左岸、朗山水之右
	新屋下	扬之水左岸、朗山水之右
	塝外	扬之水左岸、朗山水之右
	丁家店	丁家店水之左
	丛山关	丛山关内
	塘塍	跨广坑水
	横坞	广坑水左边、横坞水之左
	戴家庄	广坑水左边、大塘头水之左
	程家庄	广坑水左边、大塘头水之左
	大塘头	大塘头水源
	上舍	石金山山脉降上
	鹅子石	广坑水之左
	六亩丘	广坑水之左
	石金湾	广坑水之左
	广坑	广坑水之左
	下坑	广坑水右边、下坑水之左
下一都	下石金山	扬之水左岸、石金山水之右

续表

都图村名	村名	位置
下一都	上石金山	扬之水左岸、石金山水之右
	胡家庄	扬之水左岸、石金山水之右
	东村	扬之水左岸、泗洲岭水之右
	汤溪	泗洲岭水之右
	金竹湾	泗洲岭水之右
	胡坦上	泗洲岭水之左
	新屋下	泗洲岭水之左
	芦柴湾	泗洲岭水之左
	下十里岩	扬之水左岸
	十里坦	扬之水左岸
	郎家湾	扬之水左岸
	搭撑坞	扬之水左岸、扬半坑水之右
	扬半坑	扬之水左岸、扬半坑水之左
	下纹	扬半坑水之左
	田根头	扬之水左岸、扬半坑水之左
	水救	扬之水左岸、水救纹水之左
	纹里	扬之水左岸、水救纹水之左
	东山(村右有东山学堂)	扬之水左岸、水救纹水之左
	五更岭	扬之水左岸、五更岭降上
	北门外	扬之水右岸
	大坑	乳水右边、大坑水之左
	乳坑	乳水之左
	麻鸭	乳水之左
	外麻鸭	乳水之左
	七坑	乳水左边、七坑水之左
	浣纱溪	乳水左边、七坑水出口处

续表

都图村名	村名	位置
下一都	上三里	扬之水右岸、乳水出口处
	河上岱	扬之水右岸
	五里铺	扬之水右岸
	黄富村	扬之水右岸、王家源水之右
	石门里	王家源水之右
	王家村	王家源水之右
	王家源	王家源水之右
	黄富村桥	扬之水右岸、王家源水出口处
	社屋湾（上有万缘庵）	扬之水右岸
	上十里岩	扬之水右岸
	王干	扬之水右岸
	高枧	扬之水右岸
二都（里外二都，凡五十七村）		
外二都	上村（即磡上）	扬之水之左
	中村	扬之水之左
	下村（三村统名上源头）	扬之水之左
	龙根	双岭水右岸、龙根水之右
	东村	双岭水右岸
	葛家湾	双岭水之右
	外双岭下	双岭水之右
	里双岭下	双岭水之右
	岭脚	双岭水之右、窄险岭脚
	半岭	双岭水源
	高山	双岭水之左
	唐家	双岭水之左
	壁山下	双岭水之左、壁山水源

续表

都图村名	村名	位置
外二都	托盘丘	双岭水之左
	耿钟山	双岭水之左
	燕窝	双岭水之左
	田中前	双岭水之左
	前头山	双岭水之左
	鳖形	双岭水之左
	西降	双岭水之左、西降水源
	东山培	双岭水左岸、西降水之左
	岩上	冷水之左、岩山尖麓
	冷水	冷水之左
	山塘下(上首有玉台山庵堂)	冷水之左
里二都	东山	鞍山之麓
	茅山	乌尖岭之麓
	龙门岭下	考溪水左岸
	磨坑	考溪水左岸、磨坑水源
	下溪	考溪水左岸
	边坑	考溪水左岸、蓬坑水源
	大溪	考溪水左岸
	王家岭	南坑水左岸、王家岭水之源
	西边	南坑水左岸
	西川	南坑水左岸
	大褩山	南坑水左岸、大褩山之左
	木窑头	南坑水之左、西村水之右
	西村	西村水源
	凹头	凹头水源
	南坑	南坑水之左

续表

都图村名	村名	位置
里二都	里南坑	南坑水之左
	上蜀水(里首有广化寺)	南坑水右岸
	后村	蜀水村后
	下蜀水	跨南坑水
	乌门圩	考溪水之左
	白石降	考溪水之左、白石降上
	白石坑	白石坑水源
	沿坑碓	八公塘水之右
	王树岱	八公塘水之右
	新屋下	八公塘水之右
	考溪	考溪水之右
	里碣石	考溪水之右
	外碣石	考溪水右岸
	油河坑	考溪水之右岸、油河坑之左
	龙丛	跨龙丛水
	下东坑	龙丛水之左
	上东坑	龙丛水之左
	双岭头	双岭之上
三都(一二图,凡二十八村)		
一图	田圩	古川水右岸
	梅山	古川水右岸
	尚田	古川水右岸
	尚田降	古川水右岸、尚田降水源
	隐塘	古川水左岸
	常岭	古川水左岸、陈村水口
	西降	古川水左岸、西降之右

续表

都图村名	村名	位置
一图	陈村	陈村水之左
	古塘	陈村水之右、际上水之右
	际上	际上水之右
	山背	万箩山北支山脉之右
	栈岭上	万箩山北支山脉之上
二图	上清圩	浪舍水左岸
	横田	浪舍水左岸
	浪舍	浪舍水之右
	上里	窄险岭北水之右
	章家岱	窄险岭北水之右、东山水之左
	蜀马	窄险岭北水右岸
	外吴村	窄险岭水右岸、大褩山山脉之左
	下元	窄险岭水之右、大褩山山脉之左
	里吴村	窄险岭水之右、大褩山山脉之左
	吴村田圩	窄险岭水之右、大褩山山脉之左
	小褩下	窄险岭水之右、大褩山山脉之左
	油麻尖	油麻尖水源
	黑田	油麻尖水之右
	过水田	油麻尖水之右
	下芦塘	油麻尖水之右、芦塘水之左
	王田	石锅水源、大褩山山脉之右
四都(上下四都,凡四十二村)		
上四都	濛坑	古川水左岸、山谷岭东水之左
	磨头岭	古川水左岸、山谷岭东水之左
	瓜元	古川水左岸、小谷岭东水之左
	马背	古川水左岸、小谷岭东水之左

续表

都图村名	村名	位置
上四都	杨家岸	古川水之左
	水洼	古川水之左
	郑家	古川水之左
	东坛庙	古川水之右
	平田	大干山降上
	田畔	扬之水水源之左
	外头园	扬之水水源之左
	马栏	扬之水水源之左
	庙山下	扬之水水源之右
	鸭脚树下	扬之水水源之右
	王槠(及凰巢)	扬之水左、王扬水之右
	八节坦	扬之水之左
	(自田畔至八节坦,各村统名扬源溪)	
	土坑	际坑水源之左
	许家庄	际坑水源之左
	中央桥	际坑水源之左
	际坑	际坑水之左
	汪家	际坑水之左
	岱上	际坑水之左
	茅竹坞	际坑水之右
	灰灶头	际坑水之右
	(自土坑至灰灶头,各村统名际坑源)	
下四都	田圩	三汊溪东源水之左、南源之右
	胡村坦	三汊溪东源、小坑水之右
	高村	三汊溪东源、小坑水之右
	桐村	三汊溪东源之右、北源之左

续表

都图村名	村名	位置
下四都	杨村	三汊溪北源左岸、靠天田水源
	东门圩	三汊溪北源右岸、靠天凹水之右
	冲里	三汊溪北源左岸、靠天凹水之右
	小谷	三汊溪北源左岸、锦川水之右
	大谷桥头	三汊溪北源左岸
	里竹塔	三汊溪北源之右
	外竹塔	三汊溪北源之右
	里夏屋	三汊溪北源之左
	大谷	三汊溪北源右岸
	柳村	三汊溪北源右岸
	际下	三汊溪北源右岸
	三汊溪	三汊溪口
	纪家	迎龙溪水右岸
	靠岭头	纪家水之右、靠岭之北
五都(上下五都,凡三十九村)		
上五都	白沙庙	黄石坑水左岸、石壣岭水之左
	火烧坦	黄石坑水左岸、石壣岭水之左
	下冯村	黄石坑水左岸、石壣岭水之左
	上冯村	黄石坑水右岸、石壣岭水之左
	石壣山	黄石坑水左岸、石壣山上
	饭箩岱	黄石坑水左岸、石壣岭水之右
	塘塝上	大干山降上
	上叶村	黄石坑水左岸、石壣岭水之右
	下叶村	黄石坑水左岸、石壣岭水之右
	濠寨	黄石坑水左岸
	新屋店	黄石坑水左岸

续表

都图村名	村名	位置
上五都	柑子村	黄石坑水左岸
	冯村	迎龙溪左岸
	王溪坦	迎龙溪右岸、卓坑水之左
	章家	迎龙溪右岸
	冯山下	黄石坑水右岸
	横塘	下延坑水之右
	梧村桥	羊婆坑水之左
下五都	上古塘	黄石坑水右岸、古塘水之右
	下古塘	黄石坑水右岸、古塘水之右
	上南培	黄石坑水右岸、古塘水之右
	下南培	黄石坑水右岸、古塘水之右
	新屋下	黄石坑水右岸
	仙人塝	黄石坑水右岸
	王姑潭	黄石坑水右岸、碓培坑之左
	社屋上	黄石坑水右岸、壁山水之源
	伙坦	黄石坑水左岸、大坦水之左
	分界山	黄石坑水左岸
	管家林	黄石坑水左岸
	界首铺	黄石坑水左岸
	石门	黄石坑水左岸、界首纹水之左
	新毕坦	黄石坑水左岸、界首纹水之右
	村前	黄石坑水右岸、龙村纹水之左
	降头	黄石坑水左岸、龙冲纹水源
	杨滩	黄石坑水左岸
	燕窝	黄石坑水左岸、燕窝水之右
	外夏屋	边山岭之左

续表

都图村名	村名	位置
下五都	小坞	金刚岩山脉之左
	高山	金刚岩山脉之左
六都(上下六都,凡四十六村)		
上六都	新岭脚	小岭水之右、新岭之麓
	高山(即长降)	五老高尖之左
	汪家墓	下坑水之源
	朱家	塘坞水之左
	苦马岭	塘坞水之左、五老尖山脉之右
	破岭头	塘坞水之左、五老尖山脉之右
	莫家坦	塘坞水之左、五老尖之右
	镇头(今巡检驻此)	塘坞水之左
	钱家岭	钱家岭头
	莲花塘	塘坞水之右
	汪村	塘坞水之右
	庄台上(即徽阳村)	跨塘坞水
	鸭脚树下	兰石岭水之左
	麻榨坦	兰石岭水之左
	朱家村	兰石岭水之左
	岭坦	大干山脊上坦平处
	大塘头	兰石岭水之左
	冈窑头	兰石岭水之右
	吴家	塘坞水之右
	宋家	塘坞水之右
	马坦	大干山脊之左
下六都	下炉	大干山脊之右
	黄泥塘	大干山脊之右

续表

都图村名	村名	位置
下六都	上山石	大干山脊之右
	坦头(古名凤凰村)	芦水之左
	枫树坞	羊婆坑水之左
	岭平上	大降山之右、羊婆坑水之左
	八亩丘(上有芦山寺)	芦水之右
	潭村	芦水之右
	朱家碓	新溪水之左
	黄泥田	新溪水之左
	牧羊降	新溪水之右
	竹塔	五龙山水之左
	老屋下	五龙山水之右
	程村	五龙山水之右
	过桥碓	芦水之右
	瑶圩	芦水之右
	龙后底	大干山脊之右、坦头之后
	屏子岭	柏坑水之右
	邢家	石勘岭水之右
	小坑塘	石勘岭水之右
	水栅下	石勘岭水之左
	戴家坦	柏坑水之右
	柏坑	柏坑水之右
	石勘坞	柏坑水之左
	王家	社屋坑水之左
	(从屏子岭至王家诸村，均为大干山以北，统名柏坑里)	
七都(凡七都四十六村)		
	石家	

续表

都图村名	村名	位置
	吕家碓	芦水右岸
	新屋下	芦水右岸
	西岭上	香炉屏水之右
	中屯	五龙冈上
	庙子山	芦水右岸、五龙冈尽处
	社屋冲	寺后水之左
	八亩丘	寺后水之左
	杨村	百福岭水之左
	杨村碓	百福岭水之左
	塘冲	百福岭水之左
	百福岭	百福岭水之左、玉龙山降之右
	施孤岭	百福岭水源
	前村碓	百福岭水之右
	前村	寺后水之左
	湖西冲	寺后水之左
	和尚桥	寺后水之右
	桐子前(背后为正觉寺)	寺后水之右
	高仙坦	寺后水之右
	胡家	寺后水之右
	李家	寺后水之右
	叶家	寺后水之右
	上坦	寺后水之右、大石降水之左
	潘家	大石降水之左
	石坑	大石降水之左
	大石降	大石降水之左
	(自庙子山至大石降,各村统名寺后)	

续表

都图村名	村名	位置
	暮霞	梓山尽处
	青山塘	梓坑水之右
	大塝坑	梓坑水之左
	大坎上	梓坑水之右
	旺川(西乡最大之村)	昆水之左、跨昆水
	明堂岱	上坑州之源
	上田冲	昆水左岸
	下舍	杨株水之左
	过溪	杨株水之右
	昆溪上	昆水之左
	凤楼湾	黄会山水之左
	黄会山	黄会山麓
	鲍村	竹竿尖山麓
	杨桃坑	昆水右岸
	江田冲	石堨圳水之右
	汪家	石堨圳水之左、昆水之右
	曹村	石堨圳水之左、昆水之右
	石旺里	石堨圳水之右
	外庄	石堨圳水之右
	枫树坞(此股之水入旌德)	猫儿石岭之北、百坑水源
八都(凡八都二十二村)		
	画楼	常水左岸
	择树下	常水左岸
	上店	常水右岸
	白塔露	常水左岸、涌狮山之右
	董家	常水左岸、竹竿尖水之左

续表

都图村名	村名	位置
	葫芦岭	常水左岸、竹竿尖水之左
	西村	常水左岸、竹竿尖水源
	舒家	常水左岸
	曹家	常水左岸、宅坦水之左
	宅坦	常水左岸、宅坦水之源
	山脚底	常水左岸、深塘水之右
	上庄	常水左岸
	余村	常水左岸
	张家	常水左岸
	上金山	上金山麓、上金山水之右
	呈华塘	常水右岸
	西墓坦	常水右岸
	竦岭脚	常水右岸
	九冢	常水右岸、幕云山水之右
	产瑞川	常水右岸
	壁山下	常水右岸、山桃岭脚
	黄蘖坦(此村之水入歙)	竦峰山脉之右
九都(上下九都,凡四十九村)		
上九都(各村之水皆入扬之水)	油村	扬之水左岸
	灵山下	扬之水左岸
	脚山底	扬之水左岸
	上里村(即杨柳村)	扬之水右岸
	南门外	跨城河
	横路头	扬之水左岸、洪源塘水之左
	后内	后内水之左

续表

都图村名	村名	位置
上九都（各村之水皆入扬之水）	刘家门前	翚溪左岸
	洗马潭	翚溪左岸
	来苏桥	翚溪左岸
	外塘	翚溪左岸、横坞水之左
	横坞	翚溪左岸、横坞水之右
	坞柱树坦	横坞水之右、东山山降上
	金竹林	横坞水之右
	高迁（即高村）	跨翚溪
	翚溪口	翚溪右岸
	翚岭脚	翚溪右岸
	汪庄	翚溪右岸
	窑岭下	翚溪右岸
	黄茅坦	翚溪右岸
	大溪川	翚溪右岸
	葛家山下	翚溪右岸
	下三里	翚溪右岸
	何家田圩	扬之水右岸
	方家园	扬之水右岸、跨方家园水
	埠头上	扬之水右岸
	河圩培	霞间水之左
	上草坦	石堨圳水之左
	下草坦	石堨圳水之右
	霞间	霞间水之右
	洪上塘	霞间水之右
	上朗坑	青石塘水之右
	中朗坑	青石塘水之左
	下朗坑	青石塘水之右

续表

都图村名	村名	位置
下九都	十里牌	扬之水右岸、上山源水之左
	杨园坦	扬之水右岸、上山源水之右
	曹渡桥	扬之水右岸
	溪西	扬之水右岸
	前坦	新岭水左岸
	东溪塔	新岭水左岸
	古塘	燕塘水之右
	祥云镇(即九里坑)	新岭水右岸
	七里降(此村与歙各半,以路为界)	新岭水右岸
	西溪塔	新岭水右岸
	马家坞	新岭水右岸
	孔灵	芦水左岸
	夹坎	芦水左岸
	小呈里	芦水左岸
	大塘	芦水右岸、崩山之后
十都(里外十都,凡二十五村)		
外十都(临扬之水之乡村)	高塘	扬之水左岸
	临溪镇	扬之水左岸、登源水出口处
	黄茂坦	扬之水左岸、芦水出口对岸
	章家村口	扬之水左岸
	黄荆塝	扬之水左岸
	龙塘	扬之水左岸
	雄路	扬之水左岸
	高超	扬之水右岸
	上瑶	扬之水右岸
	上游	扬之水右岸

续表

都图村名	村名	位置
外十都（临扬之水之乡村）	上塘	扬之水右岸
	郑家山下	扬之水右岸
	下备	扬之水右岸
里十都（滨登水之乡村）	梁堨头	登水左岸
	罗昆	登水左岸、跨吴家坑水
	吴家坑	登水左岸
	石榴村	登水左岸
	高车	登水左岸、汪坑水之右
	汪坑	登水左岸、汪坑水出口处
	汪坑口	登水左岸、周坑水出口处
	下周坑	登水左岸、周坑水出口处
	里周坑	登水右岸
	犨显	登水右岸
	阜陵坑	登水右岸、象山之麓
	巧干（距巧干二里余，有义林寺）	扬之水左岸
十一都（上下十一都，凡二十九村）		
下十一都	牛屋山	登水右岸、白泉水之左
	泉坑	白泉水之左
	社屋后	白泉水之右
	仁里	登水右岸
	七塔	登水右岸
	猫儿岱	登水右岸
	上马石	登水右岸、七塔纹水源
	长塘坞	跨长塘坞水
	东村湾	登水右岸
	耿家潭	登水右岸

续表

都图村名	村名	位置
下十一都	胡里	登水右岸
	吴宗堂	登水右岸、野农坑水口
	周坑	登水左岸、隐张坑水口
	隐张坑	隐张坑水之左
	中王	登水左岸
	闾坑	登水左岸、跨闾坑水
	辛田	登水左岸
	茅山	登水左岸、小洪坑水之右
上十一都	中周	登水左岸、中周水水口
	王村	登水左岸
	南观	登水左岸、南观坞水口
	周村	登水左岸
	扁榨坦	登水左岸
	堨头	登水右岸
	梧村	登水右岸
	半茶	大鄣山脉之东、云树坑水之右
	岱上	大鄣山脉之东、云树坑水之右
	冬青树下	大鄣山脉之东、云树坑水之右
	孔雀坑	大鄣山脉之东、云树坑水左、孔雀坑水口
十二都(上下十二都,凡二十二村)		
上十二都	上横塍	登水右岸
	下横塍	登水右岸
	大坑	登水右岸
	瀛川	登水右岸、瀛川出口处
	淡竹下	登水右岸、瀛川水之左
	石井	瀛水之左

续表

都图村名	村名	位置
上十二都	小油坑	瀛川水之右
	云龙坞	大鄣山脉之东、云树坑水之右
	杨树坑	大鄣山脉之东、云树坑水之西
	东坞头	大鄣山脉之东、云树坑水之右
下十二都	浒里	登水左岸
	龙须	登水左岸
	喔鸟墓	登水左岸
	里考坑	登水右岸、考坑水之左
	中考坑	登水右岸、跨考坑水
	外考坑	登水右岸、考坑水之右
	上龙川	登水右岸
	龙川	登水右岸、龙川水出口处
	岱上	登水右岸、龙川水之左
	汪村	登水右岸、龙川水之左
	杨坛前	登水左岸、龙川水之右
	岭里	泗洲岭之西、即石金山脉之西
十三都(上下十三都,凡六十一村)		
上十三都	麻坛石	登水左岸、坛石川之左
	石纹桥	登水左岸、罗川水之右
	罗川	登水左岸
	竹山	岩脚埸水之右
	半月塘	登水左岸、岩脚埸水之右
	虹溪桥	登水左岸
	岱下	登水左岸
	遥遥	登水源
	凹上	登水右岸

续表

都图村名	村名	位置
上十三都	凹下	登水右岸
	安田山	岭凹水之左
	下岭前	岭凹水之左
	上岭前	岭凹水之左
	鱼龙川	登水右岸、鱼龙川水出口处
	上纹川	登水右岸
	汶川	登水右岸、伏岭之下
	中半坑	跨卓溪水
	外半坑	卓溪右
	卓溪	卓溪之右
	际下	大石门水右岸
	浙溪田	浙水之左
	岭脚	浙水之右马头岭脚、又班昭岭脚
下十三都	德锦	登水右岸
	杨林	登水右岸
	北村	登水右岸
	古塘	登水右岸、跨古塘水
	石门外	大石门水之左、、石门之外
	陈村	大石门水之左
	株树下	大石门水之右
	胡村	大石门水之右
	石门里	大石门水之右、石门之里
	苹林	乌泥溪之左
	大塘	大塘水之右
	芷白	芷白水之左
	许村	登水左岸

续表

都图村名	村名	位置
下十三都	社屋坦	登水左岸、大坞水之右
	大坞	大坞水之右
	新屋下	登水左岸、麻上坞水之右
	坦未	麻上坞水水源
	麻上坞	麻上坞水之右
	后巷	登水左岸
	新坊	登水左岸
	石趞	登水左岸
	六亩丘	登水左岸、坛石川之左
	洪家坑	坛石川水之左
	坦头	坛石川水之左
	昌溪	昌溪之左
	小源	昌溪左、胡子坑水之左
	胡南培	昌溪左、胡南培水源
	上庄	昌溪左、上庄水之左
	七亩坦	跨昌溪水
	半坞	昌溪左、爆竹坑水之左
	爆竹坞	爆竹坑水之右
	横岩下	横岩下水源
	天子墓	横岩下水之右
	班昭岭	班昭岭水之右
	双半坑	班昭岭水之右
	黄坑坞	昌溪之右
	里西山	昌溪右、上岭水之右
	大岭脚	昌溪右
	外西山（自小源至外西山，各村统名大鄣）	昌溪右、外西山水之左

续表

都图村名	村名	位置
十四都(里外十四都,凡六十九村)		
外十四都(自蒙山至上彬坑,各村均在彬坑源内)	黄甲坦	近坑水之右
	近坑(一名膳坑)	近坑水之右
	石金	广坑水之右
	岭下	大石门水之左
	岭上	大石门水之左
	观音阁	大石门水之左
	大石门	大石门水之左
	楼基	宅坦水与丈尺、山水合津处
	酬村	跨酬村水
	半降岭	酬村水之右
	潘村	桦树岭水之右、宅坦水之左
	宅坦	宅坦水之右
	江庙后	宅坦水之右
	八亩丘	宅坦水之右
	朋田	宅坦水之右
	蜈蚣形	宅坦水之右
	上塘坞	宅坦水之右
	凹底	宅坦水之右
	七坑	宅坦水之右
	丈尺	丈尺山水之左
	黄上	丈尺山水之右
	里黄上	丈尺山水之右
	岩上	丈尺山水之右
	桦树岭	桦树岭头
	东山	东山水之左

续表

都图村名	村名	位置
外十四都（自蒙山至上彬坑，各村均在彬坑源内）	茄树坞	东山水之左
	楼下	东山水之左
	蒙山	彬坑水之左
	西降	彬坑水之左
	彬坑降	彬坑降上
	马槽湾	彬坑降水之右
	上彬坑	彬坑水之右、高唐岭水之右
里十四都（自金塚至东山，各村统名荆舟）	里半坑	登塔岭水之右
	水楂坑	桐坑源水左岸、水楂坑水出口处
	西山下	桐坑源水左岸、西峰山山下
	西坑	跨朱家坞水
	西坑头	跨朱家坞水
	朱家坞	朱家坞水之左
	背脊坑	朱家坞水右边、背脊坑水之左
	路子里	岭凹北水之左
	鸭子庄	岭凹北水之左
	东圩	岭凹北水之右
	桐坑	桐坑水之右
	寒荻坞	桐坑水右边、寒荻坞水之左
	窑灶上	桐坑源水之左
	树林下	桐坑源水右岸
	黄甲村	桐坑源水右岸、跨饭甑尖水
	外庄	饭甑尖水之右
	横塍头	桐坑源水右
	竹窠下	岸黄甲塘水之左
	上龙池	黄甲塘水之左

续表

都图村名	村名	位置
里十四都(自金塚至东山,各村统名荆舟)	下龙池	黄甲塘水之左
	金塚	石门亭水之左
	破街屋	石门亭水之左
	庄圩	石门亭水之左
	孙家	石门亭水之左
	石塔头	石门亭水之左
	马腰头	石门亭水之左
	栗树坞	石门亭水之左
	孙家湾	石门亭水之左
	岩上	石门亭水之左
	汪坞	石门亭水之左
	上柯子山	石门亭水之左
	下柯子山	石门亭水之左
	朱显	石门亭水之右
	老屋下	石门亭水之右
	铁坞	石门亭水之右
	铁坞庙圩	石门亭水之右
	东山	石门亭水之右
十五都(十五都外、中、里五保,凡六十八村)		
外五保	吴家塔	彬坑水左岸
	鹅颈	彬坑水左岸
	下彬坑	彬坑水左岸
	中彬坑	彬坑水左岸
	金刚山	彬坑水左岸
	纸棚	桐坑源水左岸
	清潭下	桐坑源水左岸

续表

都图村名	村名	位置
外五保	胡村	跨桐坑源水
	上门	跨黄甲塘水
	牛栏坞	跨黄甲塘水
	霞水村(古名云川)	跨山云水
	上村	山云水之左
	交椅石	山云水之左
	鱼龙山	山云水之左
	暮霞	山云水之左
	水屋	山云水之左
	竹里	跨松树岭水
	松树岭	松树岭水源
	梅间	小岭水之右
	野岱	小岭水之右
	冬青岭(古名涧溪里)	冬青岭头
中五保	磡头	跨小岭坞水
	上岩	借勘岭水之左
	下岩	借勘岭水之右
	苦竹圩	借勘岭水之右
	和尚岱	仙人庵水之左
	方郊村	仙人庵水之左
	岔坑	岔坑水之左
	上周村	黄连坑水之右
	中周村	黄连坑水之右
	下周村	黄连坑水之右
	横山坞	黄连坑水右岸、汪山坞水之左
	松树坞	戈溪水之右

续表

都图村名	村名	位置
中五保	石歇	戈溪水之右
	汪家店	戈溪水之右
	纸棚下	戈溪水之右
	阳戈溪	戈溪水之右
	阴戈溪	戈溪水之左
	塘边山	戈溪水之左
	上坞	蜀洪岭水之右
	中坞	蜀洪岭水之右
	下坞	蜀洪岭水之右
	鱼石塝	枫树图源水之右
	鸭脚坞	枫树图源水之右
里五保	坑上	黄连坑水之左
	里坑上	黄连坑水之左
	石门口	党坑水之左
	下党坑	党坑水之左
	河口舍	党坑水之右
	上党坑	党坑水之右
	胡田	党坑水之右
	木料坪	党坑水右、石狮头山之左
	外平坑	平坑水之左
	里平坑	平坑水之左
	里大岭脚	金刚岭水之右
	外大岭脚	金刚岭水之右
	荷花坪	金刚岭水之左
	和阳坞	平坑水之右
	水碓下	平坑水之右

续表

都图村名	村名	位置
里五保	榧树坑	平坑水之右
	石门里	平坑水之右
	子舍干	党坑水之右
	万富山	金刚岭之北
	连坑	连坑水之左
	水塘头	横坞水之右
	横坞	横坞水之源
	半坞	横坞水之右
	庵基坪	横坞水之右

资料来源：方静：《清代汪子青〈绩溪地理图说〉整理与研究》，安徽师范大学出版社，2021年。

七、婺源县康熙、乾隆、道光、光绪、民国时期村都一览表

属乡时期	康熙时期		乾隆时期	道光时期			光绪时期	民国时期
	都名	辖村	辖村	辖村	丁卯续编	乙酉续编	辖村	
东乡	一都	共二图、明堂里、雍襄溪	(一二图、共二图)明堂里(离城三十里)、雍家溪(离城二十里)、水口(离城十五里)、唐村(一二图、共二图)、车田(离城五里)、段底(离城十里)	(一二图、共二图)明堂里(离城三十里)、雍家溪(离城二十里)、水口(离城十五里)、唐村(一二图、共二图)、车田(离城五里)、段底(离城十里)(一图)龙陂(离城二十里)、下坑(离城二十五里)、东源(离城二十里)、菩蕾坞(离城三十里)、张村(离城三十里)、胡村(离城二十五里)、寺前(离城二十里)、东山(离城二十里)		锡源(离城三十里)	(一二图、共二图)明堂里(离城三十里)、雍家溪(离城二十里)、水口(离城十五里)、唐村(一二图、共二图)、车田(离城五里)、段底(离城十里)、锡源(离城三十里)	(一二图、共二图)明堂里(离城三十里)、雍家溪(离城二十里)、水口(离城十五里)、唐村(一二图、共二图)、车田(离城五里)、段底(离城十里)、锡源(离城三十里)
东乡	二都	共一图、龙陂、下坑、东源	(一图)龙陂(离城二十里)、下坑(离城二十五里)、东源(离城二十里)、菩蕾坞(离城三十里)、张村(离城三十里)、胡村(离城二十五里)、寺前(离城二十里)、东山(离城二十里)				(一图)龙陂(离城二十里)、下坑(离城二十五里)、东源(离城二十里)、菩蕾坞(离城三十里)、张村(离城三十里)、湖源(离城二十五里)、寺前(离城二十里)、东山(离城二十里)、洙源(离城十里)、杨家林(离城十五里)	(一图)龙陂(离城二十里)、下坑(离城二十五里)、东源(离城二十里)、菩蕾坞(离城三十里)、张村(离城三十里)、胡村(离城二十五里)、寺前(离城二十里)、东山(离城二十里)、洙源(离城十里)、杨家林(离城十五里)

续表

属乡时期	康熙时期		乾隆时期	道光时期			光绪时期	民国时期
	都名	辖村	辖村	辖村	丁卯续编	乙酉续编	辖村	
东乡	三都	共二图东溪、香田、朱绯塘、武口、玉田、白石、山下	(一三图共二图)东溪(北门对河)朱绯塘(离城三里)香田(离城八里)武口(离城十里)王村(离城十三里)王田、石门、乌坑、白石(俱离城十五里)、渔潭(离城二十里)、山下(离城二十二里)	(一三图共二图)东溪(北门对河)、朱绯塘(离城三里)、香田(离城八里)、武口(离城十里)、王村(离城十三里)王田、石门、乌坑、白石(俱离城十五里)、渔潭(离城二十里)、山下(离城二十二里)			(一三图共二图)东溪(北门对河)、朱绯塘(离城三里)、香田(离城八里)、武口(离城十里)、王村(离城十三里)、玉田、石门、乌坑、白石(俱离城十五里)、渔潭(离城二十里)、山下(离城二十二里)	(一三图共二图)东溪(北门对河)、朱绯塘(离城三里)、香田(离城八里)、武口(离城十里)、王村(离城十三里)、玉田、石门、乌坑、白石(俱离城十五里)、渔潭(离城二十里)、山下(离城二十二里)

续表

属乡时期	康熙时期		乾隆时期	道光时期			光绪时期	民国时期
	都名	辖村	辖村	辖村	丁卯续编	乙酉续编	辖村	
东乡	四都	共一图长田、金盘	（一图）长田（离城十二里）、金盘（离城十五里）、西坑（离城二十里）、上村（离城二十五里）、和村（离城十七里）	（一图）长田（离城十二里）、金盘（离城十五里）、西坑（离城二十里）、上村（离城二十五里）、和村（离城十七里）			（一图）长田（离城十二里）金盘、曹家段、水车埠、上源（俱离城十五里）、和村（离城十七里）、西坑（即西源，离城二十里）、上村（离城十五里）、茶坑溪（离城二十四里）、车田（离城二十七里）、由岭（离城三十里）、田塆（离城三十五里）、王坦（离城三十八里）	（一图）长田（离城十二里）、金盘（离城十五里）、曹家段、水车埠、上源（俱离城十五里）、和村（离城十七里）、西坑（离城二十里）、上村（离城二十五里）、茶坑溪（离城二十四里）、车田（离城二十七里）、由岭（离城三十里）、田塆（离城三十五里）、王坦（离城三十八里）

续表

属乡时期	康熙时期		乾隆时期	道光时期			光绪时期	民国时期
	都名	辖村	辖村	辖村	丁卯续编	乙酉续编	辖村	
东乡	五都	原三图、康熙二十九年奉、宪陞六图今四图、慈坑、理坑、鹄溪、沙城、上河	(一三四原三图，康熙二十九年增六图，其四图)词坑(离城三十里)、词坑口(离城二十五里)、李坑(离城二十五里)、沙城(离城二十五里)、上河(离城二十三里)、鹄溪(离城二十里)、黄连潭、古箭(俱离城三十里)、新村(离城三十五里)、蒋村(离城二十五里)	(一三四原三图康熙二十九年增六图其四图)词坑(离城三十里)、词坑口(离城二十五里)、李坑(离城二十五里)、沙城(离城二十五里)、上河(离城二十三里)、鹄溪(离城二十里)、黄连潭、古箭(俱离城三十里)、新村(离城三十五里)、蒋村(离城二十五里)			(一三四原三图康熙二十九年增六图其四图)鹄溪(离城二十里)、上河(离城二十三里)词坑口、李坑(即理田)、沙城、蒋村(俱离城二十五里)、词坑、黄连潭、汪村、古箭、岭溪(俱离城三十里)、新村、上坞(俱离城三十五里)	(一三四原三图康熙二十九年增六图其四图)鹄溪(离城二十里)、上河(离城二十三里)、词坑口、李坑(即理田)沙城、蒋村(离城二十五里)、词坑、黄连潭、汪村、古箭、岭溪(俱离城三十里)、新村、上坞(俱离城三十五里)

续表

属乡 时期	康熙时期		乾隆时期	道光时期			光绪时期	民国时期
	都名	辖村	辖村	辖村	丁卯续编	乙酉续编	辖村	
东乡	六都	共二图、汪口、钟吕坦、洪村、古坑	(一二图、共二图)汪口(离城五十里)、钟吕坦、洪村、鸿村、毕家坑(俱离城六十里)、古坑(离城四十里)、旃材(离城三十五里)、茶坑溪(离城二十五里)	(一二图共二图)汪口(离城五十里)钟吕坦、洪村、鸿村、毕家坑(俱离城六十里)、古坑(离城四十里)、旃材(离城三十五里)、茶坑溪(离城二十五里)			(一二图、共二图)汪口、杨村(俱离城五十里)钟吕坦、洪村、鸿村、毕家坑(俱离城六十里)、古塘(离城五十三里)、古坑、严坑(俱离城四十里)、旃材(离城三十五里)、双槎(俗名山茶离城三十里)	(一二图共二图)汪口、杨村(俱离城五十里)钟吕坦、洪村、鸿村、毕家坑(俱离城六十里)、古塘(离城四十里)古坑、严坑(俱离城四十里)、旃材(离城三十五里)、双槎(俗名山茶,离城三十里)

续表

属乡时期	康熙时期		乾隆时期	道光时期			光绪时期	民国时期
	都名	辖村	辖村	辖村	丁卯续编	乙酉续编	辖村	辖村
东乡	七都	原五图，隆庆六年陞九图，康熙二十九年奉、汪家湾、中平、阳田、旃坑、浯村、高干、湖山、张村、溪边、汪路岭、宪增十图，今共七图、龙源	（一二三四五，原五图，隆庆六年增九图，康熙二十九年增十图，乾隆九年增六图，其八图）、江湾（离城七十里）、中平、旃坑（俱离城七十五里）、吾村（离城八十五里）、镇头（离城八十里）、张村、湖山（俱离城六十里）、阳田（离城七十里）、溪边（离城六十里）、高岸（离城七十五里）、龙源（离城六十五里）、汪路领（离城八十里）、砚山（离城九十五里）	（一二三四五，原五图，隆庆六年增九图，康熙二十九年增十图，乾隆九年增六图，其八图）江湾（离城七十里）中平、旃坑（俱离城七十五里）、吾村（离城八十五里）、镇头（离城八十里）、张村、湖山（俱离城六十里）、阳田（离城七十里）、溪边（离城六十里）、高岸（离城七十五里）、龙源（离城六十五里）、汪路领（离城八十里）、砚山（离城九十五里）			（一二三四五，原五图，隆庆六年增九图，康熙二十九年增十图，乾隆九年增六图，其八图）江湾（离城七十里）、中平、旃坑（俱离城七十五里）、吾村（离城八十五里）、镇头（离城八十里）张村、湖山（俱离城六十里）、阳田（离城七十里）、溪边（离城六十里）、高岸（离城七十五里）、龙源（离城六十五里）、汪路领（离城八十里）、砚山（离城九十五里）	（一二三四五，原五图，隆庆六年增九图，康熙二十九年增十图，乾隆九年增六图，其八图）江湾（离城七十里）、中平、旃坑（俱离城七十五里）、吾村（离城八十五里）张村、湖山（俱离城六十里）、溪边（离城六十里）、高岸（离城七十五里）、龙源（离城六十五里）、汪路领（离城八十里）、砚山（离城九十五里）

续表

属乡时期	康熙时期		乾隆时期	道光时期			光绪时期	民国时期
	都名	辖村	辖村	辖村	丁卯续编	乙酉续编	辖村	
东乡	八都	原七图、万历二十年增八图,今共八图,大畈、西坑、坑口、济溪、上鳙、源口、笪岭、里庄、田坑、黄泥坦、马岭	(一三四五六九十,原七图,万历二十年增八图、乾隆八年增二图,其九图)、大畈、济溪(俱离城九十里)西坑、坑口(俱离城九十五里)、上鳙(离城九十里)、源口(离城八十五里)、栗木坑(离城九十里)篁岭、田坑(俱离城八十五里)、黄泥坦(离城九十七里)、马岭下(离城九十八里)、里庄(离城一百里)	(一三四五六九十,原七图,万历二十年增八图,乾隆八年增二图,其九图)大畈、济溪(俱离城九十里)、西坑、坑口(俱离城九十五里)、上鳙(离城九十里)、源口(离城八十五里)、栗木坑(离城九十里)篁岭、田坑(俱离城八十五里)、黄泥坦(离城九十七里)、马岭下(离城九十八里)、里庄(离城一百里)	方坑岭下(离城百里)		(一三四五六九十,原七图、万历二十年增八图,乾隆八年增二图,其九图)、大畈、济溪(俱离城九十里)西坑、坑口(俱离城九十五里)、上鳙(离城九十里)、源口(离城八十五里)、栗木坑(离城九十里)、篁岭、田坑(俱离城八十五里)、黄泥坦(离城九十七里)、马岭下(离城九十八里)、里庄(离城一百里)、金田(离城九十里)、方坑岭下(离城一百里)	(一三四五六九十,原七图,万历二十年增八图,乾隆八年增二图,其九图)、大畈、济溪(俱离城九十里)西坑、坑口(俱离城九十五里)、上鳙(离城九十里)、源口(离城八十五里)、栗木坑(离城九十里)、篁岭、田坑(俱离城八十五里)、黄泥坦(离城九十七里)、马岭下(离城九十八里)、里庄(离城一百里)、金田(离城九十里)、方坑岭下(离城一百里)

续表

属乡时期	康熙时期		乾隆时期	道光时期			光绪时期	民国时期
	都名	辖村	辖村	辖村	丁卯续编	乙酉续编	辖村	
东乡	九都	隆庆六年增九图、康熙二十九年奉、长经、金竺、秋溪、皋田、大杞、港川、古汀、长皋岭、宪增七图今共五图	(一三四，原三图，隆庆六年增九图，康熙二十九年增七图，共五图)长径(离城四十里、晓秋口(离城二十七里)、秋溪(离城四十五里)、官桥头(离城三十里)、港川(离城五十里)、金竺(离城四十里)、长皋(离城五十里)、桃源(离城五十五里)、南坑(离城五十五里)、山后朱村(俱离城六十里)、古汀(离城四十里)、上荷田(离城六十三里)、下荷田(离城六十里)	(一三四，原三图，隆庆六年增九图，康熙二十九年增七图，共五图)长径(离城四十里)、晓秋口(离城二十七里)、秋溪(离城四十五里)、官桥头(离城三十里)、港川(离城五十里)、金竺(离城四十里)、长皋(离城五十里)、桃源(离城五十五里)、南坑(离城五十五里)、山后朱村(俱离城六十里)、古汀(离城四十里)、上荷田(离城六十三里)、下荷田(离城六十里)			(一三四，原三图，隆庆六年增九图，康熙二十九年增七图，共五图)长径(离城四十里)、晓秋口(离城二十七里)、秋溪(离城四十五里)、官桥头(离城三十里)、港川(离城五十里)、金竺(离城四十里)、长皋(离城五十里)、桃源(离城五十五里)、南坑(离城五十五里)、山后朱村(俱离城六十里)、古汀(离城四十里)、上荷田(离城六十三里)、正荷田(离城六十里)	(一三四，原三图，隆庆六年增九图，康熙二十九年增七图，共五图)长径(离城四十里)、晓秋口(离城二十七里)、秋溪(离城四十五里)、官桥头(离城三十里)、港川(离城五十里)、金竺(离城四十里)、长皋(离城五十里)、桃源(离城五十五里)、南坑(离城五十五里)、山后朱村(俱离城六十里)、古汀(离城四十里)、上荷田(离城六十三里)、正荷田(离城六十里)、坑头(离城五十五里)

续表

属乡时期	康熙时期		乾隆时期	道光时期			光绪时期	民国时期
	都名	辖村	辖村	辖村	丁卯续编	乙酉续编	辖村	
东乡	十都	原三图万历二十年增四图、康熙二十九年奉、龙尾、外庄、溪头、晓起、芦头、宪增五图今共五图	(一二三,原三图,万历二十年增四图,康熙二十九年增五图,共五图)上下溪头(离城百一十里)、龙尾、外庄(俱离城一百里)、晓起(离城八十里)、芦头(离城八十五里)、上泓源、萃源鸿坑(俱离城九十里)湖边、湖村、井坞、新屋、大碣(俱离城七十五里)东岸、西岸、北山源(俱离城一百里)、城口(离城百十里)、桃源(离城百二十里)、方思山、洪源、桐源、清源(俱离城百三十里)、东溪、斗垣、枣木址、龙池址、朝阳址(俱离城百四十里)	(一二三,原三图,万历二十年增四图,康熙二十九年增五图,共五图)上下溪头(离城百一十里)龙尾、外庄(俱离城一百里)、晓起(离城八十里)、芦头(离城八十五里)、上泓源、萃源鸿坑(俱离城九十里)湖边、湖村、井坞、新屋、大碣(俱离城七十五里)、东岸、西岸、北山源(俱离城一百里)、城口(离城百十里)、桃源(离城百二十里)、方思山、洪源、桐源、清源(俱离城百三十里)、东溪、斗垣、枣木址、龙池址、朝阳址(俱离城百四十里)			(一二三,原三图,万历二十年增四图,康熙二十九年增五图,共五图)上下溪头(离城百一十里)、龙尾、外庄(俱离城一百里)、晓起(离城八十里)、芦头(离城八十五里)上泓源、萃源鸿坑(俱离城九十里)、湖边、湖村、井坞、新屋、大碣(俱离城七十五里)、东岸、西岸、北山源(俱离城一百里)、城口(离城百十里)桃源(离城百二十里)、方思山、洪源、桐源、清源(俱离城百三十里)、东溪、斗垣、枣木址、龙池址、朝阳址(俱离城百四十里)	(一二三,原三图,万历二十年增四图,康熙二十九年增五图,共五图)上下溪头(离城百一十里)、龙尾、外庄(俱离城一百里)、晓起(离城八十里)、芦头(离城八十五里)上泓源、萃源鸿坑(俱离城九十里)、湖边、湖村、井坞、新屋、大碣(俱离城七十五里)、东岸、西岸、北山源(俱离城一百里)城口、(离城百十里)桃源(离城百二十里)、方思山、洪源、桐源、清源(俱离城百三十里)、东溪、斗垣、枣木址、龙池址、朝阳址(俱离城百四十里)

续表

属乡时期	康熙时期		乾隆时期	道光时期			光绪时期	民国时期
	都名	辖村	辖村	辖村	丁卯续编	乙酉续编	辖村	
北乡	十一都	原二图、康熙二十九年奉、官坑、回岑、叶村、养田、洋边、爵坑、茶源、小源、西源、余岭、宪增四图五图今共四图、城口	(二三，原二图，康熙二十九年增四五图，共四图)官坑(离城九十里)、延岭(离城百一十里)、衣村、西岸(俱离城九十里)、西源(离城九十五里)、洋边(离城七十里)、茶源(离城六十里)、爵坑(离城)、余岭(离城)、城口、源头(俱离城八十里)、吴村段(离城九十五里)石佛(离城七十里)、冈岭、里塘、外塘(俱离城一百里)、养田即仰田见十二都	(二三，原二图，康熙二十九年增四五图，共四图)官坑(离城九十里)、延岭(离城百一十里)、衣村、西岸(俱离城九十里)、西源(离城九十五里)、洋边(离城七十里)、茶源(离城六十里)、爵坑(离城)、余岭(离城)、城口、源头(俱离城八十里)、吴村段(离城九十五里)、石佛(离城七十里)、冈岭、里塘、外塘(俱离城一百里)、养田即仰田(见十二都)			(二三，原二图，康熙二十九年增四五图，共四图)官坑(离城九十里)、延岭(离城百一十里)、衣村、西岸(俱离城九十里)、西源(离城九十五里)、洋边(离城七十里)、茶源(离城六十里)、爵坑(离城)、余岭(离城)、城口、源头(俱离城八十里)、吴村段(离城九十五里)、石佛(离城七十里)、冈岭、里塘、外塘(俱离城一百里)、养田即(仰田见十二都)	(二三，原二图，康熙二十九年增四五图，共四图)官坑(离城九十里)、延岭(离城百一十里)、衣村、西岸(俱离城九十里)、西源(离城九十五里)、洋边(离城七十里)、茶源(离城六十里)、爵坑(离城)、余岭(离城)、城口、源头(俱离城八十里)、吴村段(离城九十五里)、石佛离城(七十里)、冈岭、里塘、外塘(俱离城一百里)、东村(离城九十五里)、项山

续表

属乡时期	康熙时期		乾隆时期	道光时期			光绪时期	民国时期
	都名	辖村	辖村	辖村	丁卯续编	乙酉续编	辖村	
北乡	十二都	原二图,隆庆六年增四图,康熙二十九年奉、段莘、庆源、淇源、仰田、清源、击头、山下、东溪、晓庄、泉段	(一二,原二图,隆庆六年增四图,康熙二十九年增五图,共四图)段莘(离城七十五里)、庆源(离城七十里)、淇源(离城八十五里)、仰田(离城七十七里)、清源(离城八十五里)、江村(离城八十五里)、中村(离城八十三里)、上山头(离城八十五里)、山下(离城七十五里)、晓庄(离城八十里)、白木段(离城七十里)、腾坑(离城八十里)、汪溪(离城七十五里)、捷坑口(离城八十里)	(一二,原二图,隆庆六年增四图,康熙二十九年增五图,共四图)段莘(离城七十五里)、庆源(离城七十里)、淇源(离城八十五里)、仰田(离城七十七里)、清源(离城八十五里)、江村(离城八十五里)、中村(离城八十三里)、上山头(离城八十五里)、山下(离城七十五里)、晓庄(离城八十里)、大睦段(离城七十里)、腾坑(离城八十里)、汪溪(离城七十五里)、捷坑口(离城八十里)			(一二,原二图,隆庆六年增四图,康熙二十九年增五图,共四图)东山(离城七十里)、段莘(离城七十五里)、庆源(离城七十里)、淇源(离城八十五里)、仰田(离城七十七)里、清源(离城八十五里)、江村(离城八十五里)、中村(离城八十三里)、上山头(离城八十五里)、山下(离城七十五里)、晓庄(离城八十里)、大睦段(离城七十里)、腾坑(离城八十里)、汪溪(离城七十五里)、捷坑口(离城八十里)	(一二,原二图,隆庆六年增四图,康熙二十九年增五图,共四图)段莘(离城七十五里)、庆源(离城七十里)、东山(即龟溪祖居江村隶十二都离城七十里)、仰田(离城七十七里)、清源(离城八十五里)、江村(离城八十五里)、中村(离城八十三里)、上山头(离城八十五里)、山下(离城七十五里)、晓庄(离城八十里)、大睦段(离城七十里)、腾坑(离城八十里)、汪溪(离城七十五里)、捷坑口(离城八十里)、淇源(即王村、离城八十五里)

续表

属乡时期	康熙时期		乾隆时期	道光时期			光绪时期	民国时期
	都名	辖村	辖村	辖村	丁卯续编	乙酉续编	辖村	
北乡	十三都	原三图、康熙二十九年奉、庐源、山坑、里焦、墩上、沱口、平坦、沱溪、湾头、千槎、里村、宪增四图、今共四图	(一二三,原三图,康熙二十九年增四图,共四图)庐源(离城八十里)、山坑、湾头(俱离城七十里)、里焦(离城五十五里)、墩上、大杞(俱离城八十里)、沱口(离城六十里)、平坦、沱溪、下坞、千槎、新桥湾(俱离城八十里)、里村(离城六十里)、埕头(离城七十里)、槎口(离城六十五里)	(一二三,原三图,康熙二十九年增四图,共四图)庐源(离城八十里)、山坑、湾头(俱离城七十里)、里焦(离城五十五里)、墩上、大杞(俱离城八十里)、沱口(离城六十里)、平坦、沱溪、下坞、千槎、新桥湾(俱离城八十里)、里村(里村六十里)、埕头(离城七十里)、槎口(离城六十五里)、庐坑岭(离城九十里)			(一二三,原三图,康熙二十九年增四图,共四图)庐源(离城八十里)、山坑、湾头(俱离城七十里)、里焦(离城五十五里)、墩上、大杞(俱离城八十里)、沱口(离城六十里)、平坦、沱溪、下坞、千槎、新桥湾(俱离城八十里)、里村(离城六十里)、埕头(离城七十里)、槎口(离城六十五里)、庐坑岭(离城九十里)	(一二三,原三图,康熙二十九年增四图,共四图)庐源(离城八十里)、山坑、湾头(俱离城七十里)、里焦(离城五十五里)、鸿源、大起(俱离城五十里)、沱口(离城六十里)、平坦、沱溪、下坞、千槎、新桥湾(俱离城八十里)、里村(离城六十里)、埕头(离城七十里)、槎口(离城六十五里)、庐坑岭(离城九十里)、澄川

续表

属乡时期	康熙时期		乾隆时期	道光时期			光绪时期	民国时期
	都名	辖村	辖村	辖村	丁卯续编	乙酉续编	辖村	
北乡	十四都	共二图、荷花桥、凰亭、柴坞、管头、岑脚、虹瑞关、揰关	(一二共二图)、荷花桥(离城百四十五里)、凤亭(离城百三十里)、梓坞(离城百一十里)、石岭(离城二十里)、管头(离城百二十里)、浙岭脚(离城九十里)、庄前(离城一百里)、界首(离城百五十五里)、司马墩(离城百四十里)、沂圆(离城百三十五里)、察关(离城八十五里)、虹瑞关(离城八十五里)、浯村(离城八十五里)、石潭(离城百四十五里)	(一二共二图)荷花桥(离城百四十五里)、凤亭(离城百三十里)、梓坞(离城百一十里)、石岭(离城二十里)、管头(离城百二十里)、浙岭脚(离城九十里)、庄前(离城一百里)、十堡(离城八十里)、察关、虹瑞关、浯村(离城八十五里)、沂源(离城百三十五里)、司马墩(离城百四十里)、石潭(离城百四十五里)、界首(离城百五十五里)			(一二共二图)荷花桥(离城百四十五里)、凤亭(离城百三十里)、梓坞(离城百一十里)、石岭(离城二十里)、管头(离城百二十里)、浙岭脚(离城九十里)、庄前(离城一百里)、十堡(离城八十里)、察关、虹瑞关、浯村(离城八十五里)、沂源(离城百三十五里)、司马墩(离城百四十里)、石潭(离城百四十五里)、界首(离城百五十五里)	(一二共二图)荷花桥(离城百四十五里)、凰亭(离城百三十里)、梓坞(离城百一十里)、石岭(离城二十里)、管头(离城百二十里)、浙岭脚(离城九十里)、庄前(离城一百里)、十堡(离城八十里)、察关、虹瑞关、浯村(离城八十五里)、沂源(离城百三十五里)、司马墩(离城百四十里)、石潭(离城百四十五里)、界首(离城百五十五里)

续表

属乡时期	康熙时期		乾隆时期	道光时期			光绪时期	民国时期
	都名	辖村	辖村	辖村	丁卯续编	乙酉续编	辖村	
北乡	十五都	缺	缺	缺			缺	缺
	十六都	原三图，康熙二十九年奉、理源、郭村、燕山、篁村、东坑、车田、水路、黄村、源口、岑下、莒源、沙田、宪增四图今共四图、白石源、金溪、塘仓	(一二三，原三图，康熙二十九年增四图，共四图)理源、郭村、燕山、篁村、东坑(俱离城九十五里)、黄村、江村、双桂、莒源、源口(俱离城九十里)、水路(离城八十五里)、车田、岭下(俱离城八十里)、沙田(离城)、椿源(离城)、塘淮(离城)、金溪(离城)、梧村段(离城)	(一二三，原三图，康熙二十九年增四图，共四图)沱川有理源、郭村、燕山、篁村、东坑等五村、黄村、江村、双桂、莒源、源口(俱离城九十里)、莒溪(离城百一十里)、水路(离城八十五里)、车田、岭下、沙田、梧村段、椿源、塘淮、金溪(俱离城八十里)			(一二三，原三图，康熙二十九年增四图，共四图)沱川(有理源、郭村、燕山、篁村、东坑等五村)、黄村、江村、双桂、莒源、源口(俱离城九十里)、莒溪(离城百一十里、水路离城八十五里)、车田、岭下、沙田、梧村段、椿源、塘淮、金溪(俱离城八十里)	(一二三，原三图，康熙二十九年增四图，共四图)沱川(有理源、郭村、燕山、篁村、东坑等五村)黄村、江村、双桂、莒源、源口(俱离城九十里)、莒溪(离城百一十里、水路离城八十五里)、车田、岭下、沙田、梧村段、椿源、塘雁、金溪(俱离城八十里)

续表

属乡时期	康熙时期		乾隆时期	道光时期			光绪时期	民国时期
	都名	辖村	辖村	辖村	丁卯续编	乙酉续编	辖村	
北乡	十七都	原二图，康熙二十九年奉、施村、莒径、南源、霖源、方村、竹源、宪增四图今共三图	(一三，原二图，康熙二十九年增四图，共三图)里施村(离城八十里)、外施村(离城七十五里)、篁田(离城八十五里)、莒径(离城八十里)、李溪、石岭、竹源(俱离城七十里)、南源(离城八十里)、方村(离城七十五里)、芳严、福溪(俱离城六十里)、霖源(离城)、阳垓(离城)	(一三，原二图，康熙二十九年增四图，共三图)芳严、福溪(俱离城六十里)、李溪、石岭、竹源(俱离城七十里)、方村、外施村(俱离城七十五里)、里施村、莒径、南源(俱离城八十里)、篁田(离城八十五里)、水严(离城百二十里)、霖源(离城)、杨垓(离城)			(一三，原二图，康熙二十九年增四图，共三图)芳严、福溪(俱离城六十里)、李溪、石岭、竹源(俱离城七十里)、方村、外施村(俱离城七十五里)、里施村、莒径、张溪、南源(俱离城八十里)、篁田(离城八十五里)、水严(离城百二十里)、霖源(离城)、杨垓(离城)	(一三，原二图，康熙二十九年增四图，共三图)芳严、福溪(俱离城六十里)、李溪、石岭、竹源(俱离城七十里)、方村、外施村(俱离城七十五里)里施村、莒径、张溪、南源(俱离城八十里)、篁田(离城八十五里)、水严(离城百二十里)、霖源(离城)、阳垓(离城)、里村(离城七十里)

续表

属乡时期	康熙时期		乾隆时期	道光时期			光绪时期	民国时期
	都名	辖村	辖村	辖村	丁卯续编	乙酉续编	辖村	
北乡	十八都	原五图,隆庆六年升六图康熙二十九年奉、清叶、龙亭、大坞、长滩、田椿、花园约内诸姓、罗云、奉宪增七图今共七图	(一二三四五,原五图,隆庆六年增六图,康熙二十九年增七图,共七图)。清萃(离城六十里)、龙腾(离城)、槎坑(离城)、漳村(离城三十八里)、大坞(离城)、云邱(离城三十里)、玉墀(离城三十八里)、长滩(离城四十五里)、湖亩段(离城三十五里)、泓田(离城四十里)、北山头(离城四十里)、甲椿(离城七十里)、源溪(离城)、罗云(离城)、江源(离城四十里)、花园约内诸姓离城	(一二三四五,原五图,隆庆六年增六图,康熙二十九年增七图,共七图)云邱(离城三十里)、湖亩段(离城三十五里)、漳村、玉樨(俱离城三十八里)、泓田、江源、北山头(俱离城四十里)、长滩(离城四十五里)、清华、城村(俱离城六十里)、甲椿(离城七十里)、龙腾(离城)、槎坑(离城)、大坞(离城)、源溪(离城)、罗云(离城)、花园约内诸姓离城			(一二三四五,原五图,隆庆六年增六图,康熙二十九年增七图,共七图)云邱(离城三十里)、湖亩段(离城三十五里)、漳村、玉樨(俱离城三十八里)、泓田、江源、北山头(俱离城四十里)、长滩(离城四十五里)、清华、城村(俱离城六十里)、甲椿(离城七十里)、龙腾(离城)、槎坑(离城)、大坞(离城)、源溪(离城)、罗云(离城)、花园约内诸姓(离城)	(一二三四五,原五图,隆庆六年增六图,康熙二十九年增七图,共七图)云邱离城三十里、湖亩段(离城三十五里)、漳村、玉樨(俱离城三十八里)、泓田、江源、北山头(离城四十里)、长滩(离城四十五里)、城村(俱离城六十里)、甲椿(离城七十里)、龙腾(离城三十五里)、槎坑(离城)、大坞(离城)、源溪(离城十七里)、罗云(离城七十里)、花园约内诸姓(离城七十里)

续表

属乡时期	康熙时期		乾隆时期	道光时期			光绪时期	民国时期
	都名	辖村	辖村	辖村	丁卯续编	乙酉续编	辖村	
北乡	十九都	原二图，康熙二十九年奉、江岸、枧田、前坦、思口、西园、汤皋、王村、江村、坑口、延村、槎潭、宪增三图今共三图	（一二，原二图，康熙二十九年增三图，共三图）。江岸、槎潭（俱离城三十里）、延村、金竹（俱离城三十五里）、西源、理源、王村、江村（俱离城四十里）、思口（离城三十里）、前坦（离城二十五里）、枧田（离城三十八里）、汤皋（离城）、坑口（离城）	（一二，原二图，康熙二十九年增三图，共三图）前坦、银头郑村（俱离城二十五里）、江岸、槎潭、思口（离城三十里）、戴村（离城三十二里）、延村、金竹（俱离城三十五里）、枧田（离城三十八里）、理源、王村、江村（俱离城四十里）、汤皋（离城）、坑口（离城）	小港（离城三十里）、秀水上源	梅田	（一二，原二图，康熙二十九年增三图，共三图）前坦、银头郑村（俱离城二十五里）、江岸、槎潭、小港、思口（离城三十里）、戴村（离城三十二里）、延村、金竹（俱离城三十五里）、枧田（离城三十八里）、理源、王村、江村（俱离城四十里）、汤皋（离城）、坑口（离城）、秀水上源（离城）、梅田（离城）	（一二，原二图，康熙二十九年增三图，共三图）前坦、银头郑村（俱离城二十五里）、江岸、槎潭、小港、思口（离城三十里）、戴村（离城三十二里）、延村、金竹（俱离城三十五里）、枧田（离城三十八里）、西源、理源、王村、江村（俱离城四十里）、汤皋（离城）、坑口（离城）、秀水上源（离城）、梅田（离城）

续表

属乡时期	康熙时期		乾隆时期	道光时期			光绪时期	民国时期
	都名	辖村	辖村	辖村	丁卯续编	乙酉续编	辖村	
北乡	二十都	缺	缺	缺			缺	缺
	二十一都	原四图，康熙二十九年奉、考水、章村、银峰、高仓、长尧、大田、半港、双岑、桃源、横路、宪增四图今共五图、汪村	（一二三五，原四图，康熙二十九年增四图，共五图）。考水、思溪、章村、仁村、横路、上坑（俱离城三十里）、江村、大田、曹源、汪村（俱离城三十五里）、银峰、高仓（俱离城四十里）、双岭、长尧、桃源（俱离城四十五里）、源口（离城四十里）、半港（离城）	（一二三五，原四图，康熙二十九年增四图，共五图）考水、思溪、章村、仁村、横路、上坑（俱离城三十里）、江村、大田、曹源、汪村（俱离城三十五里）、银峰、高仓（俱离城四十里）、双岭、长尧、桃源（俱离城四十五里）、半港（离城）	上源		（一二三五，原四图，康熙二十九年增四图，共五图）考水、思溪、西翀、章村、仁村、横路、上坑（俱离城三十里）、江村、大田、曹源、汪村（俱离城三十五里）、源口、银峯、高仓（俱离城四十里）、双岭、长尧、桃源（俱离城四十五里）、半港（离城）、上港（离城）	（一二三五，原四图，康熙二十九年增四图，共五图）考水、思溪、西翀、章村、仁村、横路、上坑（俱离城三十里）、江村、大田、曹源、汪村（俱离城三十五里）、源口、银峯、高仓（俱离城四十里）、双岭、长尧、桃源（俱离城四十五里）、半港（离城）、上源（离城）

续表

属乡时期	康熙时期		乾隆时期	道光时期			光绪时期	民国时期
	都名	辖村	辖村	辖村	丁卯续编	乙酉续编	辖村	
北乡	二十二都	缺	缺	缺			缺	缺
	二十三都	原四图,嘉靖四十一年增七图,今共五图、坑头、孔村、寨下、龙山、洪村、嵩山、新岑下	(一二三四,原四图,嘉靖四十一年增七图,共五图)。坑头、和公(俱离城六十里)、孔村、洪村、嵩山(俱离城五十里)、寨下(离城四十五里)、何暮村(离城五十五里)、龙山、新岭下(俱离城四十里)	(一二三四,原四图,嘉靖四十一年增七图,共五图)龙山、新源(俱离城四十里)、寨下(离城四十五里)、孔村、洪村、嵩山(俱离城五十里)、何暮村(离城五十五里)、坑头、和公、里硖石、栈溪(俱离城六十里)			(一二三四,原四图,嘉靖四十一年增七图,共五图)龙山、新源(俱离城四十里)、寨下(离城四十五里)、孔村、洪村、嵩山(俱离城五十里)、何暮村(离城五十五里)、坑头、和公、里硖石、栈溪(俱离城六十里)	(一二三四,原四图,嘉靖四十一年增七图,共五图)龙山、新源(俱离城四十里)、寨下(离城四十五里)、孔村、洪村、嵩山(俱离城五十里)、何暮村离城五十五里)、坑头、和公、里硖石、栈溪(俱离城六十里)

续表

属乡时期	康熙时期		乾隆时期	道光时期			光绪时期	民国时期
	都名	辖村	辖村	辖村	丁卯续编	乙酉续编	辖村	
北乡	二十四都	原二图康熙二十九年奉、汤村、子桥、杨坞、官源、塘村、黄潭、宪增三图今共三图	(一二原二图、康熙二十九年增三图共三图)、汤村(离城三里)、太子桥、杨坞、罗村、香坑、汪家桥、汪木坦(俱离城十里)、石头罪(离城十五里)、官源(离城)、黄潭(离城)、井坞(离城七里)	(一二原二图、康熙二十九年增三图共三图)汤村(离城三里)、井坞(离城七里)、太子桥、杨坞、罗村、香坑、汪家桥、汪木坦(俱离城十里)、石头罪(离城十五里)、官源(离城二十五里)、黄潭(离城)			(一二原二图、康熙二十九年增三图共三图)汤村(离城三里)、井坞(离城七里)、太子桥、杨坞、罗村、香坑、汪家桥、汪木坦(俱离城十里)、石头罪(离城十八里)、官源(离城二十五里)、黄潭(离城)	(一二原二图、康熙二十九年增三图共三图)汤村(离城三里)、井坞(离城七里)、太子桥、杨坞、罗村、香坑、汪家桥、汪木坦(俱离城十里)、石头罪(离城十五里)、官源(离城)、黄潭(离城)
	二十五都	原四图、隆庆六年陞五图今共五图、石枧、環村、梅林、转坑	(一二三四原四图、隆庆六年增五图共五图)環村(离城二里)、小港(离城五里)、寅坑铺、祝家庄(俱离城十里)、福阳、宋村(俱离城十五里)、梅林、湖村(俱离城二十里)、石枧、转坑、坑口(俱离城三十里)	(一二三四原四图、隆庆六年增五图共五图)環村(离城二里)、小港(离城五里)、寅坑铺、祝家庄(俱离城十里)、福阳、宋村(俱离城十五里)、梅林、湖村(俱离城二十里)、石枧、转坑、坑口(俱离城三十里)		碧水(离城二十五里)	(一二三四原四图、隆庆六年增五图共五图)環村(离城二里)、齐家岸、小港(离城五里)、寅坑铺、祝家庄(俱离城十里)、福阳、宋村(俱离城十五里)、梅林、长源、渡头、湖村(俱离城二十里)、碧水(离城二十五里)、石枧、转坑、坑口(俱离城三十里)	(一二三四原四图、隆庆六年增五图共五图)環村(离城二里)、齐家岸、小港(离城五里)、寅坑铺、祝家庄(俱离城十里)、福阳、宋村(俱离城十五里)、梅林、长源、渡头、湖村(俱离城二十里)、碧水(离城二十五里)、石枧、转坑、坑口(俱离城三十里)

续表

属乡时期	康熙时期		乾隆时期	道光时期			光绪时期	民国时期
	都名	辖村	辖村	辖村	丁卯续编	乙酉续编	辖村	
北乡	二十六都	缺	缺	缺			缺	缺
	二十七都	共二图、玉坦、官坑、罗田、石井、锡林	二三共二图、官坑(离城三十里)、玉坦、丰源、罗田、石井、锡林(俱离城四十里)、符村(离城五十里)	(二三共二图、官坑离城三十里)玉坦、曹源、罗田、石井、锡林(俱离城四十里)、符村(离城五十里)			(二三共二图)官坑汪家、老屋胡家、朱家、詹家、祝家、店塆、罗谷、埠上、石井、锡林(俱离城四十里)、岭背潘家、汤家段、石珑坑、锦云岭、老鸦坞、张家、羊公岭、王俞、符村、新屋、西坑(俱离城五十里)	(二三共二图)官坑汪家、老屋胡家、朱家、詹家、祝家、店塆(俱离城三十里)、玉坦、坦里赵家、塘坑、叶坑、曹源、罗谷、罗田、埠上、石井、锡林(俱离城四十里)、岭背潘家、汤家段、石龙坑、锦云岭、老鸦坞、张家、羊公岭、王俞、符村、新屋、西坑(俱离城五十里)

续表

属乡时期	康熙时期		乾隆时期	道光时期			光绪时期	民国时期
	都名	辖村	辖村	辖村	丁卯续编	乙酉续编	辖村	
北乡	二十八都	原三图，隆庆六年升七图，今共四图，高沙	（一二三，原三图，隆庆六年增七图，共四图）。高砂、下市、汪村、陷田（俱离城二十里）、凤岭（离城十五里）、许村（离城十里）	（一二三，原三图，隆庆六年增七图，共四图）许村（离城十里）、凤岭（离城十五里）、高砂、下市、汪村、陷田（俱离城二十里）			（一二三，原三图，隆庆六年增七图，共四图）许村（离城十里）、凤岭（离城十五里）、高砂、下市、汪村、陷田（俱离城二十里）	（一二三，原三图，隆庆六年增七图，共四图）许村（离城十里）、凤村（离城十五里）、高砂、下市、汪村、陷田（俱离城二十里）
	二十九都	缺	缺	缺			缺	缺
	三十都	共四图，丰田、王家墩、槎口、中云、江村、嵩峡、下槎、龙居	（一二三四共四图）。中云、江村、下槎、江源（俱离城四十里）、丰田、王家墩、嵩峡、龙居（俱离城三十五里）	（一二三四共四图）、丰田、王家墩、嵩峡、龙居（俱离城三十五里）、中云、江村、下槎、江源（俱离城四十里）			（一二三四共四图）丰田、王家墩、嵩峡、龙居（俱离城三十五里）、中云、江村、下槎、江源（俱离城四十里）	（一二三四共四图）丰田、王家墩、嵩峡、龙居（俱离城三十五里）、中云、江村、下槎、江源（俱离城四十里）

续表

属乡时期	康熙时期		乾隆时期	道光时期			光绪时期	民国时期
	都名	辖村	辖村	辖村	丁卯续编	乙酉续编	辖村	
北乡	三十一都	共三图,曹门、中山、浮溪、五福镇	(一二三共三图)、曹门、平乐、中山(俱离城五十里)、程家湾(离城四十五里)、五福镇、坳头、浮溪、浮沙(俱离城五十五里)	(一二三共三图)清水港(离城四十里)、程家湾(离城四十五里)、曹门、平乐、中山(俱离城五十里)、五福镇、坳头、浮溪、浮沙(俱离城五十五里)			(一二三共三图)朱村(离城十五里)、清水港(离城四十里)、程家湾(离城四十五里)、曹门、平乐、中山(俱离城五十里、五福镇、坳头、浮溪、浮沙(俱离城五十五里)	(一二三共三图)宋村(离城十五里)、清水港(离城四十里)、程家湾(离城四十五里)、曹门、平乐、中山(俱离城五十里)、五福镇、坳头、浮溪、浮沙(俱离城五十五里)、横坑(离城五十五里)
	三十二都	缺	缺	缺			缺	缺
	三十三都	共二图,董村、梅田、司前	(一二共二图)董村、梅田、司前(俱离城六十里)	(一二共二图)董村、梅田、司前(俱离城六十里)			(一二共二图)仙市即太白司前、董村即梅溪吴、朱家、吴家(俱离城六十五里)、徐家、蔡家、梅田、妙坦即旆峰、杨家坞、桐充、程家、胡家、竹木窠(俱离城六十里)、沂春、上大埠(俱离城七十里)	(一二共二图)仙市即太白司前、董村即梅溪吴、朱家、吴家(俱离城六十五里)、徐家、蔡家、梅田、妙坦即饰峰、杨家坞、李家桥、俞家湾、梅田薛村、竹木窠(俱离城六十里)、上大埠(俱离城七十里)

续表

属乡时期	康熙时期		乾隆时期	道光时期			光绪时期	民国时期
	都名	辖村	辖村	辖村	丁卯续编	乙酉续编	辖村	
北乡	三十四都	共三图，太白、符竹	（一二六共三图）太白（离城六十里）、符竹、下岸、潘村（俱离城六十五里）	（一二六共三图）太白（离城六十里）、下岸、符竹、潘村（俱离城六十五里）			（一二六共三图）太白（离城六十里）、荷岸、符竹（俱离城六十五里）、井塝程村即沙溪、王壩头、余源、新村、沙洋、下大埠、早禾山、新屋（俱离城七十里）、小岭、石田墩、顶源（俱离城七十五里）	（一二六共三图）太白潘村即芳溪、荷岸、符竹（俱离城六十五里）、井塝程村即沙溪、王壩头、余源、新村、沙洋、下大埠、早禾山、新屋（俱离城七十里）、小岭、石田墩、项源（俱离城七十五里）
北乡	三十五都	共二图，临河、曹村、石田、杨村	（一二共二图）石田（离城七十里）、阳村、新村（俱离城七十五里）、临河（离城八十里）、曹村（离城九十五里）、港口（离城一百里）、绍溪（离城七十五里）	（一二共二图）石田（离城七十里）、阳村、绍溪（离城八十里）、临河（离城八十里）、曹村（离城九十里）、祊源（离城九十里）、港口（离城一百里）			（一二共二图）、石田、阳村、绍溪（离城八十里）、临河、岭港口、中埠（俱离城八十五里）、洪坑、曹村（离城九十里）、祊源（离城九十里）、港口、大圆（俱离城一百里）	（一二共二图）、石田、阳村、绍溪（俱离城八十里）、临河、岭西、中埠（俱离城八十五里）、洪坑、曹村（俱离城八十里）、祊源（离城九十里）、港口、大圆（俱离城一百里）、新村（离城七十五里）

续表

属乡时期	康熙时期		乾隆时期	道光时期			光绪时期	民国时期
	都名	辖村	辖村	辖村	丁卯续编	乙酉续编	辖村	
北乡	三十六都	原五图，隆庆六年升九图，今共六图，方村、横槎、下槎、汾水、金村、龙陂、范溪、言溪、程家库	(三四五六七，原五图，隆庆六年增九图，共六图)。方村(离城五十五里)、汾水(离城六十里)、龙坡、万田(俱离城六十五里)、范坑、横槎、程家库、严潭(俱离城五十里)、下港、毕潭、黄江(俱离城六十里)、中方村、朱村降、言坑(俱离城四十五里)、西坑(离城五十五里)、龙槎(离城四十里)	(三四五六七，原五图，隆庆六年增九图，共六图)龙槎(离城四十五里)、中方村、朱村降、言坑、新屋(俱离城四十五里)、范坑、横槎、程家库、严潭(俱离城五十里)、方村即平盈、西坑(离城五十五里)、汾水、下港、毕潭、黄江(俱离城六十里)、龙坡、万田(俱离城六十五里)	蒋源小路(离城五十五里)、蓉溪(离城六十里)		(三四五六七，原五图，隆庆六年增九图，共六图)龙槎(离城四十五里)、中方村、朱村降、理源、言坑、新屋(俱离城四十五里)、范坑、横槎、程家库、严潭(俱离城五十里)、方村即平盈、大源徐、三椏、好音岭、西坑、刘家坞、蒋源小路(俱离城五十五里)、汾水、霞港、毕潭、蓉溪、黄江(俱离城六十里)、龙坡、万田(俱离城十五里)	(三四五六七，原五图，隆庆六年增九图，共六图)中方村、朱村降、理源、言坑、新屋(俱离城四十五里)、范坑、横槎、程家库、严潭(俱离城五十里)、方村即平盈、大源徐、三椏、好音岭、西坑、刘家坞、蒋源小路(俱离城五十五里)、汾水、霞港、毕埠、蓉溪、黄江(俱离城六十里)、龙坡、万田(俱离城六十五里)
	三十七都	缺	缺	缺			缺	缺

续表

属乡时期	康熙时期		乾隆时期	道光时期			光绪时期	民国时期
	都名	辖村	辖村	辖村	丁卯续编	乙酉续编	辖村	辖村
西乡	三十八都	原四图，今二图	（原四图，今一三二图）游汀（离城八十里）、霍口、臧坑（俱离城七十里）	（原四图，今一三二图）游汀（离城八十里）、霍口、臧坑（俱离城七十里）		楚溪中村（离城七十里）	（原四图，今一三二图）游汀（离城八十里）、霍口、臧坑、桐坑口、楚溪中村（俱离城七十里）、游汀（离城八十里）	（原四图，今一三二图）霍口、臧坑、桐坑口、楚溪中村（俱离城七十里）、游汀（离城八十里）
	三十九都	原四图，康熙二十九年奉、宪增六图今共五图	（一三四五原四图、康熙二十九年增六图共五图）许村、西山头（俱离城八十里）、梅田、董村、清源、洪塘、双溪即排岭、溪头（俱离城九十里）、朱村（离城九十三里）、上仁（离城七十五里）、表坑（离城七十五里）、隐东、碧潭、□溪、双盘、枣源、朱墩、杉木坞	（一三四五，原四图，康熙二十九年增六图，共五图）仁洪、桂潭董村、碧潭即深渡、西山头（俱离城八十里）、梅田、董村、清源即港头、洪塘、双溪即排岭、溪头、朱墩、磻溪（俱离城九十里）、朱村（离城九十三里）、枣源、双盘、杉木坞、隐东	呈家段（离城七十里）	田内	（一三四五，原四图，康熙二十九年增六图，共五图）仁洪、桂潭董村、碧潭即深渡、金埠、呈家段（俱离城七十里）、上仁、表坑（俱离城七十五里）、许村即许昌、箬岭、西山头（俱离城八十里）、梅田、董村、清源即港头、洪塘、双溪即排岭、溪头、朱墩、磻溪（俱离城九十里）、朱村（离城九十三里）、枣源、双盘、杉木坞、隐东、田内（离城十里）	（一三四五，原四图，康熙二十九年增六图，共五图）仁洪、桂潭董村、碧潭即深渡、金埠、呈家段（俱离城七十里）、上仁、表坑（俱离城七十五里）、许村即许昌、箬岭、西山头（俱离城八十里）、梅田、董村、清源即港头、洪塘、双溪即排岭、溪头、朱墩、磻溪（俱离城九十里）、朱村（离城九十三里）、枣源、双盘、杉木坞、隐东、田内（离城十里）

续表

属乡时期	康熙时期		乾隆时期	道光时期			光绪时期	民国时期
	都名	辖村	辖村	辖村	丁卯续编	乙酉续编	辖村	
西乡	四十都	缺	缺	缺			缺	缺
	四十一都	共四图，彰睦、汪村、朗湖、朱村、盘山、晓湖	（一二四五共四图）、彰睦（离城九十五里）、汪村（离城七十五里）、朗湖、朱村（俱离城八十里）、盘山（离城七十里）、晓湖	（一二四五共四图）盘山（离城七十里）、晓湖（离城）、汪村（离城七十五里）、朗湖、朱村（俱离城八十里）、彰睦（离城九十五里）、泽阳（离城八十里）	澄源、龙川（离城七十里）		（一二四五共四图）盘山、澄源、龙川、環溪即韩溪、晓湖、大麓（俱离城七十里）、芳春（离城七十五里）、朗湖、洙村（离城八十里）、彰睦（离城八十五里）、泽阳（离城八十里）、香田、水埠头、吴村、洙口、无村、墩头、项家埠、朱坑、仙源、汪家湾、上石痕、下石痕（离城十里）	（一二四五共四图）盘山、澄源、龙山、環溪即韩溪、晓湖、大麓（俱离城七十里）、芳春（离城七十五里）、朗湖、洙村（俱离城八十里）、彰睦（离城八十五里）、泽阳（离城八十里）、香田、水埠头、吴村、洙口（俱离城八十里）、无村、墩头、项家埠、朱坑、仙源、汪家湾、上石痕、下石痕（离城十里）
	四十二都	共三图，项村、曹村、周溪	（二三四共三图）项村（离城一百里）、曹村（离城九十里）、周溪（离城一百里）、塘尾（离城一百五里）	（二三四共三图）曹村（离城九十里）、项村、周溪、汪毕村（俱离城一百里）、塘尾（离城一百五里）		芦溪	（二三四共三图）曹村（离城九十里）、项村、周溪、汪毕村（俱离城一百里）、塘尾（离城一百五里）、芦溪（离城十里）	（二三四共三图）曹村（离城九十）、项村有巡检司、周溪、汪毕村（俱离城一百里）、塘尾（离城一百五里）、芦溪（离城十里）

续表

属乡时期	康熙时期		乾隆时期	道光时期			光绪时期	民国时期
	都名	辖村	辖村	辖村	丁卯续编	乙酉续编	辖村	
西乡	四十三都	共三图，严田、甲路、湖山、对坞、亨溪、宝石、福亭、王村	(一二四共三图)严田、甲路、湖山、亨溪、宝石(俱离城八十里)、对坞、水路、福亭、洪源(俱离城七十里)、桃源离城、王村(离城八十里)、梅源(离城八十里)、项源	(一二四共三图)对坞、水路、福亭、洪源、项源、严田、甲路、湖山、亨溪、宝石(俱离城八十里)、王村、梅源(离城八十里)、桃源(离城)、延村(离城六十里)	忠村离城七十里)		(一二四共三图)对坞、水路、福亭、洪源、项源、严田、甲路、湖山、亨溪、宝石(俱离城八十里)、王村、梅源(离城八十里)、桃源(离城十里)、延村(离城六十里、)忠村(离城七十里)	(一二四共三图)对坞、水路、福亭、洪源、项源、严田、甲路、湖山、亨溪、宝石(俱离城七十里)、王村、梅源(俱离城八十里)、桃源(离城十里)、延村(离城六十里)、忠村(离城七十里)
	四十四都	缺	缺	缺			缺	缺

续表

属乡时期	康熙时期		乾隆时期	道光时期			光绪时期	民国时期
	都名	辖村	辖村	辖村	丁卯续编	乙酉续编	辖村	
西乡	四十五都	共二图，桂岩、翁村、齐村、长溪、港头、梅山、考坑、冲田、唐原	(二四共二图)桂严、考坑(俱离城一百里)、长溪、翁村(俱离城百一十里)、齐村、梅山、翀田、唐原、沙古段(俱离城九十里)、东岸(离城八十五里)、港头、古坑(俱离城八十里)	(二四共二图)港头、古坑(俱离城八十里)、东岸(离城八十五里)、齐村、毕源、梅山、翀田、唐原、桂严(俱离城九十里)、沙古段、考坑(俱离城一百里)、长溪、翁村(俱离城百一十里)			(二四共二图)港头、古坑(俱离城八十里)、东岸(离城八十五里)、齐村、毕源、梅山、翀田、唐原、桂严(俱离城九十里)、沙古段、考坑(俱离城一百里)、长溪、曹家、方家、翁村(俱离城百一十里)	(二四共二图)港头、古坑(俱离城八十里)、东岸(离城八十五里)、齐村、毕源、梅山、翀田、唐原、桂严(俱离城九十里)、沙古段、考坑(俱离城一百里)、长溪、曹家、方家、翁村(俱离城百一十里)
	四十六都	共二图，富春、排前、澄坑、虎埠	(一二其二图)、富春、新田、吴村(俱离城九十里)、排前、澄坑(俱离城百一十里)、虎埠(离城百二十里)	(一二其二图)富春、新田、吴村(俱离城九十里)、排前、澄坑(俱离城百一十里)、虎埠(离城百二十里)			(一二其二图)富春、新田、吴村(俱离城九十里)、排前、澄坑(俱离城百一十里)、虎埠(离城百二十里)	(一二其二图)富春、新田、吴村()离城九十里)、排前、澄坑(俱离城百一十里)、虎埠(离城百二十里)

续表

属乡时期	康熙时期		乾隆时期	道光时期			光绪时期	民国时期
	都名	辖村	辖村	辖村	丁卯续编	乙酉续编	辖村	
西乡	四十七都	原一图，今二图，镇头、西坑、张村、石下	(原一图，今二图)镇头(离城一百里)、藻睦、西坑、楚源、冷水亭、大源、张村、石下、楚坑(俱离城九十里)	(原一图，今二图)藻睦、西坑、楚源、冷水亭、大源、张村、石硖、楚坑(俱离城九十里)、镇头(离城一百里)			(原一图，今二图)藻睦、西坑、楚源、冷水亭、大源、张村、石硖、楚坑(俱离城九十里)、镇头(离城一百里)	(原一图，今二图)藻睦、西坑、楚源、冷水亭(咸丰六年知县吴崧庆颜其里曰忠义)、大源张村、石硖、楚坑(俱离城九十里)、镇头(离城一百里)、寺头(离城七十五里)
	四十八都	缺	缺	缺			缺	缺
	四十九都	共二图，黄沙、游山	(一二共二图)黄砂(离城一百里)、游山(离城百一十里)、戴充(离城百一十三里)、大源(离城百一十里)	(一二共二图)黄砂、凰亭(俱离城一百里)、游山、石下、大源(离城百一十里)、戴充(离城百一十三里)			(一二共二图)黄砂、凰亭(俱离城一百里)、游山、石下、大源(离城百一十里)、戴充(离城百一十三里)、西湾坦(离城十里)、南源(离城十里)	(一二共二图)黄砂、凤亭(俱离城一百里)、游山、石下、大源(离城百一十里)、戴充(离城百一十三里)、西湾(离城十里)、西湾坦(离城十里)、南源(离城十里)

续表

属乡时期	康熙时期		乾隆时期	道光时期			光绪时期	民国时期
	都名	辖村	辖村	辖村	丁卯续编	乙酉续编	辖村	
西乡	五十都	共二图，周坑、湾头、洪钟坦、吴源、秀山、福田	（一二其二图）虹钟坦、秀山、吴源（俱离城百二十里）、福田（离城百一十五里）、官源、周坑（俱离城百二十里）、月窟、湾头（俱离城百二十五里）	（一二其二图）龙溪汪村、福田（离城百一十五里）、虹钟坦、秀山、吴源、官源、周坑（俱城百二十里）、月窟、湾头（俱离城百二十五里）			（一二其二图）董门（离城百十三里）、龙溪汪村、福田（俱离城百一十五里）、虹钟坦、秀山、吴源、官源、张村、周坑（俱离城百二十里）、月窟、湾头（俱离城百二十五里）	（一二其二图）董门（离城百十三里）、龙溪汪村、福田（离城百一十五里）、虹钟坦、秀山、吴源、官源、张村、周坑（俱离城百二十里）、月窟、湾头（俱离城百二十五里）

资料来源：康熙《婺源县志》卷二《疆域·坊都》；乾隆《重修婺源县志》卷三《疆域志·坊都》；道光《续修婺源县志》卷三《疆域志·坊都》；光绪《婺源县志》卷二《疆域志·坊都》；民国《婺源县志》卷三《疆域四·坊都》。

八、黟县嘉庆、道光、同治、民国时期村都一览表

时期 都名	嘉庆、道光时期		同治时期	民国时期	
	属乡	辖村	续增村名(据保册校录)	前志村名补注	村名补注
一都	会昌乡	蔡村(今作蒨村)、江柏山(今作柏山)、勒下(即历阳里)、麻田(以上嘉靖四十五年定)、何家店、江千段(亦作江家段)、山头、田段、高祈、鱼鳞坊、新屋下、石村、湖洋土充、塘背、松岭(亦作枞岭)、石亭、黄泥片、雏头山、瑜村、上元铺、里村、双溪口、庙下社、石门下、邱家坂、寨下、山背(以上乾隆三十一年增)、大宽段、潘村(以上嘉庆十六年增)	鱼塘街、甘村、田圩、精林寺、牛栏城、山园、项村、水门关、深田湾、蒋家村、高塍头、县路土充、乌石嘴、里山头、五通殿、溪南(双溪之南)	何家店(今曰何村)、高祈(亦作高岐)、勒下(亦曰历下、立下、立川)	溪南(即双溪南,亦曰桑溪)鸡头山(更名鹤山,其平川曰西田)
二都	会昌乡	江村、蓬下(或作庞村,或作蓬真)、北庄、蜀里、枧溪、樟溪(为章水源,应作漳溪)、何土充(康熙二十二年王志作何坑)、蜀上、白干、容千、东山、山巍垄、沙田(以上嘉靖四十五年定)、秀里(山名四岭)、龙盘桥、八社、野上、汤村、查村、敦头(今作东台)、查家岭、上盛、林村、水村、西夆、榨里(以上乾隆三十一年增)	墩下、上管背、里汤、神堂、草坦、西山榨、白铺前、茂川(一名茂家林,前志列女传有庙家林,而都图内失载)、麻榨坞、白兰坞、石壁店、枧头、潜村(在蜀里之次,前志列女传有潜村而都图内失载)、潭石坡(亦名潭川,前志桥梁内有潭石坡桥,又土音他石坏)、宝林、梨充、新屋下、杨充、城田、东西坑、瓦亭、上长坑、漳岭脚、黄泥土堂、五节岭脚、源头	蜀上(今日轴上亦作轴山,有上轴、中轴、下轴,前志邱墓作中蜀)、容干(今亦作溶川)、野上(今仍此名,或写颖上,或写颖川)、水村(或作瑞村)、上盛(或作沈村)、西夆(或写西川)、漳溪(有江村、林村、汤村)	

续表

时期 都名	嘉庆、道光时期		同治时期	民国时期	
	属乡	辖村	续增村名(据保册校录)	前志村名补注	村名补注
三都	会昌乡	黄陂、府基(隋歙州治)、水湖寨、双溪、黄衣坦(以上嘉靖四十五年定)、方家坂、汪村(即黄陂)、沙园、何村、土地堂(汪村地)、后深坑(汪村地)、堨口、下麻榨、百户(有三)、际头、下长坑(以上乾隆三十一年增)、墩田村	塘下、塘上、金竹园、枧溪庙、草结林、程家土堂、陈家垅、金鸡墩、黄家墩、丁家坦、胡家坦、竹山下、鱼龙上、盐客上、木让村、进统、深田坑、前深坑	汪村(即黄陂,亦曰碧山,又有遗经堂、德润堂、老店亭、堆前、后头园、塘上、学堂里、培筠馆、冰壶塘、下坦、上新屋,并汪村地)、何村(有东头街、水屋里、长房街、下水珊、月门里、下新屋)、百户(有上中下百户,亦曰白湖,见前志列女传)、下麻榨(或作下马榨,或作下门榨)、际头(亦曰霁头)	环山塘(明天启初,姚善托由西隅城外双溪南徙迁于此)
四都	怀远乡	陈闾、古筑、黄村街、百石塅(顺治十二年宝志作百尺段)、鲍村、后阐(今作厚善)、官路下(亦作关麓下)、泉山岭(以上嘉靖四十五年定)、新安田舍(即西干田舍)、黄牛土充(今作黄仁土充)、西武岭脚、查村、上江村、下江村(二江村即洪干,今作光村)、湾里(今作安里)、鲍家林、牛矢坦、大山、西岭培、冈背(以上乾隆三十一年增)、山口、绛霞村、长岭、霞庄(以上嘉庆十六年增)	郑家边、圳背、高京、新庄、撒家土堂、庙下社、中江村、石堨、七桥、后山背、百段岭、徐村、社前、胡家、朱家、埄上、埄下、宏田(前志孝友传有宏田,而都图失载)、塘土充、割坑社、琤石岭、田干里、程家岭头、塝下、埄背、杨林、江辛庄、培下、上潘、下潘、坟林下、溪堀、泉水、荆塘、山口王、上党下党汪、下屋胡、岭脚叶吴	泉山岭(旧志列女传作前山岭,又桥梁内作泉山里)、新安田舍(原注郎西干田舍,今作西安)、湾里(今或作湾川)	

续表

时期/都名	嘉庆、道光时期		同治时期	民国时期	
	属乡	辖村	续增村名（据保册校录）	前志村名补注	村名补注
五都	怀远乡	田段（顺治十二年宝志作柏林）、汪村、余村、程家庄、旧庵、胡村（顺治十二年宝志作胡村庙）、陶村、赤岭（或作泽临）、中墩、月塘、村心（旧为村心铺。以上嘉靖四十五年定，顺治十二年编次柏林、汪村、余村、旧庵、陶村、赤岭、中墩、月塘、村心、程家庄、胡村庙）、下五山、埄上、新田、庙背、高桥村、间堨、黄家岭下、檡树下、金家嘴、缸瑶山（今作瑶山）、舒家林、新庵、金珠里、黄柏坞（以上乾隆三十一年增）、钟山、闾山、胡村旧里、新溪、上鲍（以上嘉庆十六年增）	汪村塍、江村塍、石坪（又名城培林）、铺里、邱家村、叶村（亦曰南屏）、程村、黄田、西干、后溪、三溪湾、西关、下山湾、玕田、麻榨、台下、新屋下、朱家村、李家店、横关里、周村、火爆龙、林村、陈村、郑村、乌林、高祥庵、石壁下、五里牌、喜槐亭、红庙、十三姓、黄茅坦、夹棉花、项村、汪村、山口周村（在观雨嵳屏山下）、黄竹岭、徐村、五通殿	中墩（俗称张敦）、新溪（一作沙溪）、间堨（一作间川）、旧庵（俗称桥庵）、黄柏岛（一作杨棵岛）	江村塍（旧名石坪，又名城培林，是一地也。今曰石屏江村）

续表

时期／都名	嘉庆、道光时期		同治时期	民国时期	
	属乡	辖村	续增村名(据保册校录)	前志村名补注	村名补注
六都	新政乡	横冈(即古黄姑墅)、西递、霭山、大坞、石山街、彭田、塘头、东山、沙田(以上嘉靖四十五年定)、小坞、田段里、叶家湾、长演岭、金家村、栈阁岭、桃源铺、插坑、青里山(一名千里山,亦作清冷山)、山背、托坑、从坑、朱林下、何村、木鱼(今作慕虞)、徐村、源头、严头、谢坑、上土充、胡土充、前靠、苦竹林(以上乾隆三十一年增)、坎下、巧桑、石头坦、林村(以上嘉庆十六年增)	坑下塝、杨村头、上门、前门、里门、古楼岭、詹村、里塘、沙田、董兜、新庄、西村、汪公庙、札川(即札坑)、大川(即大坑)、岩岭村、何村、洪家岛、江村岛、徐村、庐埸	西递(一作西川,说详胡朝贺西川非西递,辨见艺文志有上村、下村)、彭田(属之石山保内,即排田墩)、叶家湾(前志人物作易安乡,都图有巧桑,无易安,此作叶家湾,别出巧桑,实应作叶家湾)、巧桑(巧桑社在叶家湾,是一地也)、插坑(今作堑坑)、上土充(即上坑,今作上川。前志桥梁、列女传并有上川)、苦竹林(今作古竹林)、朱林下(今作珠岭下)	

续表

时期/都名	嘉庆、道光时期		同治时期	民国时期	
	属乡	辖村	续增村名（据保册校录）	前志村名补注	村名补注
七都	新政乡	鱼亭街、傅山（今作复山）、汪村、霞阜村、李村、考川、轿岭（今作乔岭）、椰木岭下（今作楠木岭）、欧村、玛川（顺治十二年编次欧村、玛川、椰木岭，余同）、霭冈、许村（今作水村。以上嘉靖四十五年定）、周村（康熙二十二年定）、英山、河东、艾坑、张坑（今作璋坑）、界首、里外（今作里安）、上坦、下坦、小河、石板桥、方坑、下杭坑（今作下璜坑）、插坑、下凹、金岭（今作金凌）、殷溪口（今作殷坑口）、牌岭、石门坦（以上乾隆三十一年增）、下塘坑、盈川、颍川、溪滩、管山下、吴村头、拔村、风水坳、葛坑（以上嘉庆十六年增）	上丰市、上街、下街、后园、江坑、潘村、石墨岭、查村、岩下（前志儒行传有岩下，而都图内失载）、叶家坦、上玕、韩村、燕窝、朱家岛、树村、官山下、迴车岭、前金、后金、火坦、水柏、汪家村	霞阜（或作下阜，或作下福）、考川（俗名考汉）、玛川（即玛坑）、霭冈（或作霭江）、艾坑（亦作艾川）、张坑（璋坑，今亦作漳川）、小河（今作小阿街）、下凹（今作下坞，或作下村）、金岭（金凌，今曰凌村）、殷溪口（殷坑口，殷字今或作荫，或作衣）、牌岭（或作排岭，或作柏岭）、下杭坑（下璜坑，今曰黄川）、风水坳（今或作枫树坳）	石壁岭（前志误作石墨岭）

续表

时期/都名	嘉庆、道光时期		同治时期	民国时期	
	属乡	辖村	续增村名(据保册校录)	前志村名补注	村名补注
八都	新政乡	叶村、汪村、程村、吴村、王村、府均、王坞、朱川(今作珠川)、潭口(以上嘉靖四十五年定)、社禾、里村、石盂、杨林、乌头塝、竹林下、梅坑、虎岭下(以上乾隆三十一年增)、塘子坑	余家、杨家、塘尾(亦曰塘川)、上村头、五保甲(一作五保角)、叶田、湖田塝(一作湖田湾)、严坑(亦作严川)、冯家桥(一作洪家桥,凭黟俗音洪)、田干、王德明(一作杨德名,黟俗王作杨音)、燕川(亦曰燕窝,按燕窝有三,此与七都,又前志物产茶下有四都燕窝)、源坑口、中源坑、里源坑、桃练(亦作桐练)、吴田、杨树术(术字本音述,黟俗读若摧,如败笔,曰笔术敝帚,曰帚术秃树,曰树术及药苍白术,皆读摧)、井边园、塝下、前村心、叶缝岭、山月岩、太阳殿、方家起山月、黄林玕、高川余家坦、新村潘家、中村后汪、下村、前历、巧塘湾、望垶(亦见前志邱墓)、上山湖程、横塍头、鲍家坦、上岛、桐坑(亦曰桐川)、木坑(亦曰木川)、后村、上田、源头、大溪、徐川、小岭坑	王岛(一作羊坞,黟俗相沿谓王为阳,若城中之上王、下王、八都之王、德明,皆有羊阳杨音)、朱川(珠川,俗呼珠坑,又有珠川口)、潭口(或云潭川)、社禾(或作善和,或作善禾,又有下善禾)、石盂(或作石云)、梅坑(一作梅川)、虎岭下(一作阜岭下)	

续表

时期 都名	嘉庆、道光时期		同治时期	民国时期	
	属乡	辖村	续增村名（据保册校录）	前志村名补注	村名补注
九都	顺仁乡	屏风山、瑞村、金钗、金村、朱村、古城、黄村、史村（以上嘉靖四十五年定）、舒村（即屏山）、朱家湾（即朱村）、塘里、杆背、胡尚庄、鱼山溪、西土充、古溪、高山、庵里、枫树埄、桐坑、下湾坑（以上乾隆三十一年增）、溪边（嘉庆十六年增）	平太、横山、下西坑、上西坑、深坑、黄泥尖、山上、麻榨、石子埄（一作生子埄，黟俗石生同音）、舍里（一作献里）、常山（一作恒山）	金村（今作金家岭）、朱村（即屏山紫阳里）、朱家湾（今作湾里）、塘里（今之莲塘）、杆背（一作管背，或作管坡）、胡尚庄（或云和尚庄）、溪边（一作溪川）	西坑（前志误作西土充）桐土充（前志误作桐坑）下湾土充（前志误作下湾坑）枫树埄（又名枫源里）深土充（前志误作深坑）
十都	顺仁乡	谢村街（康熙二十二年改入十一都）、韩村、奇墅、万村、里田、榧树下（康熙二十二年改入十一都）、岭下（康熙二十二年改入十一都。以上嘉靖四十五年定。）、梓川、夹溪、历舍（以上康熙二十二年定）、宏村、西头、藩钟山、横山、叶里、梓岭村、溪头、方土充（以上乾隆三十一年增）、殿山、鱼山岭下（以上嘉庆十六年增）	五关、排林、灵干、甲村、三姑殿、东山、石头黄、横段韩、石灰坑、小源、木坑、考坑、朱坑、礼厦朱（至休宁北界亦曰岭下朱）、东山村、东坑、郭坑庄（在桐林岭脚）、吴村、双干、坦上（俗音塔上）、梓路寺	宏村（亦曰雷冈见，前志文苑传）、梓川（即梓坑）、历舍（一作列舍见，前志列女传，或作烈舍）、藩钟山（一作潘钟山，或作白东山）、方坑（或作芳川）	花围（新增名），又名韩苑

续表

时期/都名	嘉庆、道光时期		同治时期	民国时期	
	属乡	辖村	续增村名(据保册校录)	前志村名补注	村名补注
十一都	顺仁乡	庐村、郭村(以上嘉靖四十五年定)、谢村街(今名际村街)、榧树下(一名朏曙下,旧为朏曙铺)、岭下(以上康熙二十二年定)、岭头、叶村、羊栈岭、考溪、罗土充、韩家坑、石鼓寺(以上乾隆三十一年增)、邕溪、牛泉坑、官铺街(以上嘉庆十六年增)	关家坑、茶坦(交太平县界)、官铺田、黄村口、半源	考溪(作考川,有金余汤、李戴等村)、罗坑(今作罗村)、韩家坑(今称花坑,文言之则曰花溪,古是韩姓,今居人皆汪姓)、邕溪(今称雍溪源、雍溪口,或作雍川口)、牛泉坑(又有牛泉坑底并有人家)、官铺街(俗呼葛有街,犹官铺田之讹,为葛布田也)	

续表

时期 都名	嘉庆、道光时期		同治时期	民国时期	
	属乡	辖村	续增村名（据保册校录）	前志村名补注	村名补注
十二都	怀远乡	大星、景星（亦作景溪）、丰口、胡村（亦作梧村）、杨迎桥（顺治十二年宝志作黄迎桥）、黄连坑、张村、黄连寨、汪村、柱杖、杨林、湘口（亦作厢口）、洪径（以上嘉靖四十五年定，顺治十二年编次：张村、汪村、柱杖、黄连坑、杨林、湘口、洪径、黄连寨，余同。）、墩上、庵前、杨徐湾、塘湾、茅栗湾、洋涧墩、何村、塘坑口、叶村（或作弈村，即景溪）、龙雁（孙志误作龙鹰）、霍溪、西山下、高山、打石坐、晏头山、程家山、十里土充（以上乾隆三十一年增）	山背、里连坑、红线岛、板舍	丰口（亦曰丰溪，见前志科第）、胡村（本亦作梧村，或转为吴村）、杨迎桥（宝志黄迎桥，吴志选举有，王宁桥府志避改王凝桥册牍，或作横迎桥，或作黄泥桥，对音无定，而杨王同音又一证也）、黄连寨（今作黄泥寨）、洪径（一作洪川，应作硔径）、杨徐湾（古是杨徐二姓，今居人吴姓册牍，或写杨其湾）、茅栗湾（今作茅里湾）、洋涧墩（今作杨家墩，前志列女传洋家墩）、龙雁（今册作垅岸陈村）、霍溪（或作和溪、河溪）、塘坑口（今称坑口，或云塘坑口、塘川口。前志尚义传有塘川）、晏头山（系山前五口半，今作鸭头山，盖音相近）	案台山（已见前志山川总图，由县龙干脊分支南迤山形如案，如台，故曰案台山，东为雄鸡峰，西北多腴田环拱，李氏所居焉，故李氏因名所居村也。）鼎石台（即打石坐）

资料来源：嘉庆《黟县志》卷二《地理志 · 乡都》；同治《黟县三志》卷二《地理志 · 都图》；民国《黟县三志》卷二《地理志 · 都图》。

九、歙县乾隆、道光、民国时期村落一览表

	乾隆	道光	民国
一都六图	石壁山、五王关、车田、飞山、东和村、项里、牌头、章坑、师塘、连墅底、杨村、方村、佛岭	石壁山、五王阁、车田、飞山、东和村、项里、牌头、章坑、师塘、连墅底、杨村、方村、佛岭、教场塝、黄荆坦、石塔头、承舅岭、冯桥头、吴山铺、大山、坑儿口、七里庙、十亩丘、佛岭坦、岭后干、章村、金坑、古塘、佛岭后	五王阁、东和村、车田、项里、牌头、师塘、章村、连墅底、杨村、佛岭脚、吴·山铺金坑、忠塘、塘杨树桥、殷家村、承勇岭、岭后干
二都三图	良干、新馆、黄村、江村湾、赭坑、杨家山下、庙头	良干、新馆、黄村、江村湾、赭坑、杨家山下、庙头	良干、新馆、江村寰、平坑、赭坑、磡下、下岔、石庙头、黄村
三都六图	丰堨头、方塘、铁斧窟、大程村、大塘口、竦口、长庆、澄塘下	丰堨头、方塘、铁斧窟、大程村、大塘口、竦口、长庆、澄塘下、曹溪、胡眉干、考坑、虎盈降、溪西、程村墓	丰场头、方塘、大程村(一作大呈村)、竦口、长庆、胡湄干、考坑、澄塘下、虎盈降
四都二图	洪塘、汪村、西坡、小河、叶圻、潘村、项村	洪塘、汪村、西坡、小河坑、业圻、潘村、项村、盈坑、潜坑、溪东、上业圻、下业圻、三里坑、潘村埵、木坦、堨头、竹园	洪塘(一作横塘)、汪村、潜坑、溪东、西坡、小大、河坑(一作小大和坑)、上叶祈、下叶祈、三里坑、竹园、毛家坦(一作木冈坦)、项村、盈坑、潘村
五都四图	坦头、中圻村、大源、胡山头、祥坞、亨干、溪西、河坑、茅坞	坦头、中圻村、大源、胡山头、祥坞、亭干、溪西、河坑、茅坞、稽公关、□□□□□□□、大溪庄上、板坑、潘村、茶园、项村、刘溪、七里降、梨园坑、弯田、曹村	坦头、上源、大源、到溪、沆坑(一作洪坑)、七里冈、溪西岭、祥坞、胡山头、潘村、梨圆、坑(一作梨树坑)、稽公关、大溪(一作大溪地)、茶园、项村、子洟滩、中圻村
六都五图	溪头、西塘、竦塘、潘坞、西坑、杨桃岭、蓝田、胡村、大溪大谷用、小溪小谷用、上长庆、石榴村、子坑	溪头、西塘、竦塘、潘坞、西坑、杨桃岭、蓝田、胡村、大溪大谷用、小溪小谷用、上长庆、石榴村、梓坑、上村、竦岭、岩下、富山寺、桃坑、跳石、跳岭、汪满田、旧宅、归田	溪头、泥窝(一作银窝)、竦坑、潘坞、杨桃岭蓝田、练塘、上长庆、巖下、梓坑、石榴村、桃坑、西坑、汪满田、大谷运、小谷运、跳岭、桃岭、大溪、采石、黄音坑、旧宅、半岭

续表

	乾隆	道光	民国
七都十图	洪村口、叶岔、横行路、吴岔、胡眉干、桂林、黄村、大坑、县前、光田、大圆塘、牌头、山根、潭石头、朱村、中和村、梅渡滩、胡岔、路川、石灰坑	洪村口、叶岔、环村桥、吴岔、胡眉干、桂林、黄村、□□大坑、县前、光田、大□□塘、牌头、山□□、潭石头、□□村、中和村、梅渡滩、胡岔、云薄坑、石灰坑、登瀛乡、石塘岭、东门□□、胡岔、洪塍桥、小呈村、□□□□塘、光川坞、过溪、□□果树、绣匠、王宅村、大芝山、长湖、汪村、□□□□山、露濛山、东堂岭、鸟蒙坑	叶岔、洪村口、黄村、汪岔、纪大坑、大源塘（一作源塘村）、桂林、潭石头、大芝山、山岷、湖岔、云雾川（即鸟蒙坑）、石灰坑（一作晖坑）石塘岭、中塘岭、中和村、檀墅黄村、金锅岭（即梭唐岭）、汪村、丰埸头
八都八图	黄荆渡、登第桥、毛家园、新屋下、槐台、片上村、王宅村、前山、慈姑、方家堨、上塘边、云雾塘、新州、章塘庙、杨公塘、东山头、上下和村	黄荆渡、登第桥、毛家园、新屋下、槐台、岸上村、王宅村、前山、慈姑、方家堨、上塘边、云雾塘、新州、章塘庙、杨公塘、东山头、上和村、下和村、双溪、□□□□、师始潭、百亩干、□□苏、埵上、石堨头、慈姑潭、芳干村、招姑亭、前沙□□、姚家村、东山	黄金渡（一作黄金渡）、片上付（一作片霞村）、王宅村、前山、慈姑、云雾塘、章塘庙、新洲、杨公塘、东山头（一作东山营）、上和村、下和村、招姑亭、埵上
九都十六图	江村、介塘、岑山、前庄、莲子山、茂坦、承狮、清流、玉村前、刘家落、杨宅上、小路口、铸锅黄村、汪村、徐村、沙溪、冲岭、田干、范村、方家头、朱家巷、索粉巷、汪鸟村、梅山、宋祈	江村、介塘、岑山、前庄、连子山、茂坦、承狮、清流、玉村前、刘家落、杨家宅、小路口、铸锅黄村、仰村、徐村、双溪、冲岭、田干、范村、方家落、朱家巷、□□□□巷、汪村、梅川、宋祈、雷霖堨、鲍家村、溪塝上、□□峰岭、汪望塘、亭前社屋后	江村、介塘、岑山、前庄、承狮（一作呈狮）、清流、刘家那、梅山、宋祈、王家宅、小路口、铸锅黄村、仰村、汪村、饱家那（一作鲍川）、徐村、双溪、方家那

续表

	乾隆	道光	民国
十都十二图	枫树岭、清流、飞布山、严湾、宋村、打猎村、东门岭、富堨、古充、律村田、亭子山、沙园、冯塘、峤山、许家落、章塘、吴后塘、尹村、麻榨山、勋充、东西凤凰、石门、鸡公尖、杨村、汝坑、郝家落、汪家落、黄荆岭、高山、潘村、叶村、北山下、崔山、大尉甸、西田、善屋里、蒲田、项村、谢家坞、小灵山、松源	枫树岭、清流、飞布山、叶湾、宋村、打猎村、东门岭、富堨、古充、律村田、亭子山、沙园、冯塘、峤山、许家落、章塘、吴后塘、尹村、麻榨山、勋充、东凤凰、西凤凰、石门、鸡公关、杨村、汝坑、郝家落、汪家落、黄荆岭、高山、潘村、叶村、北山下、鹤山、大尉甸、西田、善福里、蒲田、项村、谢家坞、小灵山、松源、青竹培、大坑、鲍家那、光山下、黄村、仰家坞、上律寺、汪堨头、郝村、范里、彩里、新屋下、天□奄、长生庵、沙坦、叶村、汪村、山后、中村、方家那、始充、麻湖、田头、富堨湾、邵家坞	范村、打猎黄村、东凤凰、西凤凰、丰瑞里、飞布山、松关、宋徐、富堨、古冲(一作古村)、律村田、藤子山(一作腾紫山)、桑园、峤山、冯塘、许家那、善福里、蒲田、青竹培、大坑、上律寺、彩里、新屋底、吴后塘、勋冲、石门、鸡公尖(一名姬川)、杨村、麻湖田、禹坑、汪荆岭(一作汪金岭)、高山、太尉甸、西田、项村、小灵山、方家那、藿村(一作郝村)、焦家那(一作焦川)、潘村、东门岭(一作敦仁里)、章塘、麻榨山、郝家那、汪家那、叶村、北山下、鹤山、后塘
十一都五图	皤田、跳石、上丰、竹会寺、溪头、叶村、下丰、青山头、丰口、东流桥、杨充岭、塔山、沙□□上、罗田、下垢、杨家段、石牌头	磻田、跳石、竹会寺、龑村、下礼、青山头、丰口、东流桥、杨充岭、塔山、沙塍上、罗田、下垢、杨家段、石牌头、西凤凰、太尉殿、石柱、深铺源、□□村、古城、塘头、下桐山、敦山、朱家坞、西田、外沈、乳坑、舍头	丰口、霞丰(一作霞峯)、石柱、罗田、塔山、青山头、杨家段、下桐山、深福源、杨峯岭、龚村、石培岭、舍头、里沈、外沈、朱家坞、跳石、南段、罗坦、江岭、吴家坦、叶家、洪塘、鲍家、唐家
十二都八图	祁家巷、许村、王进舍、赵村、罗坦、杨家坦、樊村、王进坑、西岔、西坑、茅舍	丰溪头、堨、烟村、王村、永乐乡、祥里、坦头、金紫院、一树庵、汪家段、裴翰坦、朱陈桥、古亩塘、虚韶、野鸡园	上丰、溪头、祁家巷、许村、赵村、樊村(一作蕃村)、王进舍、王进坑、西坑、屯田、古溪、金村、杨家坦、茶坦、茅舍、泾岭

续表

	乾隆	道光	民国
十三都五图	东环、庄边、江村、青岭下、曹溪、江村、东坑口、乌树坑、碣石、仰村坑、芳村、汤口、山岔、沙城、上碣口、宋村头、西里庄、东山、上垢、苍岭、乌石、叶村坞		东回、庄边、汪村、曹溪、东坑口、碣石、芳村、汤口、山岔、东山、上垢乌石、叶村坞、长坞、双坑口、梅村、武山下、胡村党、冈村（一作岗村）、郑村、黄柏山、金坑、前山、上九、前村、小岭下、大岭下、庆霞、叶村、新田、田里、篁程塘、寗村庄、竹林浦、郑村、胡村
十四都五图	梁上、王干、小容、容溪、水蒲口、呈坎、朱村、王村、斗角良、王干寺、洽舍、杨村、桃源、石壁下、蒋村		梁上、杨干、小容（一作小溶）、容溪（一作溶溪）、水埠口、呈坎、洽舍、杨村、桃源、蒋村、石门滩、篁村、石机湾（一作石砧湾）、上舍、山头、山岭下、官田、下家碓、朱村、东干、车门滩、吴家林、牛头口、吴家、山下、长潭、金竹坑、慈平、村头源、新屋下、社屋后、横路下
十五都十二图	宋村、祊塘、里庄、盛塘、坤沙、古塘、澄塘、潜口、朱树林、陈村、葛山、水界山、塘背、太公山、胡椒村、唐榔、杨岭、猴儿坦、松明山、塘边、莘墟、西山、余家村、江祈、田中、中山后、相塘、金家村、柿树下、山后		宋村、祐塘、上里庄、盛塘、坤沙、古塘、澄塘、潜口、陈村、葛山、水界山、塘背（一作唐贝）、唐郎（一作唐朗）、莘墟、西山、金家村、江祈、相塘、余家村、金山下、谷下、竹坞、上灵（一作上林）、下灵（一作下林）、后山、松明山、田裹、前门、下里庄、潜坑、上汪、山后、吴家塘、昌竭

续表

	乾隆	道光	民国
十六都五图	溪南、上临河、芝黄、杨家桥		溪南(一作西溪南)、上临河、芝黄、朱家阁
十七都五图	临塘、竹坞、石桥、鲍村、琶塘下、琶村、金山、田干、里村、衣坑、斗阁、竦塘尾、坑口		临塘、石桥、里琶塘、外琶塘、葆村、琶村、金山、田干、裹村、依(一作伊坑)、竦塘尾、高士坞、竹祥坞、谢家巷、占村、柏山、金竹坞、塘边、坑上、汪泗坞
十八都七图	横山、吴村、过塘坞、上下长林、余塘、鸟竹园、过塘山、上中坞、金家墩、黄连充、长塘、槐充、托山、楼塘下、高甸、石塘、长龄桥		横山、梧村、过塘坞、上长林、下长林、梧竹园(一作梧竺源)、上坞、中坞、金家墩(一作金嘉里)、黄源村、长塘、托山、石塘、长龄桥、吕村、牌村(一作槐充)、山后、新塘坞、睦上坞、仙村
十九都十一图	梅村、鲍屯、路口、桑林、芭蕉坦、官塘、黄村、山上洪、严镇、长翰山、下山、丛睦坊、下临河、茆田、塘架、未川坞、江山头、魁瑶、毛岭、檡上		梅村、上路口、芭蕉坦、山上洪、岩镇(一作岩寺)长翰山、丛睦坊、下临河、茆田、塘架、魁窑、塘坞
二十都七图	路村、堨田、朱方、小里、厚美、王充、西充、东充、吴村、富饶、朱郑、信行、张家落、王口、上渡桥、余家山、信行山、□□坦上、岭镇申明亭、许家落、联墅		朱坊、厚美、王充、富绕、朱郑、信行、余家山、联墅
二十一都六图	山前、叶村、塘模、汪村边、西村、坦头、仇家塘、甸子上、西杨村、唐尾村		山前、叶村、唐模、汪村边、坦头、堨田、甸子上、西杨村、唐尾村(一作唐美村)、水杨村、胡村
二十二都十一图	蜀源、东山、官庄、含头、灵山、白砂岭、产庆、范坑、稠墅、大里、吴溪、槐塘、棠樾、汪金岭、溪坎、大母堨、古关、涌塘、张家潭、罗田		蜀源、东山、官庄、含头、灵山、产庆、范坑、稠墅、大里、吴溪(一作梧溪)、棠樾、赤坎、大母场、勇塘、张潭、灵坑、湿坑、蜀口

续表

	乾隆	道光	民国
二十三都十四图	后村、大趾村、向杲、郑村、吴村、张潭、古溪、严下、童坑、查坑、西山、黄屯、西凌村、七里湾、虬村、百槐台、旧屋岭、路口、潭渡、后坞、下市、狮山下、动充、舒塘、上市、沙园、方村、上杨村、黄土岭		后村(一作浩村)、牌边、向杲、郑村、裹高山(一作李家山)、古溪、童坑杳坑、黄潭源、西林村(即西畼村)、七里湾、虬村、百槐台、下路口、潭渡、后许、下市、上市、舒塘、方村、山坑、西沙溪、西溪、石坦上、陈家塝、张家山、叶家坝
二十四都九图	环山、姚村、罗田、古严寺、高假、龙塘、石冈、石岭、斡村、百丈、小严、泉水塘、余家堨、尖山下、察塘、浩泽、榉树、母蛇、竹林、棠坞、忠堂、马岭、石壁下、虹梁堨、烟村、王村		环山、姚村、罗田、高段、石冈、石巖、余家场、干村(一作斡村)、尖山下、察塘、棠坞(一作堂坞)、后择、竹林、忠堂、马岭、石壁下、择树(一作择墅)、虹梁场(一作虹梁)、烟村、王村、祥里、百丈、沃村
二十五都六图	石门、旃田、中溪、浙源、黄坑寺、上尖、横干、余村、朱坑、徐村、南溪南、黄口、岭后、相山、石门、坦上、汉洞、篁墩、刘村	石门、旃田、中溪、浙源、黄坑寺、上尖、横干、余村、朱坑、徐村、南溪南、黄口、岭后、相山、坦上、汉洞、篁墩、刘村、狮子口、木瓜坦、青坑、沉门、占田、结竹管忠溪、叶村、黄仪、芜尖、干村、王坦、尖山下、坑口、大宅、田村、前坑、横坑、占坦、辛塘、白云庵、花山、牛沙、麻榨头、大园、潘村、富丁山	石门、占田、黄坑寺、横干(一作横坑)、朱坑(一作珠坑)、南溪南、黄口、岭后、篁墩、坑口、刘村、石坦、半沙、中溪(一作忠溪)、浙源、黄尖、清坑、乔亭、木瓜坦、扎源、坆夏(一作坦上)、桑梓坞、汉口、顺口、呈田、汪坑、湖架、本坑口、万载、榆村坑、滂头、里门、峯山、田冲、上坞、下坞、狮子石、结竹营、小练、汉洞

续表

	乾隆	道光	民国
二十六都七图	小溪、坑口、长陔、岭里、蛇坑、旁坑、盛中、塘岭、接驼、下濂、岭口、坠上、石耳、朱陈、朱祈、大坑、刘村	小溪、坑口、长陔、岭裹、蛇坑、旁坑、盛中、塘岭、接驼、下濂、岭口、坠上、石耳、朱陈、朱祈、大坑、刘、苦竹、长标、孤岭、长街、石门坑、狮豹坑、韶鉴、鲍□□、黄毛岭、锦桥、张村、大川、安溪、瑶田、安坑□□□□、上坞、徐村、宋坑、王公舍、飞龙坑	小溪、坑口、长干(一作长陔)、岭裹、韶坑(一作韶川)、旁坑(一作礌坑)、接驼(一作驼岗)、下濂(一作绍濂)、岭口、石耳(一作石耳下)、朱陈、大坑、苦竹(一作古祝)、长标、孤岭、卉山、上坞、瑶田(一作姚田)、王公干、刘村、石门坑、黄毛岭、半坑、宋坑、张村、珠琦、徐村、上泽、绍泽、石墈下、居伦塘、外山
二十七都六图	王村、后塘、庄泉、严溪、上溪、叶西、里塘下、吴村、富登、浯村	王村、后塘、莊泉、岩溪、上溪、叶西、裹塘村、吴村、富登、浯村、大干、西洋、高坑、宋塘、黄泥坦、文公舍、茶培岭、石堪下、大观、朱林塘、杨村、富丁、古塘、毛坦、上下埠、仁山	王村、上溪、叶西、裹塘下(一作礼塘下)、梧村(一作浯村)、富汀、仁山、上店、文公舍、庄前、大观、后塘、江家塘、前墩、杏村
二十八都九图	结林培、富岱、罕村、朱家村、叶玕、冯村、谢村、山根、桐树岭、冷水坑、洪坑、岑山渡、航埠头、结林、敬舆、程村、潘村	结林培、富岱、罕村、叶玕、冯村、谢村、山根、桐树岭、冷水坑、洪坑、岑山渡、航埠头、结林、敬舆、潘村、永丰乡、店村、朱胡村、山岑、协山、裡田、高田、姜村、刘村、中洲	结林培(一作柘林培)、富岱、叶千(一作叶玕)、谢村、洪坑、岑山渡、航埠头、结林、敬兴、潘村、冷水坑、山斗、汪大礄、荃村
二十九都五图	小沟、黄备、左岔、学士源、岭里、堨头、汊口、高境、蛇坑、孙村、余岸、古源、绍村	小沟、黄备、左岔、学士源、岭裹、程村、堨头、汊口、高境、蛇坑、孙村、余岸、右源、绍村、长寿乡、汪云滩、水□□背、裡坟、余源、盘岭、汪坞、苍村、泗口、由村、敬舆、胡家坑、方家坞、许家坞	小沟(一作小洲)、黄备、左岔、学士源、隐里(一作岭里)、程村(一作呈村)、汊口(一作岔口)、阜径、蛇坑、孙村(一作森村)、余岸(一作渔岸)、古源、绍村、木背里坟、佘源(一作佑源)、盘领、方家坞、许家坞、石佛坟(一作石佛潭)、满田、上莊、鲍家潭、冯村、胡阴潭

续表

	乾隆	道光	民国
三十都九图	黄田、黄梦、街源、街口、尾滩、横石、白石岭、汝滩、山港、天峻滩、荷花池、絮湖头、小沟口、金村、大川口、程家堨、木家坦、朱家堨、绣衣坊、径口、下沙、江村、庙前、吴村、倒坑、徐村、沙溪、太平源	黄田、黄郁、街源、街口、尾滩、横石、白石岭、汝滩、山港、天峻滩、荷花池、絮湖头、小沟口、金村、大川口、程家堨、□□家坦、朱家堨、绣衣坊、径口、下沙、江村、庙前、舆村、倒坑、徐村、沙溪、太平源、孝女乡、上□□□□下泽、胡部口、胡部源、上罔、蜈蚣岭、上横田、小碓、黄荆山、雁洲田、下黄田、举坑、西坡汰、滩头、横元、沙弯、山港、长庄坞、上茶园、小川、梅岱坑、凌家坞、絮胡头、官山、汪阳栅、程家坞、元鎮、杨坞汰、十岭、半山、飞山坦、虢坞头、钱家坞、臼石、洲头、庄边坦、古坝山、田亩汰、武阳、洽河、大坑、岔口、抽司源、坦山头、扩马坞、横山□□、胡村、岭裡、石罗汰、黄毛、周家村、佛堂下、水竹坑、栈坑口、木林村、洪田、大洲源、太平村、仰坦、仓基、平岭□□、黄柏潭、亳岭、源头	璜田、黄尉(一作璜蔚)、街口、尾滩、横石、山港、小川、天进滩、洁湖头、大川口、程家坞、径口(一作正口)、江村、庙前、上吴村(一作上湖村)、下吴村(一作下湖村)、倒坑、太平源(一作大平源)、白石(一作白石岭)、洲头梁、武阳、洽河、大坑、岔口、抽司源(一作抽司)、横山店、岭里、百罗坎、周家村、佛堂下、牛岭俊(一作育岭后)、金村、鱼塘、风车坦(一作凤翔坦)、胡埠口、雁州田、凌家坞、小沟口、蜈蚣岭、梅岱坑、源头、山茶园、半山、山港、二十六亩、虎豹山、胡家坦、十八坦、太平口、青尖、桥亭山、书眉滩、十九坵、汪岭下、前山、樟枫树、巨坑口、上泽、下湾、水碓裹、石埧山、沙坦、白沙湾、田庄、何村、庙坞

续表

	乾隆	道光	民国
三十一都三图	田干、墙里、昌溪、梨岭、深渡、吴村、定潭、五渡、丫潭、向坑、蒙村、锦溪口、查坑源、九沙、杨林、盘寨、九里潭	田干、墙里、昌溪、梨岭、深渡、吴村、定潭、五渡、了潭、向坑、蒙村、绵溪口、查坑源、九沙、杨林、盘寨、九里潭、宋头、河坑、车田、西坝、横口、杨潭、约坑、汪山关山、蜜次坑、凌山坦、周公坑、石墙塘、东村、金福山、新岭干、外河坑、姚家□□、高南坦、程家墩、铁窑口、东云菴、高池菴、富溪、溪塝头、观山、索坑、铺裕、牌千、洪村、佛坑、堨田、杨干、马路、黄梅岭、大茂村、昌阜村、狮岭下、铁川口、岭脚、小溪、大会、绵溪口、牛坑、田村	昌溪、深渡、定潭、五渡、牌干、岭脚、琪潭、向坑、绵溪、查坑源、九沙、杨村、约坑、黄梅岭、大茂村、狮岭下、绵溪口、溪塝头(一作周塝头)、阜坑、崇头、安溪、唐坑、夏村、汪山、佛山、阳产、汪二街(一作王二街)、昌溪源、前田、对溪、姚里坦、榉树下、庐山、鲍家台、半山田、卧薪坦、华川、和坑、庄坑、竭头村、仓前
三十二都二图	叶村、中村、山阳坑、老竹岭、新米坑、黄柏源、王子司、朱木坑	叶村、中村、山阳坑、老竹岭、新米坑、黄柏源、王干司、朱木坑、长乐乡、小坑口、亳岭、白石源、金竹岭、慈坑、横坞、东山、云牌、查坑、高山、南村、朱干、杂木岭、王连坑、南□□口、高岔石门、水塘湾、王朱备、五即庄、坦竹岭、裡水西山、石踏头、九蔡坞、辰备坞、皂角塘、老竹村、梅家山、长脚岭、金竹屏、廨院寺、福泉寺、罗家坦、六甲岭、蒲坑、瓦窑垄	叶村、中村、山阳坑、老竹岭、王千司、老竹舖、白石源(中有十尖石、□口头、南庄、英庄坑)、慈坑、查坑、六甲岭(中有、长春坞、汪岭、水塘湾、石塔头、蛇基、皂川、田凹)、金竹岭、石岭、新庄、半坑、王村、王坪、高山、黄林坑、珠墩、浩山湾、长岭脚

续表

	乾隆	道光	民国
三十三都五图	水竹坑、杞梓里、苏村、路口、阳坑、阴坑、南村、庄潭、旁溪、蛇坑、苏家岸、崇程、后坑、塘里	水竹坑、杞梓里、苏村、路口、阳坑、阴坑、南村、庄潭、旁溪、蛇坑、苏家岸、崇程、后坑、塘裡、上磐泽、石潭、大备、坑、金竹、白毛干、齐坞、下坑、铜山、西村□□村、上宅、青家溪、大坞、竹坑、王坑、裡墙、裡坦、斜坑、石壁、柯村、中沅、阯马瑶山、上石、田干、高岗坦、向东坑、磻溪、皮坦、野岸、路口、横坑、字坑、长岭坑、英甫坑、阱潭、岩山、中岭、胡家塛、塘梨干、方村、锅村、纲坑、庄川弯、斜干、佛子干	水竹坑、大备坑、杞梓里、苏村、路口、阴坑（一作芙坑）、阴卓坑（一作英富坑）、南村、磻淫、霞坑、苏家岸、崇程（作崇村）、后坑、唐里、山盘溪、石潭、齐武、穽潭、斜干桥、郑坑店、中岭脚、下盘溪、高冈坦、石桥上、霞井、上石、白茆坪、科村、网坑、庄川、东山、西村、白石库、蜈崛形、瓦上、茂竹坦
三十四都五图	洪鲸、洪飞、狮干、排坑、西坑坞、方村、白洋、大阜、郑坑、七贤、青竹凹、□□溪上、源头潭、洪坑头	洪鲸、洪飞、狮干、排坑、西坑坞、方村、白洋、七贤、青竹凹、溪上、源头潭、洪坑口、长乐乡、野鸡坞、山后铺、察坞、吴辉、在头、佛子干、逢村、金村、香由寺、柏宅村、后岭、汪竭干、松林汰、小佛坑、叶川、方祁村、新桥头、磨架下、汪家坞、东山、塔岭脚、遐阜川、大坑、西村、洪村、江□□	洪鲸（一作洪琴）、洪飞思干、排坑、西坑坞、方村、白洋、七贤、青竹凹、溪上、源头、洪坑口、野鸡坞山后（一作山后）、佛子干（一作富之千）、□口村、汪竭干、小阜坑、方村、塔岭脚、萌坑、太坑
三十五都六图	北岸、高山、孝女村、程村、刘村、东村、后砳、瞻洪、蔡坞	北岸、高山、孝女村、大阜、郑坑、程村、刘村、东村、后砳、瞻淇、蔡坞、佛岭脚、藤坑、南村、白洋下村坞、方祁村、佛磨坑、白洋坑、金竹岭、直岔	北岸、高山、孝女村、大阜、郑坑、呈村降、留村、后砳、瞻淇、蔡坞、佛岭坑（一作阜塘坑）、金竹岭、直岔、大阜、蔡坑、江村、上村、小阜
三十六都五图	绵潭、漳潭、吴村、横街、洪村、自成、汪村、片岭下、朱家坞、方村、薛坑口、杨坑、沦坑	绵潭、漳潭、舆村、横街、洪村、自成、汪村、柔□□下、朱家坞、方村、薛坑口、杨坑、沦潭、沦岭坞、裡庄坑、漳岭山、大表坞、绵潭坑、章塘、章村弯、薛坑岸、西岸、黄金□□姚村、岑岭下、金滩、郭坞口、板桥裡、田坑、严坦上、胡里弯、冷坑口、沦岭下	绵溪、绵潭、自成（一做狮形）、汪村、柔岭下、金滩、沦岭下、漳坑、李槐塘、八亩塘、大麦坞、梧村、薛坑段、沦潭、胡田湾、田贩、王家应、葛坞桥、上铺、下铺、毛坦、三垢田

续表

	乾隆	道光	民国
三十七都十图	黄花岭、汪龙坑、梨下、熟田、潘岭、朗源口、黄金岭、黄荆渡、夏坑、义成村、木家村、浦口、长源、宾坑、曹村、将军山头、山根、丰隆岭、龙王山、问政山、方家村、稠木岭、梅口、雄村、王家坝、后坞、□□村、白洋岭、戴家尖、庄源、车龙湾、范坑	黄花岭、汪龙坑、梨下、熟田、潘岭、南源口、黄金岭、夏坑、义成村、朱家村、浦口、长源、宾坑、曹村、将军山头、山根、丰隆岭、龙王山、问政山、方家村、稠木岭、梅口、雄村、王家坝、后坞、章村、白洋岭、戴家尖、庄源、车龙湾、范坑、五里牌、王村墓、金鸡石、汪村、高山下、青山磅、王家村、坦头、竹林、潘坑、王坟岭、杨村山、王家淇、中堡、沫滩、丰村、庄村、鲍坑、程家坞、狮坞、程塘、流坑、下马坑、枯树坞、千佛菴、李树下、坑口、林柯、溢菴、兰管菴、一佛菴、大圣桥、琳村、鲍家庄、七里头、园头	黄花岭、汪龙坑、就田、潘岭、南源口、黄金岭、夏坑、义成、朱家村、浦口、实坑(一做鲍坑)、将军山头、山根、丰隆岭、问政山、方家村、稠木岭、梅口、雄村、王家坝、后坞、莊源、车龙湾、五里牌、王村茂、金鸡石、汪村、高山下、中保(一后中堡)、丰村、坑口、南琳村、郎源、鲍家村、七里头、王家淇、漫滩、流坑、程家坞、许家坞
东关五图	官亭、上路、程家坞、大塘冲、寨苍、竹坞、黄家坞、龙舌头、磡上、新安驿、横街、后圩、县前、新民桥、马家坞、叶家山、荷花池、县学前、桃源坞、紫阳门、王府坟前、河城上、东门□□桥	官亭、上路、程家坞、大塘冲、寨巷、竹坞、黄家坞、龙舌头、磡上、新安驿、横街、后街、县前、新民桥、马家坞、叶家山、荷花池、县学前、桃源坞、紫阳门、王府坟前、濠城上、东门吊桥、童家巷、朱家坞、石门岭、玉屏前、白连巷、铁帽井、节孝坊、毕家巷、白石井、江家祠、开化寺前、贤关坊、县后、罗家巷口、元妙观、仓前、许家祠前、解元坊、贺家坦、程家巷、江家坞、赵家山	上路街、程家坞、大塘冲、黄家坞、县学前、县署前、县署后、新民桥、桃源坞、江家坞、紫阳门、濠城上、白莲巷、毕家巷、白石井、鹤巷、仓前

续表

	乾隆	道光	民国
西关二图	河西桥、西门外、渔梁、南门裹、茶源	河西桥、西门外、渔梁、南门里、茶源、古虹桥、上马头、观音阁、程家坞、鸡宾岭、南门头、施家岭、狮子桥、山川坛、姚家巷、黄家墩、丙字塘、天都书院、太平十寺、望仙桥、山川坛下、林村、碓头、施村、赵家山、荷花岭、许家园头、青石歧、低园	西门外、河西、渔梁、南门头、琳村、施村、青石歧、茶源、十寺、古巷口、杨诺、张家坞、金家滩、东华坞、毛家坞
北关二图	大溪桥、北门外、石塌头、小北门外	大溪桥、北门外、石塌头、小北门外、老郎庙、石壁、大义阁、麻坑桥、镇安桥、罗家巷、何塍上、古楼巷	北门外、小北门外、大义阁、石塌头、六管上
古关二图	百花台、葛塘	古城、百花台、塘寺、吴家山	古城关、葛塘、毕家山下
东南隅二图	十横街、冲山巷、太子堂前	十横街、冲山巷、太子堂前、西门月城、阁老府前、大学士牌坊下	十横街、翀山巷、太子堂前、西门月城、阁老府前、大学士牌坊下
西南隅二图	南街、新安街前、城隍庙、南公馆、旗纛庙边	南街、新安卫前、城隍庙、南公馆、旗纛庙边、都宪坊、大学士、坊下、南门月城、西街、槐花树下、正府司、登瀛里	南街、新安卫前、都宪坊、西街、登瀛里
东北隅三图	东门头、里仁巷、上北街、永丰仓前、府学前、□□家巷	东门头、里仁巷、上北街、黄荆岭、永丰仓前、府学前、倪家巷、李王坦、穆家坦、税务上、儒林坊、绣衣坊、九家巷、童子巷、羊税巷、天宁寺、罗家巷、峻街巷、倪家坦、乐育坊、朱家巷	儒林坊、绣衣坊、东门头、上北街、府学前、税务上、童子巷、九世巷、牛税巷、罗家巷、峻家巷、乐育坊、朱家巷、乾明观巷
西北隅二图	小北街、穆家坦、府前	小北巷、穆家坦、府前字街、招恩门、阳和门、水洞口、水沟巷、机巷	小北街、十字街、府前、阳和门、机巷、水沟巷、穆家坦

资料来源：乾隆《歙县志》卷一《舆地志·都图》；道光《歙县志》卷一《舆地志·都图》；民国《歙县志》卷一《舆地志·都图》。

十、休宁县康熙、道光时期隅都一览表

时期 / 隅都	康熙时期		道光时期		
	辖村	图数	属乡	辖村	图数
东北隅	县前街、松萝门、北街、东街、淳化巷、石羊干、上河、培郭、雀山巷、晁熙里、野猪塘、苏家巷北	共三图，天地伭号，新丈甲乙丙	忠孝乡	县前街、松萝门、北街、东街、淳化巷、石羊干、上河、陪郭、鹤山巷、晁熙里、野猪塘、苏家巷北	共三图（旧天地元，新甲乙丙）
西北隅	苏家巷南、朱紫巷、北街西、西街、西关社、高市巷、宣仁巷	共二图，黄宇号，新丈丁戊	忠孝乡	苏家巷南、朱紫巷、北街西、西街、西关社、高市巷、宣仁巷	共二图（旧黄宇，新丁戊）
东南隅	东门、后街、保宁坊、玉堂巷、学基、普满寺、南街东、胡氏官巷、后旧、牧宁坊	共三图，宙洪荒号，新丈已庚辛	忠孝乡	东门、后街、保宁坊、玉堂巷、学基、普满寺、南街东、胡氏官巷、后田、敉宁坊	共三图（旧宙洪荒，新已庚辛）
西南隅	南街西、文昌坊、宣仁巷、旌孝坊、美俗巷、南关社、古楼巷、名儒世里	共二图，日月号，新丈壬癸	忠孝乡	南街西、文昌坊、宣仁巷、旌孝坊、美俗巷、南关社、古楼巷、名儒世里	共二图（旧日月，新壬癸）
一都	柳塘巷、凤凰街、南门西边、小南门、断石、郭山晓角、白观、峡东、阳村、汶溪、栢墩，（以下其余村乡不可胜计）	共八图，缺三，盈昃辰宿列裴寒号，新丈天地伭黄宇寅洪	忠孝乡	柳塘巷（在城）、凤凰街、南门西边、小南门、断石、汶溪、郁山、晓角、白观、峡东、麦岐村、石叶村、阳村、柏墩、阳后、方庆园、上洲园、下大路、石人前、沙波、内翰街、下城河、溪西、燕窠、长塘	共七图（在县西，旧盈昃辰宿列张寒新天地，元黄宇宙洪）

续表

时期/隅都	康熙时期		道光时期		
	辖村	图数	属乡	辖村	图数
二都	雀下山、乾头山、张村、堨田、曹村、上峡东、建初寺、崇寿观、枫林园、下汶溪、富琊	共六图，缺一五，来暑往秋牧号，增五图补，新丈荒日月盈昃辰	安乐乡	鹤山下、乾川、张村、横川、堨田、曹村、峡东、碧丛、建初寺（在城）、崇寿观（在城）、枫林园（在城）、下汶溪（有接秀桥，有汇源废桥）、富琊、查村、舟山、柳洲、新塘、关山、石亭、车田、枧头、董干	共七图（在县北，缺一五图，旧来暑往秋收，新荒日月盈昃）
三都	水西街、万安街、旧市、占城、水南、西山、占路、鸟山、涨山	共十图，冬藏间余成岁律吕调阳号，新丈宿列张寒来暑往秋牧冬	安乐乡	水西街、万安街、旧市、古城（有古城桥）、水南（有南山寺，有渡）、西山、茑山、涨山、株树山、唐由、唐村、后村、长汀、福寺、郭家洲、观村、余头村	共十图（在县东，旧冬藏间余成岁律吕调阳，新宿列张寒来暑往秋收冬）
四都	瓯山、石岭、百石冲、溪阳、吴田、澄溪、汪村、高梯山、砂塘里、料头、遐槎塘、东山、霞塘	共十二图，云腾致雨露结为霜金生丽水号，新丈藏间余成，岁律吕调阳云腾致	安乐乡	瓯山、石岭、百石冲、溪阳、吴田、占路、澄溪、汪村、高梯山、料头、霞槎塘、唐芦山、杨源、东山、唐云、蕉充、方大基、田西、关上、藕塘、施村、琊源、望干、唐到、上山、徐村、霞塘、项仁义	共十二图（在县东，旧云腾致雨露结为霜金生丽水，新藏间余成岁律吕调阳云腾致）

续表

时期 隅都	康熙时期		道光时期		
	辖村	图数	属乡	辖村	图数
五都	龙源、北山、瑯斯、富载、余村、洽舍、小坑、坯坑、七桥	共七图，缺七八九，玉出昆冈剑号，巨阙号，增十图，新丈雨露结为霜金生	吉阳乡	龙源、茶下、东山、北山、瑯斯、富载、余村、洽舍（城北四十里有仁王院）、晓山（今名小坑）、七桥、山脚、莘田、冷水厂、迪祥胡、南塘、黄岚、谢村	共七图（在县北，旧玉出昆冈剑号巨，新雨露结为霜金生）
六都	监田、西村、潘村、高桥、小溪、碧山、富寮、金龙山	共三图，阙珠称号，新丈丽水玉	履仁乡	蓝田、西村、磻村（城北六十里有濲潭桥）、高桥（城北六十五里有双岭，为休歙界）、小溪（城北六十三里）、碧山、富寮（城北四十五里）、金龙山、大源、项保、东圩	共三图（在县北，旧阙珠称，新丽水玉）
七都	张村、岩脚、东亭、西居岭、藕坑口、白茅	共三图，夜光果号，新丈出昆冈	吉阳乡	张村、岩脚（有登封桥）、东亭（有东亭桥）、西居岭、藕坑口、白茅、珊坑、富瑯坑、募边、南坑、叶岭下、黄土岭、塘坞、张村	共三图（在县北，旧夜光果，新出昆冈）
八都	石人前、棠源、东阁、许村、查干、叶村、高家源、流村、山秀、典村、大塘、岭下山	共五图，缺二，珍李奈莱重号，新丈剑号巨阙珠	吉阳乡	石人前（有石人峰）、棠源、东阁、许村、查干、叶村、高家源、沈村、山秀、典村、大塘、岭下山、宋村、鬲山、京塘、霞村、霞池、查田、大石	共五图（在县西，缺三图，旧珍李奈莱重，新剑号巨阙珠）

续表

时期／隅都	康熙时期		道光时期		
	辖村	图数	属乡	辖村	图数
九都	蓝渡、西馆山头、典口	共二图，缺二，增五，芥姜号，新丈称夜	吉阳乡	蓝渡（有蓝渡桥）、西馆（有金大埸）、山头、典口、大斐、霞溪、环珠、箬笠山、石岭、土城、江村、溪北、新渠、半源、东塘	共二图（在县西，缺二图，增五图。旧芥姜，新称夜）
十都	横街、上资、演口、渭桥、方塘、板桥、吴村、资村	共二图，缺一，海咸号，新丈光果	履仁乡	横街、上资、演口、渭桥、方塘、板桥、吴村（或名湖村）、资村、吴圩、遐圩、重塘、瓦窑坦、郑家坞、横圩、壶圩、查村、金村、横山、前村	共二图（在县西，旧海咸，新光果）
十一都	石田、金塍、珰溪、洲洋干、霞汉	共三图，缺二，鲁二四，河淡号，新丈珍李奈	里仁东乡	石田、金塍、珰溪、洲阳干、霞汉、东充、汤田、倪圩、石灰坑、黄泥塘	共三图（在县西，旧河淡，新珍李奈）
十二都	双溪、渠口、珰坑街	共二图，缺二，鳞潜号，新丈莱重	履仁乡	双溪、渠口、珰坑街、宋村、霓湖、岩坑、黄充	共二图（在县西，旧鳞潜，新莱重）
十三都	溪口、河村、旌城、山背、石坑、檐下	共四图，羽翔龙师号，新丈芥姜海咸	履仁乡	溪口、和村、旌城、山背、石坑、檐下、章干、榄村、横坑、下金竺、中段	共四图（在县西，旧羽翔龙师，新芥姜海咸）

续表

时期 隅都	康熙时期		道光时期		
	辖村	图数	属乡	辖村	图数
十四都	石砘、居安、约山、隐冲、梅林、潜阜、竹林、北村、舌楼、厚村、方山、佘家坞	共十一图，火帝鸟官人皇始制文字乃号，新丈河淡鳞潜羽翔龙师火帝鸟	黎阳东乡	石砘、居安、约山、隐冲、梅林（有渡）、潜阜、竹林、北村、古楼、厚村、方山、东湖、景川、佘家坞	共十一图（在县东，旧火帝鸟官人皇始制文字乃，新河淡鳞潜羽翔龙师火帝鸟）
十五都	新屯、资口	共六图，缺三，服衣裳推位号，新丈官人皇始制文	黎阳东乡	新屯、资口、东干、仙人林、洋坑、程子塘、石牌头、上坦	共六图（在县东，缺三图，旧服衣裳推位，新官人皇始制文）
十六都	溪东、草市、屯溪、率口、富上、沙园、由坑、坑口、黄石、唐霞、钓桐滩、洪田	共八图，缺六七八九十，让国有虞陶唐吊民号，新丈字乃服衣裳推位让	黎阳东乡	溪东、草市、屯溪、率口、长干塝、富上、沙园、由坑（或名尤溪）、坑口、黄石、唐霞、钓桐滩、湖边、社屋前	共八图（在县东，缺六七八九十图，旧让国有虞陶唐吊民，新字乃服衣裳推位让）
十七都	流塘、汪祈、林塘、合干、溪边村、易村、山头、江村	共七图，增八，伐罪周发商汤坐号，新丈国有虞陶唐吊民	由山西乡	流塘、汪祁、林塘、合干、溪边村（溪形如蟾，或名蟾溪）、易村、江村、上黄、余麻塘、郁源、南干店、西充、蜈公岭、前山、朱村、寺前金、泉水塘、擇林	共七图（在县南，旧伐罪周发商汤坐，新国有虞陶唐吊民）
十八都	陆阜、博村、油潭、黎阳、叶祈、闵口、奕淇、高枧、珠里	共十二图，朝问道垂拱平章爱育黎首臣号，新丈罪周发殷汤坐，朝问道垂拱平	由山东乡	隆阜、博村、由潭、黎阳、叶祈、闵口、高枧、珠里、茅山、孙打鱼、汪百祥、霞山	共十二图（在县东，旧朝问道垂拱平章爱育黎首臣，新伐罪周发商汤坐，朝问道垂拱平）

续表

时期 / 隅都	康熙时期		道光时期		
	辖村	图数	属乡	辖村	图数
十九都	临溪、珮瑯	共五图，伏戎羌遐迩号，新丈章爱育黎首	和睦乡	临溪、珮瑯	共五图（在县南，旧伏戎羌遐迩，新章爱育黎首）
二十都	汊口、潢源、大阜瀛、吴田岭	共七图，缺二七，一体率宾归王鸣号，新丈臣伏戎羌遐迩一	和睦乡	汊口、璜源、吴田岭、大阜瀛、苦竹圩、桃林、陈村、古楼坦	共七图（在县南，旧一体率宾归王鸣，新臣伏戎羌遐迩一）
二十一都	太塘、藏溪、兖山、榆村、塘尾、占田、兖山渠	共五图，缺五六七八，凤在竹白驹号，新丈体率宾归王	黎阳东乡	太塘、藏溪、兖山渠、榆村、塘尾、詹田、富胙、白际、望岭山、小姑潭、腾紫关、桃梅	共五图（在县东南，旧凤在竹白驹，新体率宾归王）
二十二都	雁塘、汪唐关、洋湖、瑶干、瑶溪	共八图，缺七八，食场化被草木赖及号，新丈鸣凤在竹白驹食	由山东乡	雁塘、傍霞、孝敬、闵口、坊口、合阳、洋湖、汪唐干、朱村、树伦、牡丹花	共八图（在县东南，旧食场化被草木赖及，新鸣凤在竹白驹食）
二十三都	商山、新渡、浯田、荪田	共九图，万方盖此身发四大五号，新丈场化被草木赖及万方	由山东乡	商山、新渡、浯田、荪田、几山头、里村、沾源、水充、张边、溪西、小贺、苦竹田、长圩、首源、邵家村、下坞	共九图（在县南，旧万方盖此身发四大五，新扬化被草木赖及万方）
二十四都	石佛、古塘、芳干、浮潭、霞阜、黄村、束坞充、高堨	共七图，缺五，常恭惟鞠养岂敢号，新丈盖此身发四大五	由山西乡	石佛、古塘、芳干、浮潭、霞阜（有官渡）、黄村、里坞充、高堨、星洲、燕塘、钗坑、洪家山、巴家坞、西岸、溪洲、大路、井巷、渔滩、里田、西坑、林田	共七图（在县南，旧常恭惟鞠养岂敢，新盖此身发四大五）

续表

时期 隅都	康熙时期		道光时期		
	辖村	图数	属乡	辖村	图数
二十五都	西干、钟泽、环谷、溪头、洪方、会里、朱村	共七图，缺七，毁伤女慕贞洁男号，新丈常恭惟鞠养岂敢	由山西乡	西干、钟泽、环谷、溪头、洪方、会里、朱村（有朱村铺）、杨村、瑶溪、长岭、巴塘、巴方、东邱、下庄、瑶干、屏峰山、山下湖、许村	共七图（在县南，旧毁伤女慕贞洁男，新常恭惟鞠养岂敢）
二十六都	首村、巴庄、同溪、同口、梅田、临溪、半路	共六图，效才良知过号，新丈毁伤女慕贞洁男	里仁东乡	首村、巴庄、同溪、同口、瀛山、梅田、临溪、半路、大商、里田、岭后、岩溪、毕村、韩村、吕村	共六图（在县西南，旧效才良知过，新毁伤女慕贞洁男）
二十七都	陈村、汪溪桥、环田、霞瀛、杨冲、祖源、言阳、宁溪	共五图，必改得能号，新丈效才良知过	里仁东乡	陈村、汪溪、霞瀛、炉下、祖地上、上呈、央充、泥上园、环田	共五图（在县西南，旧必改得能，新效才良知过）
二十八都	山斗、黄茅、溪西、三溪、岭南、东流溪	共九图，缺六，莫忘罔谈彼短靡恃巳号，新丈必改得能莫忘罔谈	千秋南乡	山斗（或名斗山）、黄茅、溪西、三溪、岭南、东流溪、东里、石壁头、青山、黄泥坦、塘尾	共九图（在县南，旧莫忘罔谈彼短靡恃己，新必改得能莫忘罔谈）
二十九都	五城、龙湾、溪口、干滩、渔滩、古林、清漪埸、李家亭、伦堂、月潭	共十一图，缺九，长信使可复器，欲难量墨悲号，新丈彼短靡恃巳，长信使可复器	千秋南乡	五城、龙湾、溪口、鉴潭（或名干滩）、鱼滩、古林、清漪埸、李家亭、伦堂（有渡）、月潭、下岩溪、里外塔、珠兰坞、甘圩	共十一图（在县南，旧长信使可覆器，欲难量墨悲，新彼短靡恃已，长信使可覆器）

续表

时期 / 隅都	康熙时期		道光时期		
	辖村	图数	属乡	辖村	图数
三十都	长丰、江潭	共三图，缺一，丝染诗号，新丈欲难量	虞芮乡	长丰、江潭、穆圩、祖功、琳村、桐子岭、九亩丘	共三图（在县西南，旧丝染诗，新欲难量）
三十一都	潢溪、鸟旻、小柄、水潭、大溪	共三图，缺二，赞羔号，新丈墨悲丝	虞芮乡	璜溪、鸟茗、小柄、冰潭、大溪、鸠溪、磅口、八门	共三图（在县西南，旧赞羔羊，新墨悲丝）
三十二都	新城、汪村、叚山后、大连、后山、里广山、广源桥	共四图，羊景行维号，新丈染诗赞羔	虞芮乡	新城、汪村、段山后、大连、后山、里广山、珠帘、广源挢、豹南、杨村、小坑、小连、横坑、里庄、磅溪	共四图（在县西南，旧景行维，新染诗赞羔）
三十三都	茗洲、鹏源、流口、冯村、泉坑、前源	共七图，缺七，贤克念作圣德建号，新丈羊景行维贤克念	虞芮乡	茗洲、鹏源、流口、冯村、泉坑、前源、大川、梅溪、彰源、汪村、右陇、施村、小柘、三村、王家田	共七图（在县西南，旧贤克念作圣德建，新景行维贤克念）

资料来源：康熙《休宁县志》卷一《方舆》；道光《休宁县志》卷一《疆域 · 隅都》。

十一、祁门县万历、道光、同治时期都图村落一览表

都图＼时期	万历	道光	同治
一都图三	玥璜、朴墅、秀墩街、郑坑、大洪山	秀墩街、郑坑、华桥、沈家坞、下柯汪村、饶家坞、雕璜村、朴墅、柳树下、秀水桥、十王寺、大洪山、张村	秀墩街、郑坑、华桥、沈家坞、下柯汪村、饶家坞、琱璜村、朴墅、柳树下、秀水桥、十王寺、大洪山、张村
二都图二	石门乌阳、石窟、里塘	木村坞、石门桥、石墅、乌门、石谷里	木村坞、石门桥、石墅里、乌门、石谷里、谷木、西坑
三四都图二	相滓、桃墅、响堂弯、塔坊、九龙源	柯岭、侯潭、郭潭、塔坊、九龙源、桃墅、潘张村、竹溪、响堂湾	柯岭、侯潭、郭潭、塔坊、九龙源、桃墅、潘张村、竹溪县、乡堂湾、郭溪里、汇溪、檀山里、韩溪、竹溪里
五都图一	櫸墅、仰村、胥岭	胥岭、櫸墅、仰村、于村	胥岭、櫸墅、仰村、于村
六都图二	善和、沙弯、掘林街、东坑、莊溪	上村、中村、林村、方村俱善和、沙湾、秀溪、东坑、许家坦、伟溪、漳溪林村、东围、竹山、枫林街	上村、中村、林村、方村、俱善和、沙湾、秀溪、东坑、许家坦、伟溪、漳溪林村、东园、竹山、枫林街
七都图二	翕桥、大坦、溪头、榧树、斜汶、宋溪、田里、湘源	宋溪、翕桥、山柏坞、小路上、大坦、栅树、斜议、长培、石门、田里、湘源、溪头	宋溪、翕桥、山柏坞、小路上、坦县、栅树、斜汶、长培、石门、田里、湘源、溪头
八都图二	其村白塔、柏溪、程村、蒋村	白塔、项村、华虹、柏溪、程村、蒋村、锺峯、庸溪、邱村、西源里、庸头、黄荆岭、武亭岭下龙源、榉坑、芝溪、小岭下	白塔、项村、华虹、柏溪、程村、蒋村、庸头、黄荆岭、武亭岭下、龙源、榉坑、芝溪县、小岭下、芝溪中源里、园县
九都图二	许村坞、五溪源、墩上、左田、蛇头岭、黄土坑、下河村	金字牌、许村坞、五溪源、新设铺、霞坞、大园、左田、洪田源、和村、墩上、蓝桥、黄土坑	金字牌、许坞村、五溪源、新设铺、汛地、霞坞、大园、左田滨田、和村、墩上县、蓝桥、黄土坑、仙洞源、榉源
十东都图二	孚溪、石坑、土坑	石坑、凫溪、许村、许家辟、黄余口、浒溪、吴家潭	坑县、凫溪、许村、许家畔、黄畲口、浒家畔(原名上坑)、淏家潭、黄畲山
十西都图一	王源、大岭下、倒湾、溪石、魁溪	魁溪、严源、大岭下、大山、安山、晹源、乔山	魁溪、岩源、大岭下、大山、安山(原名倒湾)、旸源、乔山

续表

时期 都图	万历	道光	同治
十一都图二	福州、李坑口、赤桥、业村、庄坑、径并坳	赤桥、将军堆、庄坑源、李坑口、福州、金壁拗、盆村、外巷、福洲墩	赤桥、将军堆、莊坑源、坑口、福洲、金壁坳(原名径并坳村)、外巷、福洲墩、碣泉潭、黄畲源
十二都图三	平里、贵溪	贵溪、山下胡村、洪村、平里、双凤、坑、郭口、溶口、李村	贵溪、山下胡村、洪村、平里、双凤坑、郭口、溶口、李村、郭溪仁和里
十三都图一	板石、宗阁	胡村、姚村、板石、中涧、汉口、榨里	胡村、姚村、石溪、中涧、汶口、榨里、康村、凌村
十四都图二	鳙口、严坑、千佛桥、倪坑	仁村、小路口、泥坑溪、车田、千佛桥、岩潭	仁村、小路口、泥坑、环溪、车田、千佛桥、岩潭、濂溪、凤田、凌峰井田、里村源、庚峰里村源、溶溪陈家坑、环溪(又名陈家)、双坑
十五都图三	查湾祁岭、大北港、白桃、卢溪、倒湖	奇岭、卢溪、查湾、白桃、罗源、礼星、曲坞、倒湖	奇岭、卢溪、查湾、白桃、罗源、礼屋、曲坞、倒湖
十六都图二	渚口、伊坑、石潭、青幽	伊坑、渚口、石潭、樵滩、石迹园、滩下、大北铺、许村、清幽	伊坑、渚口、石潭、樵滩、石头迹园、滩下、大北铺、许村、清幽
十七都图二	歷溪、珠沙、黄源、渔口、彭珑	朱村、彭(土龙)、历溪、黄龙口、环沙	宋村、彭(土龙)、历溪、黄龙口(原名黄濂口)、彭源县、古溪、金源、茅坦
十八都图二	叶村、塘下、宋村、曹村	武陵坑、历日、许村、大树下、江村、张闻、西塘、曹村、陈田、深都、下叶村、叶村	武陵坑、历口、许村、大树下、江村、张闸、西塘、曹村、陈田县、深都、下叶村、叶村
十九都图三	上田汪村、栗里、正充、若坑、大村石、马山、南溪	正冲、淑里、伦坑、栗里、王村、汪村、尚田、金山殿、马口、马山、大仓、曹家、下若坑、上若坑、榉根岭汛	正冲、淑里、伦坑、栗里、王村、汪村、尚田、金山殿、马口、马山、大仓、曹家、下若坑、上若坑、榉根岭汛
二十都图二	横头	横头、营前、沿边、峡城里、小易、大坞里	横头、营前、沿边、峡城里、小易、大坞里

续表

时期 都图	万历	道光	同治
二十一都图二	桃源、竹溪巷	大桥头、西坑、石壁下、程村、坑口、潘村、裹桃源、柏村外桃源、达万里外桃源、闪上、天源里、程村、车田	大桥头、西坑、石壁下、程村、车田、裹桃源、外桃源、连万里外桃源、闪上、天源里、坑口、潘村、云村下坞口县、白云村
二十二都图二	高塘、金村、叶坑	金村口、金村、鸿村、查源、詹家坞、汪村、李源、许村、车谭、南门、新田、西村、新安洲、上汪、下注、叶源、良禾口、长滩	金村口、金村、鸿村、查源、詹家坞、李源、许村、车潭、南门县、新田、新田西村、新安洲、下汪、叶源、良禾口、长滩、赵家村

资料来源：万历《祁门县志》卷四《人事志·乡市》；道光《祁门县志》卷十一《舆地志》；同治《祁门县志》卷十一《舆地志》。

参考文献

一、地方志

淳熙《新安志》，《宋元方志丛刊》第 8 册，中华书局，1990 年。

弘治《徽州府志》，《天一阁藏明代方志选刊》21 ～ 22，上海古籍书店，1964 年。

嘉靖《徽州府志》，《北京图书馆古籍珍本丛刊》史部 · 地理类第 29 册，书目文献出版社，1988 年。

嘉靖《淳安县志》，《天一阁藏明代方志选刊》，中华书局，1965 年。

万历《严州府志》，《日本藏中国罕见地方志丛刊》，书目文献出版社，1991 年。

万历《续修严州府志》，《日本藏中国罕见地方志丛刊》，书目文献出版社，1991 年。

万历《遂安县志》，"中国方志丛书"华中地方第 571 号，成文出版社，1983 年。

万历《歙志》，《上海图书馆藏稀见方志丛刊》第 123 ～ 125 册，国家图书馆出版社，2011 年。

康熙《徽州府志》，"中国方志丛书"华中地方第 237 号，成文出版社，1975 年。

康熙《婺源县志》，"中国方志丛书"华中地方第 676 号，成文出版社，1985 年。

康熙《休宁县志》，"中国方志丛书"华中地方第 90 号，成文出版社，1970 年。

乾隆《婺源县志》，"中国方志丛书"华中地方第 678 号，成文出版社，1985 年。

嘉庆《绩溪县志》，"中国方志丛书"华中地方第 724 号，成文出版社，1985 年。

嘉庆《黟县志》，"中国方志丛书"华中地方第 725 号，成文出版社，1983 年。

道光《徽州府志》，"中国方志丛书"华中地方第 235 号，成文出版社，1975 年。

道光《婺源县志》，"中国方志丛书"华中地方第 679 号，成文出版社，1985 年。

道光《休宁县志》《中国地方志集成 · 安徽府县志辑》第 52 册，江苏古籍出版社，1998 年。

道光《黟县志》，《中国地方志集成 · 安徽府县志辑》第 56 册，江苏古籍出版社，1998 年。

同治《祁门县志》，《中国地方志集成 · 安徽府县志辑》第 55 册，江苏古籍出版社，

1998 年。

同治《黟县三志》,《中国地方志集成 · 安徽府县志辑》第 57 册, 江苏古籍出版社, 1998 年。

民国《重修婺源县志》,《中国地方志集成 · 江西府县志辑》第 27 册, 江苏古籍出版社, 1996 年。

民国《歙县志》,《中国地方志集成 · 安徽府县志辑》第 51 册, 江苏古籍出版社, 1998 年。

民国《黟县四志》,《中国地方志集成 · 安徽府县志辑》第 59 册, 江苏古籍出版社, 1998 年。

歙县地方志编纂委员会 :《歙县志》, 黄山书社, 2010 年。

黄山市徽州区档案局、地志办整理, 吴晓春点校 : 民国《丰南志》, 黄山书社, 2017 年。

二、文　集

[宋] 朱熹 :《家礼》,《朱子全书》第 7 册, 上海古籍出版社、安徽教育出版社, 2002 年。

[明] 古之贤 :《新安蠹状》, 安徽省博物院藏。

[明] 傅岩 :《歙纪》, 安徽省图书馆古籍文献部藏。

[明] 丘濬 :《文公家礼仪节》, 南京图书馆古籍文献部藏。

[明] 程敏政辑撰, 何庆善, 于石点校 :《新安文献志》, 黄山书社, 2004 年。

[明] 程敏政 :《篁墩文集》, 文渊阁四库全书, 第 1275 册。

[明] 戴廷明, 程尚宽等撰, 朱万曙, 胡益民点校 :《新安名族志》, 黄山书社, 2007 年。

[明] 何东序《徽州府志》, 明嘉靖四十五年刻本 .

[明] 汪道昆撰, 胡益民, 余国庆点校 :《太函集》, 黄山书社, 2004。

[明] 汪舜民《徽州府志》, 明弘治十五年刻本。

《潭渡黄氏思养堂支系赡茔簿》，手抄本，安徽省图书馆藏．

[清]胡在渭：《徽难哀音》，民国十三年油印本，安徽省图书馆藏。

[清]黄臣槐：《潭渡孝里黄氏族谱》，雍正九年刻本。

[清]黄崇惺：《草心楼读画记》，江苏古籍出版社，1997。

[清]黄吕辑：《重订潭滨杂志》，光绪二年刻本。

[清]黄生著，诸伟奇主编：《黄生全集（四）》，安徽大学出版社，2009年。

[清]黄文炜：《新安黄氏黄墩墓祠祭田记》，乾隆四年刻本，国家图书馆藏。

[清]靳治荆、吴苑：《歙县志》，中国方志丛书·华中地方，第713号。

[清]劳逢源：《歙县志》，中国方志丛书·华中地方，第232号。

[清]李斗著，许建中注评：《扬州画舫录》，凤凰出版社，2013年。

[清]马步蟾：《徽州府志》，清道光七年刻本。

[清]赵吉士：《徽州府志》，清康熙三十八年刻本。

许承尧撰，李明回，彭超，张爱琴点校：《歙事闲谭》，黄山书社，2001年。

[清]廖腾煃：《海阳纪略》，《四库未收书辑刊》集部第7辑第28册，北京出版社，1997年。

[清]胡朝贺：《胡藤圃杂著》，同治甲戌年镌刻。

[清]王懋竑：《白田杂著，《文渊阁四库全书》第859册，上海古籍出版社，1987年。

[清]赵吉士辑撰，周晓光、刘道胜点校：《寄园寄所寄》，黄山书社，2008年。

[清]詹元相：《畏斋日记》，黄山市档案馆藏。

[清]刘汝骥：《陶甓公牍》，《官箴书集成》第10册，黄山书社，1997年。

许承尧：《歙县志》，民国二十六年（1937）铅印本．

三、族　谱

弘治《休宁陪郭叶氏世谱》，叶志道纂修，明弘治十一年刻本。

正德《罗氏宗谱》，罗汝声纂修，明正德二年刻本。

正德《新安毕氏族谱》，毕济川主修，明正德四年刻本正德《新安休宁文昌金氏世谱》，程天保等纂修，正德十年家刻本。

嘉靖《休宁西门汪氏族谱》，汪尚和纂修，明嘉靖六年刻本。

嘉靖《张氏统宗世谱》，张阳辉纂修，明嘉靖十四年刻本。

嘉靖《新安汪氏重修八公谱》，汪尚琳纂修，明嘉靖十四年刻本。

嘉靖《祁门王源谢氏孟宗谱》，谢惟仁纂修，明嘉靖十六年刻本。

嘉靖《祁门善和程氏谱》，程昌纂修，明嘉靖二十四年刻本。

嘉靖《龙井胡氏族谱》，胡东昇等纂修，明嘉靖三十五年刻本。

嘉靖《绩溪积庆坊葛氏重修族谱》，葛文简等纂修，明嘉靖四十四年刻本。

嘉靖《竹溪陈氏墓祀录》，作者不详，明嘉靖刻本。

隆庆《泽富王氏宗谱》明隆庆六年刻本。

隆庆《文堂乡约家法》，不分卷，陈昭祥辑，明隆庆六年刻本

万历《新安休宁古城程氏宗谱》，程尚芳等纂修，明万历元年刻本。

万历《沙堤叶氏家谱》，叶楙盛春主修，明万历七年刻本。

万历《祁门清溪郑氏家乘》，郑之珍辑，明万历十一年刻本。

万历《珰溪［金氏］家谱补戚篇》，金应宿纂修，明万历十四年刻本。

万历《歙西岩镇百忍程氏本宗信谱》，附程氏宗谱会订一卷，程弘宾等编纂，明万历十八年刻本。

万历《休宁茗洲吴氏家记》吴子玉编修，明万历十九年写本。

万历《重修休邑城北周氏宗谱》，周思松等纂修，明万历二十四年刻本。

万历《程典》程一枝纂修，明万历二十七年家刻本。

万历《古歙谢氏统宗志》，谢廷谅等纂修，明万历三十二年刻本。

万历《休宁范氏族谱》，范涞纂修，明万历三十三年补刻本。

万历《萧江全谱》，江旭奇等纂修，明万历三十九年刻本。

万历《曹氏统宗世谱》，曹诰纂修，明万历四十三年刻本。

万历《汪氏十六族近属家谱》，汪道昆等纂修，明万历刻本

万历《商山吴氏宗法规条》，不分卷，作者不详，明万历钞本。

万历《三田李氏统宗谱》，不分卷，李晖祥、李栋祥纂修，明万历四十三年刻本。

崇祯《休宁叶氏族谱》，叶文山等纂修，明崇祯四年刻本。

崇祯《休宁戴氏族谱》，戴尧天重编，明崇祯五年刻本。

崇祯《临溪吴氏族谱》，附宗约一卷，吴元孝纂修，明崇祯十四年刻本。

崇祯《古林黄氏重修族谱》，黄文明纂修，明崇祯十六年刻本。

康熙《藤溪陈氏宗谱》，清康熙十二年刻本。

康熙《善和程氏仁山门支谱》，不分卷，程衡等纂修，清康熙二十一年刻本。

康熙《潜川汪氏惇本祠溯源家谱》，不分卷，汪士鋐纂修，清康熙三十八年刻本。

康熙《横冈胡氏支谱》，胡璟等纂修，清康熙四十三年刻本。

康熙《婺南中云王氏世谱》，王作霖、王揖元纂修，清康熙四十五年刻本。

康熙《歙西金山宋村宋氏族谱》，宋德泽纂修，清康熙五十九年秉德堂刻本。

康熙《璜源吴氏族谱》，吴铨纂修，清康熙六十年刻本。

雍正《江村洪氏家谱》，洪昌纂修，清雍正八年刻本。

雍正《歙县潭渡孝里黄氏族谱》，（明）黄玄豹重编、黄景琯参补、黄臣槐等校补，清雍正九年校补刻本。

雍正《茗洲吴氏家典》，吴翟等纂修，清雍正十一年紫阳书院刻本。

乾隆《新安大呈村程氏支谱》，程豫续辑，清乾隆三年刻本。

乾隆《新安徐氏宗谱》，徐景京、徐礼等纂辑，清乾隆三年刻本。

乾隆《新安徐氏墓祠规》，不分卷，徐禋纂辑，清乾隆九年刻本。

乾隆《重修古歙东门许氏宗谱》，许登瀛纂修，清乾隆十年刻本。

乾隆《歙淳方氏柳山真应庙会宗统谱》，方善祖等纂修，清乾隆十八年刻本。

乾隆《婺南云川王氏世谱》，王魁昇纂修，清乾隆二十一年刻本。

乾隆《重编棠樾鲍氏三族宗谱》，鲍光纯纂修，清乾隆二十五年刻本。

乾隆《昌溪太湖吴氏世谱》，吴如彬纂修，清乾隆三十年刻本。

乾隆《休宁古林黄氏重修族谱》，黄治安、卢鹏纂修，清乾隆三十一年刻本。

乾隆《济溪游氏宗谱》，游永等纂修，清乾隆三十三年木活字本。

乾隆《星源银川郑氏宗谱》，郑永彬、郑起炜等纂修，清乾隆四十年木活字本。

乾隆《甲道张氏宗谱》，张图南、张元澧纂修，清乾隆四十七年刻本。

乾隆《龙溪俞氏家谱》，俞大艳等纂修，清乾隆四十七年木活字本。

嘉庆《中井河东冯氏宗谱》，冯光岱纂修，清嘉庆九年木活字本。

嘉庆《棠樾鲍氏宣忠堂支谱》，鲍琮纂修，清嘉庆十年家刻本。

嘉庆《歙县桂溪项氏族谱》，项启鈵等纂修，清嘉庆十六年木活字本。

道光《锦营郑氏宗谱》，郑道选修，清道光元年木活字本。

嘉庆《黟县南屏叶氏族谱》，叶有广等纂修，清嘉庆十七年木活字本。

道光《锦营郑氏宗谱》，郑道选修，清道光元年刻本。

道光《仁里程敬爱堂世系谱》，程绍邰等主修，程凤诏等协修，清道光九年刻本。

道光《新安汪氏宗祠通谱》，汪明相等纂修，道光二十年刻本。

道光《屏山舒氏宗谱》，舒道观纂修，清道光二十四年木活字本。

道光《龙池王氏宗谱》，王全芝等纂修，清道光二十六年刻本。

道光《新安歙西沙溪汪氏族谱》，清道光五年刻本。

道光《新安瑯琊王氏宗谱》，王大鹄纂修，清道光二十九年刻本。

咸丰《湾里裴氏宗谱》，裴有耀、裴元荣等纂修，清咸丰五年敦本堂木活字本。

同治《华阳舒氏统宗谱》，舒安仁等纂修，清同治九年叙伦堂木活字本。

同治《武溪陈氏宗谱》，清同治十二年刻本。

光绪《歙新馆鲍氏著存堂宗谱》，鲍存良等纂修，清光绪元年木活字本

光绪《梁安高氏宗谱》，高美佩总理、高富浩纂修兼校正，光绪三年刻本。

光绪《大谷程氏宗谱》，程常宪主修，清光绪四年刻本。

光绪《歙西竭田汪氏家谱》，王邦忠编辑，清光绪九年刻本。

光绪《荆川明经胡氏续修宗谱》，胡学先、胡森顺等纂修，清光绪十年刻本。

光绪《祁门胡氏族谱》，不分卷，胡廷琛纂修，清光绪十四年木活字本。

光绪《绩溪县南关许氏惇叙堂宗谱》，许文源等纂修，清光绪十五年木活字本。

光绪《婺源查氏族谱》，查庆曾总纂，清光绪十八年木活字本。

光绪《甲道张氏宗谱》，张琴等修，清光绪二十五年木刻本。

光绪《环溪吴氏家谱》，吴月楼等纂修，清光绪二十九年木活字本。

光绪《绩溪东关冯氏家谱》，冯景坡、冯景坊纂修，清光绪二十九年木活字本。

光绪《锦谷程氏宗谱》，程希贤主修，清光绪三十年木活字本。

光绪《梁安城西周氏宗谱》，附勘误记一卷，周之屏等纂修，清光绪三十一年木活字本。

光绪《新州叶氏家谱》，不分卷，叶希铭辑，清光绪三十三年石印本。

光绪《新安朱氏宗祠记》，不分卷，清光绪钞本。

宣统《古歙义成朱氏宗谱》汪菊如等纂修，清宣统二年存仁堂活字本。

宣统《韩楚二溪汪氏家乘》，汪衍桎等主修，清宣统二年木活字本。

宣统《富溪程氏中书房祖训家规封丘渊源考》,不分卷,作者不详,清宣统三年钞本。

宣统《华阳邵氏宗谱》，邵玉琳、邵彦彬等纂修，清宣统二年木活字本。

宣统《泉塘葛氏宗谱》，十葛光汉编修，清宣统三年木活字本。

宣统《上川明经胡氏宗谱》，胡祥木等纂修，清宣统三年木活字本。

宣统《仙石周氏宗谱》，周善鼎等修，清宣统三年善述堂木活字本。

清代后期《德卿公匣规条》，清抄本。

民国《古黟环山余氏宗谱》，余攀荣总纂、余旭晟修，民国六年刻本。

民国《涧洲许氏宗谱》，许桂馨、许威编修，民国三年木活字本。

民国《吴越钱氏七修流光宗谱》，钱文德等主修，民国三年木活字本。

民国《清华东园胡氏勋贤总谱》，胡上林编纂，民国五年木活字本。

民国《余川越国汪氏族谱》，汪立中总理，民国五年木活字本。

民国《清华胡仁德堂续修世谱》，胡启鬃等纂修，民国六年木活字本。

民国《鹤山李氏宗谱》，李世禄等纂修，民国六年木活字本。

民国《济阳江氏统宗谱》，江峰青总纂，民国八年木活字本。

民国《绩溪城南方氏宗谱》,附城南方氏祠谱四卷,方树等纂修,民国八年木活字本。

民国《明经胡氏龙井派宗谱》，胡宝铎、胡宣铎纂修，民国十年刻本。

民国《盘川王氏宗谱》，王德藩等纂修，民国十年五教堂排印本。

民国《曹氏宗谱》，曹成瑾等修，民国十六年旺川敦睦堂木活字本。

民国《重印新安大阜吕氏宗谱》，吕龙光等总编，民国二十四年木活字重印明万历本。

民国《绩溪庙子山王氏谱》，王集成等纂修，民国二十四年铅印本。

四、文　书

明《罗氏重刊家政》，国家图书馆善本阅览室藏。

《天启元年休宁程氏立清明掛栢簿》，中国社会科学院历史研究所图书馆藏。

《祁门赤桥方氏阄书》，南京大学历史学院资料室藏。

《顺治八年徽州大阜潘氏祠规附祀产新丈资字号佥业》，中国社会科学院历史研究所图书馆藏。

康熙《堨田双桥郑氏惠远宗祠碑记条规纪年簿》，中国社会科学院历史研究所图书馆藏。

雍正休宁吴氏《眷叙历过要务》，中国社会科学院历史研究所图书馆藏。

《吴氏清明祭祠仪例》不分卷，上海图书馆古籍文献部藏。

嘉庆《西关章氏二分清明事例谱》，国家图书馆藏。

嘉庆《锦谷程氏鸿公清明条规》，中国社会科学院历史研究所图书馆藏。

《咸丰四年岁次甲寅季春月钞记孝思祠六大分标祀祭文并规条山地租钞底》。

刘伯山：《徽州文书》第 1 ～ 6 辑，广西师范大学出版社，2004、2006、2009、2011、2015、2017 年。

王钰欣、周绍泉：《徽州千年契约文书》，花山文艺出版社，1993 年。

王振忠：《徽州民间珍稀文献集成》，复旦大学出版社，2018 年。

周绍泉、赵亚光：《窦山公家议校注》，黄山书社，1993 年。

周向华：《安徽师范大学馆藏徽州文书》，安徽人民出版社，2009 年。

五、史料汇编

安徽省博物馆：《明清徽州社会经济资料丛编》第 1 辑，中国社会科学出版社，1988 年。

刘伯山：《徽州文书》第 3 辑，广西师范大学出版社，2009 年。

严桂夫、王国键：《徽州文书档案》，安徽人民出版社，2005 年。

张海鹏、王廷元：《明清徽商资料选编》，黄山书社，1985 年。

中国社会科学院历史研究所徽州文契整理组：《明清徽州社会经济资料丛编》第 2 辑，中国社会科学出版社，1990 年。

歙县地名委员会办公室：《安徽省歙县地名录》，内部资料，1987 年。

六、学术论著

鲍义来：《潭渡——丰溪甲秀 画家摇篮》，合肥工业大学出版社，2013年。

卞利：《徽州传统聚落规划和建筑营建理念研究》，安徽人民出版社，2017年。

卞利：《徽州聚落规划和建筑图录》，安徽人民出版社，2017年。

卞利：《徽州民俗》，安徽人民出版社，2005年。

常建华：《明代宗族研究》，上海人民出版社，2004年。

常建华：《宗族志》，上海人民出版社，1998年。

陈宝良：《明代社会生活史》，中国社会科学出版社，2004年。

陈瑞：《明清徽州宗族与乡村社会控制》，安徽大学出版社，2013年。

陈支平：《朱熹及其后学的历史学考察》，商务印书馆，2016年。

陈志华、李秋香、楼庆西、史嵘：《中华遗产·乡土建筑》第2辑《关麓村》，清华大学出版社，2010年。

陈志华、李秋香：《中华遗产·乡土建筑》第2辑《婺源》，清华大学出版社，2010年。

程必定、汪建设：《徽州五千村》，黄山书社，2004年。

杜正贞：《村社传统与明清士绅——山西泽州乡土社会的制度变迁》，上海辞书出版社，2007年。

费孝通：《江村经济：中国农民的生活》，江苏人民出版社，1986年。

冯剑辉：《徽州家谱宗族史叙事冲突研究》，合肥工业大学出版社，2014年。

葛兆光：《中国思想史》（三卷本），复旦大学出版社，2014年第2版。

龚恺：《徽州古建筑丛书·棠樾》，东南大学出版社，1993年。

龚恺：《徽州古建筑丛书·晓起》，东南大学出版社，1999年。

龚恺：《徽州古建筑丛书·渔梁》，东南大学出版社，1997年。

龚恺：《徽州古建筑丛书·瞻淇》，东南大学出版社，1996年。

龚恺：《徽州古建筑丛书·豸峰》，东南大学出版社，1999年。

何淑宜：《香火：江南士人与元明时期祭祖传统的建构》，台北稻乡出版社，2009年。

胡时滨：《徽州古村落构建文化研究——以宏村为例》，合肥工业大学出版社，2017 年。

胡振洲：《聚落地理学》，台湾三民书局印行，1977 年。

黄宾虹：《黄宾虹文集 · 杂著篇》，上海书画出版社，1999 年。

蒋元卿：《皖人书录》，黄山书社，1989 年。

科大卫：《明清社会和礼仪》，北京师范大学出版社，2016 年。

劳格文、王振忠：《歙县的宗族、经济与民俗》，复旦大学出版社，2016 年。

李传玺：《徽州古村落》，安徽科学技术出版社，2015 年。

刘道胜：《明清徽州宗族文书研究》，安徽人民出版社，2008 年。

刘淼辑译：《徽州社会经济史研究译文集》，黄山书社，1988 年。

刘永华：《礼仪下乡：明代以降闽西四保的礼仪变革与社会转型》，三联书店，2019 年。

刘永华：《中国社会文化史读本》，北京大学出版社，2011 年。

陆林、凌善金、焦华富：《徽州村落》，安徽人民出版社，2005 年。

欧阳发、洪钢：《安徽竹枝词》，黄山书社，1993 年。

邵凤丽：《朱子〈家礼〉与传统社会民间祭祖礼仪实践》，中国社会科学出版社，2019 年。

陶明选：《明清以来徽州信仰与民众日常生活研究》，光明日报出版社，2014 年。

田浩：《朱熹的思维世界》，江苏人民出版社，2011 年。

王汎森：《权力的毛细管作用：清代的思想、学术与心态》（修订版），北京大学出版社，2015 年。

王铭铭：《村落视野中的文化与权利——闽台三村五论》，三联书店，1997 年。

王其亨：《风水理论研究》，天津大学出版社，1992 年。

王振忠：《徽州社会文化史探微——新发现的 16 ～ 20 世纪民间档案文书研究》，上海社会科学院出版社，2002 年。

王振忠：《明清徽商与淮扬社会变迁》，三联书店，1996 年。

王振忠：《明清以来徽州村落社会史研究》，上海人民出版社，2011 年。

吴丽娱：《礼与中国古代社会》，中国社会科学出版社，2016 年。

吴正芳：《徽州传统村落社会——白杨源》，复旦大学出版社，2011 年。

许骥：《徽州传统村落社会——许村》，复旦大学出版社，2013年。

杨正泰：《天下水陆路程、天下路程图引、客商一览醒迷》，山西人民出版社，1992年。

姚春敏：《清代华北乡村庙宇与社会组织》，人民出版社，2013年。

叶显恩：《明清徽州农村社会与佃仆制》，安徽人民出版社，1983年。

殷慧：《礼理双彰：朱熹礼学思想探微》，中华书局，2019年。

张寿安：《十八世纪礼学考证的思想活力——礼教论争与礼秩重省》，北京大学出版社，2005年。

张小林：《乡村空间系统及其演变研究——以苏南为例》，南京师范大学出版社，1999年。

张仲一等：《徽州明代住宅》，建筑工程出版社，1957年。

章有义：《明清徽州土地关系研究》，中国社会科学出版社，1984年。

赵华富：《首届国际徽学学术讨论会文集》，黄山书社，1996年。

赵克生：《明代地方社会礼教史丛论——以私修礼教书为中心》，中国社会科学出版社，2011年。

赵世瑜：《狂欢与日常——明清以来的庙会与民间社会》，三联书店，2002年。

郑振满、陈春声：《民间信仰与社会空间》，福建人民出版社，2003年。

郑振满：《明清福建家族组织与社会变迁》，中国人民大学出版社，2009年。

周予同著，邓秉元编：《中国经学史论著选编》，复旦大学出版社，2015年。

朱国宏、王振忠等：《中国社会变迁：反观与前瞻》，复旦大学出版社，2001年。

[法]德芒戎：《人文地理学问题》，商务印书馆，1999年。

[法]劳格文、科大卫：《中国乡村与墟镇神圣空间的建构》，社会科学文献出版社，2014年。

[美]卜凯：《中国土地利用》，成城出版社，1941年。

[美]杜赞奇：《文化、权力与国家：1900—1942的华北农村》，江苏人民出版社，1994年。

[美]黄宗智：《华北小农经济与社会变迁》，中华书局，1986年。

[日]井上徹著，钱杭译：《中国的宗族与国家礼制——从宗法主义角度所作的分析》，上海书店出版社，2008年。

[日]小岛毅：《中国近世における礼の言说》，东京大学出版会，1996年。

[英]R.J. 约翰斯顿主编，柴彦威等译，柴彦威、唐晓峰校：《人文地理学词典》，商务印书馆，2005年，

[英]莫里斯 · 弗里德曼著，刘晓春译，王铭铭校：《中国东南的宗族组织》，上海人民出版社，2000年。

后 记

按照不成文的惯例，最后要写几句话，交代一下书稿的写作背景和过程，但是真正到了要写后记的时候，竟一时语塞，更多的是仓皇之下的茫然与无奈。

这是一份迟到的作业，最近半年来一直处于焦灼无措的状态，催稿信息不断，却抽不出时间去完成，分身乏术的撕裂状态很清晰。忙是每一个高校教师习焉不察的日常状态，也许在多种身份关系中做好平衡，及早安排，按部就班地开展研究工作是我从完成这次任务中得到的最大收获。

书稿的写作缘起较早。2009 年 5 月，我参加了香港中文大学劳格文先生与业师王振忠教授、卞利教授、卜永坚教授等学者在徽州合作开展的“徽州的宗教、社会与经济”研究项目，跟随劳格文先生和卞利教授到绩溪县进行田野调查，在家朋乡梅干村民周永水先生的家中发现了 500 余份徽州文书和两部族谱。劳格文先生遂建议我利用这批资料，把竹里和梅干作为调查点，开展深度研究。此后，我在这两个村子做了五六次田野调查，虽然遇到很多挫折，但最终完成了任务，这也是我在学术史上蹒跚起步的记录，成为我关注徽州村落的一个起点。2013 年，我开始在安徽大学历史系历史地理学硕士点指导硕士研究生，周海是我带的第一个学生，在选择硕士学位论文题目时，我根据自己过去几年关注徽州村落的经验，建议从历史地理学的学科视角对歙县潭渡村进行深度剖析，并把在安徽图书馆整理的 1.9 万余字的黄吕辑《重订潭滨杂志》文字稿和雍正《潭渡孝里黄氏族谱》电子版交给他使用。周海学习踏实、刻苦，经三年努力，顺利完成学位论文，毕业后进入央企工作，不再从事学术研究。因而，在整理书稿的过程中，在和周海商量后，把他的硕士学位论文《宗族与徽州村落结构研究—明清以来歙县潭渡村的个案考察》主体部分 3 万字放进来作为第七章，既是为了呈现我们当年共同努力的成果，也以此怀念安大三年师生共同探讨学术，共同成长的一个难忘经历。2018 年初，业师王振忠先生推荐我参与新安文化丛书编纂工作，承担《新安村落》一书的撰写。当时应允，是基于自己曾有过徽州村落调查、研究的经历，也有部分成果。只是领到任务后，工作、生活等环境发生了很大变化，很难再有完整的时间收集资料、撰写书稿，完成时间一拖再拖。在翟屯建主任的督促下，最终勉强完成了书稿，有很多不足，也有很多遗憾，但也是过去数年间学习过程的一个见证。在此衷心感谢王振忠老师的推荐和翟屯建主任的宽容、理解，给我提供了参与学习、成长的机会。

最后，也要感谢家人的理解和支持，爱人张爱萍副教授为了我的工作、科研和孩子成长，几乎放弃了个人的发展和进步。孩子健康茁壮成长，让我省去了很多烦恼，只是全身心陪伴的时间太少了。感谢李雪梅、邱梦成、苏芮、冯艳艳、朱欢欢、黄雅珏几位硕士生在完成书稿过程中帮助查找、整理资料，进行统稿，她们聪明、能干、动手能力强，为最终完成任务提供了很大便利。

时间匆匆流逝，一晃数年时光过去了，总结过去几年的疏忽和懈怠，或许是激励自己在学术上再迈一步的重要契机，也希望自己能够不辜负老师的培养、家人的期待，勉力做好自己的本职工作，成为一个真正有用的人。是为记。

张小坡

2023 年 4 月